O DEUS DAS BRUXAS

—O SENHOR DA DANÇA—

Janet & Stewart Farrar

O DEUS DAS BRUXAS

—O SENHOR DA DANÇA—

ARDANE

Publicado originalmente no Reino Unido por David Higham Associates
Publicado em 2023 pela Editora Ardane

Editor responsável: Claudiney Prieto
Tradução: J.E. Smith C.
Revisão de Tradução: Claudiney Prieto
Coordenação Editorial: Luciana Papale
Capa: Ardane Books
Revisão: Papale's Editorial
Diagramação: Décio Lopes

DADOS INTERNACIONAIS DE CATALOGAÇÃO NA PUBLICAÇÃO (CIP)
CÂMARA BRASILEIRO DO LIVRO, SP, BRASIL

F242 Farrar, Janet e Stewart

O Deus das Bruxas: O Senhor da Dança / Janet Farrar e Stewart Farrar – 3ª edição
São Paulo: Editora Ardane, 2023.

ISBN: 978-65-85370-20-2

1. Wicca. 2. Bruxaria. 3. Magia. 4. Espiritualidade. I. Farrar, Stewart.
II. Janet, Stewart. III. Título.

CDD 133.43
CDU 133.4

EDITORA ARDANE
www.ardane.com.br
Fone: (11) 97774-4013
E-mail: contato@ardane.com.br
Instagram: @ardanebooks

Dedicamos este livro com carinho à memória de DON PLEASANCE, *nosso primeiro iniciado, que fez sua passagem para Summerland enquanto este livro estava sendo escrito.*

Sumário

Lista de Ilustrações

Créditos Fotográficos

Stewart Farrar: 1, 3-6, 8, 12-13, 16-19, 21.
Museu da Humanidade: 1, 9, 13.
National Gallery, Londres: 2, ll.
Museu Britânico: 3-6, 8, 12, 16-19.
Rick Welch: 7.
Ian Rorke (fotógrafo): 9-10, 14.
D. Hooley: 20.

Figuras

Prefácio Edição Brasileira

A primeira percepção da humanidade sobre o divino, seguramente foi a da Deusa. Vendo mulheres darem à luz, era compreensível que os primeiros humanos concebessem a divindade criadora como feminina. Demorou muito tempo para que se entendesse o papel do masculino na concepção. Durante eras, conceber e procriar foi compreendido como uma tarefa exclusiva da mulher e de seus poderes mágicos.

Conforme o tempo avançou, tornou-se possível alcançar uma maior consciência do papel masculino na criação, e foi assim que o Deus entrou em cena. Primeiro ele é identificado como um Deus da vegetação que faz as plantações crescerem e, consequentemente, torna-se um Deus do Sol que fertiliza a Mãe Terra com seus raios que penetram fundo chamando as sementes adormecidas embaixo do solo. Se ele podia prover o sustento através dos grãos, também podia fazer o mesmo por meio da caça e garantindo a captura dos animais para a alimentação. É na forma de um Caçador com um capacete de chifres em sua cabeça, que o Deus das Bruxas é visto até hoje.

Mas a figura do Deus é mutante, como o sol que caminha pelos céus, e conforme a sociedade ganha seus primeiros guerreiros para defender os limites da tribo e conquistar novos territórios, surgem não só os primeiros invasores da humanidade mas também uma nova face do Deus: a do guerreiro. O Deus romano da guerra, Marte, é um bom exemplo de como se deu essa evolução. Ele era originalmente um Deus da agricultura, que mais tarde se transformou em um Deus da Guerra.

Com a chegada do cristianismo, o velho adágio de que os Deuses da religião que "perde" se tornam o Demônio da religião que "vence" se mostra ser real. O Deus de Chifres se tornaria a iconografia usada para a criação da figura do Diabo e o inimigo do "bom" Deus. Desde então o Deus das Bruxas tem sido demonizado através da história da humanidade e se transformou na imagem que tem assombrado todos aqueles que se convenceram de que existe um Céu e um Inferno, e uma luta do bem contra o mal. A verdade é que esta visão maniqueísta nunca fez parte dos fundamentos da Bruxaria, e se existe uma religião que acredita no mal absoluto, essa religião, com toda certeza, não é a Wicca. Em uma religião que busca a complementaridade entre masculino e feminino, o Deus é a contraparte da Deusa. Ele é o símbolo da luz que dissipa as trevas da ignorância, o sustentador e mantenedor da vida, e está muito distante de representar a maldade do mundo. É sobre esse Deus que a presente obra fala e ensina.

O Deus das Bruxas vale o tempo e esforço dispensado e investido na leitura de uma obra desse quinhão. Ainda que a Deusa seja o aspecto do divino mais visível e proeminente na Wicca, o Deus também é uma parte vital de sua espiritualidade. Exatamente por isso este livro é tão importante!

Há muitos livros sobre a Deusa, mas pouquíssima literatura sobre o Deus das Bruxas. Esta obra preenche uma lacuna na formação dos Wiccanianos, trazendo conhecimentos e informações exclusivamente sobre o Deus e incluindo rituais e invocações apropriados para cada uma de suas faces. Para tornar a obra ainda mais ampla e completa, Janet e Stewart Farrar incluíram receitas de alimentos e incensos destinadas aos diversos Deuses e um vasto dicionário com divindades masculinas ao redor do mundo.

Esta obra é uma adição valiosa para a biblioteca de todos os praticantes da Arte, por se tratar de um material de referência ímpar sobre o Sagrado Masculino. Use-a com sabedoria e deixe todo o poder selvagem do Deus se manifestar em seu resplendor no interior do seu círculo de adoração.

Abençoado seja,

Claudiney Prieto

Introdução

Este livro é complemento de outro anteriormente escrito, intitulado *A Deusa das Bruxas*. Na perspectiva cósmica Pagã, a polaridade criadora suprema é a dos princípios da Deusa e do Deus, pois sem polaridade, do ponto de vista Divino, não pode haver manifestação. "Como é acima é abaixo."

Em nossa introdução de *A Deusa das Bruxas* dissemos que o ressurgimento da Deusa pode muito bem ser um dos mais significativos acontecimentos espirituais, psíquicos e psicológicos da nossa existência, e acrescentamos que, submetido ao domínio patriarcal da sociedade ocidental e da religião nestes últimos dois mil anos, "até mesmo o Deus sofreu, pois, sem seu complemento, emasculou-se, ficando com uma imagem distorcida e empobrecida".

Sendo assim, uma vez que tenhamos readmitido a Deusa, precisamos reavaliar o Deus; caso contrário, ainda que alterado, o desequilíbrio permanece. Já que a readmissão estabelece o alicerce dessa reavaliação, escrevemos primeiro *A Deusa das Bruxas* e, para a nossa própria reavaliação, seguimos agora o mesmo padrão que usamos anteriormente.

A primeira parte deste livro descreve a história da humanidade acerca dos conceitos do Deus e os vários aspectos em que o princípio masculino da divindade apareceu. A segunda parte consiste em uma seleção de formas divinas individuais, associada à mitologia e ao simbolismo de cada uma delas e a sugestão de rituais que permitem entrar em sintonia com eles. A terceira e última parte é um guia com Deuses de todo o mundo, do passado e do presente, com uma definição sucinta de cada um.

O que significa "princípio masculino" para nós?

Resumidamente, podemos dizer que representa o aspecto lógico linear que analisa, fertiliza e dá ênfase à consciência do ego e à individualidade, ao passo que o princípio feminino representa o aspecto intuitivo cíclico, que sintetiza, nutre e proporciona a formação, dando ênfase à riqueza do inconsciente (pessoal e coletivo), assim como ao relacionamento. No que diz respeito ao ser humano, podemos dizer que estes dois princípios correspondem respectivamente às funções do lado esquerdo e direito do cérebro.

Estes dois terminais complementares da bateria cósmica existem em todos os níveis e não há passagem de corrente sem a diferença criadora que existe entre ambos.

A negação disso foi a principal falha do pensamento patriarcal que, em vez de polaridade, usou o dualismo; em vez da complementaridade entre Deus e Deusa, preferiu o confronto entre Deus e o Demônio, entre o Bem e o Mal.

É preciso salientar, que os princípios masculino e feminino não se excluem mutuamente; cada qual contém a semente do outro, como ocorre no símbolo chinês do *yin-yang* (expressão perfeita do conceito de polaridade), em que o *yin*, que é escuro, contém um ponto claro de *yang*, enquanto este, que é claro, contém um ponto escuro de *yin*. De outra maneira, não poderia haver relação entre os dois.

Para usarmos a terminologia junguiana, no nível humano a Deusa sussurra para a anima do homem, o aspecto feminino que há nele, e o Deus fala alto ao seu lado masculino. Em contrapartida, o Deus sussurra para o animus oculto na mulher, e a Deusa fala alto ao seu lado feminino.

Precisamos dar ouvidos tanto ao sussurro como à voz que fala claramente; caso contrário, somos incompletos e podemos ter dificuldades, como acontece com o patriarcado.

Tanto a readmissão da Deusa como a reavaliação do Deus são fundamentais para a saúde em todos os níveis; este livro trata desta segunda questão.

Ao empreender essa reavaliação, por que nos baseamos tanto na mitologia antiga?

Por dois motivos. Primeiro, porque os conceitos do Deus das eras pagãs ainda não estavam distorcidos pelo banimento dos respectivos consortes ou, no máximo, ainda estavam começando a ser distorcidos, como no caso de Zeus (ver capítulo XXV). Eles ainda são concebidos em termos de polaridade com os correspondentes conceitos da Deusa, portanto têm muito para nos ensinar enquanto estamos tentando redescobrir essa polaridade nos estertores de morte do patriarcado.

Segundo, porque a mitologia transmite verdades que não podem ser expressas com expedientes técnicos, do mesmo modo que a poesia. Partindo da mitologia, podemos aprender com a nossa alma, enquanto a egoconsciência ainda está lutando para definir as lições na sua própria linguagem limitada.

Segundo John Gray (*Near Eastern Mythology*, pág. 135): "A 'desmitologização' moderna tem as suas próprias perplexidades e pode muito bem resultar nas grandes verdades que procura elucidar, tornando-se inteligível apenas para um círculo limitado iniciado no jargão de seus próprios expoentes e para determinada época e tradição teológica". Diz ainda que "procurar, em vez de entender o idioma tradicional e as imagens da mitologia" (neste caso, do Oriente Médio) parece "um caminho mais seguro para se chegar à verdade objetiva". Nesse trecho, Gray está se referindo à "desmitologização" de Cristo, mas achamos que isso pode ser estendido a um campo mais amplo.

Existe também uma indicação de outro princípio que convém ser lembrado sempre. Boa parte deste livro trata da análise e da compreensão intelectual das diversas formas do Deus concebidas pelo homem, assim como busca refazer o itinerário dessas concepções. Na nossa opinião, vale a pena fazer este exercício. O intelecto é uma ferramenta que deve ser mantida sempre afiada e limpa, se bem que em certas ocasiões deve ser usado no momento mais adequado.

Certos progressos, como a criação de rebanhos, a agricultura e o desenvolvimento da sociedade humana, inspiraram a humanidade a adotar noções de formas divinas. O cálculo do tempo, a sabedoria, a vegetação, a guerra e os Deuses e Deusas dos artesãos, desenvolveram-se lado a lado com a evolução humana. Convém notar que isso não quer dizer que essas divindades eram artificiais ou irreais; eram e são canais e sinais de sintonia com a realidade cósmica que os encheu de vida e sensibilidade.

As divindades que invocamos dependem da nossa sintonia individual que, por sua vez, é determinada por fatores históricos, culturais e ambientais. O importante é que a nossa opção seja individual, e não ditada a nós. Caso contrário, não estamos nos sintonizando de fato com a fonte cósmica.

Nós, por exemplo, somos escritores. Se nos sentimos à vontade invocando Thoth, o Deus egípcio dos escribas, ou Brida, a Deusa celta da inspiração, enquanto outros escritores se comprazem em invocar Apollo e suas Musas, ou Benten, Deusa japonesa da eloquência, ou ainda Cristo e suas preciosas palavras, é assim que deve ser com eles e conosco. No fim, estamos todos em sintonia com a mesma fonte.

A prática da magia ou da religião é uma comunhão com a realidade que existe por detrás dessas formas do Deus, que são sinais de sintonia com aspectos dessa mesma realidade. Quando estamos no Círculo Mágico (ou em igrejas, sinagogas, mesquitas, templos) precisamos nos relacionar com ele diretamente, em ressonância com a forma do Deus ou da Deusa que escolhemos, sem analisá-la intelectualmente.

Compreender a natureza da forma da divindade, definir exatamente o aspecto com o qual queremos comungar, é uma preparação útil que ajuda a aperfeiçoar a sintonia. No entanto, não podemos cair na armadilha de pensar: "Isso não passa de artifícios psicológicos que apenas representam arquétipos do Inconsciente Coletivo Humano, não são reais".

Na verdade, eles são mais que isso. Os Deuses e Deusas existem e dão alma aos arquétipos. São os rostos vivos e ativos do incognoscível final. E, a menos que deixemos de lado o intelecto no momento certo e nos rendamos ao mistério da comunhão com eles, a não ser que demos rédeas a um inocente sentimento de maravilhamento, a sintonia terá sido vã.

Todo aquele que não receber
o Reino de Deus como uma criança,
jamais entrará nele.

Fazemos aqui uma observação a respeito dos rituais descritos no fim de cada capítulo da segunda parte deste livro. Alguns contêm diálogos extensos, fica a seu critério decorá-los ou não, lê-los por inteiro ou apenas apanhar o sentido geral e expressá-los com palavras suas. Esses rituais se destinam a estimular ideias, não a ser recitados textualmente.

Intitulamos originalmente este livro de *O Deus das Bruxas,* e o que escrevemos anteriormente de *A Deusa das Bruxas*, porque somos Bruxos praticantes e porque, dos inúmeros caminhos do renascimento pagão atual, provavelmente a Wicca é o que mais se difundiu e mais rapidamente proliferou. Ainda assim, reconhecemos totalmente a validade dos outros caminhos e esperamos que seus seguidores percebam o que estes livros exprimem, e que eles contribuam para o pensamento dessa renascença como um todo.

Recebemos uma grande quantidade de cartas devido aos nossos livros anteriores, e pedimos desculpas a todos os que não receberam resposta devido à pressão do trabalho e, é claro, ao excesso de correspondências. Costumávamos dar o nosso endereço, mas não é impossível mudarmos novamente; por isso, sugerimos que os leitores que quiserem nos escrever enderecem as cartas ao editor. O endereço é dado a seguir. (Um envelope selado da Irlanda ou um cartão-resposta internacional serão muito úteis!).

Janet & Stewart Farrar
C/o Robert Hale, Ltd
Clerkenwell House45-7
Clerkenwell Green
London ECIR OHT

Primeira Parte

As Faces do Deus

1

O Deus Filho-Amante

Filhos... Gerei muitos,
mas as minhas tetas não estão secas.
Rudyard Kipling

O sacerdote egípcio disse ao Rei da Pérsia: "Foi a poderosa mãe Neith que deu à luz Rá; ela foi a primeira a dar à luz tudo, e assim fez quando nada mais havia nascido ainda, nem ela própria."

Ou, segundo os Bruxos da Toscana: "Diana foi a primeira a ser criada, antes da criação; nela estavam todas as coisas; ela, que foi a primeira escuridão, dividiu-se em duas: escuridão e luz. A luz era Lúcifer, seu irmão e filho, ela própria e a outra metade. E quando Diana viu como a luz era linda, desejou-a intensamente." (*Aradia: o Evangelho das Bruxas* –, de Leland, pág. 18).

A respeito de Sofia, a Sabedoria Antiga, disse uma escola gnóstica: "Ela é uma velha porque foi a primeira, e o mundo foi feito por ela." Ela deu à luz o Universo num grande orgasmo autoinduzido, pois queria "gerar por si mesma, sem um esposo".

Pelo livro do Gênese (1, 2), no princípio "A terra estava informe e vazia, e as trevas cobriam o Abismo, mas o Espírito de Deus pairava por sobre as águas". Aqui, a palavra usada para "abismo" é *tehom* e a usada para "águas", *tohu*, formas hebraicas de Tiamat, Deusa que personificava as águas primordiais que originaram tudo (diga-se de passagem, que a palavra hebraica referente a "espírito" também pertence ao gênero feminino; e, em vista das traduções a que a Bíblia foi submetida nos séculos de patriarcado, é interessante notar que a palavra grega correspondente é neutra, enquanto a latina é masculina).

E do outro lado do mundo, Yhi, o Grande Espírito, Deusa do Sol dos aborígines australianos, existiu antes de toda e qualquer manifestação; ela criou o consorte Baiame, Pai de Todos; juntos, os dois geraram todas as criaturas vivas.

Este padrão de mãe primordial, que não foi criada e gerou todas as coisas, até o seu próprio complemento masculino, está na base fundamental de todas as mitologias e religiões.

Na era paleolítica, era normal uma garota na puberdade ter relações sexuais e gerar uma criança, por isso o fato de uma ser a causa da outra não era óbvio. A história registra muitas tribos "primitivas" que acreditavam que a gravidez era provocada pelo luar ou pelo espírito dos ancestrais, e até as pessoas que sabiam que isso não era verdade, sustentavam que tudo se passava desse modo.

Já que o papel de fecundador do homem não era percebido, ou entendido só em parte, a mulher personificava naturalmente o Criador Arquetípico. E quando a humanidade, pela sua própria natureza, começou a conceber divindades transcendentais e a adorá-las, o símbolo óbvio (e praticamente o único possível) desse conceito teria de ser a Mãe-Terra ou, em certos ambientes, a Mãe-Água Primordial.

Parece estranho usar uma explicação como esta para começar um livro que fala do Deus. No entanto, para explicar o Deus, precisamos começar com o seu nascimento. E, na compreensão humana, a Mãe precedeu o nascimento do Deus. Todas as mitologias anteriores ao patriarcado apontam nessa direção, e quanto mais antigas e não distorcidas as nossas fontes, mais isso se confirma.

Nas eras anteriores à agricultura, quando a humanidade vivia da caça e da pesca, a mulher era o alicerce do lar, mesmo no caso dos lares nômades. Ela se encarregava das crianças e, sem dúvida, de preparar a comida que os homens levavam para casa. É quase certo que tenha sido ela a inventar a agricultura pelo fato de procurar, proteger e acabar multiplicando o suplemento vegetal da carne levada pelos caçadores.

À medida que a agricultura se expandiu até não ser mais um suplemento, mas a base econômica da sociedade humana, esta se modificou. O homem também passou a ser o alicerce, e a divisão do trabalho ficou mais complexa. O novo sistema era economicamente mais eficiente, no sentido de fornecer não apenas o meio de subsistência, como também uma reserva (ao menos localmente ou em fases). Isso se comprova pelo fato de muitas tribos que ainda se estabeleciam onde havia caça se transformarem em satélites dependentes das tribos agrícolas, com as quais intercambiavam o excesso de produção. Às vezes, quando havia oportunidade, atacavam-nas de surpresa.

Isso, por sua vez, acrescentou um aspecto à importância crescente do homem na economia agrícola. Ele era o guerreiro, o defensor do território de culturas extremamente vulneráveis.

A complexidade crescente da sociedade naturalmente originou novos conceitos de divindade. A Mãe-Terra, da qual dependia tudo (com certeza também as colheitas), ainda era o fator primordial. No nível humano, suas filhas deram continuidade à sua função e, mais do que nunca, a procriação foi o melhor e mais importante fator para o sucesso da tribo. Entretanto, as funções dos filhos estavam começando a ficar definidas e diferenciadas com mais clareza. Eles trabalhavam no campo, o que era particularmente útil para a resistência física; além disso, quando necessário, eram guerreiros. E com sofisticação e observação cada vez maiores, sua função de fecundadores se tornaria consciente. Assim, esse processo foi projetado no nível Divino.

Então, qual teria sido a primeira forma do Deus a surgir?

Talvez tenha sido o filho da Mãe-Terra, única origem possível. Pode ter sido jovem e forte, tanto na qualidade de guerreiro como na de fecundador viril.

Contudo, para defini-lo melhor, precisamos voltar ao nível humano por um instante. Sem dúvida, a realeza (que evoluiu com certas sociedades mais complexas e estabelecidas), era matrilinear; com que frequência também era matriarcal ainda é uma questão polêmica. Era a rainha (como foco de uma comunidade importante ou chefe de uma tribo pequena) quem personificava a continuidade de uma regra; e quem herdava essa personificação era a filha; o consorte que fecundava a rainha, embora comandando os guerreiros dela, tinha um papel secundário naquela continuidade e só podia desempenhar o seu papel enquanto conseguisse atender à demanda de sua virilidade e de suas qualidades de guerreiro.

O costume era escolher o consorte promovendo um desafio entre os candidatos mais prováveis; o homem finalmente escolhido seria o consorte da rainha durante um período pré-fixado de três ou seis anos, digamos, findo o qual seria sacrificado ritualmente ou morto em combate pelo sucessor (a tese mais convincente a respeito desse sistema está descrita em *O Ramo de Ouro*, de J.G, Frazer – veja Bibliografia.) A rainha, por seu lado, era sempre a mesma, limitando-se a ceder o lugar a uma filha no momento apropriado.

É obvio que, a nível Divino, a Mãe era realmente sempre a mesma; nenhuma filha poderia sucedê-la ou tomar o seu lugar para se relacionar com o jovem Deus. Sendo assim, o jovem Deus era ao mesmo tempo filho e amante dela. Em geral, a natureza periódica do título de rei era refletida no Deus; isso se sobrepõe aos temas do Deus da vegetação e do Deus sacrificado que vamos analisar nos capítulos V e X, no entanto, em geral, ele aparece renascendo constantemente, porque o ciclo de filho e amante é infindável.

Encontramos vestígios desse conceito em mitologias posteriores; por exemplo, um dos títulos de Hórus criança era "Touro de sua Mãe", e ele era considerado de muitos modos a personificação de seu pai Osíris.

O desejo erótico era uma das características observáveis da mulher humana; sendo assim, a Mulher Divina também deve possuí-la. Tendo dado à luz a sua metade complementar, ela desejou unir-se com a mesma, como a Diana etrusca fez com a metade de *si mesma*, Lúcifer, perseguindo-o pelo céu até apanhá-lo e atraí-lo para o leito.

A natureza incestuosa da relação entre a Mãe-Terra e o Jovem Deus só choca a mente moderna. Na antiguidade, quando o poder da magia ou a numinosidade da realeza estavam implicados, em certas circunstâncias o incesto conseguia apenas reforçar essa natureza. O mesmo se pode dizer dos interesses políticos: no Egito matrilinear, os faraós garantiam a legitimidade do seu título de rei casando-se com as próprias irmãs e até com as filhas, como ocorreu com Ramsés II e Nefertari. (A falecida Omm Seti, que tivemos o privilégio de conhecer em Abidos antes de sua morte, achava aquilo uma ótima ideia, dizendo: "Isso elimina a sogra!")

Na esfera do poder da magia, talvez o exemplo mais recente desse tipo de atitude tenha sido o de Merlin e a irmã, Gwendydd. Dizem que foi ela a única pessoa que pôde se aproximar do irmão quando ele se retirou para a floresta, onde acabou se juntando a ele, e de quem recebeu o dom da profecia; a versão original diz que os dois eram amantes. Depois vieram outras versões, uma das quais é a de Geoffrey de Monmouth, que substituiu Gwendydd por Vivienne ou Nimue. A história de Gwendydd "conserva os traços de uma época em que o incesto entre irmãos não era proibido, ao menos no caso de pessoas excepcionais que, com isso, recriavam o casal perfeito" (*Women of the celts – As mulheres dos celtas* – de Markale, págs. 56 e 134).

Sem dúvida as "pessoas excepcionais" incluíam Deuses e Deusas; em toda a Mitologia Pagã, chegava a ser regra a esposa de um Deus ser também sua irmã; e muitas Deusas da terra, como a Gaia greco-fenícia, geraram uma prole com os próprios filhos.

Assim, o primeiro de todos os Deuses era um guerreiro jovem e viril que nasceu da Mãe-Terra, criadora de si mesma, com quem teve relações, renascendo constantemente na sua própria forma. Por ora, ele representava só em embrião o aspecto lógico linear ou aspecto do cérebro esquerdo da polaridade masculina que definimos anteriormente; a ênfase com relação àquele Deus ainda estava nos aspectos guerreiro e de fecundação daquela polaridade. No entanto, todas as formas do Deus que vieram depois se desenvolveram a partir da sua.

11

O Deus que Mede o Tempo

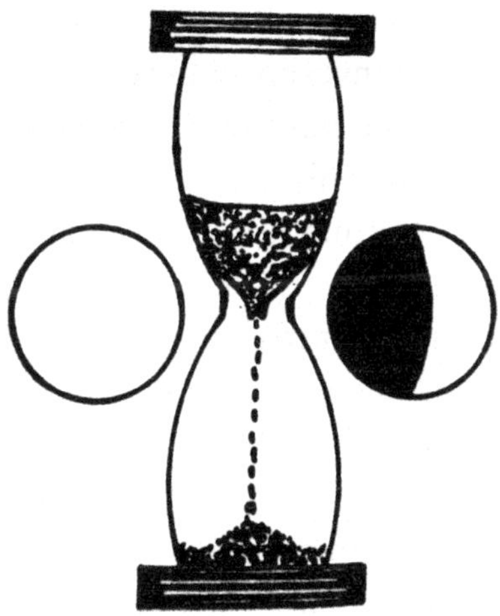

Uma vez, outras vezes, e meia vez.
"Revelação"

O homem, como caçador, não precisava de mais nada além do nascer e do pôr do sol, de sentir o ritmo das estações do ano e de saber quando procurar a presa. A mulher, como geradora de filhos, só precisava do choro do bebê para saber quando oferecer o peito; ver uma fogueira começar a se apagar para nela jogar mais lenha e olhar os frutos para saber quando colhê-los.

A vida exigia pouco planejamento antecipado, além de coordenar a migração de acordo com o movimento da caça e de estar em qualquer lugar onde fosse possível sobreviver da melhor maneira no inverno antes que este chegasse.

Mais tarde, quando homens e mulheres se transformaram em agricultores, o tempo começou a ser medido com mais exatidão. Não se tratava mais só da necessidade de planejar com antecedência. Com uma organização social mais complexa, os acordos mútuos relativos a ações futuras, acontecimentos e reuniões exigiam um padrão de medida de tempo aceito por todos.

A única coisa disponível para definir o tempo com precisão era a Lua. Observadas com cuidado, as fases da Lua podiam ser apontadas dentro de cinco ou seis horas, digamos. Por outro lado, era muito mais difícil localizar o ciclo solar. O dia exato em que o Sol invertia a diminuição da sua elevação no Solstício de Inverno, por exemplo, não se definia sozinho – do mesmo modo que a Lua nova ou a Lua cheia –, e podia levar uma ou duas semanas para ser reconhecido. Além disso, no que se refere aos primeiros métodos que a humanidade usou para medir o tempo, mais valia uma indicação mensal precisa do que uma vaga indicação anual.

"Vamos nos encontrar na próxima lua cheia" era uma combinação prática, o que não se podia dizer de "Vamos nos encontrar quando faltar um sexto do percurso para o Sol atingir a elevação máxima."

Por isso, a Lua foi a primeira a permitir a medida do tempo, e os primeiros calendários foram lunares, fato que sobrevive na divisão inapropriada do nosso atual calendário solar em meses. A incompatibilidade entre os calendários solar e lunar só criou problemas mais tarde.

Podemos dizer que o uso deliberado das fases da Lua para medir o tempo com precisão é basicamente um processo intelectual. O intelecto humano, isto é, a função lógica linear, o cérebro esquerdo, havia sido usado com bons resultados durante muito tempo. Entretanto, conquistar o fogo, fazer ferramentas, construir cabanas, plantar sementes, tudo isso aludia em aplicá-lo a problemas materiais, a coisas que podiam ser manuseadas. Por outro lado, medir o tempo lunar era aplicar o intelecto a um problema abstrato. A humanidade notou um fenômeno que não podia ser apalpado, observou as leis desse fenômeno e depois usou-as para fins práticos.

Talvez a medida do tempo tenha sido o primeiro aspecto lógico linear a ser acrescentado ao Deus filho e amante, guerreiro viril que mencionamos no capítulo anterior. O Deus mais "moldado" de épocas posteriores começava a surgir.

Em vista disso, era compreensível que, no início, muitas divindades lunares fossem masculinas.

Desses Deuses da Lua, um dos mais característicos era o Thoth egípcio, do qual vamos falar detalhadamente no capítulo XX. Mais tarde, Thoth, na qualidade de Deus da sabedoria, participou fundamentalmente de assuntos terrenos, mas continuou a ser o Deus egípcio titular da Lua.

Outro exemplo foi o Deus Sin dos caldeus, sumérios e assírio--babilônios, cujo nome deu origem ao Monte Sinai. Um dos atributos de Sin era ser inimigo dos malfeitores, que tendem a agir à noite, cuja escuridão é iluminada pela Lua. Como Toth, Sin era um Deus da sabedoria, considerado assim, por ter inspirado a formação da astrologia.

Como vimos, em geral a Lua também representava a função de fertilização do Deus; a crença na fecundação das mulheres pelo luar era muito difundida.

A evolução das divindades lunares era complexa porque a Lua não simbolizava apenas a medida do tempo, mas também certos aspectos da Deusa, no sentido de ser a luz do inconsciente que ilumina a intuição, além de ter um ciclo que corresponde ao das mulheres.

Assim, desde os tempos primordiais havia Deusas e Deuses da Lua. A tônica tendia a se deslocar para o lado das Deusas à medida que o papel de medidora solar do tempo ficava mais importante.

Localizar os pontos nodais do ano solar ainda é uma façanha intelectual. O método mais simples consiste em fincar dois paus ou colocar duas pedras no chão antes do meio do inverno, alinhando-os com o ponto em que o Sol nasce no horizonte leste e corrigindo o alinhamento todos os dias. Com a aproximação do meio do inverno, o ponto em que o Sol nasce continua a se deslocar para a direita (observação: isto se refere ao Hemisfério Norte). No dia do solstício, esse ponto para e daí em diante passa a se deslocar para a esquerda. Durante alguns dias, parecerá estático, mas o solstício pode ser determinado com boa precisão como o ponto médio daquele período sem movimento. Os paus ou pedras podem ser deixados no lugar, como indicadores de solstícios sucessivos.

Os cérebros da Idade da Pedra conseguiram fazer essa medida e, dali em diante, o ano solar pôde ser definido. Isto teria incentivado a transferir a importância para os Deuses do Sol, aliado ao fato de que, para os agricultores, este era o fertilizador dos campos.

Permaneceram algumas exceções (como Amaterasu, Deusa do Sol e Tsukuyomi, Deus da Lua dos japoneses, ou a Deusa do Sol Yhi e o Deus da Lua Bahlu, dos aborígines australianos), mas, a principal tradição do paganismo posterior passou a ser a de um Deus do Sol que media o tempo, e uma Deusa da Lua que menstruava e iluminava o inconsciente.

As estruturas megalíticas imponentes dos povos neolíticos podem não nos ter dado respostas exatas, mas ao menos forneceram elementos para especularmos a respeito das práticas rituais daqueles povos.

Uma das mais admiráveis é a de Newgrange, elevação megalítica majestosa que domina o Rio Boyne. É o ponto focal do complexo de Boyne, rico agregado de estruturas separadas por um ou dois quilômetros e construídas pela comunidade agrícola próspera que lá viveu por volta de 3000 AEC.

Em geral, Newgrange é descrito como um túmulo que encerra uma passagem feita de pedra e que mede dezenove metros, terminando em uma câmara central dotada de três recessos em formato de cruz. O teto é sustentado por consolos e ainda está firme e seco, como há 5 mil anos. Sobre a passagem e a câmara foi levantado um enorme monte de pedras que hoje estão cobertas de grama; o monte foi cercado com enormes pedras. A estrutura abrange 4.047 m^2 de solo e deve conter aproximadamente 200 mil toneladas de pedra, tendo sido construída sem ferramentas de metal e sem argamassa.

Newgrange sempre foi conhecido e, do mesmo modo que Brugh na Bóinne (Palácio sobre o Boyne), desempenhou um papel importante na mitologia celta (veja a pág. 161). Só nas décadas de 1960 e 1970 o professor Michael J. O'Kelly e sua equipe fizeram uma escavação magnífica e recuperaram Newgrange, ocasião em que descobriram algo impressionante. Acima da entrada havia uma fenda debruada de pedra, denominada Caixa do Telhado; na manhã do Solstício de Inverno, o sol nascente lança um feixe luminoso ao longo da passagem da câmara e ilumina a parte central dos três recessos durante quase dezessete minutos. É possível observar o mesmo efeito – se bem que com intensidade menor –, três manhãs antes e três semanas depois do solstício.

A partir dessa descoberta foram pesquisados outros montes megalíticos irlandeses, verificando-se que muitos eram orientados de acordo com o Sol, embora nem todos seguissem a orientação dos mesmos nodos do ciclo solar.

Muitas vezes e com facilidade excessiva, Newgrange é considerado um túmulo grupal e uma estrutura destinada a determinar o Solstício de Inverno em benefício de uma comunidade agrícola. Se é um mero túmulo, pois lá foram encontrados os despojos cremados de algumas pessoas, podemos concluir que algumas catedrais também são túmulos, porque nelas também foram enterrados homens. E se os construtores de Newgrange tivessem conhecimentos e técnica suficientes para incluir o aspecto do Solstício de Inverno, devem ter sabido determinar o solstício muito tempo antes daquela época, com dois paus ou duas pedras, sem precisar de 200 mil toneladas de pedra, em grande parte levadas de lugares situados a quilômetros de distância.

Podemos visualizar o renascimento anual do Deus do Sol quando celebrado naquele local, com o fato impressionante de ver o sol renascido anunciar a sua chegada, iluminando o coração do santuário mais sagrado da tribo.

E, talvez, naquela manhã solene, uma Alta Sacerdotisa se acomodaria no recesso central à espera de ser fecundada espiritualmente pelo próprio Deus, de modo que ela mesma pudesse fazer profecias para a tribo. Talvez, como em outros lugares, também houvesse um *Hieros Gamos* (Casamento Sagrado) com um Alto Sacerdote que personificasse o Deus; mas, mesmo que tudo isso se desse, o verdadeiro momento da concepção teria ocorrido nos dezessete minutos da luz do próprio Deus.

Talvez, talvez...

Sejam quais forem os fatos, uma coisa é certa: o Deus Sol, que fertiliza e mede o tempo, ainda se manifesta vividamente em Newgrange na virada escura do ano.

III

O Deus Sol

Nem apagado nem vermelho,
como a cabeça do próprio Deus,
o Sol glorioso ascendeu.
S.T. Coleridge

No capítulo anterior, falamos do aparecimento do Deus Sol, no capítulo XXVII trataremos de um dos mais importantes Deuses do Sol, o Rá egípcio. No entanto, há alguns pontos que precisam ser examinados separadamente.

Deixando de lado os aspectos de fecundador e medidor do tempo, é fácil ver por que o Sol sempre foi obrigatoriamente um símbolo Divino. Ele rege o céu nas nossas horas de atividade, a ponto de estabelecermos limites como o nascer e o pôr do sol, porque precisamos da luz solar para ver aquilo em que estamos trabalhando. Com algum esforço, podemos deixar de lado o luar da intuição (por nossa conta e risco, convém lembrar), mas não podemos desconsiderar a luz solar do ego ou percepção consciente.

Na apresentação inicial deste livro, dissemos que o aspecto masculino é analítico e o feminino sintético. A função analítica desmembra os objetos para ver do que são feitos; a função sintética, remonta-os, para ver como se relacionam entre si. A luz solar é implacável e discriminadora; salienta inflexivelmente as diferenças que existem entre as coisas. A luz da Lua é suave e harmonizante; parece mesclar todas as coisas em um todo.

O Sol também é visto como um regente imparcial das atividades dos diversos fenômenos, em geral mutuamente hostis, que surgem porque ele existe. O Rá egípcio, por exemplo, mantinha ressecado o deserto árido do terrível bisneto Seth, mas também mantinha sempre fértil o rico Vale do Nilo, pertencente a Osíris, seu outro bisneto.

Assim como o nascer e o pôr do sol governam as nossas atividades diárias, o ritmo solar anual governa a nossa atividade a longo prazo e a fertilidade da terra da qual dependemos.

De fato, o sol é um símbolo Divino muito vívido. E podemos notar que permaneceu para a cristandade que surgia. Os Evangelhos não mencionam a data do nascimento de Jesus, mas quando a Igreja primitiva o elevou à condição de Deus, o instinto humano de comemorar o renascimento anual do Sol (instinto este que estava profundamente arraigado), exigiu que o Cristo-Deus também tivesse nascido no Solstício de Inverno. E assim, no ano 273 da EC isso foi decretado, e dali em diante aceito de forma oficial e popular.

A ênfase na masculinidade do Sol e na divindade solar é mais marcada nas regiões tropicais e subtropicais. Ao redor do Mediterrâneo (e convém lembrar que o cristianismo, nos seus anos de formação era uma religião mediterrânea), tanto o Sol como o Deus Sol são quase universalmente masculinos. (Naquela região, as únicas Deusas solares que conseguimos encontrar tinham relativamente pouca importância; entre elas estão as Deusas fenícias Nahar e Samas, mencionadas nas antigas escrituras de Ugarit, a sumeriana Shapash e a hitita Wurusumu.) O Rá egípcio, o Hélios grego e o Sol romano são palavras que significam "sol", mas também são nomes de Deuses, todos masculinos. Isso é compreensível, porque naquelas regiões é impossível passarem despercebidos os aspectos masculinos da luz claríssima e do forte calor.

No entanto, mais ao norte, o Sol é mais brando – e sua luz também; com um calor menos previsível quase sempre ocorre o inverso. As palavras *some* (em alemão) ou *crian* (em gaélico), que também significam "sol", são femininas.

Os celtas gaélicos em particular – ou ao menos a aristocracia de guerreiros gaélicos que deu origem à mitologia celta que chegou até nós –, eram criadores de gado, e não agricultores; por isso, o aspecto fertilizante do Sol, que tanta importância tinha para as comunidades agrícolas (e, na Irlanda, para os povos neolíticos que existiram antes delas), seria relativamente irrelevante para o modo de pensar daqueles grupos. É interessante notar que tanto os esquimós como os aborígines australianos faziam parte da minoria que cultuava Deuses do Sol, e esses dois povos jamais tiveram uma atividade agrícola secundária.

Qualquer que seja a luz ou o calor do Sol, mais ao norte ele fica mais baixo no céu; portanto, apresenta um movimento lateral muito mais nítido. Daí a ideia de que um movimento descrito em sentido horário, *deosil* (ou *deiseal*, em gaélico), era propício, (particularmente no ritual), ao passo que um movimento feito no sentido contrário, *widdershins* (ou *widersimes*, em alto-alemão médio), trazia má sorte, essa crença parece ter sido mantida firmemente nas regiões do norte e sobrevivido no folclore e na tradição dos rituais de ocultismo e dos rituais na Wicca.

Na região mediterrânea e pouco mais ao sul, onde o que impressiona é o movimento vertical do Sol, e não o lateral, aparentemente não existe essa convenção do *deosil*. Olhando as danças tradicionais gregas, muitas das quais teatralizam temas mitológicos, verificamos que os movimentos tanto podem ser *widdershins* como *deosil* e, pelo que pudemos observar, a direção não tem significado simbólico.

No movimento neopagão de hoje, que inclui a Wicca, não são muitos os adeptos que se dedicam à agricultura ou à criação de gado, mas todos estão se esforçando por conseguir uma sintonia mais viva com a natureza; por isso, não é de surpreender que haja uma tendência a ver o Sol como forma do Deus, especialmente nos rituais sazonais. Para isso, compreender melhor o que ele significava para os nossos ancestrais nos ajuda a visualizar mais claramente os nossos próprios conceitos.

IV

O Deus da Sabedoria

Mas, reparai: exigis a verdade nas partes interiores:
e far-me-eis compreender a sabedoria secretamente.
Salmos

O que é a sabedoria, cujo valor é maior que o dos rubis? Não é simplesmente inteligência, conhecimento ou intuição, nem compreensão, embora todas estas faculdades façam parte dela.

Sabedoria é a união feliz de todas essas capacidades. É o que nos diz quando e como agir somando a contribuição dela ou, em certas ocasiões, quando nos abstermos de agir até o momento adequado e que atitude adotar enquanto esperamos.

Ora, examinando essas capacidades em termos da nossa definição de ênfase masculina ou feminina – de Dons do Deus e Dons da Deusa – verificamos que, afinal, elas são uma mistura das duas. Sem dúvida, a inteligência e o saber têm a ver com ambas, ao passo que a compreensão (percepção intelectual da verdade) e a intuição (percepção direta da verdade) são as faces do Deus e da Deusa da mesma função. Por esse motivo, nenhuma forma do Deus ou da Deusa, isolada, seria adequada para personificar a sabedoria. E, de fato, de panteão em panteão, encontramos tanto Deuses como Deusas da sabedoria. Nenhum é redundante, porque a sabedoria se gera da polaridade de ambos.

É significativo notar que nos raros casos em que a sabedoria corresponde à divindade principal de um panteão, geralmente apresenta-se um gênero ambíguo. A divindade da sabedoria dos budistas japoneses, por exemplo, se chama *Dainichi* e algumas vezes é mencionada como Deusa, outras como Deus.

Para os gregos, a principal divindade da sabedoria era Hermes, que os romanos adotaram com o nome de Mercúrio. Por isso, pode não parecer estranho que o símbolo de Hermes ou Mercúrio (fig. 1) seja uma combinação dos símbolos masculino e feminino; ou que um ser gerado por Hermes e Afrodite tenha sido o estranho hermafrodita, cujo sexo não era nem masculino nem feminino, mas incluía as qualidades de ambos.

Fig. 1 O Símbolo de Mercúrio ou Hermes é uma combinação dos símbolos masculino (círculo e flecha) e feminino (círculo e cruz)

Contudo, normalmente a sabedoria era representada por um Deus e uma Deusa agindo em polaridade.

O Thoth egípcio, que mencionamos no capítulo II e analisaremos mais detalhadamente no capítulo XX, talvez seja o exemplo clássico. Thoth aparece repetidamente como o parceiro que trabalha para a Deusa suprema Ísis; a polaridade de ambos atingiu uma magia que nenhum dos dois poderia ter conquistado sozinho. E a esposa de Thoth era Maat, Deusa da verdade, da justiça e da ordem natural do universo, aspectos com os quais a sabedoria sempre deve estar harmonizada.

No panteão hindu dos brâmanes, Saraswati era a Deusa da sabedoria, do conhecimento e da fala, além de autora do alfabeto sânscrito. Saraswati nasceu do próprio Brahma, de sua substância imaculada; quando ele a viu, apaixonou-se e casou-se com ela. Juntos, os dois "geraram todas as coisas vivas".

Uma equipe assírio-babilônia muito unida era a de Nabu (o Nebo da Bíblia), Deus da sabedoria e do ensino, e a esposa Tashmit (aquela que ouve), Deusa das letras que abria os olhos e os ouvidos de todos os que recebiam instrução. Juntos, inventaram a escrita. Também conseguiram penetrar na mitologia egípcia como Nabu e Tashmetu.

É compreensível que a invenção da escrita tenha sido atribuída em quase todo o mundo a divindades da sabedoria. Thoth também recebe o crédito de ter inventado os hieróglifos.

Dizem que Oghma Grianianech (aquele que tem o semblante do Sol), Deus da sabedoria dos irlandeses gaélicos, um dos Tuatha Dé Danann e filho de Dagda, inventou a escrita ogâmica. Essa escrita apareceu por volta do Século 4 EC, mas "quase com certeza continua a ser um sistema mais antigo de símbolos mágicos" (*Celtic Mythology* – de Proinsias Mac Cana, pág. 40). Oghma não era nenhum erudito enclausurado, traço característico de uma sociedade guerreira para a qual a ousadia e a agilidade de pensamento nos assuntos de guerra eram de máxima importância. Ele era também vencedor de batalhas, como o seu equivalente gaulês Ogmios.

No referente ao gênero, Oghma ou Ogmios constitui uma exceção. Em muitos panteões que existem pelo mundo, a noção mais aceita é a da parceria complementar do Deus e da Deusa.

E aqui há muito assunto para meditar, tanto na seleção de formas de divindade para a questão da sabedoria, como na nossa maneira de encarar o tema na vida diária. O uso da inteligência e o domínio do saber de que dispomos são obviamente necessários. Entretanto, o momento da verdade chega quando aprendemos a harmonizar o entendimento lógico e a intuição que se agita abaixo da superfície, e quando somos capazes de integrar e confiar em ambos. É o momento de magia em que o Dom do Deus e o Dom da Deusa, juntos, dão à luz aquela repentina percepção confiante que nos transmite o que a sabedoria disse.

V

O Deus da Vegetação

Dos velhos campos ceifados pelo homem
é este o trigo recém-colhido.
Geoffrey Chaucer

O Deus da vegetação é o florescimento pleno do Deus filho e amante, uma vez estabelecidas firmemente as grandes comunidades agrícolas. Na qualidade de amante da Mãe-Terra, esse Deus é o Sol e a chuva que a fertiliza; na qualidade de filho da terra, representa as colheitas que ela dá à luz como resultado da fertilização. O ciclo é infindável.

Exemplos supremos deste conceito foram Tammuz (do Oriente Médio), que veremos no capítulo XIX, e Osíris do Egito (capítulo XVIII), que levou este conceito um estágio adiante apresentando o filho Hórus, ao mesmo tempo seu filho e seu próprio eu renascido.

A forma real do Deus da vegetação variava com o ambiente do povo que a concebia. Vamos examinar o exemplo do cananeu Baal, cuja história está contada vividamente nas tábuas de Rás Shamra.

Baal era filho do Deus Supremo El e tinha uma irmã chamada Anat, sua aliada firme e Deusa da fertilidade que aparentemente havia sido, ela própria, uma Mãe-Terra. Anat também era Deusa da luta, o que parece refletir o fato de que o território cananeu teve dificuldades na agricultura e precisou lutar muito para conseguir bons resultados.

A função fertilizadora de Baal era basicamente a da chuva e das tempestades, fenômenos puramente sazonais que provocavam o crescimento das culturas.

Na estação fértil, Baal desfrutava a companhia de três donzelas, que constituíam uma Deusa da Fertilidade Tripla, jovem e feliz: a Nédia donzela, Filha da Neblina; a Rutilante, Filha das Chuvas; e a Donzela da Terra, Filha do Mundo Inteiro.

No entanto, por mais organizados que fossem os campos, por mais salvaguardados que estivessem os poços, nunca era possível superar permanentemente um inimigo, que era a aridez do verão tórrido, ocasião da ausência das tempestades de Baal, tão necessárias à vida. O período da seca era personificado por Mot, terrível Deus da esterilidade e da morte.

A cidade dele, em ruínas;
dilapidado o trono em que ele se senta,
só resta asco na terra que herdou.

Mot enfrentou Baal e o matou, mas antes de morrer, Baal fez uma coisa aparentemente estranha: teve relações com uma novilha. Ora, o touro era um animal de culto e os cananeus dependiam do gado como dependiam das colheitas. Por isso, sem dúvida, o ato de Baal representa a provisão antecipada e cuidadosa do estoque de gado para enfrentar a estação árida.

Com Baal banido para o Inferno "como os mortos", era chegada a hora de Anat (irmã de Baal e Deusa guerreira, além de indestrutível Deusa da fertilidade) fazer alguma coisa. Ela saiu em busca do corpo de Baal, pedindo ajuda a Shapash, Deusa do Sol que tudo vê, até o Inferno, embora transitasse à noite.

Quando ela estava saciada de chorar,
Bebendo lágrimas como vinho,
Gritou bem alto para Shapash, Luz dos Deuses:
Sobe para mim, imploro-te, poderoso Baal!

Como no exemplo de Ishtar e Tammuz, ela própria foi ao Inferno recorrer a Mot, que foi inflexível; então o aspecto da Deusa da luta de Anat entrou em cena.

Ela dominou o Deus Mot
e o clivou com uma lâmina;
com uma pá, joeira-o;
com fogo, seca-o;
com uma pedra de moer, moí-o;
espalha-o pelo campo;
os pássaros comem os despojos,
as criaturas selvagens consomem os fragmentos;
os resíduos são divididos.

A linguagem agrícola tem significado; no fim do período fértil, os produtos das culturas são colhidos, joeirados e moídos. Mas em Canaã também era costume oferecer aos Deuses os primeiros frutos da colheita, moídos e secos ao fogo.

Como veremos mais adiante, os israelitas muito assimilaram do ritual agrícola sazonal dos cananeus, inclusive a linguagem; e o ato de Anat ecoou no Levítico 2,14: "Se ofereceres uma oblação de primícias a Yavé, será ela de espigas assadas ao fogo e de grãos novos triturados [...]". Assim, Baal renasceu e chegou a hora de rejubilar-se:

Pois o Poderoso Baal está vivo,
pois o Príncipe, Senhor da Terra, existe!
Dos céus choveu óleo e os rios verteram mel.

Ano após ano, os Deuses da fertilização e da esterilidade se alternam na vitória com a Deusa da fertilidade, que nunca morre, nem mesmo a cada estação, sempre desempenhando o seu papel.

O correspondente ciclo humano de rituais, isto é, as estações de luto, sacrifício e regozijo, tem uma semelhança inevitável, por mais que as condições locais variem. Com certeza, nos tempos primitivos, o sacrifício era humano. O Rei do Milho era escolhido pela perfeição física e cumulado de honrarias na personificação do Deus da fertilidade sazonal, que, por ocasião da colheita, mantinha relações com uma Sacerdotisa que representava a Deusa e logo depois era morto por ela ou por um representante seu. Desempenhar os papéis das divindades apropriadas no drama ritual era encarado (e ainda é, instintivamente) como um meio de sintonizar a humanidade com a finalidade das divindades, garantindo assim um bom resultado.

Um trecho do texto de Ras Shamra sugere isto, quando Anat:

[...] prepara assentos para os guerreiros,
penteadeiras para os soldados,
escabelos para os heróis [...]

Depois de uma recepção tão hospitaleira, passa a massacrá-los. Feito isso, ela usa a água do próprio Baal para se purificar (como as sacerdotisas do sacrifício certamente faziam):

Com as mãos em concha, ela recolhe a água e se lava;
o orvalho do céu, a fertilidade da terra,
a chuva d'Aquele que se eleva até as Nuvens.

Esse banho segue o padrão adotado por muitas Deusas que, depois das relações sexuais do rito, banhavam-se para recuperar a virgindade no sentido antigo, não de celibato, mas de sua condição de independente, não pertencente a ninguém do sexo masculino, seja ele homem ou Deus.

O sacrifício e o acasalamento do rei e Deus do milho devem ter sido encarados como uma necessidade triste, mas amorosa, não como uma orgia sádica. Em *A Deusa Branca*, pág. 316, Robert Graves diz: "Não há dúvida de que, na lenda original, Ísis foi cúmplice voluntária de Seth no assassinato de Osíris".

A tragédia crua do ritual primitivo, com o papel inevitável de amante e imoladora desempenhado por Ísis, foi esquecida na lenda clássica, período menos cruel, em que o costume de sacrificar vítimas humanas já havia sido abandonado muito tempo antes. Mas podemos garantir que Graves tem razão.

(Os cristãos que veem no sacrifício do Rei do Milho um indício de barbaridade pagã deveriam considerar o seguinte: o sacrifício do próprio Cristo, que foi acompanhado de escárnio, e não de honra, também é encarado como um episódio triste, mas inevitável da meta divina: o bem-estar da humanidade; e o símbolo mais sagrado da cristandade é um instrumento de execução por tortura. Nem sempre as verdades espirituais são confortáveis.)

Naturalmente, o massacre dos "heróis" por Anat pode ter sido apenas uma lembrança da prática do sacrifício humano de épocas muito anteriores; a menção da oferenda das primícias que fizemos na pág. 43, e no verso do Levítico sugere que tais oferendas já haviam substituído o sacrifício humano.

Oferendas desse tipo permanecem até hoje nos 101 trajes típicos variados, mas semelhantes, que são dedicados especialmente à primeira colheita.

Voltaremos a outro aspecto do tema da fertilidade cíclica do Deus no capítulo IX, e ao tema do Rei do Carvalho, do Rei do Azevinho e do Deus Sacrificado, no capítulo X.

VI

O Deus da Guerra

Ele riu ao som das trombetas,
e lá distante ouviu a batalha,
o alvoroço dos capitães, a gritaria.
Jó

Sempre vai existir alguém que nos diz (em geral intercalando a expressão "sobrevivência do mais apto") que Homo Sapiens é uma espécie agressiva. Na realidade, o atributo de sobrevivência mais forte da humanidade está no fato de sermos animais sociais (como os lobos, as abelhas e os babuínos); desde tempos imemoriais, quando trabalhamos em equipe sempre obtemos resultados que nunca obteríamos sozinhos.

Apesar disso, é preciso admitir que a inclinação em ser agressivo pela defesa da equipe (seja ela familiar, tribo ou nação) tem sido um elemento necessário da nossa capacidade de sobrevivência.

O tamanho da "equipe" típica aumentou continuamente desde a Idade da Pedra; e neste Século, o bom senso e a eficiência bastariam para sugerir que a raça humana como um todo deveria constituir a equipe, se quisermos que a nossa espécie sobreviva e prospere, especialmente sabendo que hoje um conflito armado pode significar destruição mútua. Felizmente, um número cada vez maior de pessoas começa a perceber isto.

Tais pensamentos, relacionados com a nossa situação atual, podem parecer irrelevantes para este estudo histórico das formas do Deus, exceto talvez para nos permitir observar que devem estar desaparecendo rapidamente os dias em que as paradas religiosas do exército podiam cantar "Avante, soldados de Cristo", marchando para a Guerra (ou o equivalente em outras línguas) sem nenhum sentimento de incongruência.

Vamos agora examinar os Deuses da Guerra históricos.

Aparentemente, esses Deuses personificavam dois aspectos. De um lado, a morte e a destruição vinculadas à guerra; os Deuses e Deusas da guerra (estas em grande número) eram terríveis. De outro, a convicção de que a "nossa" causa, ipso facto, era justa e seria apoiada pelo nosso Deus; essas divindades encorajavam e animavam.

Vamos ver alguns exemplos. Naturalmente estaríamos simplificando demais as coisas se disséssemos que os romanos como um todo consideravam as conquistas militares uma função normal do Estado, ao passo que os gregos tendiam a pensar em termos de cidades-estados independentes e lutar quando essa independência era ameaçada; no entanto, nisso há um elemento de verdade considerável que se reflete nos seus Deuses da guerra.

Marte, Deus da guerra romano, era parte integrante da história do seu povo e também se chamava Marspiter (Pai Marte). Originalmente, era uma divindade agrícola denominada Mars Gradivus (de *grandire*, crescer). Era filho de Juno, não de sua união com Júpiter, mas com uma flor. Com a esposa, a Virgem Vestal Reia Sílvia, gerou Rômulo e Remo, os gêmeos que fundaram a cidade de Roma.

De vários modos, Marte era mais importante para a Roma antiga do que Júpiter, cuja figura era mais remota; quando a Roma agrícola se transformou em conquistadora, ele manteve essa importância, mudando a própria natureza conforme a mudança da natureza dos devotos.

Tornou-se um Deus da luta, a princípio em defesa dos campos, cujos produtos havia supervisionado; depois, na conquista dos campos alheios. Até o seu título de Gradivus foi reinterpretado como proveniente de *gradus* (marcha).

Reia Sílvia aparecia apagada no fundo da cena. As Deusas que o acompanhavam eram agora guerreiras, como Bellona e Vacuna, e seu quadro de generais incluía Honos (Honra) e Virtus (Virtude), que inspiravam os soldados, além de Pavor (Pavor, como em português) e Pallor (Palor), que aterrorizavam o inimigo.

Marte tinha um templo importante no Monte Palatino, e Bellona (considerada esposa, irmã ou filha dele), tinha o seu templo próximo ao portão de Carmenta. Os sacerdotes de Bellona eram recrutados entre os gladiadores, aliás, com muita propriedade.

A concepção que os gregos tinham de Ares, seu Deus da Guerra, era muito diferente e foi muito bem resumida na *Ilíada* de Homero, em que Zeus, pai de Ares, diz ao filho: "De todos os Deuses que habitam o Olimpo, tu és o mais odioso para mim, pois não aprecias nada a não ser brigas, guerras e batalhas. Tens a disposição obstinada e incontrolável de tua mãe Hera, que mal consigo controlar com as minhas palavras."

Até os companheiros de luta de Marte eram puramente destrutivos, como os supostos filhos Deimos (Medo) e Fobos que teve com Éris (Discórdia), "a fúria insaciável", e Ênio, "destruidora de cidades", com as Keres, que bebiam sangue, ambas Rameiras do Hades. Nenhuma Deusa guerreira nobre, nem da honra, nem da virtude.

Os gregos sabiam que, às vezes, as lutas eram justificáveis e há algum significado no fato de o patrocínio das lutas nunca ser atribuído a Ares e sempre à divindade padroeira da cidade-estado em questão. Por exemplo, Pallas Athena, a Deusa de Atenas, era vista como a guerreira nobre e inteligente que só empunhava armas quando necessário, e não pelo desejo de destruir. Ela abominava Ares e tudo o que ele representava. Em geral, os dois lutavam em lados opostos, como ocorreu na Guerra de Troia. Fora de Troia, ele a atacou e foi derrotado. Pisando o corpo prostrado dele, ela disse: "Seu tolo! Ainda não percebeste que a minha força é superior à tua?"

É preciso admitir que Jeová, o Deus hebreu do Velho Testamento, foi um exemplo supremo do conceito que diz: "A nossa causa é justa e legitima qualquer atrocidade". Repetidas vezes as cidades conquistadas eram arrasadas, assim como todos os homens, mulheres e crianças, e tudo que tinha valor era saqueado; tudo em nome do Senhor. Infelizmente, o Seu nome sofreu muitos abusos no mesmo sentido. Fica a impressão de que Jesus e Pallas Athena teriam ficado igualmente furiosos com esse tipo de blasfêmia. Quanto a Jeová, deixamos outros aspectos, "positivos e negativos", para o capítulo XII.

Os pagãos modernos usam muitas formas do Deus e Deusa para entrar em sintonia com a essência divina suprema, e a flexibilidade deles nesse sentido é uma das forças do movimento. No entanto, hoje dispensamos completamente os Deuses da guerra.

E, se por acaso alguma batalha fosse lamentavelmente inevitável, faríamos bem em rejeitar com firmeza tanto Marte como Ares, assim como a forma primitiva de Jeová, e nos refugiaríamos no espírito de Athena, cuja força, ao final, é superior a deles, como ela própria disse acertadamente.

VII

O Deus Artesão

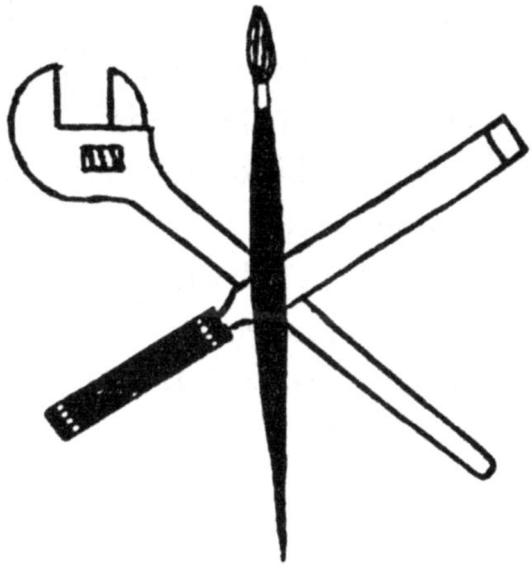

Deixe de ser caos e seja um mundo ou mesmo algo parecido com um mundo. Produza! Produza! Nem que seja a fração infinitésima mais ínfima de um produto, produza-a em nome de Deus! E o máximo que você possui: então, lance-o fora.

Thomas Carlwe

A Grécia tem muitos templos maravilhosos. O Panteão de Atenas coroa as alturas da cidade iluminada pelo Sol. O santuário solitário de Poseidon fica no Cabo Sounion e tem três lados cercados pelo mar imponente, lá embaixo. O templo de Apollo, com suas colunas sombrias, fica no coração de Delfos, a eterna. Há infinitos outros, grandes e pequenos.

Entretanto, existe um que merece um lugar especial em nossa memória, está situado há mais de 24 séculos em um outeiro que domina a Ágora de Atenas e é dedicado a Hefesto, ferreiro e artesão dos Deuses.

O encantamento do bom artesanato deve tê-lo abençoado, pois é um templo praticamente completo; pode não ser elegante como os outros, mas possui a simetria própria dos artesãos. É o templo mais antigo feito inteiramente de mármore. Há poucos anos a costa da colina foi carinhosamente replantada com murta e romãzeiras para recuperar o aspecto da vegetação que teve um dia.

Mas o que é verdadeiramente mágico é que, flanqueando a ágora, e vistas logo abaixo do templo de Hefesto, há duas ruas chamadas Hephaistou e Adreinou, ocupadas por oficinas de artesãos e barracas de venda, como sempre houve no setor de artesanato da cidade.

Da colina, Hefesto olha para baixo para ver o clarão da fornalha dos ferreiros e as luzes roxas que faíscam nos soldadores de arco voltaico, e para ouvir o bater dos martelos e o barulho das serras elétricas, numa estranha mescla do antigo e do moderno.

Isso o deixa intrigado? Duvidamos. Os verdadeiros artesãos acolhem as novas descobertas, adotando-as quando úteis. Com o correr dos séculos, ele deve ter visto muitas mudanças como aquelas, enquanto observava lá de cima os seus protegidos nas oficinas de Atenas.

E isso, ele continua fazendo até os dias de hoje.

Os artesãos, especialmente os que trabalham com metais, sempre foram considerados pessoas que possuem um poder mágico. Talvez isso tenha uma primeira origem no temor respeitoso que as armas de bronze inspiravam nos povos da Idade Média dominados por elas; e, posteriormente, na superioridade correspondente do ferro em relação ao bronze, e no devido tempo, na do aço temperado em relação ao ferro comum. Obviamente, os possuidores das armas e ferramentas de qualidade superior tinham Deuses poderosos do seu lado; e os artesãos que faziam as armas e usavam as ferramentas evidentemente se mantinham em comunhão direta com eles.

Isso ainda se reflete numa tradição observada no mundo inteiro, segundo a qual, quando uma pessoa estiver pregando na parede uma ferradura para atrair a sorte, deve colocá-la com as extremidades para cima, senão a sorte não vem; por outro lado, os ferreiros devem colocar a ferradura com as pontas para baixo, para enviar força à bigorna. Esta fonte especial de força só pode ser utilizada permanentemente pelos ferreiros mágicos; os mortais inferiores que encontrarem uma devem guardá-la com cuidado, como um tesouro.

Isso interessa muito à nossa família, pois o nome Farrar, original de Yorkshire, significa "ferreiro". A família de Stewart não está autorizada a usar um brasão de armas (pelo que sabemos), mas todos os brasões dos Farrar ou Farrer que estão autorizados a usá-los são variações do que está representado na fig. 2, em que as extremidades das ferraduras estão voltadas para baixo.

Um hino irlandês muito antigo, conhecido como *O Grito do Veado* ou *O Peitoral de São Patrício*, fala deste santo invocando os poderes de Deus para protegê-lo "dos encantamentos das mulheres, dos ferreiros e dos magos".

E, naturalmente, sempre existiu e ainda existe a admiração que temos pelo dom que algumas pessoas possuem de transformar metal, madeira ou pedras preciosas brutas em belos objetos, dotados de uma vida mágica própria.

Fig. 2 – O brasão de armas dos Farrar (ferreiro) apresenta as ferraduras com as pontas para baixo, na disposição permitida somente aos ferreiros.

Não é de surpreender, portanto, que todos os panteões tivessem importantes divindades relacionadas com o artesanato. Vamos examinar algumas.

O próprio Hefesto teve origens mais remotas, como a maior parte dos Deuses do Olimpo. Era o Deus do fogo de Lícia, situada na Costa Sul da Ásia Menor (os gregos aprenderam a trabalhar o metal com o Oriente).

Na lenda clássica, Hefesto era filho de Zeus e Hera, ou só de Hera, que o gerou espontaneamente. Nasceu manco e feio, e a mãe, envergonhada, jogou-o do céu ao mar. Lá, ele foi adotado pelas Deusas do mar, Têtis e Eurínome, que o criaram durante nove anos. Dotado desde a infância, ele "forjou mil objetos engenhosos" para as mães adotivas. Finalmente, persuadiu Zeus a lhe dar por esposa Afrodite, a mais encantadora das Deusas, tornando-se o artesão dos Deuses.

Os talentos de Hefesto pareciam ilimitados. Construiu palácios de bronze para os Deuses. Fez o trono, o cetro e os raios usados por Zeus; fabricou joias fabulosas para muitas Deusas, assim como as flechas de Apollo e Ártemis, a armadura de Héracles, Peleu e Aquiles, e assim por diante.

Ele conseguia criar robôs, como o gigante de bronze Talos, uma sentinela impressionante; e, para si mesmo, criou duas donzelas de ouro que lhe ofereciam o braço para ajudá-lo a andar quando ficou com as pernas tão fracas a ponto de não conseguirem sustentar aquele corpo robusto.

A mando de Zeus, criou até uma mulher, Pandora, enviada por Zeus para punir a humanidade com sua fatídica caixa de desgraça.

O correspondente romano de Hefesto foi Vulcano, que, na sua forma clássica, simplesmente adotou os atributos e lendas de Hefesto, chegando até a desposar Vênus que, tendo sido uma Deusa latina de pouca importância, fizera o mesmo com os atributos e lendas de Afrodite.

Essa helenização obscureceu a imagem muito mais antiga de Vulcano, que sempre fora importante, ao contrário da de Vênus. Vulcano era até mesmo mais velho que Júpiter, e na qualidade de Volcanus era na realidade uma versão mais primitiva daquele Deus. Vulcano havia sido um Deus solar, um Deus do raio e, acima de tudo, um Deus do fogo, como o próprio nome sugere. Como ocorreu com o Hefesto asiático, com o advento da Idade do Metal, nada mais natural que os antigos Deuses do fogo vulcânico da Idade da Pedra se transformarem em Deuses do fogo das forjas.

Deus artesão dos egípcios, Ptah sempre foi importante em toda a longa história do Egito. Assim como Rá e Thoth, era uma das várias divindades que os sacerdotes consideravam criadoras; ele chegou até a participar da criação de Thoth. O principal centro de culto de Ptah era Mênfis, mas no país inteiro ele era considerado o padroeiro dos artesãos hábeis. O Alto Sacerdote de Ptah tinha o título de Wer Kherep Hemut

(Líder Supremo do Artesanato). Dizem que Ptah era pai de Imhotep, o grande arquiteto que construiu a primeira pirâmide e principal templo de pedra egípcio em Saqqara, e foi uma das poucas figuras históricas do Egito a ser divinizada posteriormente.

Ptah criou o ovo cósmico com o lodo do Nilo e formou o homem com um torno de oleiro. Foi considerado o criador dos corpos dos faraós, tendo feito o de Ramsés II, por exemplo, a partir do electrum, com os braços e pernas de cobre e ferro.

Em Elefantina, os atributos de Ptah eram atribuídos a Khnum.

O artesão hindu Tvashtri ou Tvashtar também era do tipo solar, conhecido como "o estimulador universal", e era, do mesmo modo, venerado há muito tempo; talvez tenha chegado a Índia com os primeiros invasores vedas. Forjou o raio de Indra e a taça da Lua, que continha ambrosia, alimento dos Deuses. Era pai de Saranyu, Deusa das nuvens que desposou o Deus do Sol Surya ou Vivasvat, e sogro do Deus arquiteto Visvakarma. Treinou os Ribhus, três irmãos artífices que se tornaram habilidosos a ponto de receber como recompensa a imortalidade.

Na mitologia do Norte, o artesanato não era privilégio de uma só divindade (a não ser no caso de Volund/Wayland – veja o capítulo XXVIII), e sim de um grande número de anões empregados pelos Deuses. Os anões faziam qualquer coisa, da lança de Odin e o martelo de Thor ao colar de Freya e os cabelos dourados de Sif.

Segundo a descrição, os anões artesãos eram baixos e tinham a cabeça redonda; certamente uma lembrança de uma tribo da Europa Central que tinha boa reputação em matéria de trabalho com metais, além de ter acesso fácil à matéria prima necessária (veja mais detalhes na pág. 214).

No capítulo anterior, dissemos que os Deuses da guerra poderiam muito bem ser dispensados. Não podemos dizer o mesmo dos Deuses artesãos como Hefesto, Ptah, Tvashtri ou o ferreiro Wayland, nem das Deusas inspiradoras do artesanato, como Athena e Brida. Todos são imortais e vale a pena invocá-los ao cinzelarmos madeira, ao pincelarmos uma tela, ao tornearmos algum metal, ao instalarmos um circuito elétrico ou colocarmos a caneta no papel, pois em todas estas atividades existe, ou deveria existir, um toque dos Deuses.

E, para finalizar, um pensamento para os nossos amigos cristãos: o próprio Jesus era carpinteiro.

VIII

O Deus de Chifres

O chifre, o chifre, o chifre vigoroso,
Não é coisa para ser vista com escárnio.
Shakespeare

Das formas masculinas do Deus que aparecem na História, uma antecede a agricultura em incontáveis milhares de anos; e ele sobreviveu indestrutivelmente em harmonia com ela, apesar das diversas tentativas monoteístas de bani-lo.

Trata-se do Deus de Chifres da Natureza.

Originalmente, era um Deus da caça. O caçador se identificava com a presa e também a respeitava. Além disso, imitava-a nos rituais de magia cerimonial, como podemos concluir a partir de diversas pinturas encontradas em cavernas pré-históricas.

Típica disso é a atitude dos índios americanos com o búfalo, os mitos ligados a ele e o respeito com que é tratado quando caçado. Infelizmente, a atitude dos índios não foi seguida pelos imigrantes brancos.

Os caçadores siberianos dos arredores do Lago Baikal costumavam enterrar cerimoniosamente os ossos da rena cuja carne haviam comido.

Quando o caçador da Idade da Pedra personificou o vigor, a resistência, a beleza e a força procriadora da Natureza em forma do Deus, que modelo mais óbvio do que os magníficos veados, touros ou bodes montanhês que desafiavam a sua habilidade, da qual dependia a sobrevivência?

O Deus de Chifres era uma expressão vívida do filho e amante da Mãe-Terra: movimentando-se com cuidado, vagando por toda parte, libidinoso, matava com respeito para alimentar suas outras criaturas, reaparecendo, entretanto, forte e esplêndido como nunca.

A complexidade agrícola e social não o deixou de lado porque a humanidade sabia instintivamente que, sem o apoio da força bruta da Natureza, as colheitas e a comunidade feneceriam e morreriam.

Essa atitude instintiva de usar chifres como símbolo permaneceu entre os hebreus antigos, por exemplo. Poucas pessoas só a percebem quando alguém lhes chama a atenção para o fato de que em todo o Velho Testamento os chifres são um símbolo de poder dado por Deus.

Dotar Satã de chifres e identificá-los somente com as forças do mal (contrariamente à tradição bíblica) foi obra da Igreja Medieval, um artifício para desmoralizar o Deus de Chifres dos Bruxos; assim, seus perseguidores podiam dizer: "Eles adoram o Demônio, e ele tem chifres para provar isso."

O Deus de Chifres sobreviveu a tudo isso, disfarçado de modo muito tênue em alguns costumes populares, como a "dança dos chifres" de Abbots Bromley. E, sem dúvida, ele prospera outra vez nos dias de hoje como Deus dos Bruxos.

Provavelmente é uma das formas do Deus preferidas pelas feiticeiras modernas; e a coroa dotada de chifres é o ornamento de cabeça preferido pelo Alto Sacerdote, como ocorre com a coroa lunar da Alta Sacerdotisa.

A popularidade desse Deus na arte da feitiçaria é compreensível e apropriada. A Wicca é uma religião baseada na Natureza e tem por Deusas básicas a fértil Mãe-Terra e a cíclica Senhora Lua, cuja sabedoria é intuitiva. O Deus principal é "naturalmente" (no sentido literal) a poderosa força da Natureza, que não podemos deixar de lado sem risco.

É ele que impregna a Mãe-Terra além de guiar e defender as criaturas geradas por ela. Ele é a verdadeira sabedoria da lei cósmica e terrestre, da qual a humanidade tende a se afastar.

Na realidade, ele é o Senhor da Dança, pois os ritmos da vida, do crescimento, da morte e do renascimento são dele, em um contraponto criador com as estações da Terra e as fases mensais da Senhora Lua.

Nos capítulos XVII e XXI examinaremos mais detalhadamente Pan e Herne/Cernunnos, duas formas notáveis do Deus de Chifres.

Nunca o Deus de Chifres da Natureza foi tão necessário como hoje. A revolução tecnológica da humanidade é uma dádiva do Deus da sabedoria, que pode ser usada como qualquer outra, como de fato ocorreu. Estamos explorando a Mãe-Terra até um ponto perigoso e temos o poder de destruí-la e nos destruirmos. Estamos no perigo iminente de haver uma superpopulação desastrosa, embora tenhamos meios de controlar essa tendência (a despeito das proibições do Vaticano) sem frustrar os nossos instintos naturais. Estamos devastando as florestas, que são os pulmões do mundo; estamos usando aerossóis para abrir enormes buracos na camada de ozônio, que nos serve de escudo protetor. Estamos poluindo os mares e pondo em risco espécies inteiras. E assim por diante.

Por outro lado, todos estes perigos se transformaram em tema de acalorados debates públicos e em fortes protestos, como nunca se viram antes. Os exploradores e poluidores do meio ambiente, os caçadores de baleias, os que apoiam a fabricação de armas nucleares, todos precisam se defender ou usar de manobras para se desviarem de uma onda crescente de críticas feitas não só por cidadãos comuns, como também por cientistas conscienciosos e técnicos especializados.

Um dos aspectos positivos da revolução tecnológica é termos aprendido mais a respeito da Terra, do seu metabolismo e da biosfera nestes últimos 30 anos do que nos 3000 anos anteriores. Sabemos o que está acontecendo e, com uma certeza cada vez maior, o que fazer em relação a isso.

Na luta para garantir que algo seja feito, os nossos grandes aliados são a própria Mãe-Terra e o Deus de Chifres, seu sábio e vigoroso consorte e defensor.

IX

O Rei do Carvalho e o Rei do Azevinho

Carvalhos altos, de ramos encantados pelas estrelas puras,
Sonham; e sonham a noite toda sem medo algum.

John Keats

De todas as árvores que estão na floresta, O azevinho usa a coroa.

O Azevinho e a Hera

O ciclo da fertilidade já foi expresso em muitas formas divinas. Uma delas, ou melhor, duas, que persistiram desde as eras pagãs até o folclore contemporâneo, são a do Rei do Carvalho e a do Rei do Azevinho, Deuses do ano que começa e do ano que termina, respectivamente.

O Rei do Carvalho reina do Solstício de Inverno ao solstício de expansão e crescimento; o Rei do Azevinho reina da plenitude do verão até o inverno, período de retiro e descanso. São gêmeos, um claro e o outro escuro, cada qual é o eu do outro. Não representam o "bem" e o "mal"; cada um simboliza uma fase necessária do ritmo natural; portanto, os dois representam o bem.

Nas duas ocasiões de mudança, ambos se enfrentam em combate. O gêmeo que chega "mata" o que sai: o Rei do Carvalho, no Solstício de Inverno e o Rei do Azevinho, no Solstício de Verão. Porém, o gêmeo derrotado não está morto de fato; simplesmente, durante os seis meses em que o irmão reina, recolhe-se em Caer Arianrhod, Castelo da Roda de Prata que nunca para de girar (veja *A Deusa das Bruxas*, págs. 213-219).

Ficamos imaginando se muitos dos atores que representam a pantomima da época de Natal percebem como é antigo o tema que estão encenando. Nesta teatralização, que varia muito nas Ilhas Britânicas, por exemplo, São Jorge derrota o Cavaleiro Turco numa luta de espadas e depois grita que matou o irmão. Entra o Médico, de maleta preta, e devolve a vida ao Cavaleiro Turco. O São Jorge do Natal é o Rei do Carvalho, e o Cavaleiro Turco é o Rei do Azevinho.

O padrão atual das pantomimas representadas, data do Século 4, mas, sem dúvida, tem bases muito mais antigas.

Outro costume popular que lembra o mesmo tema é o da caça da carriça, apresentado no Solstício de Inverno. A carriça é o pássaro do Rei do Azevinho; o tordo é o pássaro do Rei do Carvalho e sem dúvida com o peito vermelho anunciando que o Sol renasceu. (Em um contexto mais amplo as diversas referências à carriça e ao tordo feitas por Robert Graves em *A Deusa Branca*). Era comum caçar carriças, e matar os pobres animais era uma espécie de magia supersticiosa destinada a garantir o fim do reinado de seu senhor. Hoje é um mero símbolo. Em alguns lugares da Irlanda, por exemplo, ainda há "Meninos Carriças", adultos que cobrem completamente a cabeça e o rosto com um chapéu cônico feito de palha e saem dançando e cantando pelas aldeias no dia 26 de dezembro, dia de Santo Estêvão. No mesmo dia, ao menos no oeste da Irlanda, muitas crianças vestem fantasias, pintam o rosto e vão de casa em casa levando braçadas de ramos de azevinho e recitando estes versos:

Carriça, carriça, o rei dos pássaros,
No dia de Santo Estêvão se prendeu no tojo;
Chaleira para cima e panela para baixo,
Dê-nos dinheiro para enterrarmos a carriça.

Inevitavelmente, os dois irmãos também são rivais quanto aos favores da Deusa, tema que aparece com frequência nas lendas. Um exemplo é o da donzela galesa Creiddylad, pela qual, por ordem do rei Arthur, o Rei do Carvalho e o Rei do Azevinho precisam lutar a cada primeiro de maio, até o dia do Juízo Final (Graves *A Deusa Branca*, pág. 180), identifica-a com a dama da balada de Sir Gawain's Marriage.

[...] vi uma dama sentada
entre um carvalho e um azevinho verde;
ela estava vestida de vermelho escarlate.

Creiddylad era filha de Llud, Nudd ou Llyr (Lir), que inspirou o *Rei Lear* de Shakespeare; pode ser comparada a Cordélia, única das filhas de Lear que desafiou as ordens do pai e escolheu o próprio marido.

Diga-se de passagem, que em *The Romance of Gawain and the Green Knight* Sir Gawain caracteriza o Rei do Carvalho, cujo rival, o Cavaleiro Verde, representa o Rei do Azevinho, que leva um bastão feito de ramo de azevinho. Os dois concordam em se decapitar mutuamente, alternando-se a cada ano.

Vamos examinar o significado destas duas árvores.

"Parece que a veneração do carvalho ou do Deus do Carvalho foi compartilhada por todos os ramos da raça ariana da Europa", diz Sir James Frazer em *O Ramo de Ouro*, pág. 209.

Obviamente, o carvalho simboliza resistência e longevidade; possui um fruto expressivamente fálico e tem raízes que se aprofundam acentuadamente no solo, enquanto os galhos se estendem no ar, o que indica o domínio que o Deus do Carvalho exerce no Céu, na Terra e no Inferno.

O carvalho era o pivô da mitologia religiosa celta. Era a árvore de Dagda, Deus criador supremo dos irlandeses. Provavelmente o próprio nome dos druidas deriva de uma raiz que significa "homens do carvalho", pois os druidas não veneravam seus Deuses em templos, e sim em bosques de carvalho.

A madeira usada na fogueira ritual do Solstício de Verão sempre era o carvalho, do mesmo modo que a acha de madeira das fogueiras de Natal. Houve época em que o representante humano do Rei do Carvalho era queimado vivo naquela primeira fogueira, de acordo com um ritual. E a acha de madeira da época de Natal sempre fez lembrar algo relacionado com sacrifício, uma vez que contém o desenho da figura de um homem.

Na era cristã, o Solstício de Verão cedeu lugar ao Dia de São João. Quando morávamos no Condado Mayo, no extremo oeste da Irlanda, todos os anos, no dia 24 de junho, véspera de São João, surgiam muitas fogueiras, como joias, na paisagem, cortando o horizonte quando o Sol se punha. Todas as associações com este costume que a Igreja não oficializou eram claramente pagãs, motivo pelo qual nós, na qualidade de Bruxos, também acendemos a nossa fogueira no dia 24, em vez de acendê-la no dia 21 de junho, como é costume na prática da feitiçaria. Se todos os nossos vizinhos estavam seguindo uma tradição tão antiga, por que haveríamos de ficar de fora?

Quanto ao azevinho, embora os domínios de seu rei sejam um reino de recolhimento que culmina em aparente ausência de vida, a sua simbologia nos recorda o tempo todo que ele é o outro eu do próprio irmão e mantém sob sua guarda a vida dele, que está em repouso. O azevinho tem folhas sempre verdes e bagos vermelhos que brilham enquanto todas as outras plantas estão sem frutos. E, sem dúvida, ao menos nestas ilhas, a colheita chega cedo no reino do Rei do Azevinho; é ele quem fiscaliza o produto da fertilidade do irmão.

Era comum pensar que depois da véspera do dia de Reis dava azar guardar em casa um ramo de azevinho, símbolo do ano recém-terminado.

Se o reinado do Rei do Azevinho começa com a colheita, termina com as saturnais, com as Festas de Natal. E o Deus daquele reinado, Saturno, em vez do Júpiter do Carvalho, tende a aparecer como um bufão amistoso e alegre de faces vermelhas que chega distribuindo presentes. A origem verdadeira de Papai Noel é a do Rei do Azevinho, não a do bispo de Mira do Século 4, considerado o seu protótipo oficial, embora praticamente não tenha história, num contraste marcante com a grande quantidade de lendas de Papai Noel.

Em algumas tradições dos Buxos, a Deusa reina no verão e o Deus no inverno. Achamos este conceito um tanto restritivo. Afinal, a Mãe-Terra e sua misteriosa irmã lunar estão presentes o tempo todo, sempre poderosas, do mesmo modo que o Deus de Chifres da Natureza, independentemente de estarem percorrendo campos cultivados ou cobertos de neve.

Sendo assim, para representar de modo conceitual ou ritual o aspecto referente a Deus no ciclo das estações, quem melhor do que os "meninos brancos como lírios, vestidos inteiramente de verde", isto é, os Deuses gêmeos do Ano Que Inicia e do Ano Que Termina? Afinal, são as duas faces do Uno que é Único, mas que ao contrário do Uno da canção, não existem sozinhos.

X

O Deus Sacrificado

Repousa agitada a cabeça que usa uma coroa.
Shakespeare

O conceito do Deus Sacrificado está diretamente ligado ao antigo conceito de realeza, segundo o qual o rei era o representante humano e a encarnação do Deus, e o bem-estar do povo e a fertilidade das terras e dos rebanhos dependiam diretamente da sua habilidade de desempenhar bem esse papel.

Essa ideia implicava que o rei precisava estar no auge das forças (física, mental e sexual) para se desincumbir do seu papel, e devia ser sacrificado antes que tais forças começassem a desaparecer; desse modo, os elementos do corpo e do espírito dele voltariam com toda a força ao solo e à atmosfera dos seus domínios, em benefício do povo.

Na realidade, era esse o destino aceito pelo rei.

O papel da rainha era diferente. Ela representava a Mãe-Terra, cuja fertilização era dever do consorte. Quando a rainha humana passava da idade de ter filhos, simplesmente cedia o lugar a uma filha. O sacrifício estava fora de questão, porque a Terra era insubstituível e somente o elemento que a fertilizava precisava ser renovado continuamente, como era de fato.

Por isso (do mesmo modo que Creiddylad, a qual mencionamos no capítulo anterior), a rainha ou sua herdeira eram o foco de contestação e desafio entre os possíveis sucessores do rei, cujo período de reinado estava chegando ao fim.

Isto está subjacente no tema, tão frequente nos contos de fadas, em que o jovem herói consegue se desincumbir das tarefas difíceis que lhe são impostas e nas quais outros falharam, e é recompensado com a mão da filha do rei; o romance pós-medieval e o esquecimento dos séculos não esclareceram que o importante era a filha da rainha. Porém, há ainda alguma reminiscência, às vezes, o rei do conto de fadas faz o possível para frustrar os esforços do herói, que é ajudado secretamente pela rainha, ou pela princesa, ou por ambas.

A duração verdadeira do reinado variava, mas sete anos é um número mencionado com bastante frequência. Isto se enquadraria tanto no significado do número sete na magia (como soma do três celestial com o quatro terreno), como numa estimativa razoável da duração da masculinidade humana, naqueles tempos em que o envelhecimento era mais rápido.

O sacrifício propriamente dito tendia a ocorrer em uma das quatro festas sazonais pagãs realizadas no início de fevereiro, maio, agosto e novembro ou nos solstícios de inverno ou de verão. A prova disso se entretece com a do sacrifício anual do Rei do Carvalho e do Rei do Azevinho e com a do Rei do Milho na época da colheita; às vezes é difícil ver o que está implicado em tudo isso, porque esses temas tendem a se sobrepor.

O conceito de Rei Sacrificado durou muito mais do que se pensa. A primeira especialista famosa que pesquisou a sobrevivência desse conceito na Inglaterra e na França medievais foi Margaret Murray (1863-1963), autora de dois livros muito polêmicos chamados *The Divine King in England* e *The God of Witches.*

Não restam muitas dúvidas de que Guilherme, o Conquistador, e seus sucessores plantagenetas eram adeptos da Religião Antiga, por mais que pagassem para a Igreja se calar, fato que havia se transformado em formalidade política conveniente, sem ainda se haver estabelecido uma ditadura.

Um incidente que confirma isso e foi citado por Murray e muitos outros é a fundação da Ordem da Jarreteira por Eduardo III. A história mais aceita diz que a Condessa de Salisbury deixou cair a liga quando estava em um baile da corte; para salvá-la daquela situação embaraçosa, o rei colocou a liga na própria perna e fundou a Ordem. Ora, é muito pouco provável que uma dama medieval tivesse ficado envergonhada pelo simples fato de deixar cair uma liga. A sugestão de Murray, muito mais plausível, é que todos viram que a liga era de uma Bruxa, de uma Alta Sacerdotisa, e o ato de Eduardo naquela revelação infeliz (tendo em vista que havia dignitários da Igreja presentes), destinou-se a colocar a dama sob sua proteção, como se percebe pela frase *"Homi soit qui mal y pense"*, geralmente traduzida como "Que o mal venha para quem pensa mal dos outros," mas querendo significar de fato "Algum dos presentes tem algo a dizer?"

E a Ordem fundada por ele apresenta um ponto que nos deixa intrigados, pois consiste em duas sociedades secretas, cada qual com os tradicionais treze membros liderados pelo próprio rei e pelo herdeiro legítimo, forma que se mantém até hoje.

Voltando ao elemento do Deus ou Rei Sacrificado, Murray cita muitos indícios que mostram que este conceito também persistiu, incluindo uma tendência de períodos de sete anos ou múltiplos de sete. O exemplo mais notável dado por ela é William Rufus (filho e sucessor de Guilherme, o Conquistador, com o título de Guilherme II) e a sua morte pela flecha de Walter Tyrrel em New Forest, a 2 de agosto de 1100 EC. Grande parte dos indícios indica que se tratou de um sacrifício ritual voluntário, incluindo o registro das palavras dele para Tyrrel, no fato de seu reinado estar quase completando 14 anos e ele próprio estar com quase 42 anos (6x7), além de sua morte ter ocorrido quando faltava menos de um dia para a Festa de Lammas. (Convém mencionar que ele também era um governante hábil e respeitado que costumava zombar continuamente da hierarquia da Igreja.)

Naquela época, estava bem difundida a prática de sacrificar um substituto em lugar do rei; geralmente, o substituto era honrado com um posto elevado até chegar a sua hora. Por isso, talvez seja significativo o fato de o Arcebispo Anselmo ter rompido com Rufus quando este completou sete anos de reinado, e depois ter sido acusado de traição e fugido para um lugar seguro. Aquela prática também pode explicar a amizade inicial entre Henrique II e Tomás Becket, que primeiro foi seu chanceler e depois Arcebispo de Canterbury; a rivalidade e a separação posterior dos dois; e a morte de Becket em 1170, quinze anos depois de ter sido proclamado chanceler e oito depois de se ter tornado arcebispo.

Murray cita outro exemplo de sacrifício em que houve substituição: Joana d'Arc, substituta que se apresentou voluntariamente e teve sucesso.

Os interessados em conhecer mais detalhes podem ler os livros de Murray ou *Earth Rites*, de Janete e Colin Bord, que apresenta um ótimo resumo no capítulo IX. Vale a pena mencionar esses fatos para mostrar como o conceito da vítima divina, do Deus ou Rei Sacrificado, está arraigado profundamente nas atitudes humanas.

Está fora de dúvida que esse conceito penetrou no pensamento cristão. Pode até ser que o próprio Jesus tenha se considerado o rei espiritual de Israel, cuja morte foi um clímax destinado à sua missão messiânica. No entanto, posteriormente, ele foi promovido a bode expiatório divino, cujo sacrifício serviu para perdoar todos os pecadores do mundo. Verificamos que os pensadores cristãos tendem a se concentrar nas lições dele como guia para o seu próprio comportamento, mas ainda há muitos que focalizam a própria fé naquele papel de bode expiatório acreditando que o simples fato de o reconhecer, basta para absolvê-lo da responsabilidade pessoal.

Um ponto relevante deste assunto é saber que significado o Deus ou Rei Sacrificado tem para nós nos dias de hoje.

Na forma histórica, diríamos que ele ainda vive. Já não podemos desviar a responsabilidade pelo bem-estar da comunidade ou da saúde e fertilidade da Mãe-Terra para os ombros de um soberano, um líder carismático ou mesmo de um governo. É preciso dar ênfase cada vez maior à responsabilidade do indivíduo por esse tipo de coisa, assim como à responsabilidade coletiva exercida pela cooperação de indivíduos.

O sacrifício é nosso. É um sacrifício de ideias ultrapassadas, de visão restrita, de ganho à custa dos outros. O que melhor o representa é a carta Enforcado do Tarô, cujo sacrifício é pelo esclarecimento, não pela morte.

E, tendo nós reconhecido isso, as vítimas de sacrifício do nosso desenvolvimento evolutivo finalmente descansarão em paz.

XI

O Deus do Submundo

Pois naquele sono de morte, os sonhos que possam vir,
quando tivermos rejeitado este turbilhão mortal,
hão de nos dar descanso.
Shakespeare

O Inferno, Submundo ou Outromundo sempre teve vários significados para muita gente. Nos seus diversos aspectos, era o Báratro ou Inferno sombrio dos hebreus, o Submundo feliz dos celtas, o Céu dourado ou o Inferno flamejante dos cristãos; para os egípcios, uma réplica cheia de paz do próprio Egito; para os assírios, uma prisão de sete muros; e assim por diante. E as divindades correspondentes variavam.

A localização deste mundo também variava e, de modo geral, era ambígua. Para os egípcios era o Amenti (que significa Ocidente), mas constituía tanto a região perigosa que o Sol percorria a noite no seu Barco de um Milhão de Anos, onde os mortos enfrentavam o julgamento final, como os Campos Elíseos egípcios (Sekhet-Hetepet ou Tchesert), destino dos que eram aprovados naquele julgamento. O Amenti era a imagem especular da vida que a pessoa havia levado no Vale do Nilo, mas sem os inconvenientes e as doenças.

Sem dúvida alguma, o Rei do Outromundo dos egípcios era Osíris, que analisaremos minuciosamente no capítulo XVIII. No entanto, o Submundo contava com muitos Deuses para supervisionar a chegada e o julgamento dos mortos, a começar por Anúbis, que os conduzia; havia ainda Maat, que comparava o peso do coração dos mortos com o peso de uma pena vermelha que representava a verdade; e Thoth, que transmitia o veredito final a funcionários subalternos, como a Deusa Tenemit, que também servia uma bebida fermentada refrescante.

O conceito grego do Submundo era mais elitista. Os Campos Elíseos plenos de felicidade e belos álamos brancos se destinavam a heróis especiais; os mortais comuns iam para o Tártaro, local cheio de álamos negros, salgueiros e asfódelos, habitado por fantasmas que eram os espectros pálidos do que os mortos haviam sido em vida. Só as pessoas excepcionalmente más recebiam punição quando morriam.

O Elísion e o Tártaro constituíam o Submundo. Na concepção inicial, estava localizado além do Oceano que Circundava o Mundo, considerado plano na época; porém, quando os gregos ampliaram o campo de exploração, ficou mais difícil manter esse conceito e o Submundo passou a ser considerado literalmente um mundo subterrâneo, no centro da Terra. Era um mundo cercado pelos rios Lete (esquecimento) e Estige; por este último os mortos eram transportados de barco pelo implacável Caronte, que exigia como pagamento um óbolo, motivo pelo qual sempre era colocada uma moeda na boca do morto.

Quem regia aquele mundo inferior era Hades, Deus que ficava abaixo da superfície da terra, mas também representava o lugar de repouso da vida (em particular a vida da vegetação e das culturas) durante os meses áridos do inverno. Parece que o nome Hades significa "o Invisível", mas aquele Deus também recebia o nome de Plutão, palavra derivada de "riqueza".

Foi nesse papel de guardião da riqueza do solo que Hades raptou e desposou Perséfone, filha da sua própria irmã Deméter (Deusa da cevada). Como resultado daquela união, enquanto Deméter esteve de luto a Terra ficou estéril. Finalmente, Zeus propôs um acordo: Perséfone passaria metade de cada ano na qualidade de consorte de Hades no Outromundo e a outra metade do ano na Terra. Desse modo, personificava a própria vegetação, alternadamente escondida abaixo do solo e florescendo acima dele (toda esta história se encontra no capítulo XIII de *A Deusa das Bruxas*). O tempo que Perséfone passava embaixo da terra não era simplesmente um período de repouso, pois lá partilhava com Hades a função de governar efetivamente a Terra dos Mortos.

Os celtas acreditavam na reencarnação. (Dizem que os druidas costumavam trocar entre si vales pagáveis numa vida futura, como uma espécie de seguro dos empréstimos feitos em vida.) Por isso, o Submundo dos celtas tendia a ser um lugar feliz, mais parecido com as Terras de Verão de terminologia moderna da reencarnação.

O Submundo celta é representado pelo Amwn galês, também conhecido como Caer Feddwid (Corte da Orgia), ou pela Tír na nÓg irlandês (Terra da Juventude), visitada por pessoas como Oisin entre duas passagens (ou vidas) bem distintas pelo mundo dos mortais. Do mesmo modo que os Campos Elíseos, as histórias do Submundo celta tratam quase exclusivamente da visita de heróis, mas essa tendência pode ser atribuída à natureza aristocrática da mitologia celta que chegou até nós. Sem dúvida, as crenças originais se referiam mais às pessoas comuns.

Essa atitude de aristocracia guerreira também pode ser vista no Valhala nórdico, outra Corte de Orgia e destino final dos que morriam honrosamente em combate. O Tártaro nórdico era o Hel, nome que também designava a Deusa que o governava; não era um lugar de punição, apesar de a palavra *Hell*, que significa "inferno", ter se originado dele.

O Além ou Submundo dos vizinhos dos escandinavos, os finlandeses, chamava-se Tuonela ou Manala, e era muito diferente. Era governado por Tuoni e a esposa Tuonetar, cujas filhas eram Deusas da doença, do mal e do sofrimento.

Parece que o Submundo assírio-babilônio ficou mais sinistro quando atingido pelo patriarcado. No início era governado pela Deusa Ereshkigal e conhecido como um lugar muito bem fortificado e sem atrativos, como está descrito na história de Ishtar e Tammuz (capítulo XIX); entretanto, mais parece um Tártaro de sombras do que um Inferno no sentido moderno. Posteriormente, aquele Submundo foi cercado e capturado por

Nergal, Deusa da destruição em massa pela guerra, pela peste ou pelo calor do sol do deserto. Ereshkigal, derrotada, teve permissão de permanecer com a condição de desposar e ficar subordinada a Nergal.

O Submundo hindu tinha vários níveis ou talas e estava associado a diversos conceitos, nem todos necessariamente desagradáveis. Não estava disposto na ordem decrescente de atratividade, tendo em vista que o nível mais baixo, Patala, era um lugar agradável associado ao sentido do olfato.

Por trás de todas essas concepções existe outro conceito, segundo o qual o Submundo representa o Inconsciente, domínio perigoso para os despreparados, mas pleno de uma rica percepção a quem se adequa a ele.

Este conceito pode ser visto nas Deusas caldeias Sabitu e Siduri, divindades não somente do Submundo como do mar; e o mar sempre foi um símbolo do Inconsciente, do aspecto feminino, que é intuitivo. As Deusas alertaram o herói Gilgamesh e seu companheiro Arad-Ea a respeito dos perigos que os esperavam se eles atravessassem o Mar que Circundava o Mundo o qual era o caminho do Submundo; e Siduri perguntou aos dois se não seriam mais felizes mantendo-se perto do conhecido, dos prazeres naturais do mundo consciente. Quando os dois homens mostraram estar determinados a correr o risco, as Deusas deram a eles muitos conselhos.

Não é de surpreender que este aspecto, ou seja, o desafio perigoso, mas potencialmente compensador do Inconsciente, tenda a ser personificado por Deusas e não por Deuses.

Mas, afinal, este livro trata de Deuses; e a chave para chegar ao papel desempenhado pelo Deus pode ser encontrada na *Lenda da Descida da Deusa* contada pelas Bruxas (veja o nosso livro intitulado *A Bíblia das Bruxas*). Basicamente, a lenda é semelhante à da descida de Ishtar ao Submundo, mas com outro significado. Trata da função do Deus demonstrada pelo intelecto e pela análise, assim como da função da Deusa demonstrada pela intuição e pela síntese, que se encontram e entram num acordo mútuo, processo que talvez implique um sofrimento inicial, mas sem o qual não pode haver progresso.

A invisibilidade de Hades esconde a riqueza de Plutão. O Submundo está à disposição para ser explorado, mas para enfrentar esse desafio precisamos dos Dons do Deus e dos Dons da Deusa.

XII

O Deus Monopolista

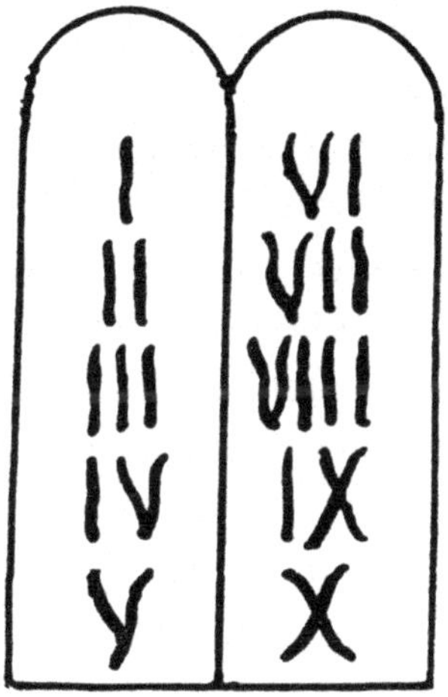

Nunca zombe do nome que outro homem usa para designar o seu Deus; porque se você zombar de Alá, estará zombando de Adonai.

Antigo ditado Hebreu

A primeira forma importante do divino masculino a reivindicar um monopólio de divindade foi o Jeová hebreu, do qual derivaram as formas cristã e muçulmana no devido tempo. Como seria de esperar, com o correr dos séculos, Jeová provocou o que há de pior e inspirou o que há de melhor nos conceitos humanos de divindade.

Só era permitido pronunciar o nome do Deus hebreu em murmúrio, uma vez por ano, e apenas pelo Alto Sacerdote no Santíssimo Templo de Jerusalém. O público só conhecia as consoantes daquele nome, isto é, as letras hebraicas *Yod, He, Vau, He* (*YHVH*), que vieram a constituir o Tetragrammaton, que significa, em grego, "quatro letras."

A vocalização de *YHVH* permaneceu um segredo muito bem guardado. Na realidade, do mesmo modo que todas as palavras hebraicas de significado religioso ou místico, o nome era composto de forma que o significado cabalístico de cada letra, numa dada ordem, constituísse uma fórmula ou um processo. No caso em questão (simplificando bastante), *Yod* é o aspecto do Supremo que não é masculino nem feminino e estimula manifestação; *He* é o aspecto feminino que dá forma àquela manifestação; *Vau* é o aspecto fertilizador que permite que *He* dê à luz; e o segundo *He* (que significa "filha", quando o primeiro significa "mãe", por assim dizer) é o parceiro polarizado de *Vau*; dessa parceria provêm todas as manifestações posteriores. Sendo assim, mesmo sem as vogais, *YHVH* é uma fórmula da Criação.

A filosofia do Tetragrammaton é muito posterior e mais sofisticada do que as origens do próprio Deus hebreu. A princípio ele era um Deus tribal da tempestade, do fogo, da montanha e dos vulcões. Os hebreus (*khabiru*, ou "povo deslocado") compunham uma confederação de minorias étnicas que saíram do Egito entre 1225 e 1250 AEC, e foram para a Palestina, onde atraíram tribos locais congêneres e formaram uma comunidade distinta e mais ou menos integrada. (Convém notar que a identificação dos hebreus com os *khabiru* é seguida pela maior parte dos estudiosos do assunto, mas não está isenta de debate. Acreditamos que a teoria segundo a qual os hebreus se originaram de uma revolta de camponeses cananeus está ganhando terreno.)

Foi também como Deus da tempestade que Jeová conduziu os hebreus para fora do Egito, guiando-os na forma de uma coluna de nuvens durante o dia, e de fogo à noite (Êxodo 13, 22); e provocando o afogamento de seus perseguidores com "o sopro de tuas narinas" (15,8) ou descendo no Monte Sinai em meio ao fogo, fumaça e terremoto (19, 16).

A imigração (histórica ou não) engendrou a ideia de hebreus "libertados" do Egito, ideia sem dúvida cristalizada na convicção religiosa pela liderança de um homem conhecido pelo nome de Moisés (mais uma vez, com ou sem justificação histórica). Se o Êxodo ocorreu de fato, ainda assim é extremamente duvidoso que os hebreus fossem "escravos no Egito", como afirma a tradição. Uma possibilidade é terem eles sido dominados pelo monoteísmo do Faraó Akhenaton e, no fervor da conversão, tenham achado intolerável restabelecer o domínio do sacerdócio de Amon-Rá.

Seja como for, estava firmemente estabelecido o conceito de Pacto Divino que os transformou em Povo Eleito de Deus. No entanto, os hebreus absorveram e adaptaram as formas reais das práticas religiosas, das festas e da mitologia dos povos do Oriente Próximo que os rodeavam.

Os mitos do Jardim do Éden e do Dilúvio, por exemplo, são modificações evidentes de outros mitos assírio-babilônios. E a Grande Festa dos Tabernáculos, realizada no outono (Ano-Novo), substituiu as formas básicas e a liturgia da festa de outono dos cananeus, do mesmo modo que a Páscoa substituiu a festa da colheita da cevada, realizada em abril, e o Pentecostes tomou o lugar da festa da colheita do trigo, que ocorre sete semanas depois,

Além disso, o Sabbat semanal dos hebreus foi uma adaptação direta do *sabbatu* assírio-babilônio (de *sa-bat* ou "repouso do coração"), que tinha diversas atividades nas noites de lua cheia, que por sua vez corresponde à época da menstruação da Deusa da Lua, posteriormente ampliada para todos os quartos lunares.

A devoção dos camponeses palestinos (cananeus e hebreus) para com a Deusa era uma preocupação constante do sacerdócio levítico, completamente patriarcal, e levaram-se muitos séculos para controlá-la, mesmo nos recintos sagrados do próprio Templo.

Nos livros *Man and the Temple* e *The Hebrew Goddess*, o Dr. Raphael Patai demonstra que a Deusa Asherah (que originou o nome da Tribo de Asher) foi venerada com Jeová e a irmã deste durante 240 dos 360 anos de existência do Templo de Jerusalém, com a imagem da Deusa exposta ao público.

E, como se vê no capítulo XIX, mesmo nas épocas posteriores ao Exílio, as mulheres hebraicas continuaram a celebrar a Festa de Tammuz e Ishtar, apesar de todas as tentativas de bani-lo.

A comunidade judia que morava na cidade egípcia de Elefantina, para onde havia imigrado vinda da Judeia no reinado de Nabucodonosor, reconhecia duas Deusas esposas de Jeová, chamadas Ashima Baetyl e Anatha Baetyl, ambas talvez de origem síria. Parece que o epíteto "Baetyl" se referia a um meteoro sagrado.

Em uma passagem (Ezequiel 23) Jeová admite ter duas esposas, ainda que se trate de uma metáfora. Condena a "prevaricação" de duas irmãs que "se tornaram minhas e tiveram filhos e filhas" (segundo a

New English Bible). As irmãs eram Oola (que personificava Samaria) e Oolibah (que personificava Jerusalém). Jeová se enraivece com o comportamento leviano das duas no Egito e com a fascinação delas pelos respectivos amantes assírio-babilônios. Em outras palavras, ficou irritado com a simpatia inextirpável que as hebraicas tinham pela veneração do Deus e Deusa e pela condição de liberdade das mulheres, que havia notado no Egito e ainda se via entre os povos vizinhos. Jeová ordena que as duas sejam severamente punidas, culminando com a frase: "Convoque-se contra elas uma assembleia que as entregue ao terror e à pilhagem. Que elas sejam publicamente apedrejadas e esquartejadas a golpe de espada. Que seus filhos e suas filhas sejam mortos e suas casas consumidas pelo fogo."

A pena para heresia era a morte, mas havia limites para essa prática. No confronto entre Elias e os 450 profetas de Baal no Monte Carmelo (narrada em 1 Reis 18, 19), também aparecem os "quatrocentos profetas de Astarte que comem à mesa de Jezabel", ou seja, Sacerdotes e Sacerdotisas da Deusa Asherah. A confrontação do Monte Carmelo foi um exercício de relações públicas que atingiu o resultado esperado; no clímax do episódio, Elias mandou assassinar os 450 sacerdotes de Baal, aparentemente com a aprovação do público. Apesar disso, 400 sacerdotes de Asherah não foram sequer tocados, pois isso poderia exceder as expectativas das pessoas comuns e, supostamente, Elias sabia muito bem até onde poderia ir sem se prejudicar.

Sob o domínio do sacerdócio levítico, que tinha muito prestígio, a sociedade hebraica mantinha as mulheres numa posição completamente subordinada, considerando-as propriedade do marido ou do pai. Naturalmente, tudo isso era justificado teologicamente. O homem se relacionava com Deus e a mulher se relacionava com o homem. E para esse tipo de filosofia, venerar Deusas era uma ameaça perigosa.

Embora sem admitir nenhuma penalidade brutal, essa atitude para com as mulheres persistiu na cristandade paulina e continuou sendo mantida muito tempo depois de abandonada pelo próprio judaísmo. "O homem não deve cobrir a cabeça; porque ele é a imagem e o reflexo de Deus; a mulher, no entanto, é o reflexo do homem. Porque o homem não foi tirado da mulher, mas a mulher do homem". 1 Coríntios 11,7-9. Diga-se de passagem, que pensando bem, isso contradiz o que está escrito no Gênese 1,27, que diz que Deus criou a humanidade "à sua imagem"). Paulo herdou este dogma das lições do Levítico, e não das de Jesus, que não tinha preconceitos como esse e aparentemente tratava as mulheres como seres humanos completos. Infelizmente, a atitude de Paulo ainda está longe de ter se extinguida.

Os pagãos como um todo toleravam-se mutuamente e encaravam todos os panteões como formas variadas de religião, e não como inimigos. Para os hebreus, o Deus que veneravam era o verdadeiro. Na verdade, parece que eram preparados para achar que os outros Deuses eram inferiores ao seu; talvez achassem prudente dizer isso. "Na assembleia dos Deuses, Deus se ergue, e no meio dos Deuses ele julga" (Salmos 81,1 - NEB). E o nome Baal, que significa apenas "senhor", costumava ser usado durante certo tempo para indicar Jeová, o que não é de surpreender, porque Jeová absorveu muitos atributos dos cananeus Baal e El, que foi o Deus que existiu antes de todos os Deuses; era o próprio Princípio Divino. Baal representava os aspectos agrícola e ambiental, que talvez fossem mais importantes às pessoas comuns do que aos levitas, que eram privilegiados.

O herói nacional Salomão, especialista em diplomacia estrangeira e casamentos dinásticos, estava bem a par das vantagens políticas do ecumenismo e era poderoso demais para ter sido impedido naquela época. Muito mais tarde, o Rei Josias (aproximadamente 630 AEC) "profanou os terreiros de culto, em face de Jerusalém, ao sul do Monte das Oliveiras, e que Salomão, Rei de Israel, construíra para Ashtoreth, a Deusa repugnante dos sidônios, a Kemosh, o Deus abominável de Moabe, e a Milcom, abominação dos Amonitas. Destruiu os pilares e cortou os postes, e encheu de ossos humanos o seu local" (2 Reis 23,13-14 NEB).

O expurgo feito por Josias teve um sucesso apenas temporário, pois seus sucessores, Joacás, Joaquim, Joiakin e Sedequias "faziam o que é mau, segundo o Senhor"; com base em outros contextos que conhecemos, isso significa que os quatro veneravam Deuses e Deusas que os levitas não aceitavam.

Quando os hebreus submetidos à ditadura dos levitas se estabeleceram firmemente, todos os outros Deuses (especialmente as Deusas) se transformaram em anátema, em demônios pagãos que precisavam ser destruídos sem piedade assim como seus respectivos santuários e devotos.

O genocídio dos pagãos era a Vontade de Deus. Entre muitos outros exemplos, o povo do rei Ogue de Basã era característico (Deuteronômio 3, 6-7): "Aplicamos-lhes o anátena, como tínhamos feito em relação a Seon, Rei de Hesebon, exterminando cidades, homens, mulheres e crianças. Mas pilhamos, para nós, o gado e os despojos das cidades".

Nem a família nem os amigos de ninguém foram poupados: "Se teu irmão, filho da tua mãe, ou teu filho, ou tua filha, ou a esposa do teu coração, ou teu amigo que é como se fosse a tua própria alma, se algum deles te tentar em segredo, dizendo: 'Vamos e sirvamos a outros Deuses' (...) mas fá-lo-ás morrer; tua mão será a primeira a se levantar contra ele, para dar-lhe a morte e, a seguir, a mão de todo o povo (...) Todo Israel saberá disso e ficará com medo" (Deuteronômio 13,6-11).

Convém lembrar que muita coisa descrita nas partes mais antigas do Velho Testamento consiste menos em história do que em trechos reescritos posteriormente pelo Sistema, que em última análise saiu vitorioso. Aqueles massacres, por exemplo, talvez não tenham ocorrido de fato e sejam o que as pessoas que os reescreveram acham que deveria ter acontecido. As formas de veneração, inclusive a do próprio Jeová, foram muito mais variadas na maior parte da história de Israel do que as pessoas que as reescreveram gostariam que pensássemos que fossem.

Agora, chega de examinar os aspectos negativos de Jeová, do fanatismo nacionalista e do extremo chauvinismo masculino, além da brutalidade concomitante que a ditadura levítica atribuía a ele. Como veremos no capítulo XV, o judaísmo desenvolveu pelos séculos afora um conceito muito mais positivo de Jeová: é um conceito que abrange Shekinah ou o aspecto feminino essencial dele.

Os aspectos negativos sobreviveram de modo terrível em séculos e séculos de monoteísmo cristão e muçulmano (pois Alá é o mesmo Deus) e ainda vicejam em lugares que vão desde a Irlanda do Norte ao Irã dos aiatolás, assim como na perseguição que os fundamentalistas empreendem aos "hereges" da Grã-Bretanha, dos Estados Unidos, da Austrália e de toda parte.

Estaríamos sendo intolerantes se negássemos também que sempre houve e ainda há um lado positivo. Em várias passagens da Bíblia e entre as melhores mentes do cristianismo e do islamismo este Deus nunca foi um tirano invejoso; sempre foi um conceito espiritual que expressa os mais elevados ideais humanos.

Isso é válido para qualquer forma do Deus ou da Deusa, pois só existe um Criador supremo para o qual todas essas formas são sinais de sintonia; todas podem ser exploradas para perdoar o que há de pior em nós ou desenvolvidas para invocar o que temos de melhor.

No trecho final da existência milenar da velha Israel, Jesus de Nazaré foi um porta-voz supremo do aspecto positivo de Jeová. Seus méritos de grande mestre transparecem nos quatro Evangelhos oficiais, embora estes tenham sido editados e modificados por facções políticas vitoriosas da antiga Igreja e suprimidos de vários Evangelhos apócrifos pelas mesmas facções.

Jesus não se proclamava Deus; isso teria sido uma blasfêmia contra tudo o que existia no ambiente espiritual em que ele vivia e ensinava. Dava a si mesmo o nome de Filho de Deus, epíteto que, na terminologia hebraica, significava o canal humano da meta de Deus e era aplicado normalmente ao rei humano, que supostamente deveria ser o executor de Jeová na Terra.

As palavras e o comportamento de Jesus desdiziam os aspectos negativos da imagem oficial de Jeová. Sem dúvida ele não era nenhum chauvinista e abençoava os pacificadores, nomeando-os filhos de Deus. Chorava quando via que certas coisas haviam sido justificadas em seu nome.

Passando pelo nome dos inúmeros verdadeiros seguidores dos ensinamentos de Jesus nestes últimos dois mil anos e chegando à época atual, diríamos que Madre Teresa de Calcutá foi um excelente exemplo de pessoa que viveu de modo totalmente positivo nos termos escolhidos pela simbologia cristã. O mesmo se pode dizer do africano Emmanuel Milingo, antigo Arcebispo de Lusaka, que o Vaticano forçou a renunciar.

E se nos permitirem dizer, sabemos pessoalmente que, em um nível que não foi exposto ao público, Ronald Owen (pai de Janet) foi outro exemplo. Sempre foi um cristão simples e devotado, um dos inocentes santos de Deus, que praticou o bem modestamente e nunca prejudicou ninguém na vida. Jamais se desviou da própria fé, apesar de morar conosco e aceitar que ela era válida para nós. De vez em quando dizíamos: "Ron, vamos formar um Círculo hoje à noite para trabalhar por Fulano. Quer ajudar a trabalhar por ele à sua maneira?"

Ron ia para o quarto e fazia exatamente aquilo; em outras ocasiões, pedia que fizéssemos a mesma coisa. Diversas vezes o nosso esforço conjunto produziu resultados. E quem somos nós para dizer qual foi a contribuição mais eficiente? Ronald Owen morreu tranquilamente enquanto dormia, no dia 5 de novembro de 1987, época em que este livro estava sendo escrito. Foi pranteado igualmente por protestantes, católicos e Bruxos, que estiveram lado a lado no enterro. É em pessoas como ele (que existem em grande quantidade) que Jeová justifica os filhos que teve.

Do ponto de vista de muita gente, inclusive nós, na forma de um Deus cristão, mesmo que seja em seu melhor aspecto, Jeová sofre apenas uma restrição imposta pelos homens: está divorciado, separado de sua outra metade. Quando a sua consorte (o aspecto feminino da polaridade Divina) for reconhecida, a veneração dela conseguirá atingir o potencial máximo.

Conhecemos certo número de cristãos que pensam do mesmo modo, alguns publicamente, outros em particular.

XIII

O Antideus

Agora o chame Satã, porque seu antigo nome
Já não é mais ouvido no Céu.
John Milton

O Demônio judaico-cristão, como é imaginado hoje, é uma invenção relativamente moderna que data no máximo de 300 AEC e que apareceu pela primeira vez no *Livro das Crônicas*.

Até então, Satã não era o arqui-inimigo de Deus, mas um dos seus civis, cujo dever era testar o mérito dos seres humanos, submetendo-o a tensões, como ele fez com Jó. Talvez não fosse uma função muito simpática, mas era compreensível e exercida por ordem de Deus, que a aprovava.

No período monárquico de Israel, que foi até 586 AEC, o sofrimento era considerado punições merecidas enviadas por Deus para os que praticavam o mal. Se Jeová tinha inimigos, o sacerdócio levita os encarava como os Deuses dos povos vizinhos, que já exerciam muita influência sobre camponeses israelitas, como vimos no capítulo anterior.

Um inimigo que Jeová dividia com os outros Deuses do Oriente Médio era o Caos do Mar Primordial, simbolizado por um monstro de aspecto de dragão, que ele tinha de dominar. Era a Tiamat dos assírios e a Tehom dos hebreus. Em certo sentido, era também a "serpente" do Jardim do Éden, condenada a uma hostilidade mútua com a estirpe de Eva, mas que ainda não chegava a ser o arqui-inimigo de Deus.

Essa condição é alcançada em 1 Crônicas 21,1, em que "Satã se ergueu contra Israel e induziu Davi a fazer o recenseamento de Israel". Nesse ponto, a ação de Satã é descrita pela primeira vez como deliberadamente maliciosa, não mais como teste ordenado por Deus.

Recordando a função inicial de Satã como executor de Jeová, ele precisava ser considerado um anjo rebelde caído; isso culmina na famosa passagem de Isaías 14, do versículo 12 em diante: "Como caíste dos céus, ó Lúcifer matutino?" Nesse ponto Satã declara: "Acima das estrelas de Deus estabelecerei o meu trono (...) serei semelhante ao Altíssimo". Hoje ele é o Antideus, inimigo declarado e rival do bom Deus.

Um resultado estranho da versão autorizada da Bíblia que traduz essa passagem para o inglês é a identificação do nome Lúcifer (Portador da Luz) com Satã. Na realidade, quem escreveu Isaías estava apenas usando como metáfora a Estrela da Manhã, que corresponde ao surgimento e rápido desaparecimento do Planeta Vênus de madrugada. A *NEB* traduz com mais precisão, falando na "brilhante estrela da manhã". Talvez seja uma metáfora pouco adequada, porque Satã havia se transformado em Príncipe das Trevas.

Este foi um novo conceito do pensamento hebreu. Um conceito de dualismo que postulava duas forças independentes em conflito permanente. De um lado, Deus e a Luz; do outro, o Mal e as Trevas.

O Alcorão foi escrito no Século 7 AEC, por isso sempre trata Satã (Iblis) como anjo caído. Alá diz aos anjos que se prostrem diante de Adão, e só Iblis se recusa, dizendo: "Sou melhor que ele. Tu me criaste do fogo, ao passo que ele, tu criaste do barro". Por isso Iblis é banido por Alá e declara que passará a perseguir a humanidade e "ficará emboscado à espera dos homens no Teu Caminho Reto" (Sura 7,11-18).

A teologia de Zoroastro, surgida na Pérsia, aproximadamente doze séculos antes de Maomé, foi enfaticamente dualista desde o início, até mesmo antes do hebraísmo. O princípio do Bem, da Verdade e da Luz naquele sistema era Ormazd (Ahura Mazda), que criou a Vida. O princípio do Mal, da Falsidade e das Trevas era Ahriman (Angra Mainyu), que criou a Morte.

Todos os pensamentos que Ormazd transformava em realidade encontravam a oposição de Ahriman. Ormazd imaginou um mundo de calor e luz, que se formou; Ahriman criou um mundo de frio, cujo inverno durava dez meses. Ormazd estabeleceu um lugar onde floresciam rosas e pássaros coloridos revoavam; Ahriman criou os insetos que infestam as plantas e os animais. Ormazd espalhou pastos viçosos; Ahriman enviou predadores que devoraram o gado. Na cidade de preces de Ormazd, Ahriman introduziu dúvidas que corroíam a fé; na cidade de artesanato variado criada por Ormazd, ele introduziu a preguiça, que gera a pobreza. E assim por diante.

Na atividade de Ahriman há um pormenor que tem muito significado: a tarefa de uma das diabas de Ahriman, chamada Jahi, era espalhar os vícios entre as mulheres; o que lançou a humanidade na "impureza" da menstruação teria sido um beijo que recebeu de Ahriman.

Esse detalhe tem significado porque o dualismo é basicamente patriarcal. Substitui a polaridade criadora do Deus e Deusa, dos princípios masculino e feminino, pelo confronto destrutivo entre Deus e o Diabo.

Como diz Robert Graves (*A Deusa Branca*, pág. 465), "O resultado de visualizar este Deus de pura meditação... e entroná-lo acima da Natureza como a Verdade e a Bondade essenciais, não foi particularmente feliz... O novo Deus afirmou que era dominante como Alfa e Ômega, o Princípio e o Fim, puro Bem, pura Lógica, capaz de existir sem a ajuda de nenhuma mulher; mas foi natural identificá-lo com um dos rivais originais do Tema e aliar a mulher a outro rival permanentemente oposto a ele. O resultado foi o dualismo filosófico, com todos os lamentos tragicômicos que acompanham a dicotomia espiritual. Se o Deus Verdadeiro, o Deus do Logos, era puro pensamento, puro bem, de onde vieram o mal e o erro? Foi preciso supor que houve duas criações separadas: a verdadeira Criação espiritual e a Criação material, que era falsa".

Quando Graves fala em "Tema", refere-se à rivalidade entre gêmeos caracterizada pelo Rei do Carvalho e pelo Rei do Azevinho que discutimos no capítulo IX; se não é uma rivalidade entre o bem e o mal, é uma expressão do ritmo de polaridade que está de acordo com a natureza.

A rivalidade cíclica dos gêmeos é encarada como a preferência da Deusa. No entanto, se transformarmos aquela rivalidade numa luta eterna entre o bem (que é identificado com o espírito) e o mal (que é identificado com a matéria), transformando na realidade o Rei do Carvalho em Deus e o Rei do Azevinho em Satã, inevitavelmente estaremos forçando a Deusa a sair de sua posição de juíza representante da justiça e tomar um partido.

E como Deus é encarado como puro pensamento, "entronado acima da Natureza", sem nenhuma necessidade do princípio feminino para exercer a sua atividade criadora, inevitavelmente o princípio feminino e tudo que ele representa passa a se identificar com o oposto, que é seu inimigo, ou, em outras palavras, com Satã.

O paganismo pré-dualístico não cometia erros como esse, pois aquela polaridade continuava a funcionar até nas sociedades em que a influência patriarcal estava começando a distorcer a polaridade natural.

O ponto de vista pré-dualístico do mal era pragmático. Existiam divindades sinistras, mas personificavam os diversos perigos naturais que a humanidade enfrentava. Eram vistas como elementos necessários ao equilíbrio total da Natureza, não como inimigos das forças favoráveis à humanidade, e certamente não como criadoras de um mundo maléfico e material que se opunha ao mundo espiritual, que era bom.

O Seth egípcio, por exemplo, geralmente é considerado a origem do Satã hebreu e cristão e de Iblis, o Shaitan islâmico. Talvez, etimologicamente, ele tenha sido de fato a origem dos outros, mas essencialmente personificava uma ameaça, o perigo constante de ver o deserto árido sobrepujar a fertilidade do Vale do Nilo. Toda esta mitologia de Seth, o conflito que mantinha com Osíris, Ísis e Hórus, a lealdade da esposa Néftis para com seu rival, Osíris, o fato de Thoth sobrepujá-lo, tudo isso reforça este conceito.

Com vimos no capítulo VI, os Deuses da guerra eram ambíguos; às vezes (principalmente no que se refere aos romanos), representavam a esperança da vitória; outras vezes (como é o caso dos gregos), representavam a mais pura destruição, ou, ainda, (como ocorreu com os celtas) um pouco das duas concepções, precisando ser invocados ou propiciados convenientemente. Apesar disso, mesmo na sua pior atuação, personificavam somente um aspecto dos males que havia no Mundo, não a totalidade deles.

A deificação do Demônio como Antideus é algo perigoso. Talvez o meio mais adequado de definir o mal é considerá-lo um desequilíbrio. Para os cabalistas, os Qliphoth (o complemento mau das dez Sephiroth da Árvore da Vida) não são forças independentes em si, mas o estado de desequilíbrio que surge durante o crescimento evolutivo, antes de o desenvolvimento de uma Sephira ter sido igualado pelo amadurecimento da seguinte. Se todos as Sephiroth estão plenamente desenvolvidas e equilibradas (em um processo evolutivo, indivíduo ou situação), as Qliphoth perdem o poder.

Embora nem todos os pagãos usassem os mesmos termos técnicos que os cabalistas, a atitude sadia do paganismo em relação ao mal é basicamente a mesma. O mal é uma questão de contexto; o que é mau numa situação (uma faca na mão, uma tempestade, a persistência obstinada, o fogo, a aquiescência) pode ser totalmente construtivo em outra. O mal não é um Deus maligno, mas um desequilíbrio a ser corrigido.

Satã é um conceito artificial que começa a criar tal desequilíbrio no momento em que o aceitamos.

XIV

Algumas Receitas do Deus

E, com especiarias doces,
ele fez o bálsamo de azevinho e o incenso,
seguindo o processo do boticário.
Êxodo

Não há necessidade de repetir o que dissemos na abertura do capítulo correspondente de *A Deusa das Bruxas* a respeito da utilidade de perfumes e incensos para criar a atmosfera apropriada para trabalhar com magia, assim como do uso ritual de comida e bebida; por isso, seguiremos adiante sugerindo receitas, algumas tradicionais e outras concebidas por nós mesmos ou por amigos.

Perfumes, Óleos e Incensos

Incenso de Amon-Rá

- 120 gramas de olíbano
- 90 gramas de canela
- 30 gramas de mastique
- 2 gotas de óleo de oliva
- 3 gotas de óleo de rosas
- 3 gotas de tintura de mirra

Misture bem as três resinas, triture-as até obter um pó fino. Misture os óleos e os acrescente às resinas. A mistura deve ser mantida em recipiente estanque ao ar, em lugar escuro, durante três meses.

Incenso Fogueira de Azrael

- 15 gramas de lasquinhas de pau-de-sândalo
- 15 gramas de bagas de junípero
- 15 gramas de óleo de cedro

Amasse e corte as bagas de junípero e acrescente-as às lasquinhas de pau-de-sândalo. Misture muito bem. Acrescente o óleo de cedro e torne a misturar.

Baseamos esta receita na Fogueira de Azrael que aparece no memorável romance de Dion Fortune intitulado *A Sacerdotisa do Mar*. Aquela fogueira era alimentada com uma mistura de sândalo, cedro e madeira de zimbro. Ela diz que o fogo era aceso "para ser visto, mas também como sacrifício... O cedro queima deliciosamente e o sândalo também pega fogo com facilidade, mas logo percebemos por que o zimbro não é recomendado como combustível. No entanto, ficamos fascinados observando a chama subir de um graveto a outro e as fagulhas douradas voarem quando as células cheias de seiva rebentavam com o calor. Mas quando o fogo se extinguiu, a madeira ficou clara e o zimbro produziu um carvão próprio, pálido e curioso, com as cinzas dos gravetos formando linhas douradas e finas entre as brasas mais vermelhas das outras madeiras. Foi uma fogueira belíssima".

Aqui temos Azrael no seu aspecto divinatório, não no seu aspecto de morte.

Incenso do Deus Sol

Quantidades iguais de:

- Funcho gigante
- Arruda
- Tomilho
- Semente de cerefólio
- Poejo

Metade da quantidade anterior de:

- Camomila
- Gerânio

Para fazer incenso, estes ingredientes devem ser cortados em pedacinhos muito pequenos, ou secos e moídos antes de serem misturados. Se você achar que a mistura queima muito depressa, acrescente um pouco de mastique e misture bem.

Na realidade, esta receita é uma combinação de plantas usadas como combustível nas fogueiras de festas (especialmente no dia 24 de junho) no Condado de Donegal, e nos foi dada por Francis De'Verney, de acordo com a infância que lá passou.

Incenso de Herne

- 15 gramas de folhas de língua-de-veado
- 15 gramas de folhas de patchouli
- 15 gramas de arruda
- 30 gramas de resina de sandáraca
- 10 gramas de resina de guáiaco
- 26 gotas de óleo de vetiver

Faça este preparado durante a lua cheia. Ponha as folhas de língua-de-veado, patchouli e arruda em um almofariz e triture-as com o pilão, misturando bem. Triture a resina de sandáraca até obter consistência de cascalho; triture a resina de guáiaco até obter um pó fino; acrescente as duas ao preparo inicial e misture bem. Finalmente, acrescente o óleo de vetiver e misture mais um pouco. Esta receita nos foi dada por Seldiy Bate (veja a relação de fornecedores).

Incenso de Pã

- 120 gramas de ditamno-de-creta
- 1 vagem seca de baunilha (se for pequena, use duas)
- 60 gramas de benjoim
- 30 gramas de cedro
- 15 gramas de agulhas de pinheiro (se dispuser de cipreste, melhor)
- Meia dúzia de pelos de bode, se houver.

Com os dedos, quebre o ditamno-de-creta, faça um pó com a baunilha e misture muito bem todos os ingredientes.

Dizemos que este é o nosso incenso do "Tocador de Gaita de Foles nas Portas da Aurora".

Diga-se de passagem, que o ditamno-de-creta é uma erva excelente para cozidos e assados, assim como para eliminar do nosso sistema os restos de infecção, como o resfriado comum, por exemplo.

Incenso de Kiphy

A lista dos ingredientes deste importante incenso do Egito antigo consta do papiro de Ebers (aproximadamente 1500 AEC), mas não as proporções. Prepará-lo é tarefa de especialistas, por isso sugerimos que você procure um fornecedor de produtos de ocultismo; nós usamos os de Seldiy Bate, Paul Demartin e John Lovett e achamos todos bons.

Bálsamo de sangue de feiticeira

- 7 gramas de artemísia (losna)
- 7 gramas de raiz de valeriana
- 7 gramas de folhas de verbena
- 15 gramas de raiz de garança
- 15 gramas de raiz de mandrágora inglesa (briônia)
- 570 mililitros de óleo de oliva
- 9 gotas de óleo de musgo de carvalho
- 7 gotas de óleo de sabugueiro
- 10 gotas de óleo de pinho
- 5 gotas de óleo de camomila-catinga
- 1 pitada de açúcar ou de alguma seiva doce
- 1 pitada de sal grosso

Esta fórmula nos foi dada por Chris Bray, que sugere não usar a verbena se o incenso for destinado ao uso exclusivo de um Alto Sacerdote; e se for para ser usado exclusivamente por uma Alta Sacerdotisa, convém excluir o óleo de musgo de carvalho. Por isso, para um ritual especificamente masculino, é preferível fazer o incenso sem a verbena. Como é difícil prepará-lo em quantidades pequenas, a maior parte das pessoas acha perfeitamente satisfatório utilizar a receita de uso geral.

Como o método de preparação de Chris é um tanto complexo, vamos transcrevê-lo com as nossas próprias palavras:

Em dia de lua cheia, soque e quebre em pedacinhos as raízes de valeriana, garança e mandrágora inglesa; ponha-as numa vasilha grande ou em um almofariz ou morteiro. Adicione a losna e a verbena. Acrescente uma ou duas palmas de mão cheias de óleo de oliva e bata até obter uma massa mole (se quiser, recite alguma fórmula encantatória neste estágio). Despeje a massa em um prato refratário. Tampe bem e mantenha em forno brando por 15 a 30 minutos.

Retire do forno e deixe esfriar. Mexa a massa com uma colher (recite de novo) e despeje-a em um vidro de boca larga, que pode ser de geleia ou de conserva. Feche bem o vidro e deixe-o durante 15 dias no peitoril de uma janela voltada para o sul: assim a mistura absorve os elementos da luz solar e do luar. Todas as manhãs e todas as noites agite bem o vidro (se quiser, enquanto isso recite um encantamento).

Quando vir a Lua nova aparecer, agite a mistura e passe-a para outro vidro, filtrando-a através de um pedaço de musselina. Adicione o resto dos óleos da lista e as pitadas de açúcar e sal. Tampe bem e agite vigorosamente. Reponha o vidro no peitoril da janela e agite com vigor todas as manhãs e todas as noites até a Lua chegar à fase de quarto crescente. Deixe o vidro no peitoril da janela até a noite de lua cheia seguinte, sem ser tocado, para que a mistura decante. Separe o líquido resultante da decantação, transferindo-o para a ânfora ou vidro de boca estreita que pretende usar nos rituais.

Alguns fornecedores de material para incensos e perfumes

Há muitos bons fornecedores, e esta lista não pretende absolutamente excluir alguns; porém, usamos os produtos dos fornecedores relacionados a seguir e achamos todos excelentes:

- Seldiy Bate, Acca & Adda, BCM Akademia, London WC IN 3XX
- Chris Bray, The Sorcerer's Apprentice, 4-8 Burley Street Lodge Road, Leeds L56 IQP.
- Paul Demartin, Anubis Books, 28 Bury Street, Heywood, Lancs
- John Lovett, Occultique, 73 Kettering Road, Northampton MI 4AW

Perfumes e incensos planetários

Em *A Deusa das Bruxas* chamamos a atenção para as sugestões úteis de Patricia Crowther a respeito dos ingredientes de aspecto planetário usados na receita denominada *Lidd of the Cauldron*, de sua autoria. Naquela ocasião, demos os ingredientes para os planetas femininos. A lista de Patricia para os planetas masculinos é a seguinte:

Sol: heliotrópio, flor de laranjeira, cravo-da-índia, olíbano, âmbar-acinzentado, almíscar, mastique, paliginia, óleo de girassol.

Mercúrio: ervilha-de-cheiro, lavanda, mastique, cravo-da-índia, canela, cinco-folhas.

Marte: heléboro, cravo, patchouli, aloés de árvores, banana-de-são-tomé.

Júpiter: goivo, lilás, estoraque, noz-moscada, meimendro negro.

Saturno: jacinto, amor-perfeito, agrião de sequeiro, assafétida, sementes de papoula (sementes pretas), meimendro negro, magnetita, mirra.

Note que o meimendro negro é venenoso quando ingerido e a assafétida tem odor muito desagradável, a não ser em quantidades muito pequenas.

Atribuições de Crowley

Aleister Crowley, em seu *777*, fez atribuições para os perfumes dos seguintes Deuses masculinos: Adônis; Éaco; Agni; Amon-Rá; Anúbis; Apep; Apollo; Ares; Átis; Baco; Brahma; Buda; Castor e Pólux; Chandra; Ganimedes; Hades; Hanumá; Hélios; Hermes; Hórus, o Velho; Hórus; o Jovem; Íaco; Jano; Júpiter; Khefra; Loki; Marte; Maruts; Mercúrio; Minos; Netuno; Odin; Pan; Plutão; Poseidon; Príapo; Ptah; Rá; Radamanto; Saturno; Seth; Shiva; Shu; Thor; Thoth; Tuisco; Urano; Vishnu; Vulcano; Wotan; Yama e Zeus. Estes perfumes estão citados na terceira parte deste livro.

Pratos Diversos

Canudos fálicos

Para fazer estes doces você precisa daqueles tubinhos de metal que são usados para preparar canudos de creme e fornecidos pelas lojas de material de festas. Prepare uma massa de torta comum e corte-a em tiras de um centímetro; unte os canudinhos de metal e enrole (em espiral) uma fita de massa em cada um; umedeça ligeiramente as bordas laterais das tiras e aperte-as de modo a formar um tubo de massa sem emendas. Use a sua criatividade para obter a melhor forma de falo que puder, deixando uma extremidade mais grossa.

Coloque os falos de massa numa assadeira untada e asse em forno quente até ficarem dourados. Retire-os da assadeira e encha-os com um creme consistente.

Acredite ou não, fazendo estes doces você está seguindo uma boa tradição cristã. Na França, doces parecidos com estes e chamados *pimes* (pênis) eram levados à igreja em procissão solene na Páscoa e no dia de Corpus Christi, para serem abençoados pelo padre. Na cidade de Saintes (Charente-Maritime), o domingo de Ramos se chamava *La Fête des Pimes.*

Nós achamos que os Bruxos não são promíscuos nem pervertidos sexualmente, mas adotam um simbolismo destituído de pudicícia, como o que a boa gente de Saintes costumava seguir. Há certas ocasiões rituais em que os símbolos de geração como este são bastante apropriados, e sem dúvida há algumas em que é válido servi-los com os biscoitos de Afrodite que descrevemos em *A Deusa das Bruxas.*

Moedas de ouro de Apollo

- 1 lata de espigas de milho doce pequenas (de 8 a 10 cm)
- 8-10 cenouras de tamanho médio

Corte as espigas de milho em rodelas finas. Retire a casca das cenouras e corte-as também em rodelas finas. Coloque todas as rodelas em água salgada e cozinhe-as até ficarem tenras (aproximadamente dez minutos). Escorra a água e acrescente um pedaço de manteiga para dar um aspecto brilhante. Vire tudo em um prato e esprema por cima meia laranja ou um limão pequeno. Polvilhe com um pouco de pimenta-do-reino moída na hora e enfeite com um raminho de salsa.

Se gostar, pode acrescentar "moedas de prata", isto é, rodelas finas de pepino e rabanete com um pouco de vinagrete.

Esta é mais uma receita de Seldiy Bate. Ela verificou que as crianças gostam muito deste prato, especialmente depois de uma caça ao tesouro.

Fermentado de urze

- 4,5 litros de urze em flor
- 30 gramas de gengibre moído
- 4 ou 5 cravos-da-índia
- 2 punhados de flores secas de lúpulo
- 450 gramas de melaço
- 450 gramas de malte
- 30 gramas de fermento

Coloque a urze numa panela, acrescente um pouco de água e deixe ferver durante uma hora.

Escorra o líquido e complete com água pura até obter 9 litros. Acrescente o gengibre, os cravos-da-índia e as flores de lúpulo. Adicione o melaço e o malte. Ferva durante 20 minutos; depois passe por uma peneira, recebendo o líquido em um recipiente de 10 litros.

Quando a temperatura do líquido baixar até a do corpo (37ºC) retire um pouco e misture nele o fermento.

Assim que a fermentação começar coloque a mistura no líquido que já está no recipiente de 10 litros. Tampe a boca do recipiente amarrando nela um pedaço de tecido e deixe durante dois dias em um lugar que não seja frio. Depois passe o líquido para garrafas menores e arrolhe-as (sem apertar muito as rolhas), deixando-as assim durante um dia; em seguida aperte as rolhas e amarre-as com arame para impedir que estourem. (Talvez os vidros com tampa de rosca não sejam muito elegantes, mas são mais práticos.) Em três semanas a bebida estará pronta para ser consumida.

Os pictos, aborígines da Escócia que se fundiram com os gaélicos, diziam que o fermentado de urze era a bebida dos Deuses. Existe uma lenda segundo a qual três guerreiros dinamarqueses que aprenderam esta receita com os pictos foram levados a dá-la ao rei irlandês Brian Boru, depois da Batalha de Clontarf, que ocorreu em 1014, mas preferiram morrer a revelá-la.

Francis De'Verney afirma que outra versão da história deu à Bloody Foreland, no Donegal, o seu nome.

Um capitão chamado Sweeny atraiu para sua casa dois colonos dinamarqueses, pai e filho, torturando-os para conseguir a receita. O pai disse que a revelaria se o capitão matasse seu filho, impedindo-o de voltar para casa com a notícia da traição. Quando Sweeny matou o filho, o pai disse com escárnio que agora o segredo estava perdido para sempre, porque somente o filho o conhecia. Com isso, o capitão matou o pai também.

Hidromel

- 1,5 kg de mel batido até ficar branco
- 200 mililitros de chá fraco e frio
- Suco de 1 laranja
- Suco de 1 limão
- 15 gramas de fermento
- Nutriente de fermento
- 1/4 de colher (das de chá) de ácido tartárico
- 1 torrão de açúcar por garrafa

Acrescente água ao mel até obter 4,5 litros e ferva a mistura, mexendo até dissolver tudo. Ferva em fogo brando durante 5 minutos. Acrescente o chá frio, deixe esfriar até a temperatura do corpo (37° C); acrescente os sucos de laranja e limão e espalhe por cima o ácido tartárico, o nutriente de fermento e o fermento, esfarinhando-o com os dedos. Filtre por um pedaço de musselina, despejando o conteúdo filtrado no vidro onde ocorrerá a fermentação. Ponha um tampão de algodão no gargalo do vidro e deixe-o durante três dias em um lugar que não seja frio; de vez em quando, sempre que se formar espuma, substitua o tampão de algodão e limpe o gargalo. Use um sifão para transferir o líquido para outro vidro, fechando-o com uma tampa, pois a fermentação vai continuar. Coloque o vidro em um lugar escuro que não seja frio e deixe-o em repouso durante três meses ou até a fermentação parar e o líquido ficar transparente. Engarrafe o líquido colocando um torrão de açúcar em cada garrafa; depois arrolhe muito bem todas as garrafas, deixando-as em repouso por no mínimo seis meses, mas de preferência um ano.

O hidromel é outra bebida que tem uma tradição ritual antiga; vários Deuses receberam o crédito de tê-la inventado. Muito provavelmente Zeus foi um grande apreciador, tendo em vista que foi criado em Creta com o leite de Amalteia, Deusa das cabras, e com o mel de Melissa, Deusa das abelhas.

Vinho Tigela-de-maio

- 15 gramas de folhas de aspérula
- 1 limão com casca, cortado em rodelas
- 4,5 litros de vinho branco (que não precisa ser muito caro)

Adicione as folhas de aspérula e as rodelas de limão ao vinho e deixe macerar de quatro a seis horas. Passe o líquido por uma peneira e deixe-o gelar.

Este vinho é bebida tradicional do Dia do Trabalho na Alemanha. Agradecemos a *Enchanted Forest Newsletter* (W.S. Adams, 201 Moneta Avenue, Bakersfield, CA 93308, USA), que nos forneceu esta receita.

XV

O Deus Divorciado

Tudo estava tão solitário que parecia que
nem o próprio Deus estava ali.
S.T. Coleridge

Ninguém mais do que o Deus sofreu com o banimento e a substituição da Deusa pelo patriarcado. A imagem que a humanidade fazia do Deus foi se tornando cada vez menos fiel à natureza essencial dele, e o contato e a comunicação com aquela essência ficaram cada vez mais distantes e mais distorcidos. Os sinais de chamada estão fora de sintonia.

O pensamento e a religião pagãos eram basicamente naturais e orgânicos. A princípio de forma instintiva, depois consciente, a humanidade pagã percebeu os ritmos do cosmo: a luz e a escuridão, uma necessária para que a outra existisse; a necessidade que a Mãe-Terra sentia do consorte que a fertilizava; a interação do mistério da Lua com a claridade do Sol, O Céu, a Terra e o Submundo eram inseparáveis, assim como todos os níveis, do espírito à matéria, do destino da alma ao amadurecimento dos grãos.

No nível humano, a polaridade criadora era evidente para os pagãos na relação homem-mulher. Os pagãos sabiam que aquela relação perpetuava a raça pelo nascimento dos filhos, mesmo nos tempos em que o fecundador era personificado como forma divina masculina. Sabiam que os dois sexos se complementavam e evocavam o melhor que havia em cada um (assim como o que havia de pior, mas aquilo também fazia parte do ritmo) e que tanto um como o outro eram incompletos sem o parceiro. Eles conheciam a magia estranha e inexorável do desejo mútuo e também as alturas e as profundezas alcançadas quando atingiam o que o desejo inspirava. Sabiam que a comunhão com os Deuses exigia tanto Sacerdotes como Sacerdotisas. Conheciam o segredo do Yin e do Yang.

A humanidade cria a Divindade à sua imagem, o que está certo e é eficiente, porque, ao estabelecermos sinais para invocar a divindade, precisamos usar conceitos e símbolos que estão sintonizados com a nossa própria natureza. Por isso o Homo (e *Femina*) Sapiens sabiam que a polaridade era a fonte de todo tipo de criação e manifestação; sabiam também que a Origem Divina devia ser ao mesmo tempo masculina e feminina.

Os sábios, como os Sacerdotes do Egito antigo, por exemplo, estavam certos da existência de apenas uma Origem suprema. No entanto, tendo em vista que essa Origem também precisava se polarizar antes que a manifestação pudesse ter início, só era possível conhecer e comungar com ela por meio dessa polarização.

Daí a existência do Deus e da Deusa.

E é daí também a existência das inúmeras faces do Deus e Deusa que os homens e mulheres conceberam e invocaram para se sintonizar com o espectro de aspectos do grande Par; espectro variado como um arco-íris.

Todos os Deuses são um só Deus e todas as Deusas uma só Deusa, mas existe apenas um Iniciador e cada indivíduo é o seu próprio Iniciador.

Acreditamos piamente que este modo de pensar e venerar era e é sólido, saudável e útil, e está de acordo com a realidade cósmica, embora tenha sido condenado como idolatria pagã pelo monoteísmo que surgiu depois.

No Oriente, esse modo de pensar conservou sua integridade. As formas do Deus e Deusa do hinduísmo, por exemplo, exprimem uma compreensão sutil da verdade cósmica, e os ocidentais teriam muito a aprender com isso. Porém, quando o patriarcado se estabeleceu no Oriente, a religião contraiu uma enfermidade crônica.

Às vezes isso é apresentado como o resultado de um salto evolutivo no desenvolvimento da mente consciente, que segue a lógica linear e é orientada para o masculino. Esta faculdade estava madura nas brumas da pré-história e já havia conseguido realizar grandes feitos em cooperação com os dons cíclicos intuitivos do subconsciente, orientados para o feminino. Sem aquela propriedade, que já estava desenvolvida, teria sido impossível criar ferramentas, prédios e barcos, assim como praticar a agricultura, para citar alguns exemplos.

O que mudou foram as circunstâncias que permitiam o funcionamento das duas faculdades, que denominamos Dons do Deus e Dons da Deusa. Quando a sociedade ficou mais complexa, mais dividida em classes e mais organizada, o aspecto lógico linear não só passou a ter mais importância, como começou a apresentar vantagens econômicas para os que a controlavam. A organização, na qualidade de disciplina concomitante, gerou eficiência, mas também gerou privilégios e regras rígidas que precisavam ser seguidas à risca. Os Dons do Deus adquiriram uma importância exagerada para os encarregados do controle da sociedade.

Por outro lado, os Dons da Deusa tenderam a ser imprevisíveis, difíceis de disciplinar e nada receptivos a regras rígidas. Por isso, foram encarados com uma suspeita cada vez maior pelo Sistema que começava a se desenvolver.

Um fator importante desse processo evolutivo no mundo ocidental foi a incursão dos povos indo-europeus, que já tinham uma organização e pensamentos patriarcais. O efeito disso na religião e na mitologia que a acompanhou foi particularmente marcante na Grécia, como veremos no capítulo XXV.

Outro fator importante foi a posição monoteísta e inflexivelmente patriarcal do sacerdotado hebreu, viveiro das atitudes cristãs posteriores.

Quando o cristianismo se tornou a religião do Império, o mais importante era a disciplina, como fica espelhado na teologia. A Igreja primitiva havia pregado a reencarnação, como testemunharam São Jerônimo e São Gregório, mas a disciplina exigia a oferta da recompensa eterna para a obediência, e a ameaça da punição eterna para a desobediência; por isso, o segundo Concílio de Constantinopla, realizado em 553, declarou que a reencarnação era anátema.

Ficou provado que a Igreja não podia banir completamente a Deusa, porque os devotos comuns têm arraigado em si o reconhecimento instintivo dela. Entretanto, ao mesmo tempo em que era necessário providenciar uma válvula de escape para o instinto (nem que fosse apenas para se opor ao movimento de devoção a Ísis que se difundia até em lugares afastados entre si, como a Ásia Menor e York), era preciso negar à Deusa a posição real de Divindade e deixá-la inexoravelmente subordinada ao Deus masculino.

Já havia um símbolo disponível na figura da mãe de Jesus, que havia sido divinizada. O Concílio de Éfeso, realizado em 431, elevou Maria a Theotokos, ou Mãe de Deus.

No capítulo VII de *A Deusa das Bruxas* já tratamos mais detalhadamente da questão da Virgem Maria; por isso, neste ponto basta observar que a deificação de Jesus e a semideificação de sua mãe superaram de longe o testemunho dos Evangelhos e, de qualquer maneira, certamente os dois teriam ficado chocados com tal blasfêmia.

O dogma do cristianismo havia elevado o Deus masculino à soberania absoluta, do mesmo modo que o dogma dos islamitas vizinhos, e essas duas religiões faziam parte do grupo das três religiões ocidentais reconhecidas, embora estivessem sempre lutando entre si.

A terceira religião era o judaísmo, que, mesmo oprimido e perseguido, foi o único a desenvolver e manter até agora o princípio da polaridade divina. O judaísmo sabe que Deus contém o princípio masculino e o princípio feminino, que são: Tifereth (Beleza) e Shekinah (Claridade ou Morada). Shekinah é a Luz de Deus, descrita no Zohar como "o fogo que consome e renova os seres humanos à noite"; é imaginada ocupando o Trono da Misericórdia, numa nuvem de fogo flanqueada por querubins. O dia de Shekinah é sábado, e o sábado judeu é a Noiva de Israel; o casal de marido e mulher que mantém relações sexuais na noite de sábado está recebendo um sacramento sagrado. Um fato significativo é que, enquanto um padre católico não pode se casar, o rabino pode e deve, senão ficaria distanciado do aspecto de Shekinah pertencente ao Deus que ele serve. O judaísmo não compartilha com o cristianismo a tensão profunda em relação ao sexo, e em geral encara como dons de Deus todos os prazeres deste Mundo, desde que desfrutados com responsabilidade.

Convém dizer ainda que a cabala dos hebreus é a análise mais rica e sutil do funcionamento da polaridade em todos os níveis à qual o pensamento ocidental tem acesso.

Que efeito a rejeição do princípio Divino Feminino pelo cristianismo e pelo islamismo exerce no próprio Deus visualizado em forma humana?

Essa rejeição eliminou da Criação a polaridade e o ritmo natural, substituindo os dois por um dualismo árido (capítulo XIII). Deus já não era mais o Senhor da Dança, porque a dança não se enquadrava no sistema lógico do autoritarismo. A Luz e a Escuridão já não eram parceiras, nem uma era o eu da outra: eram inimigas. A matéria deixara de ser a rica manifestação do Espírito e passara a ser sua prisão. A sexualidade já não era mais ânsia de um relacionamento, de uma criatividade polarizadora, mas uma isca que o Demônio usava para arrastar a consciência disciplinada do homem para as águas traiçoeiras do princípio feminino, que era intuitivo.

Naturalmente, Deus estava bem acima da prisão da matéria e da tentação mortífera da sexualidade. Ele não precisava enfrentar o desafio das necessidades da Deusa, pois ela não existia. Deus era visto como criador da natureza (mesmo sendo a matéria um mal?), mas ele próprio não estava incluído nela.

O grande Pan estava morto, como afirmavam os cristãos primitivos. Um Deus-Pai despolarizado é emasculado, afastado para bem longe da humanidade e alheio à Natureza.

Sugestivamente, entre os católicos que aceitam a Trindade acrescida de uma Virgem semidivinizada, as orações dos devotos comuns tendem a ser dirigidas a ela, na qualidade de canal acessível aos seres humanos e que os põe em contato com a figura bem mais fria e distante que está na Cruz, ou com o Pai, mais distante ainda. E entre os protestantes que rejeitaram a "Mariolatria" (ou seja, que absolutamente não admitem a Deusa, nem em forma disfarçada), a ênfase está mais no Filho do que no Pai, porque ao menos um dia o Filho foi um ser humano. Para os protestantes comuns, a Trindade é pouco mais que um conceito teológico; o Deus que importa é o Deus palestino divinizado.

Precisamos ser razoáveis quanto a isso. Muitas pessoas entram instintivamente em sintonia com a Origem Suprema, e isso chega a transparecer na forma de Deus restrita que o patriarcado impôs a elas. Para essas pessoas, Deus é de fato amor e, independentemente da maldade que em teoria existe na matéria, a Natureza é o sorriso do rosto d'Ele.

Mas até que ponto essas pessoas teriam facilidade em se sintonizar (e até que ponto essa sintonia seria despertada em outras pessoas) se fossem eliminados os limites do Deus divorciado?

Social, política e filosoficamente, o patriarcado está morrendo em pé. Até a expressão científica usada para ela – "materialismo mecânico" – parou de satisfazer a vanguarda do pensamento científico.

Está na hora de todos os conceitos religiosos humanos procurarem alcançar a maré de mudanças, devolvendo ao Deus divorciado a consorte que foi banida. Os homens e as mulheres não foram feitos para ter só um dos pais, e sim para ter um pai e uma mãe.

XVI

Restabelecendo o Equilíbrio

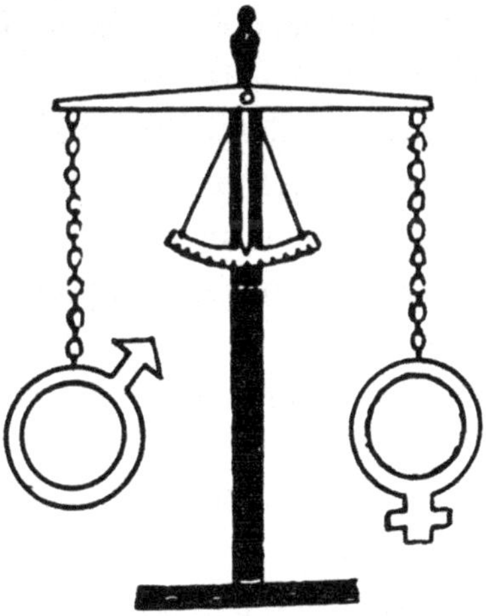

Não vou admitir impedimentos
Ao casamento de mentes corretas.
Shakespeare

Há uma história que é narrada em muitas formas pagãs e cristãs e conta que há muito tempo o país do Rei Pescador foi alvo de uma maldição. A terra e o útero das mulheres, assim como a mente dos homens, ficaram secos e estéreis. O próprio Rei Pescador caiu doente no seu castelo do Graal por ter recebido um ferimento na coxa que resultou em sua impotência.

Não obstante aquilo, o castelo encerrava o Graal e a sua promessa de salvação, de libertação da praga rogada; além disso, guardava a lança que vertia sangue. Os dois tesouros eram velados por donzelas misteriosas.

Para quebrar o encanto, o Cavaleiro da Busca precisaria ir ao castelo e comer e beber com o Rei Pescador e as donzelas, como também fazer as perguntas certas:

- Que significado têm estas maravilhas?
- Para quem o Graal serve?
- Por que a Lança sangra?

Se a coragem do Cavaleiro fraquejasse e ele não ousasse fazer a pergunta, o castelo desapareceria e ele se encontraria de novo na solidão da qual havia saído. No entanto, se o Cavaleiro fizesse as perguntas com bravura, a maldição seria retirada, o Rei Pescador ficaria curado e o país e o povo voltariam a ter uma vida feliz.

Poucas versões da Lenda do Graal dão detalhes exatos das respostas. Parece que nos dizem que o importante é a presteza em fazer as perguntas.

Em todo o mundo, o Graal ou cálice é um símbolo feminino, numa associação bem vívida, pois é ao mesmo tempo um útero e um seio que acolhe e alimenta.

A lança também é sugestivamente masculina por ser fálica, penetrante e ativa.

Por falta de comunhão com o Graal da Deusa, o Rei Pescador está impotente e a Lança verte sangue.

Se quisermos que a terra (ou seja, a totalidade de nossa vida, a nossa religião e o nosso pensamento) floresça outra vez, o Graal e a Lança, o Deus e a Deusa precisam se reunir e se complementar.

A forma exata em que essa reunião se dá pode variar. Achamos que para o cristianismo, por exemplo, não se fossilizar, também terá de achar meios de expressar aquele conceito por via de sua própria simbologia.

Os Bruxos e as Bruxas acham que a união e a polaridade criadora do Deus e Deusa são essenciais para o seu ponto de vista. Em *A Deusa das Bruxas* consideramos algumas das muitas faces da Deusa que podem nos ajudar a entendê-la completamente. Nos capítulos anteriores procuramos fazer a mesma coisa em relação ao Deus. Agora vamos prosseguir examinando algumas formas individuais em que os povos de diversas sociedades e ambientes visualizaram esse Deus.

Segunda Parte

Invocando o Deus

XVII

Pan

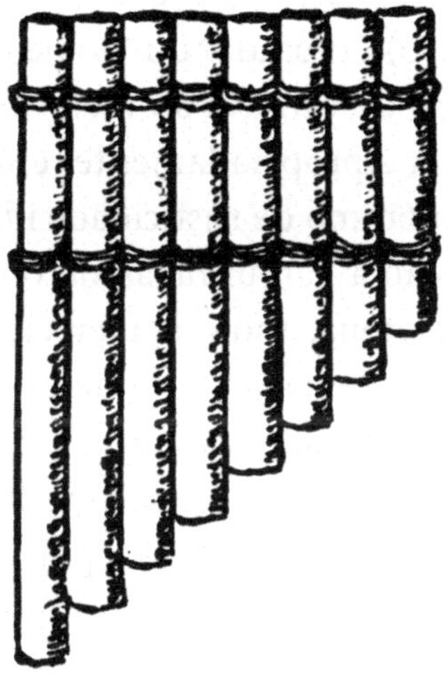

Et in Arcadia ego (também estou na Arcádia)

Anônimo, geralmente como inscrição de túmulo

Para o conhecimento popular moderno (que tem forte predisposição para o clássico, admita ou não), inquestionavelmente o Pan de pés de cabra é a figura mais conhecida do Deus de Chifres.

Para os gregos, era basicamente um Deus dos pastores, dos rebanhos, dos bosques e também da caça. Segundo Frazer em *O Ramo de Ouro*, pág. 759, os árcades costumavam chicotear a imagem de Pan nas festas ou quando os caçadores voltavam de mãos vazias, mas isso deve ter sido "não para punir o Deus, e sim para purificá-lo das influências prejudiciais que o impediam de exercer as funções divinas na qualidade do Deus que deveria providenciar caça para o caçador".

No entanto, Pan tinha conotações muito mais amplas do que estes aspectos puramente pastoris e de caçada.

Existem muitas explicações que justificam o nome "Pan". A mais simples diz que significa exatamente o mesmo que em grego (antigo e moderno), isto é, "tudo" pan (τό πάν). Os hinos homéricos dão essa interpretação; séculos depois os eruditos de Alexandria disseram o mesmo, acrescentando que Pan personificava o cosmo. Muitos especialistas modernos preferem derivar a palavra de paon (πάων), ou "pastoreador".

Durante muito tempo, Pan foi puramente um Deus local da Arcádia (que ficava no Peloponeso) e morador do Monte Mênalo ou Monte Liceu. Como todos os pastores, descansava ao meio-dia e às vezes se zangava quando era perturbado. Apropriadamente, em linguagem poética, a Arcádia era e ainda é sinônimo de rusticidade idílica.

Dizem que a devoção a Pan ultrapassou os limites da Arcádia por causa da Batalha de Maratona, antes da qual ele apareceu para o corredor ateniense Filípides, que estava correndo em direção a Esparta. Pan perguntou por que os atenienses haviam se esquecido dele e prometeu que venceriam os persas se o venerassem. Em Maratona, os persas foram derrotados e fugiram em pânico; por isso, por uma questão de honra e prudência, os atenienses construíram na Acrópole um templo para Pan, que logo se viu venerado em toda a Grécia.

A própria palavra "pânico" (do grego πανικός) é derivada de Pan; como disse John Pinsent em *Greek Mythology*, pág. 43, "Pan provoca um medo desenfreado e irracional no silêncio meridiano de uma encosta de montanha deserta".

No início, Hermes (Deus da sabedoria) também era uma divindade da Arcádia, e foi considerado pai de Pan; parece que, na forma pastoral, também tinha pés de cabra e chifres. Porém, tendo ambos sido absorvidos pelo sistema do Olimpo, ele adquiriu diversos outros pais. Foi considerado filho de Dríope e Hermes, que pastoreava os rebanhos do pai dela; ou de Hermes e Penélope, esposa de Ulisses; ou de Penélope e todos os pretendentes a sua mão, na ausência de Ulisses; ou ainda de Zeus e Timbres ou Zeus e Calisto. Outra mãe atribuída a Pan foi Amalteia, Deusa das cabras de Creta, que amamentou Zeus.

À medida que a devoção a Pan aumentava, ele adquiriu mais formas locais. Os romanos o identificavam com o seu próprio Fauno, cujas características e aspecto físico eram sem dúvida muito semelhantes. Também era confundido com Príapo, Deus da fertilidade itifálico que migrara de

Mísia (Ásia Menor) para a Grécia. Hermes e Pan estavam entre os pais atribuídos a Príapo.

Pan tinha muitos amores, além de perseguir continuamente as ninfas anônimas dos seus próprios bosques. Muitas cavernas eram dedicadas a ele e a uma ninfa. As ninfas eram muito parecidas com Pan; em geral eram lembranças das Deusas locais primitivas, seres da floresta que precisavam ser confrontados com cuidado, como ele próprio; não tinham nada das criaturas bonitas e recatadas da arte vitoriana. Os gregos se referiam e ainda se referem às noivas como "ninfas", o que pode significar que possuíam uma força mágica; essa crença persiste na zona rural da Irlanda, onde dizem que as noivas conseguem acalmar até uma tempestade no mar.

Pan seduziu Selene (Deusa da Lua) mudando de forma e se transformando em uma ovelha branca (ou em carneiro branco) que tentou incitá-la a ir com ele a um bosque. Pan conseguiu cortejar a Ninfa Pítis, mas o final foi triste: ele conseguiu tomá-la de Bóreas (Vento Norte), mas este, por vingança, lançou-a contra um rochedo, dilacerando-a. Gaia (Mãe-Terra) teve pena da ninfa e a transformou em pinheiro.

Outro final infeliz foi atribuído algumas vezes à própria raiva de Pan. Ele desejava Eco, ninfa da montanha que servia a Hera. Recusado por Eco, ele mandou alguns pastores esquartejá-la. Mais uma vez Gaia entrou em cena, recebendo o corpo estraçalhado da ninfa, mas imortalizando sua voz, que ainda ouvimos particularmente no ambiente montanhoso onde ela vivia. (Outra versão diz que Narciso rejeitou o amor de Eco, que morreu de coração partido, deixando apenas a voz.)

Quando Pan perseguiu a Ninfa Siringe, saiu frustrado por ela ter pedido socorro ao pai, Ládon, Deus do rio homônimo. Ládon salvou a filha transformando-a em caniço. Desapontado, colheu alguns caniços e os cortou em forma do que hoje denominamos flauta de Pan, dando a eles o nome de Siringe por causa da ninfa (do mesmo modo que, no devido tempo, demos esse mesmo nome à parte inferior da laringe das aves).

Além de ter natureza pastoril, musical e de caçador, Pan compartilhava com o pai (Hermes) os dons da sabedoria e da profecia. Nesse sentido, parece que Pan personifica o conceito de sabedoria pela identificação com a Natureza e por reconhecer que esta é a manifestação de todos os outros níveis de realidade e a chave de acesso a eles que está mais próxima de nós. Como diz *Brewer no Dictionary of Phrase and Fable*, Pan é a "personificação de divindade que se mostra na criação e impregna todas as coisas". Ele também é chamado Deus da *hyle*[1], não Deus apenas dos "bosques" e sim de todas as "substâncias materiais".

Seu aspecto físico reflete o conceito do espectro total da realidade. Ele tinha pés de cabra que ficavam em contato com a Terra. Tinha patas que iam até as virilhas. O busto era puramente humano e culminava numa cabeça sábia e profética que tinha o poder de criar música.

Sem dúvida, ele era "Tudo",

Há uma história que Plutarco contava e que era citada para confirmar a vitória do cristianismo sobre o paganismo. Mais ou menos na época em que o cristianismo estava começando, na região de Tibério havia um marinheiro chamado Tâmus, que um dia, passando pelas Ilhas Equinades ouviu uma voz gritar três vezes: "Quando chegares a Palodes, proclama que o grande Pan morreu" É muito mais provável que Tâmus tenha ouvido o lamento ritual pela morte anual de Tammuz (veja o capítulo XIX). Aquele lamento dizia: "Tammuz, Tammuz, Tammuz, o grandioso, morreu", e a palavra correspondente a "grande" é *pammegas*, cujo som se parece muito com o de *Pan megas* (πάν μέγας) ou "Grande Pan".

Talvez o tributo moderno mais comovente que foi rendido a ele seja o capítulo intitulado "*The Piper at the Gates of Dawn*" do livro *The Wind of the*, de Kenneth Grahame, um dos nossos capítulos preferidos. Pelos olhos da Toupeira e do Ratinho, que presenciam o Deus salvar um filhote de lontra perdido, Grahame transmite com vigor a qualidade do sentimento espiritual genuíno. Sugerimos que o treino de todas as Bruxas e Bruxos inclua um estudo deste capítulo.

O Ritual de Pan

Invocar Pan pode ser um processo cheio de surpresas. Se nos aproximarmos corretamente dele, os resultados podem ser maravilhosos e utilíssimos. Mas se o irritarmos... cuidado. Ele pode ser um Deus muito caótico. Ainda nos lembramos de alguns Bruxos que o invocaram sem a devida cautela e acabaram com a vida de cabeça para baixo.

1. Madeira ou matéria em grego.

Ele pode ser um Deus prestativo para os conservacionistas, como descobriram uns amigos nossos que o invocaram para impedir que um local muito bonito fosse destruído por uma companhia de mineração. As máquinas que a companhia transportara para o local definitivamente não funcionavam. O capataz garantiu que aquilo era sabotagem dos hippies que "não paravam de tocar alto aquela maldita música de flauta do estilo hippie", apesar de ninguém do grupo saber tocar flauta. Convém notar que o capataz jamais descobriu como a maquinaria estava sendo afetada pelo Coven, já que não foi tomada nenhuma providência a esse respeito. No fim, o projeto foi abandonado porque descobriu-se que o veio de minério era anticomercial.

Alguns bons ocultistas respeitam a propriedade alheia, mesmo quando os outros não aprovam o que estão fazendo. O trabalhador comum não é uma pessoa que toma decisões comerciais, é apenas um sujeito que está tentando alimentar a família; por isso, não cometa um erro que possa prejudicá-lo.

O ritual que descrevemos a seguir também segue esse estilo, que consiste em trabalhar com a finalidade específica de conservar e proteger o meio ambiente.

A Preparação

Como acontece com qualquer trabalho de magia, a meta a ser atingida precisa ser visualizada exatamente e verbalizada com muito cuidado para não deixar margem as más interpretações. Quem quiser estudar e conservar claramente as palavras do ritual na mente, pode até anotá-las por escrito.

Sempre que possível, o ritual deve ser executado ao ar livre; o ideal é o local de interesse. Para esse trabalho ao ar livre convém usar o mínimo de equipamento.

Também vale a pena lembrar que, se você estiver trabalhando perto de algum lugar controverso ou mesmo nele, deve abster-se de levar qualquer coisa que possa ser interpretada como arma, o que inclui até um cortador de papel ou uma espada. Janet tem um bastão de cabo de granito que é obviamente apenas decorativo. Mas uma varinha mágica ou um cetro (e, a bem dizer, até um dedo apontado) conseguem dispor um Círculo tão bem como um athame. O que importa é visualizar firmemente a intenção.

Se este ritual for executado ao ar livre e se alguns membros do seu Coven não puderem comparecer, convém comunicar a eles as palavras e a hora do ritual para que possam oferecer apoio psíquico, mesmo estando em casa.

O Ritual

O Ritual de Abertura é o habitual ver (Apêndice 1), mas exclui a Carga, para manter-se curto e simples.

Depois da Runa das Bruxas, o Alto Sacerdote invoca Pan:

Grande Pan, senhor do paraíso arcadiano, inspira o nosso coração com a tua presença. Deslumbra a nossa mente com as tuas notas deliciosas. Responde aos nossos desejos com a tua magia perfeita. Faze com que os bosques e campos, montanhas e vales encontrem proteção nas tuas pegadas. Faze com que a lebre e o cervo, a lontra e o texugo, a raposa e seus filhotes, todas as famílias dos nossos irmãos e irmãs da floresta encontrem conforto no teu toque. Faze com que as aves do ar e os morcegos da noite dancem livremente ao som da tua flauta e os peixes dos rios e dos grandes mares encontrem paz no eco do teu chamado. Faze com que todas as coisas pequenas se aconcheguem com segurança nas tuas pernas fortes, protegidas pelo Deus de pés de cabra.

Em seguida, a Alta Sacerdotisa se dirige a Pan, explicando o trabalho a ser feito e pedindo que não aconteça mal algum para o Coven nem para as pessoas inocentes que venham a se relacionar com o ritual, sem deixar de declarar com firmeza como o trabalho deve chegar à conclusão pretendida.

Cada membro declara individualmente o que pretende fazer em relação ao problema em questão; pode ser qualquer coisa, desde escrever ao jornal local ou se dirigir a um deputado, até passar certo tempo por semana retirando o lixo ou levantando uma dada soma de dinheiro para alguma organização interessada em proteger o meio ambiente. Não existe problema ambiental que não possa ser tratado com uma ação terrena ou mágica.

Quando todos houverem acabado de falar, a Alta Sacerdotisa coloca em ordem de novo a Runa das Bruxas e os membros do Coven correm em círculo, cada vez mais depressa, até que ela grita: *Ao chão!* E toda a força reunida é descarregada conscientemente para chegar à meta desejada.

Finalmente, depois de destraçar o Círculo, todos os membros limpam perfeitamente o local, retirando todos os resíduos ou objetos que possam prejudicar o ambiente. É a melhor oferenda que se pode fazer a Pan.

XVIII

Osíris

Louvado seja Osíris Un-Nefer,
o Grande Deus que habita o Abtu;
Rei da eternidade, senhor da perenidade,
que atravessou milhões de anos de existência.
Hino do Escriba Ani

Osíris, sua irmã e esposa Ísis e o filho Hórus, o Jovem, são as divindades mais duradouras e importantes do Egito antigo; sendo Osíris o Deus masculino mais importante e mais venerado.

Assim foi, apesar da proeminência de Rá ou Amon-Rá (Deus do Sol) na história do Egito (veja o capítulo XXVII). O panteão egípcio evolui de um processo complexo de concessões entre muitas divindades locais ou da absorção delas. Nesse processo, Osíris e Ísis ficaram conhecidos como bisnetos de Rá. A árvore genealógica era assim:

OSÍRIS

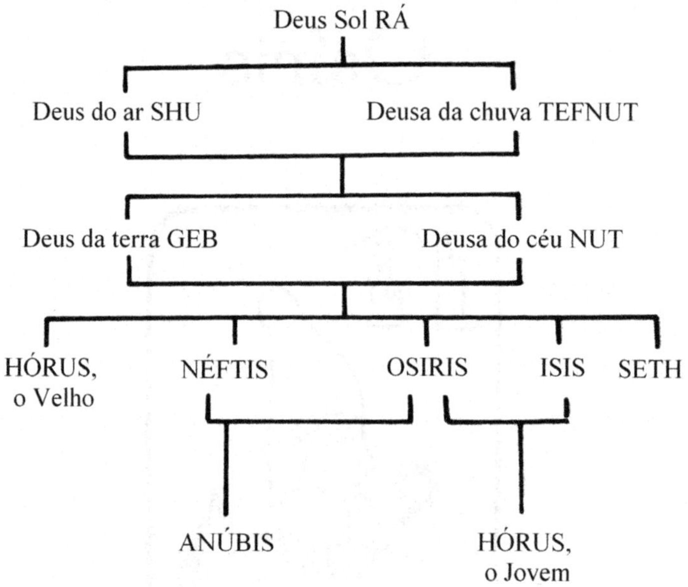

Dizem que Rá gerou Shu e Tefnut sem auxílio feminino, mas, às vezes, a Deusa Rait ou Rat é mencionada como esposa de Rá, com a ambiguidade comum desse tipo de genealogia divina. Segundo outras lendas, Nut é filha de Rá e até da mãe dele, na forma de vaca celeste que dá à luz o Sol todas as manhas. A árvore genealógica mostra os conceitos relacionados com os mitos-chaves.

O grande egiptólogo Sir E. A. Wallis Budge (*Osíris the Egyptian Resurrection* págs. 14 e 15) argumenta que a religião de Osíris era nativa do Egito, ao passo que a religião de Rá fora importada: "É bem sabido que, em uma ou outra fase, o culto de Rá foi a forma de religião aceita pelos faraós, pelo sacerdotado e por uma aristocracia limitada, do meio da quinta dinastia em diante (aproximadamente 2494 a 2354 AEC). É inegável que o culto do Deus do Sol foi introduzido no Egito na quinta dinastia pelos Sacerdotes de Heliópolis quando estes assumiram o governo do país e começaram a indicar seus guerreiros preferidos para o trono do Egito... Entrementes, a grande maioria da sociedade persistiu no antigo culto da Lua e dos animais e pássaros sagrados e assim por diante, continuando a venerar os espíritos que neles habitavam, completamente indiferentes à onda crescente do culto oficial e estrangeiro do Deus do Sol... Por isso, parece-me que a existência do culto de Rá no Egito não afeta de modo algum a indagação a respeito da religião nativa do Egito."

No capítulo XX faremos mais considerações relacionadas com o aspecto de Thoth, Deus da Lua; e no capítulo XXVII falaremos mais do aspecto do Deus do Sol, Amon-Rá. Por ora, aceitaremos a supremacia de Osíris e sua família, como fizeram os egípcios durante dois ou três mil anos, e examinaremos a mitologia "osiriana" quando ela finalmente amadureceu.

Osíris tinha dois aspectos primários. Era um Deus da vegetação semelhante ao Tammuz do Oriente Próximo, com um ciclo anual de nascimento, morte e renascimento. E ao mesmo tempo era o Nilo, cuja inundação anual fertilizava o rico solo do Egito (que era Ísis), e as colheitas e árvores nascidas daquele solo em consequência disso. No entanto, era também o Deus da vida após a morte, o Deus que julgava e cuidava dos mortos, garantindo a imortalidade aos bons.

Osíris e Ísis se tornaram marido e mulher no ventre de Nut, do mesmo modo que Néftis e Seth.

A tradição diz que Osíris foi o quarto faraó do Egito, tendo subido ao trono com a saída do pai (Geb). Teve Ísis por rainha e Thoth por grão-vizir.

Enquanto Ísis introduziu a fabricação de vinho, Osíris ensinou o povo a construir implementos agrícolas e a plantar e colher cereais, fazer pão e cerveja fermentada. Ele foi um governante consciente e civilizador que persuadiu o povo a abandonar o canibalismo, um vício no país. Construiu templos e estabeleceu as bases da religião. É possível haver certa dose de verdade nesta tradição. Muitos Deuses não passaram da divinização de grandes líderes, mestres e governantes venerados pela lembrança do povo.

Tendo organizado o Egito, Osíris quis estender a civilização para além das fronteiras. Para isso, deixou Ísis como regente e se dirigiu à Ásia com Thoth e Wepwauet (Abridor de Caminhos). Osíris detestava a violência e não precisava de conquistas militares; venceu outras nações com ideias que levou a elas, encantando-as com sua música e canto.

Quando ele voltou, verificou que Ísis mantivera tudo em boa ordem, por isso durante certo tempo as coisas correram bem. No entanto, Seth, desejoso de ocupar o trono, começou a tramar contra o rei, seu próprio irmão Osíris.

Seth personificava o deserto árido e sempre ameaçador que cercava o fértil Vale do Nilo, responsável por todo tipo de vida. A irmã e esposa de Seth era Néftis, que pode ser encarada como a personificação da faixa da terra situada entre o vale e o deserto, e que se tornou fértil devido à boa administração. Este processo é simbolizado pela história de Néftis abandonando Seth e passando para o lado de Osíris, desgostosa com a traição do marido. O deserto (Seth) é estéril, e somente o Nilo (Osíris) consegue fertilizar Néftis. Por esse motivo, não é de surpreender que ela e Osíris tivessem sido os pais de Anúbis, nem que Ísis não parecesse ofendida com isso. Dali por diante, Ísis e Néftis são mencionadas como irmãs que cooperam uma com a outra, velando com carinho os processos de nascimento e morte.

Quando o reinado de Osíris atingiu seu vigésimo oitavo ano, Seth e seus conjurados assassinaram o rei, cujo caixão atiraram ao Nilo. O caixão flutuou na correnteza, atravessando o Mediterrâneo e acabando em Biblos, no litoral fenício. Seth encontrou o cadáver de Osíris e o cortou em 14 pedaços, que espalhou por todo o Egito.

Ísis não desistiu e vagou pelo país em busca do marido, encontrando todos os pedaços, com exceção do falo, que fora devorado por um caranguejo. No lugar em que encontrava cada pedaço, gravava uma inscrição fúnebre para que Seth pensasse que ali estivesse enterrado um fragmento de Osíris. Na realidade, ela não enterrou nada; recompôs o corpo e até incluiu um falo, servindo-se de magia. Depois, ajudada por Anúbis e Néftis, fez o primeiro embalsamamento, que significa a vida eterna.

Imortal, Osíris começou uma nova fase na qualidade de soberano do Amenti, a Terra dos Mortos. Foi uma escolha espontânea, pois ele poderia ter voltado à Terra se quisesse.

Amenti significa "Ocidente" e os egípcios diziam que o Outromundo ficava naquela direção. Não era exatamente o Submundo, a não ser nos aspectos negativos, como, por exemplo, a região de perigos em que o Sol percorria a noite. Na concepção geral, era a morada dos abençoados; dos que haviam levado uma vida voltada para o bem e pertencia ao céu estrelado. De certo modo, a entrada de ambos era o Ocidente, o local onde o Sol se põe.

A não ser quando simbolizado pela coluna denominada djed, que consiste em um tronco de árvore estilizado encimado por barras horizontais, quase todas as representações de Osíris mostram ele sempre envolto em faixas, mas com as mãos e o rosto expostos e esverdeados. Sempre está sentado no trono ou em pé, segurando o báculo e o flagelo da realeza, usando a coroa do Alto Egito e flanqueado por duas plumas de avestruz.

Ísis teve um filho póstumo de Osíris. Foi Hórus, o Jovem, que se tornou o vingador do pai. Um conselho de Deuses decidiu em favor de Hórus e baniu Seth para o deserto. Ainda no ventre da própria mãe, os faraós eram identificados com Hórus na qualidade de Senhor dos Vivos.

Osíris era o Senhor dos Mortos, figura central do pensamento egípcio. Era ao mesmo tempo divino e humano, por isso percebia intimamente os problemas, as esperanças e os sofrimentos humanos.

O processo de julgar os mortos, que consistia, entre outras coisas, em comparar o peso do coração com o da pluma da verdade, era responsabilidade de várias divindades, entre as quais estavam Anúbis, Thoth, Hórus e Maat, mas a palavra final era de Osíris.

Sob vários pontos de vista, Osíris era para os egípcios o que Cristo é para os cristãos, embora sem a ênfase obsessiva no celibato e na virgindade materna. O fato de Osíris ser filho de uma divindade e ter levado uma vida terrena em que sofreu e morreu por mãos invejosas, ressuscitando depois, era uma garantia de imortalidade própria com que os fiéis podiam contar desde que imitassem a bondade dele, que sem dúvida compreenderia piedosamente a fragilidade humana.

Nos ritos fúnebres, a pessoa morta era identificada com Osíris, independentemente de ser homem ou mulher. Por exemplo, as declarações fúnebres escritas e faladas em favor de um escriba chamado Ani diziam: "Osíris, o escriba Ani, respondeu." "O Ani Osíris declara que...", e assim por diante.

O culto antigo do touro sagrado se fundiu desde cedo com o de Osíris. Para os egípcios, o touro era o símbolo supremo de força e virilidade; em Mênfis, Heliópolis, Hermontis, Saqqarah e outros locais o culto incluía touros verdadeiros, que eram selecionados para receber honras divinas; quando morriam, eram mumificados e os funerais se realizavam com toda a pompa. O Touro Ápis era a imagem ou encarnação de Osíris, com quem era identificado; mas também era filho dele, motivo pelo qual Hórus era denominado "Touro de sua Mãe" o fato é que, em certo sentido, Hórus é o próprio pai renascido.

O Ritual de Osíris

Finalmente, temos aqui algo específico para as crianças. Não é um Ritual de Círculo, pois na arte da feitiçaria há muita polemica a respeito da participação de crianças nos Círculos de trabalho, o que não existe no que se refere às festas. No entanto, as crianças têm um sentido de magia espontâneo que deve ser estimulado.

Além disso, como muitos outros Bruxos, achamos que as crianças devem ser criadas com a consciência de que existem e existiram muitas religiões diferentes no Mundo, todas com algo a dizer; e não devem ser estimuladas a acreditar que uma dada religião é "certa" e todas as outras são "erradas".

Alguém perguntou a uma Bruxa amiga nossa, que é diretora de uma escola: "Convém ensinar religião nas escolas?" Ao que ela respondeu: "As crianças devem aprender coisas sobre religiões, não aprender a religião". Concordamos inteiramente com ela. Quanto mais as crianças conhecem os diversos caminhos, mais capazes serão de escolher o que lhes convém quando amadurecem.

Esta é uma oportunidade de fazer duas coisas de uma só vez: dar às crianças uma ideia básica de como era a veneração dos Deuses no Egito Antigo, e oferecer a elas um pouco de prática de magia com que possam trabalhar.

Naturalmente, a maneira de se apresentar isso depende da idade, do grau de capacidade mental e dos conhecimentos das crianças em questão, mas damos a seguir um esboço da ideia.

Conte às crianças a história de Osíris e Ísis. Diga que os egípcios acreditavam que os dois haviam governado bem o Egito durante muito tempo, bem antes de aparecer a história escrita. Conte-lhes que Seth era malvado e invejoso e convidou o irmão Osíris a comparecer a uma festa, onde o matou; diga que Seth esquartejou Osíris e espalhou os pedaços pelo Egito inteiro, e que Ísis saiu em busca dos fragmentos, achou todos e recompôs o corpo do marido. Diga também que, com a ajuda de Thoth, amigo de ambos, ressuscitou Osíris utilizando magia. Diga que eles tiveram um filho chamado Hórus e os egípcios consideravam Osíris, Hórus e Thoth Deuses bons, Ísis uma Deusa boa e Seth um Deus malvado.

A tarefa de Osíris era velar pelas pessoas que morriam e providenciar uma vida eterna boa para elas. Hórus velava por aquele mundo e impedia Seth de prejudicá-lo. Ísis, na qualidade de mãe e esposa perfeita, fazia um pouco destas duas coisas. E Thoth era o Deus da ponderação, dos conhecimentos e da magia.

De certo modo, Ísis representava o vale fértil do Nilo onde viviam todas as pessoas. Osíris representava todas as colheitas e frutos que ele produzia, e Seth representava apenas o deserto que sempre ameaçava o vale.

Do mesmo modo que Osíris foi revivido pela magia de Ísis e Thoth, depois de morto por Seth, as plantações e os frutos renasciam todos os anos na época da colheita. Com razão, os egípcios também encaravam isso como magia e costumavam comemorar anualmente o fato com festas especiais.

Hoje, como as crianças sabem, temos grupos interessados em ajudar as pessoas que moram em lugares onde não há o que comer, como, por exemplo, o *Sief Aid*, o *Band Aid* e o *Cornic Relief*. Por que não formar um Grupo de Ajuda pela Magia?

Para isso, a própria criança pode fazer um encantamento. Basta recortar um pedaço de flanela (verde, se possível, pois é a cor das crianças) na forma de Osíris, do tamanho exato do fundo de um prato raso, dizendo à figura que agora ela se chama Osíris. Depois, é só pôr a figura recortada no prato e espalhar cuidadosamente nela um punhado de sementes de mostarda e agrião. Colocar tudo em algum lugar resguardado e despejar água no prato para embeber a flanela. Verificar duas ou três vezes ao dia para se assegurar de que a flanela continue úmida, mas não nadando na água.

Passados alguns dias, as sementes brotam e Osíris fica coberto por uma camada de folhinhas verdes. Desse modo ele renasce no seu aspecto de plantações e frutos. As crianças ficarão sabendo que, com esta magia, terão dado mais força às pessoas que trabalham para conseguir alimento para os países famintos. Se você acredita em força psíquica, isso pode muito bem ter acontecido.

Deus do Milho de Honduras

Bacchanalian Revel Before a Term of Pan, de Nicolas Poussin

Mithras Sacrificando o Touro, Século 2 EC

Thoth em sua forma de babuíno, 18ª Dinastia

Ganesha, Deus hindu da boa fortuna, sabedoria e literatura, 800 EC

Hermes, do templo de Ártemis, Efeso

O Poder do Deus equilibra o da Deusa – um equlíbrio desejado nos rituais Wiccanianos (Coven da Floresta Encantada, Berkeley, Califórnia)

Impressão Assyro-Babylonian do selo do Deus Sol Shamash se elevando entre as montanhas com Deuses auxiliares. Cerca de 2300 AEC

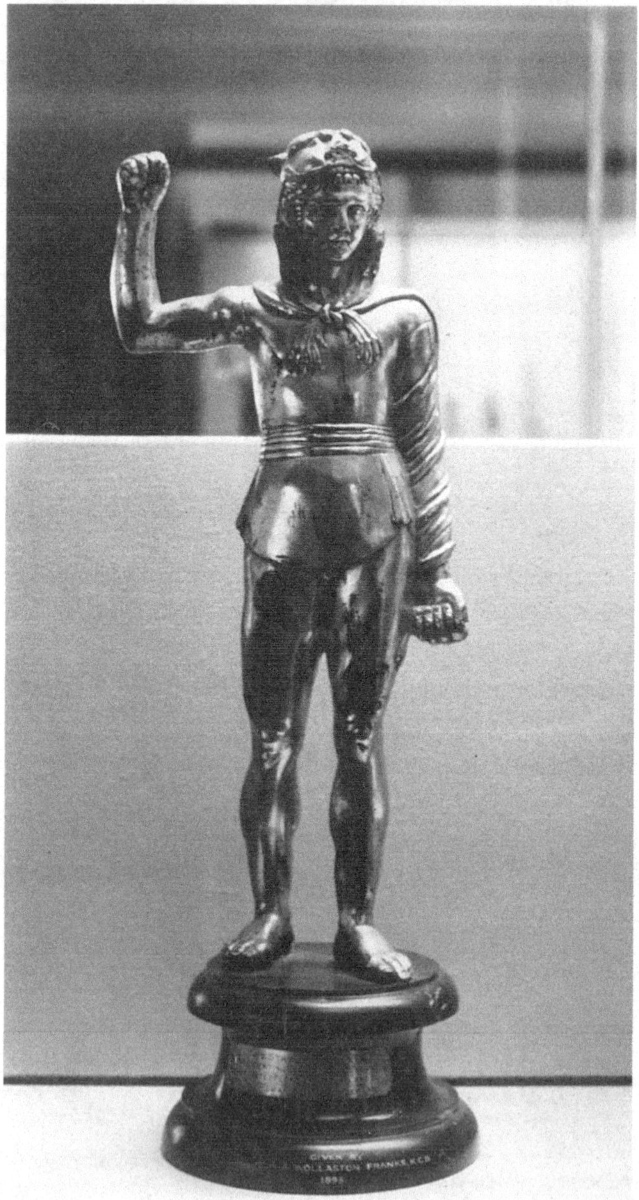

Hércules, Muralha de Adriano, do Século 2 e 3 EC

Pan, da família de Man de Jacob Epstein, Hyde Park, Londres

Mercúrio Instruindo Cupido Perante Vênus, por Antonio Allegri da Corregio

XIX

Tammuz

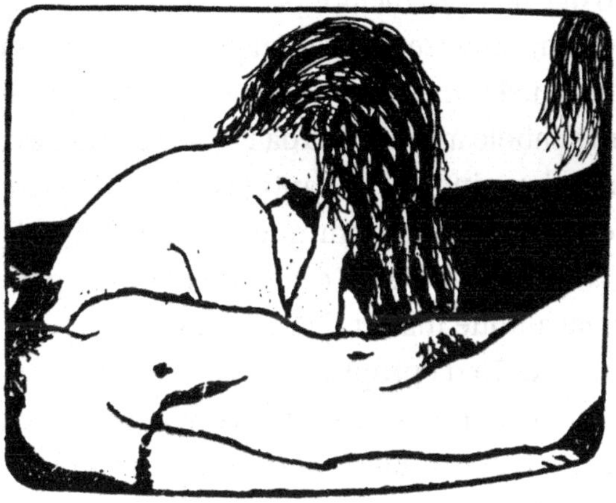

Ano após ano vens chorando a morte de Tammuz,
amor da tua juventude.

Epopeia de Gilgamesh

Talvez Tammuz seja o exemplo mais claro e vívido do Deus da morte e da ressurreição da vegetação que vimos no capítulo V. Ele era assírio-babilônio e amado da Deusa suprema Ishtar, mas tem uma história que começa bem antes e acaba muito depois disso.

Inicialmente, até o começo do segundo milênio anterior a Cristo, ele era o Dumuzi sumeriano, amado de Inanna. Quando Inanna passou a ser a Ishtar assírio-babilônia, ele passou a se chamar Tammuz. Para os fenícios, era Adonai (Senhor, na linguagem senútica) e tinha por Deusa Ashtart ou Ashtoreth. Para os gregos, o casal era Adônis e Afrodite; para os romanos era Adônis e Vênus. Este processo de desenvolvimento abrangeu mais de mil anos e é narrado com detalhes no capítulo XV em *A Deusa das Bruxas*.

Todas as fases dessa história são parecidas, embora na fase grega o tema de vegetação e o ritual correspondente tenham sido obscurecidos pela tragédia amorosa, não porque os gregos fossem insensíveis ao ciclo da fertilidade anual, mas, sim, porque esse ciclo já estava mais que representado na história de Deméter e Perséfone (*A Deusa das Bruxas*, capítulo XIII), enquanto o aspecto ritual já estava nos Mistérios Eleusianos.

A lenda de Tammuz e Ishtar é a melhor representação da lenda real; e o ritual fenício é o que nos dá a melhor prova daquele que expressava a lenda.

Quando jovem, Ishtar se apaixonou por Tammuz, Deus das colheitas. Ele correspondia àquele amor, mas foi morto por um javali. Sabendo que a semeadura é um símbolo arquetípico da Deusa (compare com Cerridwen e outras), vemos aqui um indício dos antigos rituais de sacrifício de animais na época das colheitas, rituais em que a vítima sagrada tinha relações sexuais com a Sacerdotisa e Deusa e depois era morta por ela (capítulo X). Sendo assim, o javali que matou Dumuzi/Tammuz/Adoni/Adônis pode ser uma masculinização da própria Deusa.

Seja como for, Ishtar ficou arrasada com a morte dele. As tábuas encontradas em Nínive dizem que Ishtar decidiu ir ao Inferno, governado por sua irmã Ereshkigal...

Para a casa na qual quem entra não sai,
Para a estrada que não tem volta
... na tentativa de recuperar Tammuz

Este é um tema constante dos mitos da vegetação. A Mãe-Terra, tendo ficado estéril por ter se separado do parceiro amado que a fertiliza, luta por recuperar o que perdeu, como ocorreu com Deméter e Perséfone, Ísis e Osíris, e assim por diante.

Para chegar a Ereshkigal, Ishtar precisou atravessar as sete portas do Inferno, deixando em cada uma delas uma joia ou uma peça do vestuário. Quando se encontrou com a irmã, estava sem joias e roupas, portanto, completamente vulnerável. (Os Bruxos e Bruxas veem nessa história alguns elementos de uma lenda própria chamada *Lenda da descida da Deusa*, embora os significados de ambas sejam um tanto diferentes).

Ereshkigal foi inflexível. Não só se recusou a devolver Tammuz, como ordenou que o servo Namtar (portador de pestes) prendesse Ishtar e lhe infligisse doenças que costumam atacar os sexagenários.

Na ausência de Ishtar e de Tammuz, a Terra se transformou em uma imensidão estéril, e os Deuses ficaram seriamente alarmados. Sin (pai de Ishtar e Deus da Lua) e Shamash (Deus do Sol) pediram socorro a Ea, Deus da sabedoria e da magia. (Ea também era Deus da água, aliado útil nas épocas de aridez da terra.)

Ea enviou o mensageiro Asushu-Namir ao Inferno com um encantamento para libertar Ishtar. Ereshkigal tentou resistir, mas as palavras mágicas foram fortes demais para ela, que foi obrigada a soltar os dois prisioneiros. Purificada com a água de Ea, Ishtar ficou curada e retomou o caminho da liberdade, voltando pelas sete portas e recolhendo as joias e roupas que lá deixara. E, com a volta de Tammuz, a Terra ficou fértil outra vez.

As comemorações da morte e do renascimento de Tammuz/Adônis ocorriam todos os anos na época das colheitas e eram uma ocasião muito importante para as mulheres do Oriente Próximo. Elas se identificavam com a figura consternada de Ishtar e choravam a perda de Tammuz com as palavras que já mencionamos na pág. 112: "Tammuz, Tammuz, Tammuz, o grandioso morreu!"

As mulheres plantavam canteirinhos de plantas que murchavam depressa, como alface, por exemplo; alguns dias depois, quando as plantas morriam, jogavam-nas em algum regato ou rio, ou no mar. Depois daquilo, a dor se transformava em júbilo e elas saudavam o renascimento do Deus.

Isaías (17, 9-11) condenava o costume de "fazer crescer jardins, porque esqueceste o Deus de tua salvação e não te lembraste do Rochedo de tua força, pois fazes crescer jardins de delícias e semeias sementes estrangeiras; quando plantas, tu vês desabrochar, e desde manhã tu vês tuas sementes florescerem, mas não haverá colheita no dia da doença e o mal será incurável". Ezequiel (8, 13-14) também reprovou aquele ritual na própria Jerusalém, "E acrescentou: 'ainda verás coisas mais abomináveis do que essas que eles estão fazendo'. E conduziu-se à entrada da porta setentrional da Casa do Senhor. Eis que estavam sentadas mulheres chorando por Tammuz."

Segundo Graves (*A Deusa Branca*, págs. 302-3), todos os anos as mulheres hebraicas posteriores ao Exílio disfarçavam aquele costume fingindo estar chorando a morte da "filha do Galaadita Jefté" (Juízes 11, 39-40); e no século passado as mulheres de Carmarthen usavam essa mesma desculpa para prantear Lleu Llaw Gyffes em agosto.

Mais do que os homens, as mulheres tendem a ter uma percepção mais instintiva da continuidade do espírito, independentemente dos dogmas oficiais.

Na realidade, na imagem do "Deus da salvação" israelita havia mais do Deus da cevada (Tammuz) do que Isaías e Ezequiel poderiam admitir. Plutarco garantia que os hebreus foram proibidos de comer carne de porco porque Adônis foi morto por um javali.

O Ritual de Tammuz

Havia dois meios de comemorar o Ritual de Tammuz, Deus da vegetação. Um se dava no Submundo outro na Terra. No entanto, no que diz respeito ao Submundo, os personagens ativos eram Ishtar e Ereshkigal; e como este livro trata do Deus, optamos pelo tema da Terra, que, além de Ishtar, abrange o Deus do Sol Shamash, Sin (Deus da Lua e pai de Ishtar) e Ea, Deus da sabedoria e da magia.

A Preparação

São escolhidos os Bruxos e Bruxas que interpretarão Shamash, Sin, Ea, Tammuz e Ishtar. Se possível, Tammuz, deve ser jovem e de boa aparência.

No perímetro do Círculo são colocadas comidas e bebidas que representam claramente os produtos da Terra e suas criaturas, como, por exemplo, vasilhas com frutas ou pratos preparados com cereais, como biscoitos ou pãezinhos de cevada, tigelas com ovos cozidos, uma ou duas garrafas de vinho, suco de fruta e talvez uma garrafa de leite; tudo deve estar coberto com um pano. Atrás ou perto do altar coloca-se um vaso com flores. Durante a primeira parte do ritual nenhum desses objetos deve ficar à vista.

O Ritual

Antes de o Círculo ser formado, Tammuz fica estendido no chão, bem no centro, com a cabeça dirigida para o Oeste, imóvel e de olhos fechados, até o momento de despertar ritualmente.

O Ritual de Abertura é executado normalmente, mas sem a Runa das Bruxas (Apêndice I). Depois de invocar as Torres de Observação, Shamash ajoelha-se perto da vela ao Sul e Sin, perto da que está no Oeste. Os outros membros do grupo sentam-se ao redor. A invocação – *Salve, Aradia!* –, é substituída pela que segue:

Salve, poderosa Ishtar!
Rainha dos bosques e dos campos,
Das plantações que florescem e dos rebanhos ambulantes
Rainha das bênçãos que a Terra produz,
Rainha da semeadura, da colheita do lar!
Sem a tua generosidade, tudo é escuro e frio;
Nada crescerá por maiores que sejam os nossos esforços.
Por isso nos ajoelhamos diante de ti, como antigamente
Renova a tua bênção, e que a Terra floresça!

A invocação ao "Grande Deus Cernunnos" é a mesma, só que dirigida ao "Grande Deus Tammuz".

Depois do *Ak-hera goiti... Akhera beiti*, Ishtar se mostra repentinamente alarmada.

Ishtar aponta para Tammuz e grita: *O Grande Tammuz morreu!*

Ela se dirige para perto da cabeça de Tammuz, chorando a sua morte. Ea vai para perto dos pés dele, onde se ajoelha.

O grupo todo acompanha o lamento: *O grande Tammuz morreu!*

Todos silenciam quando Ishtar ergue os olhos para Sin e pergunta: *Sin, pai, o que faremos? Sem o meu amado Tammuz, o ventre da Terra será estéril. Os campos não produzirão colheitas e as criaturas não terão filhotes. Pai, ajude-me!*

Sin responde: *Que posso fazer, minha filha? Sou a Lua que ilumina a noite. Posso trazer sossego, mas não fertilidade; visões, mas não feitos; entendimento, mas não ação. Essas coisas são com a Terra. Que queres que eu faça?*

Ishtar volta-se para Shamash e suplica: *Shamash, irmão, que farei agora?*

Shamash responde: *Que posso fazer, minha irmã? Sou o Sol que ilumina o dia, brilhando na Terra para lhe dar calor. Posso fazer com que os campos cresçam depois de semeados e aquecer os filhotes depois de nascidos; mas não consigo semear a terra nem fertilizar o ventre. Essas coisas são com a Terra. Que queres que eu faça?*

Finalmente, Ishtar apela para Ea (pronunciando seu nome Eh-a): *Ea, meu irmão, ajuda-me!*

Ea leva um instante para responder; depois se levanta e ordena que Sin e Shamash façam o mesmo. Ishtar continua ajoelhada olhando para Ea, cheia de esperança.

Ea diz: *Levantem-se, meus irmãos. Desespero e resignação não vão ajudar a nossa irmã nem devolver a vida a Tammuz... O que é sabedoria, e o que é magia? Sabedoria é o conhecimento das Leis e do Universo, que são maiores do que cada um de nós sozinhos. E a magia é a coragem de invocá-los. Então, vamos invocá-los! Há uma lei da existência segundo a qual a fertilidade é uma enorme roda que nunca para de girar; e que, naquelas voltas, a morte segue a vida e o renascimento segue a morte. Pode parecer que Tammuz morreu, mas ele deverá renascer com o girar da roda.* (Ele eleva a voz e levanta os braços.) *Invocamos as leis da existência – invocamos a roda do renascimento!*

Sin e Shamash também levantam os braços, Ishtar segura as mãos de Tammuz e os três (acompanhados pelo resto do grupo) gritam: *Invocamos a roda do renascimento!*

Tammuz, que estava deitado, abre os olhos e senta-se. Ishtar fica em pé e o puxa para que também fique. Todos o cercam com júbilo. O grupo todo, incluindo Tammuz, dá as mãos e circula acompanhando a Runa das Bruxas.

Quando a Runa termina, Ishtar diz: *O Grande Tammuz renasceu e os frutos da Terra são nossos mais uma vez. Vamos mostrá-los e aproveitá-los!*

Os pratos e as bebidas são descobertos e levados para o centro; as flores são postas no altar.

A festa começa.

XX

Thoth

Sou Thoth, o escriba perfeito, cujas mãos são puras;
sou o senhor de dois chifres que faz com que a iniquidade seja destruída;
sou o escriba do direito e da verdade.

Livro dos Mortos

Entre os Deuses egípcios masculinos, Osíris era a personificação suprema da espiritualidade, da piedade e da imortalidade. Os aspectos relativos ao conhecimento, à ciência e à sabedoria estavam bem acima da esfera de Thoth. E os dois Deuses estavam intimamente relacionados com a moral e a justiça.

Na verdade, o nome egípcio de Thoth era Tehuti ou Djehuti. (Como ocorreu com Osíris, Ísis e outros, parece que a forma grega foi preferida.) Thoth era representado de duas maneiras: como íbis (ou homem com cabeça de íbis) e como babuíno. Estes dois símbolos têm um significado pertinente.

Thoth era um Deus muito antigo que foi venerado desde os tempos anteriores às dinastias. Tinha santuários por toda parte, mas o centro de culto ficava no Médio Egito, na Hermópolis (a Khnemu egípcia ou a moderna El-Ashmunein).

Ao menos dentro dos seus próprios templos, todas as divindades egípcias importantes eram consideradas criadoras, e Thoth não era exceção. Dizia-se que, em forma de íbis, chocara o Ovo do Mundo que gerou todas as coisas. Só o som de sua voz produziu quatro Deuses e quatro Deusas. Os Deuses tinham aspecto de sapo e as Deusas de serpente. Os oito continuaram o trabalho de criar pela voz, cantando pela manhã e à noite para manter o Sol em movimento.

Parece que a forma de babuíno de Thoth veio de um hábito dos babuínos que consiste em falar para saudar o sol nascente. Isso não seria uma lembrança dos Oito?

Há diversas histórias sobre a paternidade de Thoth, conforme o panteão em que ele se insere. Em um, Thoth surgiu espontaneamente de Nun ou Caos Primordial (embora Nun e a esposa Naunet também fossem considerados o primeiro par dos Oito); em outro, era filho de Geb e Nut, portanto, irmão de Osíris, Ísis, Néftis, Seth e Hórus, o Velho; ou ainda, o filho mais velho de Rá.

Três esposas foram atribuídas a ele. Uma era Sefkhet-Seshat, Deusa da Lua e das estrelas que tinha características muito parecidas com as do próprio Thoth. Outra era Nahmauit, "a que elimina o mal". A terceira (que parece a mais provável, segundo vários pontos de vista) era Maat, Deusa da justiça, da verdade e da ordem cósmica natural, à qual Thoth deu expressão prática.

Primeiro Thoth foi um Deus da Lua e medidor do tempo (veja o capítulo II). Sendo assim, do mesmo modo que outros Deuses da Lua, Thoth presidiu ao primeiro caso de observação científica precisa. E, à medida que o conhecimento humano aumentou e foi reconhecido como sabedoria e registrado com sofisticação cada vez maior, nada mais natural que ele adquirisse as características que viriam a ser mais importantes para ele do que o ponto de onde partiram, ou seja, características do Deus da sabedoria, do conhecimento, da ciência, da matemática e da arquitetura. Era também escriba dos Deuses e padroeiro dos escribas humanos, mantenedor de arquivos e árbitro de disputas.

É quase irônico saber que, embora o dom de medir o tempo pela Lua tenha lançado Thoth como Deus da sabedoria, foi essa mesma sabedoria que o fez perceber que nenhum calendário lunar pode ser encaixado com precisão no ano solar, bem como lhe permitiu conceber uma solução inteligente, e assim se distanciar das suas próprias origens lunares; obviamente, isso tudo é uma mitificação do próprio processo de percepção da humanidade.

A lenda sobre essa solução é a seguinte:

Nut (Deusa do céu) desposara o irmão Geb (Deus da terra), contra a vontade de Rá (Deus do Sol e avô de ambos). Furioso, Rá ordenou que Shu (Deus do ar e pai de Nut e Geb) os separasse; além disso, determinou que Nut não tivesse filhos em nenhum mês do ano.

Thoth se comoveu com o sofrimento de Nut e planejou um meio de eliminar a proibição de Rá. Jogou na sorte com a Lua e ganhou uma porção de 1/72 avos da luz da Lua, transformando-os em cinco dias intercalados que não pertenciam a nenhum mês. Acrescentou os 5 dias a 12 meses aproximadamente lunares, cada qual de 30 dias, e fez um ano de 365 dias; assim obteve o calendário solar mais preciso até a invenção do calendário gregoriano que utilizamos hoje. Daquela maneira, nos cinco dias intercalados Nut conseguiu dar à luz seus cinco filhos, na seguinte ordem: Osíris, Hórus, o Velho, Seth, Ísis e Néftis.

Thoth continuou a ser o senhor titular da Lua (por amor aos velhos tempos, por assim dizer), mas deixou a Lua propriamente dita sob a guarda de uma Deusa chamada Mulher-Luz das Sombras, descrição encantadora da função feminina que mencionamos anteriormente: iluminar os segredos do Inconsciente. Ela cuidava de Thoth sempre que ele ia visitar a Lua.

Sempre um aliado leal de Osíris, Ísis, Néftis e Hórus, o Jovem, Thoth tinha uma grande reputação de praticar magias e curas, trabalhando em muitas ocasiões como parceiro de Ísis.

Também continuou a cooperar com Osíris na admissão dos mortos em seus domínios. Thoth presidia o que George Hart (*A Dictionary of Egyptian Gods and Goddesses*, pág. 216) descreve como "o equivalente antigo do detector de mentiras", isto é, a balança que pesava o coração humano tomando como referência o peso da pluma vermelha de Maat, Deusa da verdade e esposa de Thoth.

Com exceção de Osíris e Thoth, parece que quase todas as divindades egípcias tinham seus momentos de raiva, o que podemos denominar fraqueza humana. No entanto, como diz J. Viau (*Larousse Encyclopaedia of Mythology* – pág. 269), "Durante 3326 anos, Thoth foi o modelo por excelência de governante tranquilo. E hoje, quando cada vez mais pessoas adotam uma atitude menos rígida para com as formas do Deus, talvez Thoth tenha de novo um papel a representar.

O Ritual de Thoth

Neste ponto sugerimos um ritual para uma parceria em que o homem faz o papel de Thoth e a mulher, o de Mulher-Luz das Sombras. O ritual implica o lunar e os aspectos de sábio e escriba de Thoth, que ele usa para inspirar e registrar a capacidade divinatória e tudo o que a parceira sente. Por uma questão de simplicidade, vamos nos referir aos parceiros desse ritual como o Homem e a Mulher.

A Preparação

Reúna os materiais necessários para preparar os seguintes itens: um espelho de cristalomancia e um caderno de anotações em branco.

Trata-se de um espelho côncavo enegrecido e montado apropriadamente. Para obtê-lo, você precisa de um vidro de relógio convexo transparente de 12 centímetros de diâmetro (no mínimo), que pode ser comprado em qualquer relojoaria. Também precisa de um pouco de tinta preta fosca; o mais simples seria usar tinta em forma de aerossol, mas por motivos ecológicos convém verificar se o aerossol a ser utilizado não prejudica a camada de ozônio. A montagem ou moldura do espelho depende do gosto de cada pessoa. Fazer e montar o espelho é tarefa do homem.

Os materiais para o caderno são: um número adequado de folhas (em branco) de papel de boa qualidade (ou, melhor ainda, pergaminho), duas capas pretas de tamanho igual ou pouco maior do que o das folhas internas, um furador de papel e tiras para encadernar, preferivelmente de couro. O caderno deve ter o melhor aspecto possível e ser feito pela mulher.

O Ritual

Para fazer esses dois objetos, o homem e a mulher trabalham separadamente, de preferência em um templo egípcio (montado como indicado no Apêndice II) ou, ao menos, dentro de um Círculo disposto de maneira simples (Apêndice I). Se quiserem, o homem e a mulher poderão dispor o Círculo juntos, mas uma vez feito isso, quem construiu o objeto precisa ser deixado sozinho.

O homem faz o espelho limpando muito bem o vidro de relógio e pintando o lado convexo com a tinta preta fosca, dando duas ou três demãos. Quando a tinta seca, o lado côncavo se transforma em um espelho preto, que pode ser armado na montagem ou na moldura.

A mulher faz o livro furando as folhas e capas ao longo da margem esquerda e costurando-as com as tiras.

Os dois precisam ter imaginação e habilidade para obter objetos bem-feitos e atraentes.

Para a apresentação, o homem também precisa de um pedaço grande de veludo preto, e a mulher, de uma caneta adequada.

Quando tudo estiver pronto, o casal espera a noite de Lua cheia; nessa noite, montam o templo egípcio como indicado no Apêndice II, e nele colocam os dois objetos já prontos.

Completadas as invocações de abertura, o homem e a mulher ficam um de frente para o outro diante do altar.

A mulher diz: Nós te *saudamos, Thoth, Deus da sabedoria e escriba dos Deuses.*

O homem diz: *Nós te saudamos, Mulher-Luz das Sombras, vidente e desvendadora de mistérios.*

A mulher segura o caderno e a caneta e diz: *Toma este caderno e esta pena, escriba dos Deuses. Nele escreverás todas as visões que eu tiver.*

O homem segura o espelho e o veludo e diz: *Toma este espelho, vidente. Nele encontrarás as visões que eu anotarei.*

Os dois trocam os objetos entre si. A mulher senta confortavelmente e segura o espelho e o veludo com as mãos em concha, acomodando-os e acomodando-se de modo que nem a luz das velas nem outros pontos claros possam refletir no espelho, que deve ter uma aparência escura e embaçada.

O homem senta-se ao lado da mulher, de modo a poder vê-la e ouvi--la facilmente sem interferir na sua visão. (Nota: a não ser que o homem consiga escrever depressa, com boa letra e com toda a confiança, talvez convenha anotar antes em papel tudo o que a mulher diz e depois passar a limpo com cuidado no caderno; mas deve fazer isso enquanto estiver no templo.)

A mulher se descontrai, respira naturalmente, esvazia a mente e observa o espelho, relatando o que vê.

A cristalomancia é uma arte que não pode ser apressada, e é aprendida com mais facilidade por certas pessoas. Nenhum dos parceiros deve ficar desapontado ou desanimado se nada acontecer por algum tempo, ou mesmo na primeira sessão inteira; sempre é possível montar de novo o templo em outras noites e usar os objetos que já foram intercambiados ritualmente.

Quando aparecem imagens no espelho enegrecido, a mulher deve descrevê-las espontaneamente, sem procurar interpretar nem julgar o que vê; o homem deve anotar tudo desse mesmo modo. Tentar interpretar o que foi visto e escrito pode ser feito em conjunto mais tarde.

XXI

Herne ou Cernunnos

Hh-errrn!... Hh-errrn!... Hh-errrn!...
A Corça Chamando o Cervo

Nos séculos anteriores à Era Cristã os conhecimentos e as lendas celtas não foram anotados pelos celtas da época porque eles eram ágrafos, a não ser o gaulês, usado apenas para epitáfios curtos e outras frases gravadas em pedras. A história, a mitologia e a sabedoria dos celtas, esta, aliás, muito rica, foram passadas oralmente de geração em geração pelos druidas e bardos que tinham muitos anos de treino naquele método.

O conhecimento de que dispomos daquela tradição verbal vem dos monges cristãos que a registraram. A fonte mais rica de todas é irlandesa. Os primeiros monges irlandeses anotaram a tradição com uma fidelidade admirável, os Deuses e Deusas foram abertamente transformados em heróis e heroínas da raça, mas a história de todos sobreviveu com pouco mais que um assentimento formal e ocasional às exigências cristãs facilmente detectadas.

Desse tipo de sagas escritas, como o *Lebor Gabála Érenn* (*Livro da tomada da Irlanda* ou *Livro das Invasões*) e o Táin Bó Cúailnge (*O estouro da boiada de Cooley*), assim como das lendas folclóricas ligadas a santos como Santa Brígida, podemos ter uma ideia razoavelmente fidedigna dos Deuses e Deusas da Irlanda anterior ao cristianismo.

No que se refere às lendas galesas, temos menos sorte. A principal fonte substancial é o *Mabinogion*, mas, observou Matthew Arnold: "A primeira coisa que nos impressiona quando lemos o *Mabinogion* é a naturalidade com que o narrador de histórias medieval está saqueando uma antiguidade, cujo segredo ele não possui inteiramente."

Quanto à Inglaterra e à Escócia, não temos nem ao menos um *Mabinogion*: só temos folclore, o indício de artefatos como figuras talhadas na pedra, da estatuária romano-britânica, nomes de lugares e o que ficou conhecido como tradições pagãs dos celtas, saxões e outros que contribuíram para a síntese final; e no momento em que aquela síntese se estabeleceu, o controle era do cristianismo; um cristianismo do tipo romano, disciplinado, não do tipo mais livre como foi o céltico primitivo.

Isso nos leva ao fato surpreendente de não podermos ter certeza do nome verdadeiro do Deus de Chifres celta. Tudo que temos é o Herne do folclore britânico e o feliz acidente de um altar gaulês isolado e parcialmente mutilado em que aquele Deus aparece com o nome de Cernunnos.

Ele existiu, disso não pode haver dúvida. Está retratado em muitos artefatos celtas, desde uma escultura talhada em pedra que se encontra no Vale Camonica (norte da Itália) e data do Século 4 AEC, até o famoso Caldeirão de Gundestrup, encontrado numa turfeira da Dinamarca.

Os mais próximos a nós se encontram na cruz medieval do mercado que há no centro de Kells (Condado de Meath) e alguns quilômetros mais adiante, numa pedra existente no adro do cemitério da igreja da Colina de Tara (veja em *A Bíblia das Bruxas*). A maior parte das pessoas provavelmente pensa que o desenho que há na cruz do mercado foi feito para indicar o Demônio, mas, tendo em vista que ele está ladeado por duas criaturas parecidas com um lobo, é óbvio que se trata do Rei dos Animais dotado de chifres; os entalhadores medievais tinham poucas inibições em relação aos objetos pagãos, o que é confirmado por tudo, desde o diabinho de Lincoln até Sheila-na-Gig e inúmeras máscaras enfeitadas com folhagens.

Normalmente ele é retratado com chifres e acompanhado de animais. Em geral, usa o *torc* (gargantilha circular da nobreza celta) no pescoço ou nos chifres. Muitas vezes, segura uma serpente de chifres ou com cabeça de carneiro, como no Caldeirão de Gundestrup.

Se ele está tão difundido e é tão semelhante em diversas representações, por que não aparece no grande volume de lendas que dá nome a todo mundo, desde Dagda, Lugh e Dana da Irlanda até Arianrhod, Lleu Llaw Gyffes e Cerridwen de Gales?

A explicação mais plausível é que, enquanto as divindades das lendas registradas são as de uma aristocracia de guerreiros, o Rei de Chifres dos Animais, da Natureza e da Fecundidade era primordialmente um Deus das pessoas comuns. As Deusas-Mães e as Deusas da Terra tendiam a ser comuns aos dois grupos, mas os Deuses masculinos tinham mais espírito de classe. Os Deuses dos lavradores dificilmente entrariam nas canções que os bardos cantavam para os reis guerreiros.

Como disse Proinsias Mac Cana (*Mitologia celta*, pág. 48) "O interesse evidente da divindade pela fecundidade pode ter influenciado a forma do culto e o conteúdo do mito desse Deus, e isto, por sua vez, talvez explique por que os artistas do período cristão primitivo tendiam a associá-lo a Satã, e por que só sobreviveram elementos residuais daqueles mitos. Nessas circunstâncias, provavelmente o culto de Cernunnos pode ter perdurado mais tempo nas camadas mais baixas da sociedade, onde os costumes eram conservadores e era difícil impor a ortodoxia. Infelizmente, este território é praticamente desconhecido, pois só nestes últimos tempos os usos e crenças das pessoas comuns receberam um reconhecimento consciente na literatura escrita".

Muito razoavelmente os estudiosos da mitologia pagã usaram como rótulo geral o nome Cernunnos, único nome do Rei de Chifres celta registrado na época contemporânea. Mas, sendo da Gália, é provável que "Cernunnos" seja uma latinização ou uma helenização do Deus celta nativo. E o fato de sobreviver no folclore britânico um Deus equivalente chamado Herne sugere que o verdadeiro nome tinha a raiz H-RN ou K-RN.

Existem outros indícios disso. Por exemplo, Conall Cernach, herói do Ulster em *Táin Bó Fraich* (O transporte do gado de Fraich) vai atacar uma fortaleza guardada por uma serpente terrível – e a serpente se submete a ele docilmente, pulando em seu cinto, onde normalmente é encontrada a serpente que acompanha Cernunnos. Isso não seria uma lembrança de uma história de Cernunnos? Tendo em vista que o galês irlandês é o celta camuflado, a forma esperada seria K-RN.

Há mais K-RNs entre os santos irlandeses, figuras semilendárias que, como Bridget ou Bríd, absorveram as características de divindades pagãs de nomes semelhantes. Kieran ou Ciaran era o nome de dois santos do Século 5 ou 6, ambos ligados a lendas de animais. São Kieran de Clonmacnoise tinha uma raposa domesticada que costumava ajudá-lo a carregar o que ele escrevia. Outros santos tinham tantos ciúmes dele que rezavam para que morresse logo; uma exceção era Columkille (Columba), o que é lógico, pois tinha afinidades druídicas e era um dos líderes da Guilda dos Bardos. Pouco antes de morrer, Kieran pediu que depositassem seus ossos numa colina parecida com um veado e resguardassem seu espírito, em vez de guardar relíquias suas. São Kieran de Saighir construiu para si uma cela de eremita com a ajuda do porco-do-mato que foi seu primeiro discípulo, ao qual logo depois acrescentou uma raposa, um texugo, um lobo e uma corça que obedeciam suas ordens.

Perto de onde moramos há um "Poço de São Kieran"; algumas pessoas ainda se lembram do antigo costume de ir ao poço no dia desse santo levando os cavalos, que recebem uma bênção ritual.

Outro santo irlandês, chamado Cainnech, tinha uma corça que o deixava usar os chifres como suporte de livros.

Quanto à forma H-RN, Herne, o Caçador, é uma figura do folclore britânico. A melhor lenda dele está associada ao Grande Parque de Windsor, onde dizem que ele aparecia nas épocas de crise nacional. Coroado com chifres de veado, ele lidera a Caçada Selvagem de cachorros de orelhas vermelhas, num passo furioso céu afora. Em Gales, o chefe da Caçada Selvagem se chama Gwyn – não tão diferente.

Uma das mais famosas figuras do império britânico é o gigante Cerne Abbas, de Dorset. Ele não tem chifres (embora talvez os tenha possuído um dia), mas tem um falo ereto que o caracteriza inquestionavelmente como Deus da fertilidade; e o nome do lugar, que também é o nome do rio local, poderia ser pura coincidência? Temos nossas dúvidas.

Na Inglaterra há muitos lugares que incorporam Herne ou Hem; entre eles está Herne Hill (Colina de Herne), no sul de Londres, e que costuma ter o significado de Herons Hill (Colina do Falcão). Mas desde quando falcões vivem em morros? Eles não gostam de pescar nos rios?

Por fim, aqui temos um pensamento interessante de Francis De'Verney, membro do nosso Coven, e que tem muita experiência com veados. A fêmea chama o macho com um som que vem do fundo da garganta e parece com *HH-ERRRN*. Será que os nossos ancestrais não teriam ouvido Herne ser chamado desse modo e pensado, com razão, que esse era o seu nome?

O Ritual de Herne ou Cernunnos

Este ritual foi concebido por Francis De'Verney e não é o de um Coven, nem chega a ser um ritual de parceria de trabalho. É uma experiência iniciatória para um Bruxo, na qual a própria Terra é a parceira no trabalho: trata-se de uma comunhão com a Deusa sem intervenção de um representante humano.

Admitimos ser um ritual difícil de organizar por ser realizado ao ar livre, de preferência em campo natural onde seja possível acender uma fogueirinha e não haja perigo de alguém olhar ou interromper, e onde o clima seja suficientemente ameno para que os participantes possam trabalhar nus. Mas acreditem, vale o trabalho de conseguir reunir todas estas condições.

Escrevemos este ritual tendo em vista a simbologia celta e o veado macho, que é importante; os Bruxos que seguem outras tradições podem exercitar o cérebro e os seus conhecimentos e conceber outros rituais equivalentes. Por exemplo, a *Canção de Amergin*, declamada no ritual, é uma peça preciosa da tradição celta. Na lenda irlandesa, Amergin foi o bardo e porta-voz dos galeses quando estes tomaram a Irlanda dos Tuatha Dé Danann; dizem que quando os galeses aportaram, ele entoou essa canção, que é analisada em profundidade em *A Deusa Branca*, de Graves.

A Preparação

Vamos denominar de homem o Bruxo que vai passar por esta experiência. Mais duas pessoas devem estar presentes como ajudantes; nenhuma será a parceira de trabalho do homem, mas uma ou ambas têm de ser mulheres. É preciso que sejam pessoas experimentadas e sensatas, dessas que sabem prestar primeiros socorros ou ficar por perto quando alguém por acaso entrar em estado alterado de percepção consciente. Ambas ficam vestidas o tempo todo.

O homem deve ser preparado para decorar a *Canção de Amergin* (reproduzida a seguir) até conseguir recitá-la sem hesitar. Para o ritual, o homem deve ficar completamente nu, retirando até alguma joia que possa estar usando, mas convém que deixe as roupas por perto para vesti-las depois; é bom não esquecer de deixá-las em lugar onde não fiquem muito frias.

Acende-se uma fogueirinha, tendo o cuidado de não deixar faltar combustível para que não se apague. Os ajudantes devem preparar e ter à mão algo quente para beber, usando para isso uma chaleira ou uma garrafa térmica.

O Ritual

Os ajudantes sentam-se olhando para a fogueira. O homem senta-se um pouco afastado, de costas para o fogo, concentrando o olhar nas sombras da escuridão.

Falando em voz baixa, os ajudantes dirigem a ele determinadas palavras, que podem ser histórias ou canções celtas.

Quando ele acha que está pronto, fica em pé (sempre de costas para o fogo e para os ajudantes) e declama a *Canção de Amergin*:

Sou um veado de sete galhos,
Sou um dilúvio solto na planície,
Sou um vento nas águas profundas,
Sou uma lágrima brilhante do Sol,
Sou um falcão num penhasco,
Sou um belo entre as flores,
Sou um Deus que incendeia a cabeça com fumaça,
Sou uma lança que mantém a luta,
Sou um salmão no lago,
Sou uma colina de poesia,
Sou um javali selvagem,
Sou um ruído ameaçador do mar,
Quem, senão eu, conhece o segredo dos dólmenes em estado bruto.

Quando o homem termina, repete sete vezes a primeira linha: *Sou um veado de sete galhos*, cada vez com mais força, convencendo-se de que aquela afirmação é pessoal e significa exatamente o que está dizendo.

Finalmente, o homem senta-se, ainda de frente para o escuro, e expande a percepção consciente, cujos limites sente deslocarem-se para fora de sua pessoa.

Os ajudantes continuam em voz baixa com as histórias e canções.

O homem para de tentar identificar tudo o que está percebendo, como, por exemplo, os sons e odores que o rodeiam; apenas precisa distinguir o que representa perigo, segurança ou alimento. Precisa se elevar ao estado em que ainda percebe que as vozes que ouve atrás de si são vozes amigas, sem se importar com o significado das palavras nem com o fato de estar ouvindo-as.

Também precisa saber (e não apenas aceitar) que é um veado. Nesse estágio, deve seguir os próprios instintos.

Os ajudantes não devem interferir, a não ser que o homem esteja se pondo em perigo. Se o "veado" se afastar, deve ser seguido a uma distância discreta; para isso, é preferível que um dos ajudantes tenha experiência em praticar magia em bosques.

Quando o corpo do homem sente frio ou desconforto e volta à consciência normal, volta-se para a fogueira e veste as roupas. Convém tomar uma bebida quente, mas não alcoólica.

Uma sugestão final: se você acha que sentiu alguma coisa genuína com este ritual, não se apresse em comunicar isso a outras pessoas. É algo muito pessoal e a probabilidade de não ser comunicável é tão grande que qualquer tentativa de contá-lo a alguém pode distorcer o que você sentiu.

XXII

Shiva

Quando vemos a Eternidade no efêmero e o Infinito no finito,
temos a posse do conhecimento puro.

Bhagavad Gita

Shiva ou Siva significa "benevolente" ou "favorável", epíteto que é principalmente propiciatório, pois Shiva tem seus aspectos terríveis. No entanto, do mesmo modo que Kali (que é uma forma da sua esposa Parvati), ele está entre as divindades hindus mais mal compreendidas no Ocidente.

Na realidade, ele é o exemplo supremo do Senhor da Dança e sempre é representado dançando. É um Deus do ritmo cósmico, do ciclo nascimento-morte-renascimento, do ciclo metabólico e catabólico, sem o qual não poderiam existir desenvolvimento ou vida.

Era um Deus anterior aos arianos e evoluiu do primitivo Rudra.

Como ocorreu com a maioria de tais Deuses, os conquistadores arianos tenderam a desprezá-lo, mas ele era conhecido demais para ser posto de lado, do mesmo modo que Vishnu, só que bem mais benevolente.

Assim, a casta bramânica personalizava o seu princípio brahman (palavra neutra), que era abstrato, na forma de Brahma (masculino), formando com os dois, o Trimurti (trindade), muito bem resumido nesta declaração: "Porque Eu, o Senhor supremo e indivisível, sou três: Brahma, Vishnu e Shiva. Eu crio, eu mantenho, eu destruo".

Vishnu viveu através de nove avatares (encarnações) e ainda passará por mais um (veja o verbete "Vishnu" na pág. 366). Diga-se de passagem, que ele conserva sempre a mesma esposa, Lakshmi, a encantadora Deusa da sorte; ela aparece em nove formas diferentes e com nove nomes diferentes. Assim, pode-se dizer que Vishnu representa a verdadeira experiência de vida, ao passo que Brahma personifica a essência eterna da vida, e Shiva representa os processos cíclicos que a fazem seguir o seu curso.

Shiva é conhecido como *Bhudapati* ou "príncipe dos demônios", mas em diversos episódios ele invoca ou cria temporariamente demônios secundários que lutam e destroem os principais, a verdadeira ameaça. E geralmente a intervenção de Shiva é, na realidade, uma operação de salvamento.

Houve uma ocasião em que ele de fato salvou o mundo, batendo e agitando o Mar de Leite, num processo parecido com a fabricação de manteiga.

Aquele acontecimento foi uma mistura dos mitos da criação, do Dilúvio e da desgraça. Tudo ocorreu durante a segunda encarnação de Vishnu, que renasceu como tartaruga. Ele desceu ao fundo do mar para recuperar os tesouros perdidos das tribos védicas. Os devas (forças positivas) puxando de um lado, e os asuras (forças negativas) do outro, usaram a serpente Vasuki para formar uma espiral e bateram o mar extraindo dele muitos tesouros, entre os quais Amrita, a ambrosia dos Deuses e as Deusas Lakshmi, Sura e Rambha, Surabhi (a Vaca da Fartura), Parijata (a Árvore da Sabedoria) e Uccaihsravas (o primeiro cavalo).

Infelizmente, da cabeça de Vasuki, a qual os asuras puxavam, também surgiu Visha, um veneno mortal. Aquele veneno espirrou na Terra na forma de uma inundação que teria destruído tudo, até os Deuses.

Os Deuses pediram ajuda a Shiva, que engoliu o veneno. O mundo foi salvo, mas Shiva ficou com a garganta queimada, restando uma marca permanente que lhe valeu o epíteto de *Nilakantha* (garganta azul).

Geralmente os devas são definidos como "Deuses" e os asuras, como "demônios", mas isso é simplificar demais. Os asuras se aproximam mais de forças em estado natural, como os titãs, e geralmente estão em conflito com os devas, que, no entanto, lhes conferem poderes. Parece que este conceito pretende indicar que os asuras só são perigosos quando não são controlados, sendo uma parte necessária do processo cósmico total, como aspecto catabólico destrutivo de Shiva.

Certa vez os asuras de fato lutaram com os Deuses, atirando-os para fora do céu. Shiva assumiu a contraofensiva: tomou a massa flamejante que era a cólera ardente dos reis, acrescentou a ela seu próprio terceiro olho mortífero e girou-os, produzindo um disco brilhante que chegou a cegar os Deuses e a chamuscar a barba de Brahma. Shiva usou aquele disco para cortar a cabeça de Jalandhara, chefe dos asuras.

Mas Jalandhara tinha poderes e sempre conseguia repor sua cabeça. Por isso Shiva convocou todas as Deusas, que participaram da luta a beberem o sangue de Jalandhara, acabando por dominá-lo. Desse modo, os asuras foram expulsos do céu, que foi novamente ocupado pelos Deuses e Deusas.

De vez em quando, o próprio Brahma ficava vulnerável a Shiva, como vemos pelo episódio da barba chamuscada. Certa vez, Brahma se embriagou e perseguiu Samdyha (Deusa do crepúsculo), ele em forma de veado e ela de corça. Shiva arrancou os chifres do veado com uma flechada e consta que depois Brahma reconheceu que ele fizera bem em intervir.

Em outra ocasião, Brahma criou do próprio corpo a Deusa Satarupa (ou Savitri, Brahmani, Saraswati, Gaiatri: todas as esposas do Trimurti têm diversos nomes) e apaixonou-se por ela. A Deusa esquivou-se tanto que ele criou para si mesmo mais quatro cabeças para vigiá-la. Ela parou de se esquivar e se casou com ele, mas Shiva queimou a quinta cabeça de Brahma com os raios do seu terceiro olho.

Assim, a essência da vida nunca é destruída porque a dança de Shiva modifica continuamente o seu desenvolvimento.

A esposa de Shiva era Parvati, que também tinha muitos nomes e aspectos. Ele a desposou como Sita, filha de Daksha, um dos senhores da criação, que se opôs violentamente ao casamento. Sita significa "poder" e Sita ou Parvati personifica de fato o poder de Shiva. Ela ainda é venerada por milhões no norte da Índia, no sopé do Himalaia; nosso amigo, o Dr. Ashok Singh, é de lá e a aldeia onde nasceu se chama Sheohar em homenagem a Shiva, ao passo que a cidade mais próxima é considerada o local de nascimento de Sita e chama-se Sitamarhi, em homenagem a ela.

Como a própria Parvati, a consorte de Shiva é descrita jovem e bonita. Ela precisava usar todo o seu encanto para superar a indiferença ascética inicial de Shiva, mas acabou vencendo e o abraço dos dois fez o mundo inteiro tremer. Naquela fase de namoro ela se chamava Uma.

Para Shiva ser completo, precisava ter o aspecto feminino como par na dança. Shiva também personifica o princípio gerador masculino, do mesmo modo que Parvati personifica o feminino; o símbolo dele é o linga e o dela é o yoni.

Com o nome de Durga, Parvati é uma amazona poderosa que destrói demônios. Tem um rosto ainda bonito, mas possui dez braços, cada qual com uma arma.

Em outro disfarce é Kali, devoradora compulsiva como o marido; daí temos Kali Mor, a "mãe negra" ou o útero que acumula a função de túmulo. Certa vez, tendo acabado de matar o demônio-chefe Raktavija, Kali executou a dança da vitória de forma tão selvagem que não notou Shiva implorando que parasse, e o esmagou com os pés. Quando percebeu o erro, ficou com remorso, mas geralmente é representada com os pés no peito de Shiva, estirado no chão.

Do outro lado da escala, Parvati aparece como Ambika, a Geratriz (de *amba*, "mãe"), que deve ter sido uma Deusa da fertilidade muito antiga.

A prole de Shiva e Parvati inclui Ganesha, Deus da sabedoria e da literatura com cabeça de elefante; Kartikeya (Skanda, Kumara), Deus da guerra; e Kubera ou Kuvera, Deus da riqueza.

Shiva é representado em branco ou prateado, com a garganta azul mencionada anteriormente. Em geral, está dançando ou cavalgando o tourinho branco sagrado Nandi, filho da Vaca da Fartura. Sempre tem quatro braços. Normalmente tem uma cabeça, mas chega a possuir cinco, cada qual com um terceiro olho formidável na testa. Como ornamentos, usa cobras e um colar de crânios.

A festa anual de Shiva é o *Mahashivatri* (a grande noite de Shiva), que realça o seu aspecto benevolente. É uma ocasião dedicada especialmente às pessoas casadas, famílias e grupos de amigos. A festa é precedida por um jejum parcial de 20 horas durante o qual só são ingeridos alimentos sem gordura e em pequena quantidade, enquanto são feitos votos e promessas para Shiva. A noite em si é dedicada à veneração ritual, que é contínua, mas com os grupos de devotos entrando e saindo.

Ninguém é barrado, pois Shiva é um Deus que perdoa e admite que até os pecadores se aproximem.

O Ritual de Shiva

Tendo em vista que Dr. Singh é um hindu bem-informado, mostramos este capítulo a ele, que teve a gentileza de aprová-lo. No entanto, no que se refere à prática ritual, ele observou que a mente ocidental pode ter muita dificuldade em perceber os mistérios interiores dos hindus. "A nossa yoga, o nosso tantra, simplesmente não se encaixam ao modo de pensar ocidental." Um número muito grande de ocidentais procura usar as formas exteriores destes sistemas sem ao menos começar a entender o significado interior dos mesmos.

Dr. Singh não vê motivos para um europeu deixar de invocar uma divindade hindu que personifique um aspecto com o qual queira se sintonizar. Sendo assim, concebemos o seguinte ritual, bastante simples, em honra a Shiva para ajudar um participante sozinho a se sintonizar com a Dança Cósmica. Tendo em vista que o participante assume uma forma do Deus, avisamos que o ritual só é adequado para os homens, assim como não seria adequado que um homem assumisse a forma de Parvati (consorte de Shiva), por exemplo. Se uma mulher tiver vontade de elaborar um ritual equivalente para Parvati, deve estudar esta Deusa com muito cuidado e seguir um ritual simples, como o que damos a seguir.

No dia do ritual não se deve comer carne.

A Preparação

Tenha à mão uma fita gravada ou um disco de música indiana apropriada para a dança.

No altar, coloque alguns recipientes pequenos com água de fonte, arroz cru, leite, vinho, um pratinho de frutas e duas velas de cor amarela-escura. Também deve haver uma taça de vinho (que será ingerido), estatuetas de um tigre e de uma serpente, além de um pau preto, todos empilhados. Esses são símbolos de demônios enviados contra Shiva, pelos *rishis* rebeldes, que ele derrotou e sobre cujos corpos dançou. As lojas de artigos indianos vendem estatuetas de Shiva; se você tiver uma, coloque-a entre as velas, ao lado dos outros símbolos. Queime palitos de incenso de sândalo ou palitos aromáticos chineses.

As velas que ficam nos quatro pontos cardeais também devem ter cor amarela-escura.

É adequado que use apenas um calção ou cueca de tom amarelo forte, mas não se esqueça de manter à mão uma capa "quente" para pôr depois da dança.

O Ritual

Comece a tocar a fita ou o disco e disponha o Círculo da maneira usual (Apêndice I), até a invocação dos Senhores das Torres de Observação.

Sente-se comodamente de frente para o altar (se puder, na posição de lótus), componha-se e respire um pouco de prana, que é a energia do cosmo que está em toda parte.

A técnica é inspirar contando até dez, usando o diafragma, e depois expandir a caixa torácica, enchendo completamente os pulmões; prenda a respiração enquanto conta até cinco; expire contando até dez, soltando a caixa torácica primeiro e depois usando o diafragma até os pulmões se esvaziarem completamente; mantenha-se assim contando até cinco; repita todo o processo. Quando inspirar, visualize o prana como milhões de pontinhos dourados minúsculos que pululam na atmosfera e são absorvidos não só por seus pulmões, como também por todos os poros de seu corpo; ao expirar, expele-se as impurezas; enquanto estiver mantendo vazios os pulmões, prepara-se para a próxima inspiração de prana.

Com prática, é possível se adaptar muito bem a esta técnica e chegar a duas ou três inalações por minuto, passando a fazer a contagem inconscientemente.

Quando se sentir preparado, faça esta invocação:

Grande Senhor Shiva, destruidor de ilusões, dançarino magnífico das leis cósmicas, guia as minhas mãos com o teu toque, liberta os teus pés das amarras para que eu, inebriado pelo teu esplendor, possa participar da tua dança e sentir o fogo da criação correr nas veias.

Fique em pé, beba todo o conteúdo da taça de vinho e comece a deixar a música fluir pelo corpo. Sentindo-se pronto, comece a dançar com energia cada vez maior até se transformar em um canal do próprio Shiva e sentir que está repleto de alegria por participar da dança cósmica. Quando chegar ao clímax, caia de joelhos diante do altar e enrole-se na capa para se aquecer, sem se deixar distrair pela exaltação que está sentindo.

Quando achar que está preparado, levante-se e diga:

Senhor Shiva, criador e destruidor, mestre da dança das estrelas, na tua volta aos céus trago a vós estas oferendas, para que me guies na minha dança cósmica contigo.

Apanhe os recipientes de arroz, vinho, leite e frutas, um de cada vez e recoloque-os no altar.

Sugerimos que depois de desfazer o Círculo, que faça uma refeição nutritiva para voltar à Terra e repor as calorias que queimou na dança.

Na mesma noite ou na manhã seguinte, leve as quatro oferendas para algum lugar ao ar livre e espalhe-as, enquanto diz:

Obrigado, Senhor Shiva.

XXIII

Dagda

Ele se chama Dagda, isto é, "bom para tudo": mago excelente, guerreiro temível, artesão, todo-poderoso, onisciente.

Myles Dillon e Nora Chadwick

Em gaélico irlandês, Dagda significa "O Bom Deus" (do prefixo *dagh*, "bom", e *dia*, "Deus"). Também tem os títulos de *Eochaid Ollathir* (Eochaid ou Pai de todos) e Ruad-Ro'fhessa (O Vermelho da Sabedoria Perfeita).

Sem sombra de dúvida, ele é o rei e a figura do pai dos Tuatha Dé Danann, cheio de força, sabedoria e potência sexual. Terrível na luta, Deus da fertilidade e da abundância e, para coroar, músico exímio. Apesar disso, há algo paradoxal e ambíguo em relação a ele. Parece que Dagda inspira ao mesmo tempo respeito e zombaria, sendo representado como um Deus grosseiro e barrigudo com roupas de camponês. Consideraremos melhor esta ambivalência mais adiante.

No ciclo mitológico irlandês, os Tuatha Dé Danann (Povo da Deusa Dana) foram os penúltimos ocupantes da Irlanda. Derrotaram os fomorianos, que os precederam e, por sua vez, foram derrotados pelos Filhos de Mil (os gaélicos); num armistício, bateram em retirada para os montes *sidh* (montes ocos), deixando a superfície para os gaélicos. Ainda moram lá, formando um povo de magos, que é a aristocracia dos *sidhe*, ou pessoas mágicas.

Os heróis e heroínas dos Tuatha são as Deusas e os Deuses pagãos irlandeses célticos imaginados nas eras pré-cristãs, mas ligeiramente disfarçados no processo da transcrição feita pelos monges. Dagda desempenhou papel importante na derrota dos fomorianos na Segunda Batalha de Magh Tuireadh (Moytura); no outro lado do reino dos Tuatha, foi Dagda quem fez a distribuição dos montes *sidh* para os vários chefes Tuatha.

Dagda era um guerreiro formidável. Tinha um cajado enorme que precisava da força de nove homens para ser levantado, e quando arrastado pelo chão criava um sulco que parecia a fronteira entre duas províncias. Com um lado do cajado Dagda conseguia matar nove homens de uma vez, mas com o outro podia devolver-lhes a vida. Por isso era considerado o arquetípico Deus da morte e do renascimento do Submundo céltico.

Também bastante conhecido era seu caldeirão da abundância, chamado *Undry* ou "com o qual nenhum conviva sai insatisfeito". O caldeirão era um dos Quatro Tesouros dos Tuatha; os demais eram a *Lia Fail* (Pedra do Destino), que gritou alto quando o verdadeiro Rei da Irlanda sentou nela e ainda pode ser vista na Colina de Tara (veja em *A Bíblia das Bruxas*); a espada de Nuada, que foi Rei dos Tuatha; e a Lança de Lugh.

Assim, Dagda era ao mesmo tempo defensor e provedor do seu povo; recebia os Tuatha na morte e garantia que renascessem.

Diziam que tanto Dana como Brigit (ou Brígida, geralmente tida como tripla) eram filhas de Dagda, mas é provável que isso seja efeito do processo de estabelecimento do patriarcado; em *A Deusa Branca*, Graves diz que um dia Brigit foi mãe de Dagda. Às vezes Boann (Deusa do Rio Boyne) é citada como esposa dele, mas parece que os dois nunca tiveram um relacionamento de marido e mulher. O nome do filho de ambos, o Deus do amor Aengus Mac Óg, significa "Aengus, filho da Virgem", no sentido antigo, de uma mulher de condição independente que copulava com quem quisesse, sem se submeter a nenhum homem e, aparentemente, Boann foi exatamente o que o nome indica.

A outra companheira de Dagda era a Deusa da guerra Morrigan. Também com ela Dagda teve relações em um rio: no caso, foi o Rio Unus, em Connaught. As duas vezes que copularam foram no Samhain. Sem nenhuma dúvida foram os protótipos divinos do ritual de copulação real do Samhain.

Boann representa o aspecto de fertilidade (como pode ser verificado por todos os que conhecem o rico Vale do Boyne), ao passo que Morrigan representa o aspecto bélico, com seus poderes de magia e precognição um suplemento a sua natureza de guerreira.

Aengus Mac Óg era filho de Dagda e Boann e morava em Brugh na Bóinne acima do rio de sua mãe; Aengus ganhou o rio do pai por meio de uma engenhosa técnica. Brugh na Bóinne é Newgrange, uma das estruturas neolíticas mais bonitas do mundo; foi restaurada com habilidade e todos os anos recebe a visita de milhares de pessoas que podem sentir a magia do lugar (ver pág. 30).

O repetido tema da copulação do rei tribal com o rio pode ser mais uma confirmação da antiguidade daquele rei. Os povos neolíticos que viveram antes dos celtas criadores de gado na Irlanda e em outros lugares também cultivaram cereais, portanto dependiam bastante dos rios. Newgrange, construída por volta de 3000 AEC, é o foco do complexo do Boyne, concentração incrivelmente rica em pilhas de pedras e dólmenes situados a pouca distância do rio. Talvez a união de Dagda com Boann e o fato de ele ser proprietário de Brugh na Bóinne, segundo a lenda céltica, sejam derivados diretos da copulação de um Deus tribal neolítico com aquele mesmo rio-mãe, de cuja vida a tribo dependia.

Voltando ao aspecto bélico: antes da Segunda Batalha de Magh Tuireadh, Dagda dirigiu-se aos fomorianos levando uma bandeira de trégua ostensivamente para discutir um possível acordo, mas, na realidade, sua intenção era espionar as terras. Dagda era um grande apreciador de mingau, por isso, os fomorianos cavaram um buraco no chão e nele despejaram oitenta medidas de leite e outras tantas de farinha e gordura, acrescentando alguns carneiros, bodes e porcos. Depois, disseram a Dagda que teria de comer tudo ou seria morto. Ele aceitou o desafio e ingeriu tudo. Antes de se retirar, seduziu uma donzela (ou várias, segundo outras narrativas) persuadindo-a a usar os próprios dons de magia contra o seu povo.

Esta história é contada como um episódio grosseiro e poderia parecer um exemplo de como Dagda era considerado uma espécie de bufão, como mencionamos. Por outro lado, certamente, Dagda, apresentado com certas características individuais deturpadas, surge daquele episódio em que ele assume a posição de vencedor, tanto gastronômica como sexualmente.

Essa atitude aparentemente irreverente em relação a um Deus importante pode nos deixar intrigados, mas é preciso lembrar que as divindades do paganismo céltico mais recente constituíam o panteão sofisticado de uma aristocracia de guerreiros e dos artesãos habilíssimos que dependiam dela.

Tratava-se de divindades como Lugh Samhioldánach (Igualmente hábil em todas as Artes); Brigit, padroeira dos praticantes de cura e dos artesãos; e Oghma, o do (Semblante parecido com o do Sol), Deus da sabedoria e do aprendizado, que inventou a única escrita nativa dos celtas. Citando Ame Ross (*Pagan Celtic Britain*):

> *Muitas vezes sugeriu-se que Dagda era uma espécie de tolo amável, mas não há provas reais disso. Poderíamos responsabilizar por isso os literati hostis ou humoristas que se inclinaram a reduzir um Deus tribal poderoso a um bufão bonachão.*

As divindades antigas veneradas pelas pessoas comuns – como o poderoso, protetor e provedor da tribo, ou o Deus de Chifres dos Animais que vimos no capítulo XXI, cujo nome está meio esquecido, ou a própria Grande Mãe, que foi subdividida em especialidades – poderiam ser consideradas conceitos um tanto primitivos pelas pessoas sofisticadas de uma sociedade de cultura elevada. No entanto, elas eram reais e numinosas demais, muito amadas pelos camponeses para serem dispensadas, seja por zombarias, seja pelo esquecimento.

E mesmo assim não são reais, numinosas e amadas?

O Ritual de Dagda

Qualquer pessoa que conhece Newgrange, que é o palácio de Dagda situado em Brugh na Bóinne, reconhece no ritual dado a seguir, o simbolismo da Espiral Tripla (desenho que é encontrado exclusivamente naquelas ilhas, gravado na parede do recesso central de câmara interna) e a luz que entra e provém do sol nascente do Solstício de Inverno. Esperamos sinceramente, que mesmo quem nunca esteve lá, sinta que esta representação ritual exerça algum efeito.

A Preparação

O Círculo é disposto normalmente, acrescentando-se um caldeirão no ponto Sul do centro. Dentro do caldeirão fica uma tigela que contém vinho tinto e é suficientemente grande para permitir que as mãos sejam mergulhadas no vinho. O altar precisa ser resistente o bastante para que a Alta Sacerdotisa se sente nele; e deve ter o menor número possível de acessórios, pois todos terão de ser retirados no momento adequado.

Este ritual pode ser executado com as pessoas despidas ou vestidas, mas, simbolicamente, é mais apropriado que estejam despidas, o que também facilita na prática, tendo em vista a forma pela qual o vinho é bebido.

Porém, despidos ou vestidos, todos os homens precisam retirar absolutamente todas as joias ou enfeites. O único que constitui uma exceção é o Alto Sacerdote, que usa no pescoço um *torc* (colar do tipo usado pelos galeses) ou um colar de metal torcido em forma de serpente; um e outro são símbolos de Dagda e Cernunnos.

Provavelmente os celtas herdaram o símbolo de serpente dos pictos, que o consideravam especialmente sagrado. Geralmente, aquele símbolo era associado com rios serpenteantes que traziam a fertilidade e ofereciam um local para o Deus copular. Na simbologia céltica, tal como no caduceu, também aparecem duas cobras entrelaçadas, as duas representam a polaridade, em particular a dos aspectos masculino e feminino que existem em todos nós, independentemente do sexo, e precisam ser harmonizados para que tenhamos saúde espiritual e psíquica. Este é o significado deste ritual, que neste caso é masculino.

Tendo em vista que ele é especificamente destinado aos homens, à primeira vista pode parecer que as mulheres têm pouca participação, a não ser a Alta Sacerdotisa e as Donzelas. Na realidade, elas devem se concentrar em dar aos homens todo o apoio psíquico que puderem, especialmente aos parceiros com quem estão trabalhando no ritual. O esforço das mulheres pode ser silencioso, mas consegue dar grande força a esta prática.

O Ritual

O Ritual de Abertura é normal (Apêndice 1). Terminado o ritual, o altar deve ficar vazio para se tornar o trono da Alta Sacerdotisa, que leva uma vela acesa em cada mão.

As mulheres sentam-se ao redor do Círculo.

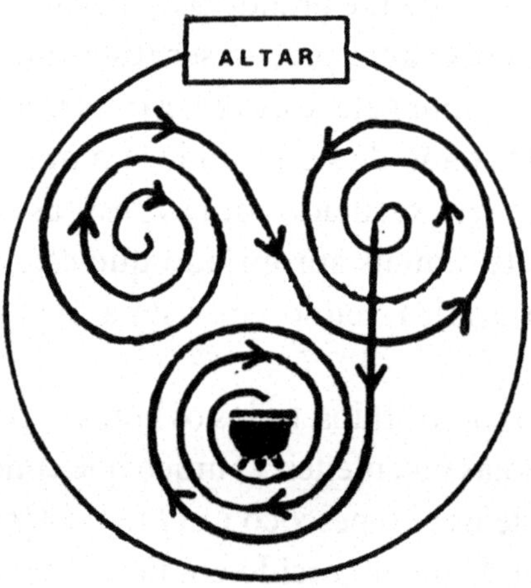

Fig. 3 - A Espiral Tripla do Ritual de Dagda

O Alto Sacerdote conduz todos os homens numa Dança da Espiral Tripla, seguindo o trajeto indicado na figura 3; inicialmente duas ou três voltas dirigidas para fora, partindo do Oeste e seguindo a direção do movimento do Sol. Depois mais duas ou três a partir do Leste, no sentido contrário ao movimento do Sol e, finalmente, duas ou três voltas dadas ao redor do caldeirão, dirigidas para dentro e seguindo o sentido do movimento do Sol. Ele e os homens sentam-se perto uns dos outros em volta do caldeirão, olhando-o de frente.

A Alta Sacerdotisa diz: *Meus irmãos,* bem-*vindos à Casa de Dagda, que é o Bom Deus. Eu sou Grian, o Sol vivo; os Sacerdotes do Deus de Chifres me conhecem bem. Meus raios iluminam o caminho do conhecimento e meu calor queima dentro dos seus corpos. Eu sou a glória do Fogo do Dragão, o Caminho do Arco-íris que leva aos tesouros interiores. Bebam do Caldeirão de Dagda e voltem seu olhar sincero para dentro de si mesmos.*

O Alto Sacerdote mergulha as mãos no vinho, retira um pouco com as mãos em forma de concha, e bebe-o. (Para isso, precisa inclinar-se sobre o caldeirão.) Todos os homens fazem o mesmo, cada qual contornando o grupo no sentido do movimento do Sol.

Quando todos os homens tiverem bebido, a Alta Sacerdotisa diz: *Meus irmãos, fechem os olhos; fechem os olhos e busquem o que a sua visão interior tem a lhes mostrar.*

Quando todos os homens estiverem de olhos fechados, a Donzela do Coven dá uma volta e sopra todas as velas, menos as duas que estão nas mãos da Alta Sacerdotisa. Depois, apanha o athame e sai silenciosamente do recinto. Para isso, naturalmente, será preciso abrir um Portal no Círculo (movimentando o athame no sentido anti-horário, atravessando a porta e depois movimentando-o no sentido do movimento do Sol, para tornar a fechar).

Em seguida, a Alta Sacerdotisa sopra as duas velas que tem nas mãos e sai do recinto na mais completa escuridão.

Na sala ao lado, a Donzela acende a sua vela, apaga todas as luzes, até as que possam iluminar pouco o local quando a porta for aberta de novo, e aguarda o sinal para entrar.

Os homens fazem o que lhes fora pedido – vendo através de seus olhos interiores e ouvindo suas próprias vozes interiores.

As mulheres se concentram na identificação de si mesmas com Grian (o Sol), para poderem dar apoio à Alta Sacerdotisa, à Donzela e aos homens.

Quando a Alta Sacerdotisa acha que os homens já meditaram o suficiente, dá três pancadas no altar com o nó dos dedos e diz: *Abram os olhos, meus irmãos.*

Ouvindo aquele sinal, a Donzela apanha a vela e o athame, abre a porta e entra. A vela deve ser apenas visível, mesmo quando a porta estiver aberta.

De modo lento e imponente e sem se virar, ela fecha a porta que está atrás de si, abre a Porta do Círculo com o athame, entra e torna a fechá-la. A seguir, caminha até a Alta Sacerdotisa, posta-se ao lado dela e lhe estende a vela que, por sua vez, a segura com as duas mãos, mantendo-a estendida para frente.

O Alto Sacerdote fica em pé, coloca-se ao lado da Alta Sacerdotisa e diz: *Eu sou Dagda: pai, protetor, provedor, líder e orientador. E tudo isto está dentro de todos vocês, pois são filhos de Dagda. Mas ouçam isto: dentro de mim, assim como dentro de vocês, está também a luz de minha irmã Grian; é essa a luz que todos procuram com a sua visão interior. Procurem vê-la agora e sempre, para que as serpentes gêmeas do seu ser possam trabalhar juntas em harmonia.*

A Alta Sacerdotisa diz: *Assim seja!* E todas as mulheres repetem a frase com ela.

O Alto Sacerdote diz: *Agora vamos comer e beber juntos.*

Todos se levantam. A Alta Sacerdotisa sai do altar, onde novamente se dispõe os acessórios. Todas as velas são acesas outra vez e a comida e a bebida são trazidas. (A esta altura, talvez convenha transferir para um garrafão o vinho que sobrou na vasilha!)

XXIV

Loki

Quando estiver em dúvida, descubra o truque.

Edmond Hoyle

O Loki nórdico era um Deus embusteiro, espirituoso na fala e astuto na ação. Podia ser tudo, desde aliado prestimoso (em particular de Thor), forte e corajoso, mas não muito esperto, até um sabotador que chegava a desgraçar os outros (entre os quais Thor), embora, ao provocar alguma desgraça, ele em geral achasse um meio de cancelar seus efeitos depois de um ou dois acessos de raiva.

Loki era completamente imprevisível.

Talvez a crença popular não seja essa, mas a imprevisibilidade é um aspecto masculino da polaridade; é uma das funções do Deus. A Deusa e a mulher podem ser misteriosas, mas existe uma diferença sutil entre imprevisibilidade e mistério.

Em termos cabalísticos, as três primeiras Sephiroth (esferas) da Árvore da Vida são: Kether, existência pura que não tem atividade nem forma; Chokmah, Pai Celestial, energia bruta que não tem forma nem direção preferencial (ou seja, age em todas as direções); e Binah, Mãe Celestial, que retira a energia fertilizante de Chokmah e é ao mesmo tempo o útero que confina e dá forma àquela energia e o seio que alimenta.

Por ser onidirecional, a energia de Chokmah é imprevisível quando age. Em qualquer situação, nunca é possível saber em que direção o efeito dessa energia se manifestará.

A ação de dar forma atribuída a Binah tem uma complexidade misteriosa; esse mistério inclui o fato de cada uma das miríades de formas que ela produz ser individual e, ainda assim, ao mesmo tempo ser fiel a sua própria natureza (pela natureza da sua espécie).

Há um fator que dá certa caracterização à imprevisibilidade de Loki: seu desenvolvimento histórico.

Ele era basicamente escandinavo e só depois foi adotado pela mitologia germânica. No início era um demônio do fogo, mas depois evoluiu para um Deus benevolente. Era filho de Farbauti, que gerou o fogo, e de Laufey (Ilha dos Bosques), que fornecia combustível para aquele fogo.

Loki era um dos Aesir, companheiros dos Deuses e Deusas mais importantes que habitavam Asgard; apesar disso, ao contrário de outras divindades, não há provas de Loki ter sido venerado de forma independente, nem de ter tido santuários ou rituais próprios. Logo depois, tornou-se irmão de sangue do Deus supremo Odin, com quem trocou promessas solenes. Mas, aos poucos, as histórias a seu respeito começaram a apresentá-lo cada vez mais na qualidade de embusteiro e provocador; os Deuses nunca sabiam se ele pretendia dar uma solução às crises ou provocá-las, ou até fazer as duas coisas.

E não há dúvida de que o cristianismo o empurrou para um papel cada vez mais diabólico.

Loki tinha uma esposa muito leal chamada Siguna (Sgny, Sigyn), que talvez seja a mesma Sin, Deusa da verdade semelhante à Maat egípcia (paralelo interessante, porque Thoth, marido de Maat, também era um Deus da esperteza, embora nunca a tenha usado com irresponsabilidade, ao contrário de Loki).

Siguna deu a Loki dois filhos gêmeos: Vali, Deus da justiça, e o silencioso Vidar, que possuía quase a mesma força que Thor; outra versão diz que Vali e Vidar eram filhos de Odin e Rinda.

Pela própria natureza, Loki era encantador e sedutor, além de bem-apessoado; por isso, nem sempre era fiel a Siguna, gabando-se abertamente de ter desfrutado dos favores de quase todas as Deusas. Unindo-se a giganta Angurboda, Loki tornou-se pai de Hel (Hela), Deusa da morte e do Submundo; de Midgard, serpente monstruosa que se enroscava na terra e morava no fundo do mar; e de Fenrir, o Lobo Fenris, inimigo dos Deuses que finalmente engoliu Odin em Ragnarok, o Crepúsculo dos Deuses, do qual falaremos mais adiante.

Em um momento de disposição, para cooperar, Loki ajudou Thor a recuperar o famoso martelo Mjolnir (Destruidor), que fora roubado. Loki emprestou de Freya o manto mágico feito de penas com o qual aquele que o usasse poderia voar; assim, conseguiu encontrar e identificar o ladrão, o gigante Thrym, que disse que só devolveria o martelo se recebesse Freya por esposa. Furiosa, Freya ficou com o pescoço inchado de tal forma que seu colar de ouro rebentou. Mas o martelo de Thor era muito importante para todos os Aesir, pois era utilizado não só para lutar, como para selar juramentos, acordos e casamentos. Por isso, os Deuses concordaram em dar um golpe. Thor se disfarçou em Freya, usando seu véu nupcial e seu colar emendado e Loki se disfarçou em servo "dela". Ambos se dirigiram à corte de Thrym, onde o gigante, deliciado, ordenou que fosse preparada a festa do casamento.

Todos ficaram admirados com o apetite da "noiva", que comeu e bebeu tudo o que fora preparado para todas as mulheres, o que incluía um boi inteiro e três barris de hidromel. Loki, para evitar suspeitas, explicou que "Freya" ficara esperando o casamento com tanta ansiedade que não comera nada nos últimos oito dias. Thrym tentou beijar a noiva e viu de relance aqueles olhos flamejantes e as bochechas rudes; Loki apressou-se a explicar que "ela" não dormira nas últimas oito noites e estava febril por causa da espera.

Thrym acreditou e mandou vir o martelo, que pôs no colo da noiva, como mandava o ritual.

Thor apanhou a arma, atirou para trás o véu e arrasou prontamente Thrym e os gigantes que o acompanhavam, voltando em triunfo para Asgard.

Em outra ocasião, um gigante chamado Thjazi aprisionou Loki e, como preço da liberdade, exigiu para ele a Deusa Idun, portadora das maçãs mágicas que mantinham os Deuses jovens. Mais uma vez Loki deu um golpe e conseguiu o que queria, mas os Deuses, privados de Idun e das maçãs mágicas, começaram a envelhecer e forçaram Loki a ir buscar a Deusa; ele conseguiu resgatá-la, sempre usando esperteza em vez de força.

A esperteza de Loki costumava ser muito útil aos seus amigos Deuses. Certa vez, os Deuses fizeram um acordo temerário com um gigante que construía uma fortaleza para eles; o preço seria Freya, o Sol e a Lua, desde que a obra ficasse pronta dentro de um ano, algo que os Deuses achavam impossível acontecer. O gigante trabalhou com o cavalo Svadilfari, que o ajudou a construir tudo tão depressa, que permitiu que o prazo de entrega ficasse em vias de ser cumprido. Loki resolveu a situação assumindo a forma de uma égua e atraindo o garanhão para longe, de modo a suspender a obra e ultrapassar o prazo de entrega. Thor matou o gigante, e Loki, na forma de égua, deu à luz um potro de mais de dois metros que foi chamado de Sleipnir, a montaria de Odin que ninguém conseguia sobrepujar.

Quando Loki cortou os magníficos cabelos dourados de Sif, esposa de Thor, este quase o matou. Loki impediu-o jurando que mandaria os anões fazerem novos cabelos dourados que cresceriam naturalmente na cabeça de Sif, como se fossem naturais. Os anões cumpriram a ordem, mas ao mesmo tempo fizeram uma lança e um navio mágicos para Odin. Loki havia escapado da ira de Thor, mas quase estragou tudo apostando com outro anão que ele não seria capaz de copiar maravilhas como aquelas; o anão ganhou a aposta fabricando os três tesouros, dos quais um era o martelo de Thor. O prêmio fora a cabeça de Loki, mas, como sempre, ele se salvou por causa de um detalhe técnico, dizendo que o anão podia cortar sua cabeça, desde que não ferisse o pescoço. (Shakespeare teria sabido disso quando escreveu *O Mercador de Veneza*?)

O crime que mais ofendeu os Aesir foi a responsabilidade de Loki pela morte de Baldur, o filho simpático e querido de Freya e Odin. Freya obrigara todas as coisas, animadas e inanimadas, a jurar que jamais prejudicariam Baldur; mas fez exceção à planta chamada visco, por tê-la considerado frágil demais para fazer um juramento. Loki descobriu aquilo e, movido pelo ciúme, enquanto os Deuses estavam brincando de atirar em Baldur coisas que não chegavam a feri-lo, convenceu o Deus cego Hod a atirar nele um ramo de planta. Sem suspeitar de nada, Hod atirou e atingiu Baldur, que caiu morto.

Desolados, os Deuses enviaram Hermode (Irmão de Baldur) ao Outromundo, montado no cavalo Sleipnir, para implorar a Hel (Deusa da morte e do Submundo) que devolvesse a vida a Baldur. Ela estava disposta a ajudar, mas só poderia atender ao pedido se todas as coisas existentes no Universo quisessem a volta de Baldur. Os Deuses fizeram a pergunta a todos os seres e a todas as coisas e todos concordaram, menos uma giganta chamada Thokk, que se recusou a prantear Baldur; com isso, ele foi obrigado a permanecer no Mundo dos Mortos.

Na realidade, Thokk era Loki disfarçado, firme no seu ciúme.

Os Deuses perceberam que Loki era responsável pela morte de Baldur e o amarraram em um rochedo acima do qual puseram uma serpente que gotejava veneno. Mas a fiel Siguna ficou ao lado dele, recolhendo as gotas do veneno, e Loki conseguiu fugir. Dali em diante ele passou completamente para o lado dos inimigos dos Deuses; os gigantes e monstros.

Foi a morte de Baldur que causou o surgimento de Ragnarok, o Crepúsculo dos Deuses, que em alemão é o *Götterdämmerung*. Odin saiu de Asgard conduzindo seu exército para salvar a Terra da tempestade de fogo que a ameaçava; a situação chegou a tal ponto, que todos os Deuses e Deusas estavam lutando com todos os gigantes e monstros, entre os quais se encontravam Loki e o Lobo Fenris. A guerra arrasou os dois lados, e a Terra e a humanidade foram destruídas.

Disso tudo, acabou nascendo uma Terra Nova, com novos Deuses e Deusas e novos homens e mulheres. Os únicos sobreviventes divinos foram um Baldur ressuscitado, Hod, Vali e Vidar, e talvez mais um ou dois Deuses, mas já foi sugerido que alguns deles eram apenas títulos de aspectos divinos, não os nomes de divindades individuais.

Parece que a lenda de Ragnarok é um misto de profecia e da possível lembrança de uma catástrofe natural de grandes proporções, talvez o avanço e o recuo da camada polar que houve na Idade dos Gelos e vitimou toda a Escandinávia. No entanto, a mitologia também diz que no passado nebuloso tanto os Deuses como os homens eram honrados e pacíficos, mas a honra e a paz foram sendo corroídas aos poucos; por isso as coisas se degeneraram a ponto de ser impossível impedir o Crepúsculo dos Deuses.

Aparentemente, as histórias de Loki seguem esse padrão de degeneração. Para começar, e de certo modo durante toda a evolução de Loki, ele sempre representou a sagacidade construtiva e o tipo de embusteiro em potencial contra o qual os Deuses e os seres humanos precisam se precaver, a não ser que queiram se tornar complacentes e passivos. Ele também representava o perigo de uma simples esperteza acabar em um embuste inescrupuloso que poderia acabar destruindo o próprio embusteiro.

E, talvez, a mesma ameaça esteja pairando acima de nós hoje em dia, quando o brilho da técnica costuma se manter tão indiferente às verdadeiras necessidades da comunidade e da Mãe-Terra. A esperteza de Loki, que é a mesma que a da humanidade, pode ser útil e dar realce à vida, mas, se por acaso se transformar em mero artifício destinado a desviar a responsabilidade, com a intenção de fugir de alguma dificuldade imediata ou conseguir lucro fácil, bem poderá acelerar o nosso próprio Ragnarok.

O Ritual de Loki

O que propomos é simples. Sugerimos submeter Loki a julgamento.

A essência de Loki é a singularidade: o curinga do baralho, o elemento de imprevisibilidade, às vezes humorístico, às vezes "injusto", isto é, as correntes e redemoinhos do Rio da Vida no qual precisamos aprender a navegar mesmo que não haja um meio confiável de fazer um mapa completo. O homem escolhido para ser Loki precisa falar bem e ser espirituoso, difícil de ser surpreendido e capaz de inventar uma história sobre sua própria função no Universo.

A acusação enfrentada por Loki é ele ser "uma influência destrutiva que o mundo bem poderia dispensar". O grau exato de complexidade ou formalidade que você prefere adotar no processo depende da sua vontade, mas, para evitar um estudo preparatório excessivo, sugerimos que se limite às lendas reais que mencionamos neste capítulo.

Verificamos que ocasiões como esta podem ser educativas e agradáveis, uma vez distribuídos os papéis e discutido o caso.

Zeus-Ammon, 150-200 EC – Um exemplo da fusão entre os plantões gregos e egípcios

Krishna com Radha, uma vaqueira que acreditava-se ser uma encarnação de Lakshmi. Tela de Rickshaw

Aquiles, no Hyde Park, Londres

A boca da verdade, Roma

Osíris, c. 100 AEC

Deus do Sol hindu Surya, Século 11 EC

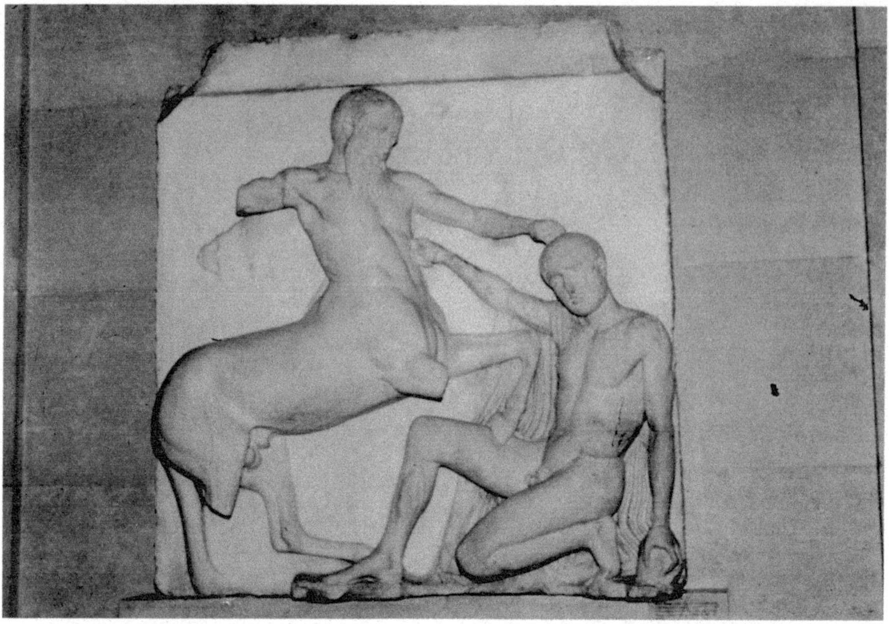

Centauro lutando com Lapith, dos mármores de Elgin

Deus Sol assírio-babilônico Shamash com o rei Hamurabi

A Alta Sacerdotisa Puxando o Sol para Baixo para invocar a essência do Deus no Alto Sacerdote

Estatueta do Deus com chifres por Philippa Bowers e figura dançante de Shiva

XXV

Zeus

Ó Zeus, que não estás sujeito ao sono nem ao tempo,
nem à idade, vivendo eternamente no Olimpo iluminado!

Sófocles, Antígona

A mitologia e todas as formas de Deuses e Deusas de qualquer cultura são determinadas pela história dessa cultura; isto é válido especialmente no caso dos gregos. A imaginação e o pensamento criador da Grécia clássica foram um marco da civilização europeia, e a extensa mitologia dos gregos antigos foi rica e teatral. No entanto, a forma e os temas predominantes da mitologia atual refletem uma mudança fundamental que ocorreu antes na natureza da sociedade grega.

Os povos de língua grega chegaram ao Egeu por volta de 1900 AEC. Eles e os nativos anteriores aos gregos, como os minoicos de Creta, mantinham um processo de sucessão real basicamente matrilinear, padrão que predominou até os dórios invadirem a região, por volta de 1000 AEC. Os séculos anteriores àquela invasão incluíram a rendição de Creta (que pode ser considerada a primeira civilização europeia), o florescimento de Micenas e a tomada de Creta, além da Guerra de Troia, que gerou uma lenda.

Os invasores indo-europeus dóricos adotavam o processo patrilinear e patriarcal, que passou a ser o padrão na vida dos gregos quando aqueles invasores começaram a dominar. Eles herdaram e transformaram a mitologia e muitos Deuses de uma Grécia pré-dórica, mas foi uma transformação quase sempre transparente e que revelou os temas que serviram de base para aquela mitologia.

Por exemplo: em muitos casos, uma história grega clássica (ou seja, dórica) se parece com o conto de fadas que mencionamos no capítulo X, isto é, uma fábula do herói que enfrenta muitos desafios para ganhar a mão da filha de um velho rei. Este faz o possível para frustrar o herói e, em geral, os planos que a filha tem para garantir o sucesso do pretendente. No fim, o rei é morto ou morre acidentalmente e o jovem herói ganha o direito ao trono e ao leito da filha do rei.

A Grécia clássica contava histórias assim como se fossem dramas pessoais, permeados por uma psicologia quase freudiana. A história original, porém, poderia ter sido uma descrição precisa de uma sucessão matrilinear antiga. Como vimos, o direito ao trono pertencia à rainha e passava à filha. O rei ocupava o trono por tempo determinado, findo o qual um jovem desafiante provava o seu valor aceitando certas tarefas e derrotando os rivais. Depois o rei era morto em combate pelo sucessor ou sacrificado ritualmente, e o sucessor desposava a própria rainha ou a filha desta, se a mãe quisesse continuar viúva.

(A matrilinearidade persistiu no Egito antigo, muito embora o faraó continuasse no trono até morrer; isso levou muitos faraós a se casarem com irmãs ou filhas, a fim de legitimar a própria condição.)

As divindades do Olimpo também foram patriarcalizadas na mitologia dórica, cuja versão escrita mais antiga, que foi aceita como mais ou menos definitiva, é a Teogonia de Hesíodo, elaborada por volta do Século 8 AEC.

Não obstante, a história da linhagem e da sucessão de Zeus no trono dos Deuses faz lembrar este mesmo padrão antigo.

Gaia, ou a Mãe-Terra, teve uma prole numerosa com Urano, entre os quais estavam Reia e Cronos. Urano detestava todos os filhos, que considerava uma ameaça a sua soberania; por isso, escondia-os da luz imediatamente depois que nasciam. Ultrajada, Gaia convenceu o filho Cronos a se esconder na cama com uma foice feita por ela. Quando Urano chegou e se pôs sobre Gaia, Cronos saiu do esconderijo e o castrou.

Segundo este sacrifício ritual, Cronos se tornou a divindade masculina predominante, conforme a tradição. Com a irmã Reia ele teve os filhos Hades, Deméter, Hera, Héstia, Poseidon e finalmente Zeus. Mas Cronos, por sua vez, temia ser substituído, motivo pelo qual engoliu os cinco primeiros filhos logo que nasceram. Contudo, quando Zeus estava para renascer, Reia o escondeu em uma caverna de Creta, deu à luz e enganou Cronos, oferecendo-lhe uma pedra para comer em lugar do filho.

Ainda bebê, Zeus foi alimentado com o leite da Deusa-cabra Amalteia. Quando chegou à idade adequada, foi ajudado pela primeira esposa (Métis ou Sabedoria) e conseguiu dominar Cronos e obrigá-lo a vomitar os outros filhos.

Originalmente, Reia era a mãe e Deusa dos cretenses e Zeus, um dos seus inúmeros consortes, um Deus que acabava morrendo. Os cretenses ainda apontam para uma cadeia de montanhas que se parece muito com um homem reclinado, e que dizem se tratar de Zeus morto. (Aliás, qualquer pessoa pode ser levada pelos cretenses à profunda caverna que fica na montanha situada na borda da planície de Lassithi, onde Zeus nasceu.)

Mas, depois que os micenianos e os gregos adotaram Zeus como Deus e pai supremo, assim como seus irmãos e irmãs no Olimpo, a lenda daquele Deus foi modificada pelos dóricos de modo que ele passou a não ser de fato culpado de matar ou mutilar seu pai. Tais detalhes cruéis foram deixados para a geração anterior.

Zeus chefiou os outros Deuses na luta contra os titãs filhos de Gaia e Urano. Depois de derrotar os titãs, os Deuses do Olimpo tiveram de dominar os gigantes que haviam nascido do sangue que Urano derramou quando foi castrado.

Irada com a derrota dos filhos, Gaia enviou contra Zeus o temível monstro Tifeu, filho dela com Tártaro. Zeus ficou espantado e prendeu

Tifeu na Cilícia, mas Hermes o salvou e o devolveu à luta; dessa vez Zeus derrotou Tifeu com seus raios.

Dali em diante, Zeus foi indiscutivelmente o senhor dos Deuses do Olimpo e dos seres humanos da Terra.

Apesar de tudo isso, há indícios de que Zeus também temia ser substituído. Por exemplo, quando Métis estava grávida dele, Gaia alertou-o de poder vir a ser suplantado pelos próprios filhos (ou melhor, recordou-lhe o princípio matrilinear representado por ela mesma). Por isso, Zeus engoliu Métis. No devido tempo, a filha Pallas Athena nasceu da cabeça do pai, já completamente armada, o que mostra o patriarcado dominando até a função feminina de dar à luz.

Athena significa simplesmente "ateniense", e Pallas Athena, "Deusa padroeira da cidade de Atenas" que no início foi, sem dúvida nenhuma, a forma regional da mãe e Deusa da época anterior aos dóricos e possivelmente aos gregos. Pallas Athena foi rebaixada a filha guerreira e virgem de um pai que era Deus, mas o orgulho ateniense e a criatividade grega eram tais, que até naquela forma ela se tornou uma figura marcante e poderosa.

Porém, quem mais sofreu com o sistema patriarcal foi Hera, última consorte de Zeus. Do mesmo modo que Athena, ela era uma forma de mãe e Deusa nativa, cujo culto independente sobreviveu em lugares como Argos, que tinha cinco ou seis templos em sua honra. Athena também era venerada especialmente em Creta.

Alguma coisa da condição antiga de Athena também sobreviveu no fato de ser ela a padroeira tradicional de heróis jovens, como Jason e Héracles (que significa "gloria de Hera"), mas, de modo geral, aparece apenas como a esposa ciumenta que procura frustrar os inúmeros amores clandestinos do marido ou se vingar das damas implicadas, o que consegue algumas vezes, outras não.

Os amores paralelos de Zeus eram de fato inúmeros. Como John Pinsent observa (*Mitologia Grega*, pág. 23), às vezes, aqueles amores representam a tomada do poder dos Deuses existentes, que já tinham pais e mães próprios, pela família divina monógama dos indo-europeus. As mães dos Deuses existentes foram conservadas, mas Zeus substituiu os pais.

Ou então, um herói podia nascer de um *Hieros Gamos* (Casamento Sagrado) de sua mulher ou de uma Sacerdotisa com um Sacerdote que personificava um Deus. Em casos assim, Zeus simplesmente tomava o lugar do Deus em questão, na qualidade de pai divino. Em geral, diziam que ele mergulhava a mulher num sono profundo antes de possuí-la, o que pode fazer pensar no uso ritual de tóxicos nos *Hieros Gamos*,

"Os amores clandestinos de Zeus refletem um ritual, ou a genealogia, ou as duas coisas. Na família indo-europeia, que era monógama, não era de esperar que a esposa tolerasse as concubinas e os filhos bastardos do marido; e, quando essa estrutura social foi projetada no céu, produziu uma Hera tirana" (Pinsent, ibid., pág. 30).

Entre Métis e Hera, Zeus teve mais quatro esposas: Têmis (Lei), filha de Urano e Gaia, que lhe deu vários filhos, como Dike (Justiça) e as Parcas; a titânide Mnemosine (Memória), que deu a ele as três Musas e a oceânide Eurínome, que lhe deu as três Graças.

No que diz respeito a amantes, Zeus se tornou pai de Ártemis e Apollo, filhos de Leto; de Hermes, filho de Maia; de Dioniso, filho de Sêmele; de Perseu, filho de Danae; de Helena e Pólux, filhos de Leda; de Minos, filho de Europa; de Épafo, filho de Io; de Perséfone, filho de sua irmã Deméter; de Héracles, filho de Alcmene; de Argos, filho de Níobe; de Éaco, filho de Egina; de Arcás, filho de Calisto; de Locro, filho de Mera, só para citar alguns. Entre aqueles filhos, Minos foi Rei de Creta, Argos fundou a cidade de mesmo nome, Arcás foi ancestral dos árcades e Locro, dos lócrios. Com isso, essas histórias reivindicam origem divina para as linhagens reais ou para os povos em questão. Outros componentes da prole de Zeus, numerosos demais para serem enumerados, desempenharam uma função semelhante nas localidades onde viviam.

Antes da suplantação dos Deuses olímpicos, os Deuses e os seres humanos viviam em harmonia. Segundo Hesíodo, "naquele tempo as refeições eram feitas em comum; os homens e os Deuses imortais sentavam-se juntos à mesa". Mas Zeus adotou uma atitude mais elitista e logo entrou em choque com a humanidade, como vemos no caso de Prometeu, que roubou o Fogo do Céu.

Zeus puniu a raça humana enviando aos homens Pandora, com sua caixa de desgraças, como uma espécie de Eva grega que trouxe a queda do homem.

Nem aquilo bastou para Zeus, que enviou um dilúvio para varrer a humanidade da face da Terra. Mas Prometeu alertou o filho Deucalião e sua esposa (Pirra, filha de Pandora) para que construíssem uma arca. Os dois obedeceram e sobreviveram ao Dilúvio, aportando no Monte Ótris ou no Monte Parnaso. Prudentes, ofereceram naquele local um sacrifício a Zeus, que se emocionou e atendeu ao pedido dos dois, que queriam recomeçar a raça humana. Naturalmente, dali por diante, a humanidade se submeteu resolutamente aos Deuses.

E Zeus, patriarca supremo, encarregou-se com firmeza de todos os Deuses.

Peça Teatral de Zeus

Fizemos aqui o mesmo que fizemos com Lilith e Eva em *A Deusa das Bruxas* no capítulo XVIII, isto é, para variar, oferecemos uma peça teatral curta em vez de um ritual. Neste caso, você também pode lê-la ou representá-la com o grau de realismo que desejar.

Elenco:

Zeus	Poseidon	Hera	Deméter
Hermes	Perséfone	Athena	Afrodite

Cenário: O Olimpo atualmente.

Zeus e Hera dormem profundamente, lado a lado, de rosto para cima como se estivessem mortos, ambos sob uma coberta luxuosa.

Ao lado, vê-se o trono vazio de Zeus. Deméter (bastante maternal) e Perséfone (jovem) entram juntas.

Deméter: *Está tudo muito bem, Perséfone, mas nestes últimos tempos você tem estado diferente* (belisca delicadamente o bíceps de Perséfone). *Não está com o tono muscular de antes... e sem dúvida nenhuma está mais pálida... Será que Hades....*

Perséfone: *Francamente, minha mãe... conviria que não desse ouvidos a todas essas histórias infernais que contam dele. Na verdade, ele é um amor; não temos nenhum problema. Só quando subo à Terra e começo a brotar... todos aqueles nitratos e coisas que põem no solo...*

Deméter (suspirando): *Eu sei. Gaia está sempre reclamando e ameaçando fazer alguma coisa drástica... Será que estes seres humanos nunca vão aprender?*

Perséfone: *Espero que não a obriguem a fazer isso. Se Gaia for provocada demais, pode ficar um tanto... como direi... pode perder a cabeça. Aí não sobraria ninguém para me plantar.*

Fazendo um gesto para Zeus ela diz:

Perséfone: *Está na hora de ele acordar. Os raios dele são mais seletivos.*

Deméter: *Já faz quase dois mil anos que Zeus e Hera dormem. Às vezes penso que nada conseguirá acordá-los.*

Hermes (entrando): *Eu não apostaria nisso.*

Deméter: *Ah, Hermes. Bom dia... O que houve? Parece que você está perturbado.*

Hermes: *Bom dia, Deméter... bom dia, Perséfone. Acho que estou com um problema. Não dá para perceberem o que é?*

Deméter (farejando o ar): *Há alguma coisa... Como uma onda distante.*

Perséfone (apontando para Zeus): *Mãe! Olhe!*

Zeus senta-se, boceja e alonga os braços. Em seguida, Hera também senta, ajeita os cabelos, sai da cama, apanha a coberta e começa a dobrá-la com cuidado.

Hera: *Vamos, Zeus, levante-se. Não pode ficar nessa preguiça o dia todo. Há muita coisa a ser feita. Você precisa fazer um acordo com os persas, está lembrado? E aquele sacerdote exibido de Esparta? Eu já lhe disse várias vezes...*

Ficando em pé e recuperando a dignidade, Zeus se dirige ao trono e senta-se.

Zeus: *Deixe de resmungar, mulher... Deméter, Perséfone, Hermes. Quem é o primeiro?*

Hermes: *Bem... isto é... Zeus... e por falar nisso, Hera também... Sinto muito, mas temos de informá-los, e isso pode ser um choque para os dois. Vocês estão dormindo há quase dois mil anos.*

Zeus e Hera olham fixamente para Hermes, sem conseguir acreditar; Hera deixa cair a coberta da cama, mas logo a apanha de novo e torna a dobrá-la. Zeus sacode a cabeça com força, como se quisesse se recuperar do atordoamento.

Hera: *Não acredito em você.*

Zeus: *Não, meu bem, ele está falando a sério... (Rindo.) Afinal, o que é um par de milênios para os Deuses? Ao menos isso terá dado um jeito naqueles espartanos que estavam deixando você preocupada.* (E Dirigindo-se a Hermes): *E nos persas também, não é mesmo?*

Hermes: *Bem... não completamente. Mas por enquanto vamos deixar isso de lado... O que você acha que o acordou?*

Zeus faz uma pausa, franze as sobrancelhas e fica irritado de repente.

Zeus: *Um raio! Céus, um raio! Quem teve a audácia de fazer isso? Os raios são prerrogativas exclusivamente minhas!*

Hermes: *Creio que foram os seres humanos.*

Zeus (pondo-se em pé num salto): *SERES HUMANOS!*

Athena, Poseidon e Afrodite entram correndo, todos falando ao mesmo tempo, um interrompendo o outro e procurando atrair a atenção de Zeus.

Athena: *Pai... está acordado...*

Poseidon: *Zeus, preciso que me ajude...*

Afrodite: *Está tudo errado; até o meu batom mudou de cor...*

Athena (num aparte, com desdém): *Você só sabe pensar nisso?* (E dirigindo-se a Hera): *Diga a ele que ouça...*

Poseidon: *Os peixes estão morrendo e os que estão vivos têm outra forma...*

Afrodite (para Athena): *Você também ficaria melhor mudando para outra cor!*

Athena: *Pai... pelo Seu amor...*

Zeus (trovejante): *SILÊNCIO!* (Todos param de falar e ele senta-se de novo, sem pressa; depois fala em voz baixa): *Melhorou. Pois bem, Hermes: acho que seria bom você nos dizer o que tem acontecido por aqui.*

Hermes: *Obrigado, Zeus... Pois é, depois que você e Hera caíram no sono, durante alguns séculos tudo continuou mais ou menos normal. Reinos que se formaram e caíram, Hefesto imaginando técnicas novas, Ares sempre metido em encrencas...*

Athena: *Idiota sanguinário.*

Afrodite (presunçosamente): *Ele tem seus momentos bons.*

Deméter: *Queimando as lavouras, por exemplo?*

Zeus: *Silêncio, silêncio!*

Hermes: *Descobriram a América...*

Zeus: *Droga! Eu tinha esperanças de ficar com ela para nós.*

Hermes: *Pois é, dizem que é a Terra do Próprio Deus.*

Zeus: *Que ótimo!*

Hermes: *Só que não se referem a você. A Terra foi tomada por Jeová... que também se apossou do que hoje se chama Europa...*

Hera (num murmúrio): *Que recebeu esse nome por causa daquela assanhada da Europa, suponho.*

Hermes: *... E de boa parte da África e do Oriente Próximo.*

Zeus: *Isso não me preocupa muito. Ao menos fica tudo em família. As relações entre panteões funcionam razoavelmente bem.*

Hermes: *Não, já não funcionam tão bem. Enquanto vocês estiveram descansando, houve uma tendência marcada para a monopolização.*

Zeus: *Hummm. Acho que vou convocar um Conselho dos Deuses para tratar disso.*

Athena: *E Deusas, por favor. Em todos os lugares onde Jeová entrou, fomos declaradas "supérfluas".*

Hera: *O quê?*

Zeus: *Mas Jeová também tem uma esposa! Que houve com Ashtoreth?*

Athena: *Divórcio e o esquecimento.*

Hermes: *Para ser justo, acho que devemos culpar mais o sacerdotado do que Jeová. Sabe de uma coisa...*

Athena (interrompe com veemência): *E aí é que está o problema. Os homens tomaram conta de tudo. Isso facilita as coisas para Ares, para começar. Desde que vocês adormeceram até agora, os homens foram fazendo as coisas cada vez mais a sua moda. As mulheres são propriedade deles, ficaram sem poder.*

Afrodite (dando uma risadinha e tirando o estojo de maquiagem): *Vejam quem está falando.*

Athena (voltando-se para ela): *É, elas podem sorrir com afetação, seduzir para exercer influência, sacrificar o amor-próprio...*

Afrodite (começando a retocar a maquiagem): *Você não passa de uma feminista radical.*

Zeus: *E que raios é isso de "feminista radical"?*

Hermes: *Por favor, não vamos desviar o assunto. Estávamos falando de raios.*

Zeus: *Tem razão, estávamos mesmo. Continue, Hermes.*

Hermes: *Obrigado. Há um ou dois séculos os homens descobriram a eletricidade. O mesmo princípio dos seus raios. No começo usaram a eletricidade razoavelmente bem, para iluminar, aquecer e usar em motores que faziam as coisas girar...*

Zeus (sacudindo a cabeça): *Criaturinhas espertas, essas que nós fizemos.*

Hermes: *Talvez espertas demais. Pouco antes da pior orgia de Ares, a Segunda Guerra Mundial, eles descobriram o verdadeiro segredo.*

Zeus (aborrecido): *Não me diga que...*

Hermes: *É isso mesmo.*

Zeus (depois de uma pausa): *Quando eu estava dormindo, sonhei. Sonhei que Hélios havia enlouquecido, sonhei com cidades sendo arrasadas num instante. Sonhei que...* (Zeus emite um lamento) *...bem, até os Deuses têm pesadelos. E agora, hoje...*

Hermes: *Os homens também tentaram usar a energia dos seus raios para uso pacífico, mas foram ambiciosos e desleixados demais. Há pouco tempo, num lugar chamado Chernobil, houve um terrível vazamento de energia. Foi aquilo que acordou você.*

Poseidon: *Eu não precisei ser acordado.* (Tosse, como se quisesse expelir escarro.) *Os meus domínios têm estado doentes há muitos anos.* (Bate no peito.) *Peguei isto na praia de Sellafield....E não foram só os seus raios.*

Deméter: *As dríades vêm me procurar em lágrimas quando os homens destroem as árvores delas.*

Perséfone: *As criaturas da floresta vêm me procurar quando os homens reduzem os limites delas.*

Athena: *Meus construtores do passado vêm me procurar porque a chuva ácida está corroendo os nossos templos.*

Afrodite: *As pessoas comuns me procuram porque a riqueza está suplantando o amor.*

Todos (olhando para Zeus): *O que faremos?*

Zeus (faz uma pausa e levanta-se): *Acho que está na hora de convocar aquele Conselho de Deuses e Deusas... seja qual for o nome que têm agora. E de convocar todos os homens e mulheres de boa vontade, seja qual for o ser que veneram. De outra forma, Gaia pode querer tomar providências por si mesma.... Estamos combinados?*

Todos: *Estamos todos combinados.*

XXVI

Eros

Eros é um demônio poderoso.
Diotima Falando a Sócrates

Eros, Deus grego do amor, foi ainda mais afetado pela transformação dórica que descrevemos no capítulo anterior do que a maioria das outras divindades da Grécia.

Segundo a Teogonia de Hesíodo, originalmente ele fora um dos primeiros Deuses, irmão da Mãe-Terra ou Gaia e de Érebo (Deus da Escuridão) e de Nix (Deusa da Noite). Os quatro surgiram espontaneamente do Caos primordial.

Os fenícios, que compartilhavam com os gregos uma boa parte de sua primeira Criação, sustentavam que Eros era filho de Cronos e sua irmã Ashtart, que também lhe deu Pathos (Desejo), irmão de Eros.

A versão fenícia é interessante porque nos ajuda a definir o Eros arquetípico com mais exatidão. Sem dúvida, ele era a força bruta sexual original, mas se houvesse sido apenas isso, um irmão chamado "Desejo" poderia parecer supérfluo.

Eros é o Amor no sentido mais amplo, a ânsia de relacionamento da qual derivam todas as outras categorias, tendo em vista que a Terra e a Escuridão surgiram do Caos. Eros foi descrito por Hesíodo como "aquele que traz harmonia ao caos", ao contrário das descrições de outras divindades, que eram feitas em termos da transformação patriarcal dórica.

Talvez haja algo referente ao amor, àquela ânsia de relacionamento que nem o patriarcado consegue varrer completamente para debaixo do tapete.

Apesar de tudo, o próprio Eros foi sendo rebaixado gradativamente a uma criança alada encantadora, que sempre levava consigo um arco e flecha que atirava por impulso, geralmente alvos impróprios, às vezes até divinos. Isso está de acordo com a visão que o patriarcado tinha do amor e das emoções em geral, e do sexo em particular, esse é um fator que não pode ser negado, mas tem o hábito de perturbar a lógica e a ordem intelectuais.

A nova forma de Eros deixou de lado a história original de seu nascimento. Ele passou a filho de Afrodite e Ares, Hermes ou do próprio Zeus. Outras versões diziam que ele era filho de Zeus e Ilítia, filha de Hera e Deusa das parturientes, ou de Zéfiro (o Vento Oeste) e Íris, mensageira dos Deuses que levava o arco-íris.

No entanto, foi como filho de Afrodite que Eros se tornou mais conhecido (relacionamento do qual o dos correspondentes romanos Cupido e Vênus era uma simples cópia, como ocorreu em muitos outros casos). Eros era o companheiro constante de Afrodite, a quem ajudava a se vestir e com quem viajava aonde quer que ela fosse. Às vezes, a escolha irresponsável que fazia dos alvos aborrecia até a própria mãe (que por sua vez não tinha muita fama de responsável), que acabava confiscando as setas, logo recuperadas por ele.

Enquanto Afrodite cometia o famoso adultério com Ares, Eros se divertia ao lado da cama brincando com a armadura do Deus da Guerra. Ao que parece, ele compreendia tudo rápido demais para se deixar apanhar na rede de Hefesto como os amantes.

Só uma lenda substancial de Eros leva alguma coisa do significado mais antigo e mais profundo dele: é a história de Eros e Psique.

Psique (Alma) era a filha de um rei. Era dotada de tamanha beleza que a própria Afrodite ficou com ciúmes e mandou o filho humilhá-la, fazendo-a se apaixonar por algum ser repelente. Mas Eros se apaixonou por ela e pediu a Zéfiro que a transportasse cuidadosamente para um lugar maravilhoso. Lá, Eros ia visitá-la somente à noite, quando ela não conseguia vê-lo, fazendo-a prometer que nunca tentaria ver seu rosto. Sem revelar a sua identidade, ele apenas dizia que era o esposo que o destino havia imposto a ela.

Durante algum tempo, Psique ficou mais que satisfeita com as noites de amor com o esposo misterioso. Mas, apesar de todo o luxo do palácio, ela começou a se aborrecer durante o dia e pediu permissão ao marido para que as irmãs fossem morar com ela.

Desorientadas e enciumadas, as irmãs viviam sugerindo a Psique que o marido não a deixava ver seu rosto, porque de fato era medonho. As irmãs tanto insistiram que Psique acabou cedendo e quebrou a promessa, levando uma lâmpada para vê-lo enquanto estivesse dormindo.

Psique ficou encantada com o que viu, mas a luz o acordou. Triste, Eros a censurou e em seguida ele e o palácio desapareceram. Psique se viu sentada sozinha numa pedra.

A ira de Afrodite continuou a perseguir Psique, forçando-a a executar muitas tarefas desagradáveis. Mas ela conseguiu sobreviver a todo aquele sofrimento com a ajuda invisível de Eros, ainda apaixonado.

Finalmente, Eros se dirigiu a Zeus e implorou que deixasse Psique voltar para ele. Zeus concordou e a tornou imortal. Afrodite se compadeceu e a perdoou e os dois se casaram no Olimpo.

O sentido desta história encantadora (um dos temas preferidos pelos artistas gregos) é evidente por si mesmo: a alma humana cedendo ao amor e no caminho aprendendo as lições deste, entre elas a que ensina que não se deve analisar o amor minuciosamente demais, e sim viver nos termos que ele ditar.

"Eros" veio a ser usado como termo filosófico que define relacionamento e emoções, formando uma polaridade com Logos, ou Palavra, isto é, o processo intelectual.

A palavra-chave aqui é "polaridade", não oposição. O verdadeiro conflito está em outro lugar. Como Jung observa: "Logicamente, o oposto do amor é o ódio e o oposto de Eros é Fobos (medo); mas, psicologicamente, é o desejo de dominar. Onde o amor reina não há desejo de dominar; e onde o mais importante é o desejo de dominar, está faltando amor" (*Obras Completas de Jung*, vol. VII, pág. 53).

Ainda a respeito de Eros, Jung diz o seguinte: "Jamais conseguiremos o que há de melhor nele, a não ser correndo o risco de ficarmos magoados. Eros não é o todo da nossa natureza interior, embora seja ao menos um dos aspectos básicos dessa natureza. Sendo assim, a teoria sexual na neurose está fundamentada em um princípio verdadeiro e concreto. No entanto, comete o erro de ser unilateral e exclusiva, além da imprudência de tentar tirar proveito do inconfiável Eros usando a rude terminologia do sexo. Neste aspecto, Freud é um representante típico da época materialista, cuja esperança era resolver o enigma do mundo num tubo de ensaio" (ibid., pág. 28).

Ainda assim, como Jung observa, até Freud nos seus últimos anos reconheceu a existência dessa falta de equilíbrio e escreveu: "Depois de hesitar e vacilar durante muito tempo, decidimos reconhecer a existência de apenas dois instintos básicos: Eros e o destrutivo instinto. A meta do primeiro destes instintos é estabelecer unidades cada vez maiores e com isso protegê-los e conservá-los – em suma, unir os dois. A meta do segundo, pelo contrário, é desfazer conexões e assim destruir coisas. Por este motivo, também damos a ele o nome de instinto da morte" (*Obras psicológicas completas*, vol. XXIII, pág. 148).

Assim, reconhecendo a verdadeira estatura de Eros e a ânsia de manter um relacionamento numa parceria complementar com Logos e em oposição à ânsia de poder e destruição, estabelecemos o amor no seu verdadeiro papel criador e reavaliamos o sexo como aspecto essencial, embora não total, daquele relacionamento.

O Ritual de Eros

Temos aqui uma teatralização simples da solidão e da esterilidade do intelecto e da busca do poder, de um lado, e da emoção e do instinto, do outro, quando as duas coisas estão separadas. Por uma questão de simplicidade, demos a uma o nome de Lei, e à outra, o de Amor, embora estes dois nomes sejam simplificados demais, como diz Eros (que trabalha para unir as duas partes).

A Lei é representada por um homem, e o Amor, por uma mulher, de preferência um sendo parceiro mágico do outro. Obviamente, Eros deve ser um homem.

Nenhum dos três deve ser representado pelo Alto Sacerdote nem pela Alta Sacerdotisa que conduzem o Círculo, porque, pela natureza do Ritual de Abertura (especialmente a parte de *Puxar a Lua para Baixo*) a integração mútua de ambos já foi estabelecida, ao passo que o ritual que vemos a seguir deve ser começado do zero, por assim dizer.

A Preparação

Uma taça de vinho tinto e uma de vinho branco devem ser postas no altar.

O Ritual

O Ritual de Abertura é o de sempre (Apêndice I). Quando terminar, a Lei apanha a taça de vinho branco e senta-se de costas para a vela do Leste; o Amor, por sua vez, apanha a taça de vinho tinto e senta-se de costas para a vela do Oeste. Eros senta-se de costas para o altar.

Eros (para a Lei): *Quem é você, irmão?*

Lei: *Sou a Lei. Sou autossuficiente. Organizo meus casos logicamente para que tudo se processe de maneira ordenada e previsível.* (Toma um gole de vinho.)

Eros (para o Amor): *E quem é você, irmã?*

Amor: *Sou o Amor. Ouço o que o meu coração me diz. E isso não é previsível.* (Toma um gole de vinho). *Não preciso da Lei.*

Eros (para a Lei): *Você se autodenomina Lei. Mas a intuição dela também não obedece a uma lei cósmica?*

Lei: *Só em um estágio primitivo da evolução. A lei cósmica foi superada e precisa ser disciplinada com firmeza.*

Eros: *Então você precisa do poder para fazer isso?*

Lei: *É claro. A lógica requer poder para reforçar suas normas.*

Amor: *Está vendo? Ele se autodenomina Lei, mas gosta do poder. Eu me chamo Amor, mas a minha lei é mais profunda que a dele.*

Eros: *Então vocês necessitam de fato um do outro.*

Lei: *NÃO! O Amor tem uma influência nociva.*

Amor: *E usar as algemas da Lei? NÃO?!*

A Lei e o Amor seguram cada qual a sua taça e bebem.

Eros: *Que gosto tem esse vinho?*

Lei: *Sinto-o puro e fresco; sei o ano exato de sua safra. Sem prová-lo, sei precisamente o gosto que terá; este vinho nunca me deixa ébrio. Aceita um pouco?* (Estende a taça.)

Eros (aceitando, provando e devolvendo): *Hummmm. Um pouquinho forte.*

Lei: *Não para um paladar treinado.*

Amor: *O meu está bem inebriante, e não dou a mínima importância ao rótulo. E se me deixar um pouco embriagado, que mal há nisso? Tome, experimente!* (Estende a taça.)

Eros (aceitando, provando e devolvendo): *Sobe um pouco, não?*

Amor: É *para isso que serve.*

Lei: *Está vendo o que quero dizer? Nenhuma restrição, nenhum respeito pelo horário permitido para venda, nenhuma consideração com os outros...*

Amor: *E você teve alguma consideração com os outros, você e essas suas regras e regulamentos?*

Lei: *Sei bem o que é bom para eles.*

Amor: *Lá vem o poder de novo! Fingindo que é tão neutro! Na verdade, você gosta de dar ordens a todo mundo!*

Lei: *Absolutamente não. Você é que gosta da confusão e do caos.*

Ambos estão ficando zangados.

Eros (levantando a mão): *Posso dar uma sugestão?*

Lei: *Se for para restabelecer a ordem, pode.*

Amor: *Se for para a Lei deixar de ser mandona...*

Os dois olham para Eros, na expectativa.

Eros: *Por que não provam o vinho um do outro?*

(Pausa.)

Lei: *Não. Eu poderia perder o controle da situação. Tenho conseguido manter as coisas disciplinadas e em ordem e estou satisfeito assim. Um gole daquilo e o caos voltaria. Não haveria mais ordem no mundo.*

Amor: *Não. Um gole do vinho da Lei e tudo que é natural ficaria paralisado e morreria de fome. O que o meu coração me diz teria de ser censurado por um manual de regras. Não haveria mais calor no mundo.*

Eros: *Será que vocês dois não estão se esquecendo de uma coisa?*

Amor: *De quê?*

Eros: *De que os dois fazem parte do mesmo mundo.*

Eros se levanta e vai trocar as taças de modo que a de vinho tinto passa a ficar diante da Lei e a de vinho branco, diante do Amor. Depois volta a seu lugar.

Lei (olhando para a taça de vinho tinto): *Tenho medo de beber isso.*

Amor (olhando para a taça de vinho branco): *Eu também.*

Eros: *Medo é uma negação da natureza de vocês dois. A Lei deveria ter coragem de lidar com o medo e o Amor deveria ter força para desafiá-lo.*

(Pausa)

Lei: *Quer saber de uma coisa? Eros tem razão num ponto.*

Amor: *Tenho um palpite de que Eros está certo. Vamos arriscar?*

O Amor apanha a taça de vinho branco e bebe. Depois de um instante de hesitação, a Lei apanha a taça de vinho tinto e toma um gole cautelosamente. Os dois param, fazendo considerações.

Lei: *Preciso admitir que é um pouco... encorpado. Talvez tomado em quantidades razoáveis, de vez em quando.*

Amor: *De fato este vinho ajuda a variar um pouco...*

Lei: *Naturalmente, com um horário permitido para venda devidamente combinado.*

Amor: *Poderia lhe ajudar a entender os meus pressentimentos, às vezes...*

Eros (sorrindo, levantando-se e apanhando as duas taças): À saúde de ambos!

Ele bebe das duas taças e devolve uma a cada um.

Lei (levantando-se para dar a taça de vinho tinto ao Amor): *Acho que é melhor você ficar com este. Eu não confiaria em mim completamente com ele a meu lado, e os seus pressentimentos poderiam me dizer quando já bebi o suficiente.*

Amor (sem se levantar, aceita o vinho tinto e dá o branco à Lei.): *E você, tome este por nós. Eu não gostaria de ficar viciado demais nele.*

Lei (sentando-se ao lado do Amor): *Agora vejamos. Tenho uma ou duas sugestões para uma cooperação futura.*

Amor (segurando a mão da Lei com um sorriso ligeiramente maroto): *Da minha parte, talvez eu também tenha algumas.*

Eros (para o resto do grupo): *Vamos deixá-los resolver isso sozinhos?*

XXVII

Rá e Amon-Rá

Louvor a ti, Rá, quando levantas!
Adoro-te quando as tuas maravilhas estão diante dos meus olhos
e quando a tua radiância incide no meu corpo.
Papiro Escrito por Ani

O desenvolvimento dos Deuses e Deusas dos gregos foi determinado em grande parte pelo estabelecimento do patriarcado, como vimos nestes dois últimos capítulos. Isso constituiu somente um fator sem importância no desenvolvimento das divindades egípcias; os fatores principais foram a integração de inúmeras divindades locais durante a unificação do Egito e a importância relativa que as várias sedes de poder real ou sacerdotal tiveram na longa história do país.

Os gregos dóricos tinham a mente ordenada e gostavam de chegar a respostas definitivas. Zeus, ou Apollo, ou Ártemis, ou Athena eram tal ou tal coisa e pronto. Isso não acontecia com os egípcios. Nos estágios iniciais, no caso de um (área tribal local) conquistar o outro, o Deus do nome derrotado não era eliminado, mas assimilado como um aspecto do Deus do vencedor, talvez com um título hifenizado.

Ou, se depois da unificação, dois centros importantes tivessem panteões diferentes, haveria alguma hifenização ou racionalização para resolver o caso.

Isso não era difícil para os egípcios, porque os mais ponderados reconheciam a existência de uma essência criadora divina suprema da qual todos os Deuses e Deusas eram apenas aspectos, conceito muito menos observável no pensamento grego.

No entanto, a mitologia das divindades egípcias era vívida, poética e cheia de significado, consequentemente, completa e paradoxal a ponto de poder confundir a mente moderna, que tende a funcionar à maneira grega. Os egípcios não se perturbavam com paradoxos.

Sendo assim, examinemos o desenvolvimento do Deus do Sol.

De acordo com a versão adotada em Heliópolis (principal centro teológico de muitas dinastias depois da unificação), no início o disco solar conhecido pelos nomes de Aten (Aton, Atum, Atmu) jazia de olhos fechados nas águas primordiais (Nun), escondido em um botão de lótus. Ele acabou emergindo das águas por vontade própria, revelando o seu esplendor. Naquela fase, chamava-se Rá (Ré), mas, às vezes recebia o nome de Aten-Rá.

Sozinho, Rá gerou Shu (Deus do ar) e Tefnut (Deusa da chuva), que, por sua vez, deu à luz Geb (Deus da terra) e Nut (Deusa do céu). Contra a vontade de Rá, Geb e Nut deram à luz Néftis, Osíris, Ísis e Seth. Todos formavam a Novena (grupo de nove) do panteão de Heliópolis, ao qual foram integrados Hórus, o Velho, e Hórus, o Jovem (veja esta árvore genealógica na pág. 116).

Esta integração surgiu durante o reinado do Primeiro Faraó do Egito mencionado em registros escritos: Mena (Narmer), que fundou a primeira dinastia por volta de 3100 AEC. Mena era proveniente do Alto Egito e cultuava Hórus, Deus falcão do céu. Ele estabeleceu a capital da unificação em Tínis, situada perto de Abidos, na fronteira do Alto Egito com o Baixo Egito; aquela cidade foi o centro do culto de Osíris, Deus da fertilidade conhecido em todo o Egito. Posteriormente, Mena construiu uma nova capital em Mênfis, perto de Heliópolis, centro do culto solar. Assim, daquela unificação política surgiu a integração dos cultos do céu, da fertilidade e do Sol em um só panteão e na mitologia correspondente.

Mais tarde reaparece uma esposa de Rá: Rait ou Rat, forma feminina do nome dele. Por ser uma figura vaga e mal definida, muitos estudiosos do assunto acham que Rait era apenas uma lembrança de tempos muito anteriores, quando o primeiro Criador (Rá) era visualizado em forma feminina.

Ocorre que Rá era considerado o Criador, ao menos em Heliópolis, todas as criaturas vivas, incluindo homens e mulheres, provinham das lágrimas dele; tudo isso pode ser um trocadilho, tendo em vista que na língua egípcia as palavras "lágrimas" e "homens" têm som semelhante.

Inicialmente, Rá criou um Primeiro Universo, que ele próprio governava de Heliópolis. Todas as manhãs ele saía e passava uma hora em cada uma de suas doze províncias.

Enquanto Rá se manteve jovem e vigoroso, tudo correu bem; mas, isolado entre os Deuses egípcios, aos poucos ele foi ficando velho e decrépito. Quando ele atingiu este estágio, Ísis armou um estratagema para fazê-lo revelar seu Nome Secreto; com isso, ela adquiriu seus poderes mágicos.

Quando Rá descobriu que a humanidade tramava contra ele, ordenou que a Deusa Hathor (ou Sekhmet, considerada o aspecto vingativo de Hathor) devorasse todos os seres humanos. A Deusa saiu agindo freneticamente, porém, antes que matasse toda a humanidade, Rá, compadecido, induziu Hathor a tomar uma bebida colorida com ocre vermelho. Imaginando se tratar de sangue humano, Hathor ficou embriagada demais para continuar, e a sentença da humanidade foi cancelada.

A partir de então Rá se retirou para o céu, que percorria diariamente no Barco de um Milhão de Anos. Todas as noites ele era levado pelo barco numa jornada perigosa pelo Outromundo, onde precisava evitar especialmente a serpente Apep, sua arqui-inimiga, para poder chegar ao ponto oriental onde nascia diariamente. Algumas vezes (como nos eclipses solares, por exemplo), Apep chegava a atacá-lo durante o dia, mas ele sempre conseguia se esquivar.

A arma mais temível de Rá era o olho (que se superpõe ao de Hórus no que diz respeito à importância divina no céu, com o Sol no lugar do olho direito e a Lua, no do olho esquerdo).

Um dos símbolos de Rá, especialmente ao amanhecer, era o besouro Kephra, que levava o disco solar nas garras (imagem inspirada pelo besouro que leva com determinação uma bola de terra que contém seus ovos, superando todos os obstáculos).

Rá era especialmente um Deus dos faraós, cada um dos quais se chamava "filho de Rá". Isso tinha um significado literal; segundo a crença oficial, Rá era obrigado a visitar e fecundar a rainha, disfarçado na pessoa do esposo. Sem dúvida isso se relaciona com o princípio matrilinear, segundo o qual o direito ao trono vinha da mãe e não do pai.

Da quinta à décima oitava dinastia (aproximadamente 1991-1320 AEC), Tebas (onde depois foram construídas Karnak e Luxor) adquiriu rapidamente tal importância que se transformou no coração da realeza e do sacerdotado do reino. O Deus de Tebas era Amun (escondido), divindade da fertilidade. Originalmente ele, a consorte Mut (mãe) e o filho Kohns (navegante dos céus, antes Deus da Lua) formaram a Trindade tebana.

Quando Tebas passou a ser a capital, seguiu-se a integração usual: Amun e Rá foram identificados com o nome de Amun-Rá (posteriormente Amon-Rá), e ele e Mut se tornaram predominantemente solares. O aspecto da fertilidade permaneceu, caracterizado pela Festa de Opet, visita anual feita por Amun-Rá no dia 19 de julho (surgimento helíaco da Estrela-Deusa Sirius), que saía do seu grande templo de Karnak e ia visitar Mut no templo dela, Luxor, a poucos quilômetros de distância, rio acima; isto era teatralizado pela cópula ritual de um sacerdote de Amun-Rá com uma Sacerdotisa escolhida entre as de Mut, que eram consideradas concubinas do Deus.

Assim, os faraós se tornavam naturalmente "filhos de Amun". Não era raro uma princesa ser chamada de Consorte Divina do Deus.

Os sacerdotes de Amun-Rá ficaram ricos e poderosos, política e teologicamente. Como diz Veronica Ions: "O Alto Sacerdote de Amun-Rá governava os sacerdotes de todos os outros cultos; ele próprio passou a designar os reis na décima oitava dinastia, apoiando Hatshepsut (primeira mulher a reinar como faraó) e o sucessor dela, Tutmés III" (*Egyptian Mythology* – Mitologia egípcia).

Acontece que, em menos de um século depois da morte de Tutmés, deu-se um dos acontecimentos mais marcantes da história do Egito. O Faraó Amenhotep IV (Amenófis ou "Amun está satisfeito"), que viveu entre 1379 e 1362 AEC, mudou o próprio nome para Akhenaton (Glória de Aten), saiu de Tebas, construiu uma nova capital chamada Akhetaten (hoje Tell el-Amarna) e introduziu um sistema até então desconhecido, o monoteísmo.

Só deveria ser cultuada uma divindade, simbolizada pelo disco solar ou Aten. Não havia imagens suas, nem em forma humana nem em forma animal; só era exibida a imagem do disco e dos raios, cada qual terminando em uma minúscula mão que segurava o ankh (hieróglifo que indica "Vida"- fig. 4), dom distribuído por Aten.

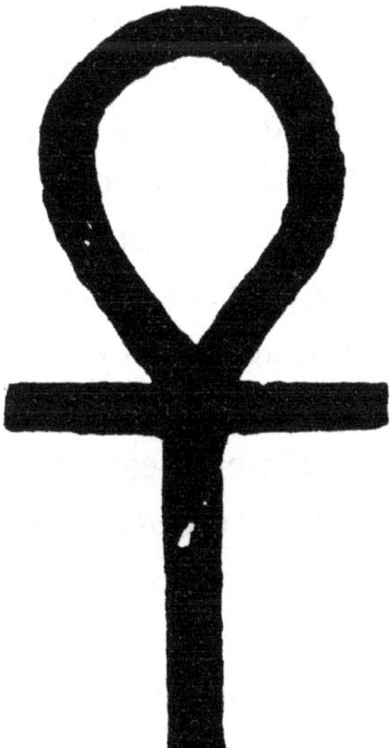

Fig. 4 – Ankh ou hieróglifo egípcio que representa a "Vida"

Akhenaton também estimulou uma revolução na arte, que passou de estilizada a naturalista. Os murais dele, da esposa (a belíssima Nefertiti) e dos filhos estão entre as mais encantadoras representações de família que existem na arte egípcia. Em geral, os murais não favoreciam Akhenaton, pois costumavam apresentá-lo barrigudo e de cabeça deformada e alongada; mas ele impunha o naturalismo por si só.

Essa revolução teológica e cultural foi demasiada para o Sacerdote e o povo assimilarem, por não estar em sintonia com a natureza da civilização egípcia como um todo. E, por mais bem-intencionadas que fossem as ideias de Akhenaton, ele não era um bom governante. O Egito ficou ameaçado, sob os pontos de vista econômico e militar durante o seu governo.

No governo dos três sucessores de Akhenaton, cujos reinos duraram apenas dezesseis anos e incluíram seu filho ainda jovem, Tutankhamon, a situação voltou gradualmente ao normal; convém notar que o menino--faraó recebera o nome de Tutankhaten (imagem viva de Aten), mas mudou para Tutankhamon (imagem viva de Amun). O poder que existia por trás do trono e que abrandou essa volta gradual era o tirano Horemheb, que fora comandante militar no reinado de Akhenaton e acabou na posição de faraó (1348-1320 AEC).

No entanto, uma mudança permaneceu: os faraós já não eram mais fantoches dos sacerdotes de Amon-Rá, como havia corrido o perigo de ser. Seti I (1318-1304) e o filho Ramsés II (1304-1237) continuaram a obra de Horemheb e foram os dois governantes mais famosos do Egito. Entre outras realizações, Seti I construiu o grande templo de Osíris em Abidos, com suas capelas dedicadas a seis outros Deuses e Deusas, e ao qual Ramsés II deu continuidade; mas os dois também contribuíram bastante para o templo de Amon-Rá em Tebas.

Tal ecumenismo essencialmente egípcio também deve ter ajudado a reforçar os laços entre o faraó e o povo, pois enquanto o padroeiro da realeza sempre fora o Sol, o coração do povo em geral estava com Osíris, Ísis e o filho Hórus, como vimos no capítulo XVIII,

Como todas as outras formas do Deus, Amon-Rá era capaz de simbolizar tudo que existia na humanidade, do pior ao melhor. Na pior concepção era identificado com a riqueza do sacerdotado e a busca do poder político. Na melhor, representava a essência espiritual existente por trás dos símbolos exteriores, e para os devotos comuns, ele e a família representavam a prosperidade e a fertilidade, das quais todos dependiam para sobreviver no dia a dia.

Ninguém consegue visitar o magnífico templo de Amon-Rá situado em Karnak (ainda o maior templo religioso do mundo no que diz respeito à área) nem o da consorte Mut, próximo a ele, sem sentir a magia que ainda os circunda, dois mil anos após terem cessado suas funções oficiais.

O Ritual de Amon-Rá

A Festa de Opet era um espetáculo de grande júbilo popular que durava três dias. A imagem do Deus saía do templo de Karnak e era levada rio acima com muita solenidade ao templo da Deusa em Luxor, pois se tratava da Lua de Mel de ambos. Os convidados para o casamento eram toda a população, desde o faraó, a rainha e toda a família, até o lavrador mais humilde e sua família.

Aproveitamos para sugerir que o grupo procure recobrar o espírito da Festa de Opet.

O ritual completo dura três dias. Nas condições atuais, talvez a melhor opção e a mais prática seja começar na sexta-feira e terminar no domingo, e melhor ainda se puder ser em julho. Já que 19 de julho era o dia da festa. Isso significa o maior número de membros do grupo passar ao menos duas noites na mesma casa e, pela nossa experiência, os sacos de dormir fazem parte do equipamento da maioria dos grupos de Bruxos.

A montagem de um templo egípcio e o processo de abertura de um Ritual Egípcio estão descritos no Apêndice II.

Primeiro dia

Prepara-se uma sala para servir de templo egípcio, com o altar no lado Oeste e os objetos apropriados colocados no lugar. (Se você já dispõe de uma sala destinada exclusivamente aos rituais da Arte, tudo fica mais fácil.)

A sala deve estar escrupulosamente limpa e arejada, e convém retirar dela todos os objetos de ferro e deve ser trancada durante a noite. Todos os trajes necessários devem estar preparados, limpos e passados a ferro.

Segundo dia

Todos os Bruxos do Coven se levantam antes do nascer do Sol, saem ao ar livre e o saúdam. Quando o Sol começa a surgir (ou, nas condições climáticas destas ilhas, tão logo se sabe que de fato o Sol apareceu), a Alta Sacerdotisa recita:

Nós te saudamos, Rá-Harakhte, Rá do Horizonte! Damos boas-vindas a ti no teu barco de Um Milhão de Anos. Damos as boas-vindas a ti na tua volta de Amenti, onde derrotaste a serpente Apep. Damos boas-vindas a ti, que voltaste para iluminar o mundo. Que assim seja, todos os dias, para sempre.

O Coven diz: Assim seja!

A Alta Sacerdotisa diz: *Saudamos a Mãe Mut, tua consorte. Possam ambos estarem juntos no dia de hoje, para que a Terra seja produtiva.*

O Coven então retorna à casa, colocam as vestes e destrancam o templo. O Ritual de Abertura (Apêndice II) é então conduzido. Ao meio dia, o Coven se reúne ao ar livre.

Alta Sacerdotisa declama: *Nós saudamos a ti Amon-Rá, nas alturas do teu poder. Abençoa esta Terra e ilumina com a tua radiância. Traze flores e frutas para que o teu povo possa viver na beleza e na fartura. Que assim seja, agora e sempre!*

O grupo repete: *Assim seja!*

A Alta Sacerdotisa diz: *Nós te saudamos, grande Mut, Mãe de todos! Abençoa esta Terra que recebe a luz derramada pelo teu consorte para que ela seja produtiva!*

O grupo repete: *Assim seja!*

O grupo volta para a casa. Quando o Sol se põe, todos saem de novo.

O Alto Sacerdote declama: *Nós te saudamos, grande Amon-Rá! Aproxima-se a hora da tua união com Mut. Se una a ela em amor, para que a Terra seja frutífera!*

O grupo diz: *Assim seja!*

A Alta Sacerdotisa diz: *Nós te saudamos, grande Mut, Mãe de todos! O Deus se aproxima. Se una a ele em amor, para que a Terra seja frutífera!*

O Coven diz: *Assim seja!*

Novamente, o grupo volta para a casa. Todos estão presentes quando a Alta Sacerdotisa tranca a porta do templo.

A Alta Sacerdotisa diz: *Agora este é o lugar do encontro do Deus e da Deusa. Nenhum homem ou mulher pode entrar aqui, pois esta é a noite da união deles, para que a Terra seja frutífera!*

O Coven diz: *Assim seja!*

Terceiro dia

Nessa manhã o templo é destrancado e as frutas são retiradas. O templo deve se manter limpo e arrumado, com as flores ainda no lugar, pelo maior período de tempo possível.

O dia é inteiramente dedicado à celebração humana. Por exemplo: se for possível, o grupo deve fazer um piquenique ao ar livre. A ideia é trabalhar o mínimo necessário nesse dia; cada participante do grupo deve se sentir feliz na companhia dos outros e da Terra.

XXVIII

Wayland, o Ferreiro

Onde estão agora os ossos do sábio Wayland,
aquele ourives glorioso dos tempos antigos?
Quem hoje sabe onde estão os ossos do sábio Wayland
ou onde fica a cova rasa em que jazem?
Atribuído ao Rei Alfredo

As raízes populares da Inglaterra e dos seus antigos Deuses e Deusas são uma mescla de celtas e nórdicos. Na época da bravura do Rei Arthur, os celtas nativos lutaram contra os imigrantes saxões pela posse da terra, mas quando os normandos tomaram posse dela, celtas e saxões se uniram e formaram o povo que passou a ser explorado pelos novos senhores. Vantajoso ou não, o casamento estava consumado.

E, sustentando tudo isso (que foi o leito nupcial de um casamento muitas vezes turbulento), estavam os caminhos misteriosos dos povos neolíticos, cujos megálitos cismarentos testemunham uma civilização que ainda faz parte dos cromossomos de Albion.

Provavelmente não existe outro lugar em que esta ancestralidade tripla seja tão evidente como um Uffington, no Vale do Cavalo Branco, em Berkshire.

Lá de cima, talhada em pedra, a famosa figura de um cavalo correndo contempla o vale; do focinho à cauda tem 112 metros e provavelmente é a própria Epona, uma das formas da grande Deusa-Mãe dos celtas. No cume se vê uma fortaleza de pedra calcária que alguns julgam ser o Monte Badon, campo de batalha em que o Rei Arthur venceu definitivamente os saxões por volta de 518 EC. Pouco mais ou menos que um quilômetro adiante, ficam as enormes pedras de uma colina neolítica artificial erguida no mínimo há cinco mil anos e conhecida, muito antes da conquista normanda, pelo nome de Ferraria de Wayland.

Para os anglo-saxões (do mesmo modo que para os celtas que os antecederam), maravilhas como aquelas só poderiam ter sido construídas por Deuses ou gigantes. Por isso, assim como os celtas consideravam Newgrange a casa de Dagda e do filho Aengus Mac Óg, os anglo-saxões atribuíam as pedras de Uffington a Wayland, ferreiro e ourives dos Deuses.

Dizem que, se alguém deixar um cavalo e uma moeda passar a noite por lá, ao voltar pela manhã, Wayland terá feito uma ferradura com a moeda e ferrado o cavalo. Essa tradição pode ser muito antiga, pois em 1921, quando a Ferraria de Wayland foi escavada, foram encontradas duas valiosas barras que datavam da Idade Média.

Há 1500 anos o ferreiro Wayland é parte integrante do folclore inglês, apesar das tentativas que a Igreja fez para eliminá-lo, assim como outras heresias pagãs. No entanto, as origens de Wayland são mais antigas do que isso.

Wayland (Weyland, Weland) é o nome anglo-saxão de Volund. O pai dele era Wade (Wada), rei dos fineses (finlandeses) que possuía um barco mágico, e a avó era uma feiticeira do mar chamada Wachilt.

Ele tinha dois irmãos chamados Egil e Slagfid. Um dia, os três andavam pela margem do rio, em Wolfdales, quando surgiram voando três cisnes que vinham de Murkwood. Os cisnes se transformaram em donzelas (Onisciente, Branca como um Cisne e Olrun) e fiavam linho na praia quando os irmãos as encontraram. Todos se apaixonaram imediatamente. Olrun ficou com Egil; Branca como um Cisne se uniu a Slagfid e Onisciente escolheu Volund.

Durante sete anos os três casais viveram felizes, mas no oitavo ano, as três donzelas cada vez mais tinham saudades de Murkwood, onde moravam antes; no nono ano, elas desapareceram.

Egil e Slagfid saíram à procura das amadas, mas Volund ficou em Wolfdales trabalhando na sua arte de ferreiro e ourives.

Nidud (Nidhad, Nidung), rei dos niar, ouviu falar do mestre ferreiro que trabalhava sozinho na forjaria de Wolfdales e enviou homens armados, que roubaram a espada e um dos anéis de ouro de Volund quando este foi caçar, e depois se esconderam. Quando Volund voltou, viu que faltava um anel, e pensou que Branca como um Cisne houvesse voltado para casa. Adormeceu esperando por ela e quando acordou foi capturado pelos soldados do rei.

Volund foi levado à presença de Nidud, que ficara com a espada e dera o anel à filha Bodvild (Beadohild). Para encobrir o próprio roubo, Nidud acusou Volund de ter roubado seu ouro. No entanto, a rainha observou a Nidud que Volund reconhecera a espada no cinto do rei e o anel no dedo da Bodvild e certamente haveria de se vingar.

Por isso Nidud mandou cortar o tendão do jarrete de Volund e encarcerou o ferreiro manco na Ilha de Saevarstod, onde era obrigado a trabalhar exclusivamente para o rei, única pessoa que tinha permissão para vê-lo.

Volund passou o tempo engendrando um plano e esperando o momento propício para se vingar. A oportunidade chegou quando os dois filhos de Nidud, desobedecendo às ordens do pai, foram visitar Volund em segredo e pediram a chave do cofre de joias do rei. Volund decapitou os dois, escondeu os cadáveres num monte de esterco e, com os crânios, fez dois cálices para vinho engastados em prata e deu-os de presente ao rei. Com os dentes de ambos, esculpiu dois broches para Bodvild.

Curiosa, a princesa quebrou o anel de ouro roubado de Volund e foi também visitar o ferreiro pedindo que o consertasse, com a desculpa de não ousar dizer aos pais que o havia quebrado. Volund concordou e deu-lhe uma bebida para tomar enquanto ele próprio trabalhava. Quando Bodvild estava embriagada e sonolenta, Volund a violentou.

Completada a vingança, Volund voou da prisão da ilha com as asas que fizera para si mesmo.

Esta lenda contém alguns elementos interessantes, que incluem o fato de só o rei ter acesso direto ao ferreiro. De fato, antigamente era costume apenas a realeza ter contato pessoal com os forjadores de espadas; qualquer outra pessoa teria de deixar um bloco de ferro e certa quantia ao lado da forja e voltar alguns dias depois para recolher a arma pronta. Esta pode muito bem ser a origem da tradição da Ferraria de Wayland.

Desde os tempos mais remotos, os ferreiros eram encarados com assombro como magos, como vimos no capítulo VII. E, entre eles, os "forjadores de espadas mágicas" como Wayland formavam uma classe especial. As primeiras espadas de ferro (e antes delas, as de bronze) feriam principalmente pelo simples peso do golpe desferido. Mas alguns forjadores de espadas haviam dominado a complicada arte da têmpera, de modo que as espadas que faziam feriam com eficiência muito maior, pois de fato cortavam.

Para uma têmpera adequada é preciso um ferro de alto teor de carbono e um suprimento contínuo de carvão de boa qualidade, o que nem sempre era fácil obter. Por isso, em geral o "forjador de espadas mágicas" era estrangeiro (isso explicaria o fato de a avó de Wayland ser "Bruxa do Mar"?), e o ferro que ele usava era importado. Não seria de surpreender que os reis quisessem manter o monopólio real dessas duas coisas.

Wayland ou Volund fez a espada Mimung para os Aesir, Deuses de Asgard; fez também a que foi usada pelo herói anglo-saxão Beowulf para matar o dragão. Também fez sua cota de malha: "Esta cota, melhor entre as melhores, que protege o meu peito (...) é obra de Weland".

Um aspecto especial de Wayland é ser manco como seu equivalente grego Hefesto. E os artesãos que faziam qualquer objeto, do martelo de Thor ao colar de Freya, eram anões. Será que todos estes aspectos são lembranças dos especialistas estrangeiros, talvez aqueles ferreiros trigueiros e atarracados da Floresta Negra, que estiveram entre os primeiros deles?

Em todo panteão os Deuses artesãos merecem um respeito especial. Suas respectivas consortes são a Beleza (como Hefesto e Vulcano) ou a Sabedoria (como no caso de Wayland). Os Deuses artesãos tendem a não participar dos dramas pessoais das demais divindades, atendendo a todas com imparcialidade. No entanto, se tais dramas influem na sua própria vida, tomam medidas de represália, cuja natureza cuidadosamente planejada e devastadora caracteriza-se na vingança de Hefesto contra Ares ou de Wayland contra Nidud.

É preciso seguir o exemplo dos Deuses do artesanato e venerá-los, sem jamais tratá-los com descaso.

O Ritual de Wayland

A espada é um importante acessório ritual usado pelos Bruxos e pelos magos. Na iniciação na Wicca, é o primeiro dos nove acessórios que são apresentados e explicados a cada novo Bruxo, que passa a saber que, com a espada, "podes formar todos os Círculos Mágicos, dominar, subjugar e punir todos os espíritos rebeldes e demônios, e mesmo persuadir anjos e bons espíritos. Com isto em tua mão, tu és o regente do Círculo".

A espada é essencialmente um símbolo de autoridade e de força psíquica e espiritual. Por isso, nós, como tantos outros Bruxos, associamos a espada com o elemento Fogo e o bastão com o elemento Ar.

A tradição Wiccaniana (ver *A Bíblia das Bruxas*) insiste em que, enquanto um homem jamais pode representar o papel de uma mulher, em certas circunstâncias uma mulher pode fazer papel de homem; a mulher simboliza essa troca de papéis colocando uma espada na cinta (como Joana d'Arc) e é tratada ritualmente como homem enquanto estiver com ela.

O ritual de Gerald Gardner para consagrar uma espada (ibid., págs., 14-5), baseia-se praticamente palavra por palavra, no do grimório medieval (livro de textos de magia) intitulado *As Clavículas de Salomão* (veja na Bibliografia: Mathers, *The Key of Solomon*). Muitas pessoas acham que é um ritual mais adequado à magia do que à feitiçaria. Para essas pessoas e para outras que tiverem vontade de experimentar uma alternativa, quem melhor que o ferreiro Wayland para ser invocado?

A Preparação

Não há necessidade de preparos especiais; os únicos acessórios necessários são o pentáculo, água, uma vela e o incenso, normalmente encontrados nos altares Wiccanianos.

Naturalmente a espada pode pertencer a um homem ou a uma mulher, ao parceiro ou ao grupo em geral. A consagração deve ser feita por um homem e uma mulher juntos. No ritual dado a seguir, supusemos que a espada pertence ao homem, se for da mulher, as palavras "Eu, para mim, minha" devem ser substituídas por "Ela, para ela, dela"; "Ele, para ele, dele" ficam "Eu, para mim, minha". Se a espada pertence ao grupo, "Nós, para nós, nossa". Parece complicado, mas na prática as trocas ficam muito claras.

As partes da espada mencionadas no ritual estão desenhadas na figura 5.

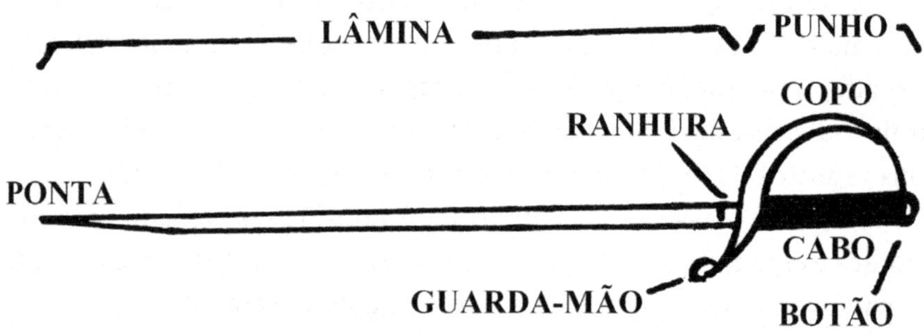

Fig. 5 – Partes de uma espada. Se o copo é uma cruzeta com dois guarda-mãos, o nome continua o mesmo. Em algumas espadas também há uma ranhura.

O Ritual

O Ritual de Abertura é o usual (Apêndice I), mas o nome do Deus correspondente deve ser especificamente Wayland. O nome da Deusa deve ser o de uma divindade celta ou nórdica associada com a inspiração dos artesãos ou com armas, como, por exemplo, Brigit, Morrigan, Freya ou Gunnlauth.

O homem e a mulher sentam-se de frente para o altar, segurando a espada juntos.

O homem diz: *Wayland, forjador de espadas dos Deuses, invocamo-los para que passes a tua resistência para esta minha espada.*

A mulher diz: *Wayland, forjador de espadas dos Deuses, invocamo-los para que passes a tua sabedoria para esta tua espada.*

Os dois levam a espada ao altar e a colocam sobre o pentáculo; cada qual põe a mão direita na espada.

O homem diz: *Consagramos esta espada com o elemento Terra. Que a minha mão possa sempre segurar este punho com firmeza e força.*

A mulher molha a ponta dos dedos na vasilha e borrifa água na espada, dizendo: *Consagramos esta espada com o elemento Água. Quando for preciso ter paciência, que a mão dele repouse em paz neste botão.*

O homem ergue a espada do pentáculo e passa a lâmina pela chama de uma vela, dizendo: *Consagramos esta espada com o elemento Fogo. Que o poder dela esteja sempre às minhas ordens.*

A mulher apanha a espada e passa-a pela fumaça do incensório, dizendo: *Consagramos esta espada com o elemento Ar. Que este copo não permita que o homem sofra más influências quando a empunhar.*

Os dois ficam de frente um para o outro diante do altar e colocam a espada verticalmente entre si, de ponta para baixo; abraçam-se e beijam-se mantendo a espada no lugar pela pressão do corpo. Depois se separam, tomando cuidado para a espada não cair.

O dono da espada (o homem ou a mulher, ou ainda se ela pertencer ao grupo) segura-a pelo punho e aponta-a para cama, dizendo:

Forjada em aço (ou ferro ou bronze) pelo artesão,
Por este rito o ferreiro Wayland temperou tua lâmina.
Extraída da terra e nascida do fogo,
Lâmina, punho, copo, guarda-mão e cabo,
Por este rito Wayland te casou com a minha mão (nossas mãos).
Protege-me (protege-nos) nos caminhos do visível e do invisível,
Dá força à(s) mão(s) que te empunha(m).
Em nome do ferreiro Wayland!

Assim a consagração se completa. Se a espada tem bainha, esta pode ser consagrada separadamente e apenas pelos elementos Terra, Água, Fogo e Ar e pelo abraço.

Terceira Parte

Deuses do Mundo

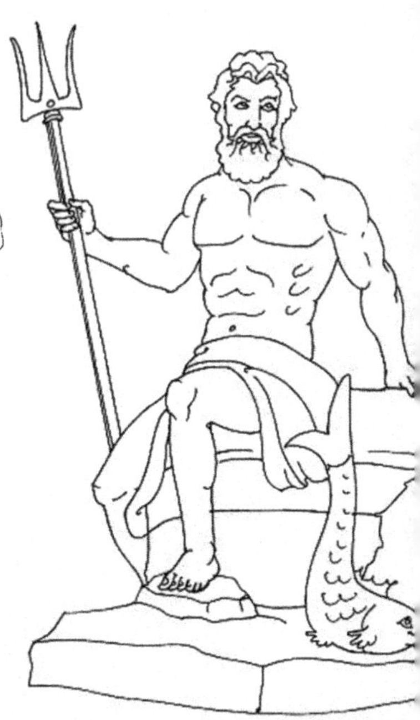

XXIX

Deuses do Mundo

Do mesmo modo que a Terceira Parte de *A Deusa das Bruxas*, esta é uma lista que abrange "seletivamente" os Deuses das inúmeras culturas do mundo, passado e presente. As observações sobre a natureza e o uso das formas da Deusa que fizemos naquele livro também são válidas neste.

Neste caso, porém, temos uma finalidade tripla: completar o quadro que fazemos da natureza geral do Deus; fornecer material para encontrar o verdadeiro aspecto com o qual queremos trabalhar; e oferecer uma fonte útil de consulta.

Mais uma vez, fomos flexíveis quando interpretamos a palavra "Deus". A nossa lista inclui os Adãos (primeiros homens) de diversas culturas, alguns heróis semidivinizados e alguns que ficam na fronteira entre homens lendários e Deuses inquestionáveis.

Em alguns verbetes há uma frase que começa com "*777*: (...)" Trata-se da relação entre o Tarô e outras coisas, e o Deus em questão, segundo o livro *777 e Outros Escritos Cabalísticos de Aleister Crowley*.

No caso dos Deuses que podem ser equiparados as Sephiroth na Árvore da Vida Cabalística (Kether, Chokmah, Binah, Tifereth, Chesed, Geburah, Hod, Netzah, Yesod, Malkuth), as correspondências dadas são as que estão em *The niystical qabalar* (*A Cabala M*ística), de Dion Fortune.

Palavras em MAIÚSCULAS no texto de um verbete indica que o Deus tem um verbete próprio na ordem alfabética.

Agradecemos de bom grado todo tipo de acréscimos e correções que os leitores porventura sugerirem para futuras edições.

Lista dos Deuses

AAH, AH, IAH: Egípcio. Antigo Deus da Lua, posteriormente assimilado por THOTH.

ABONSAM: Ganense. Espírito mau que costumava ser banido todo ano, inicialmente com quatro semanas de silêncio coletivo para fazê-lo adormecer, depois com uma representação ruidosa para assustá-lo e obrigá-lo a se afastar.

ACAT: Maia de Yucatán. Deus da vida que dava forma às crianças no ventre de suas mães.

ACMON: Veja DÁTILOS.

ADAD: Veja HADAD.

ADAPA: Assírio-babilônio. Criado (ou gerado) por Ea para governar a raça humana. Perdeu a oportunidade de conseguir a imortalidade para os homens por ter se recusado a comer o alimento da vida oferecido por ANU.

ADÃO: Primeiro homem hebreu, cuja esposa era Eva. A história do Jardim do Éden é uma patriarcalização de outra anterior, segundo a qual ele tinha uma esposa que se chamava Lilith, que depois foi rebaixada a uma diaba.

ADDANC, AVANC, ABAC: Galês. Monstro que provocou o Dilúvio do qual DWYVAN e a esposa (Dwyfach) escaparam na arca chamada Nefyed Nav Nevion. ADDANC morava perto do Lago Llyn Llion ou Lago das Ondas. Acabou morto pelo oxigênio do HU GADARN ou, em outra versão, por Peredur.

ADDU: Veja HADAD.

ADIBUDDHA: Hindu, budista. Personificação do princípio masculino supremo, essência de todos os BUDDHAS.

ADITYAS: Hindus. Doze Deuses dos meses, filhos da Deusa-Mãe suprema original Aditi (Livre de qualquer laço).

ADONAI: (Senhor). Deus fenício que secava a vegetação anualmente; amante de Ashtart ou Ashtoreth. Veja o capítulo XIX.

ADÔNIS: Grego. Surgiu de DUMUZI, ou TAMMUZ, ou ADONAI. Veja o capítulo XIX. *777*: Tarô: Seis, Imperadores ou Príncipes e Ermitão. Pedras preciosas: topázio, diamante amarelo, peridoto. Plantas: acácia, louro, parreira, anêmona, lírio, narciso. Animais: fênix, leão, criança, virgem, anacoreta, qualquer pessoa ou animal solitário. Perfumes: olíbano, narciso. Armas mágicas: lâmpada, bastão, pão, lanien ou Cruz Rosada.

AEGIR: Deus escandinavo do mar. Aceito como igual pelos AESIR, mas não um deles. Talvez tenha sido um herói da civilização escandinava que se notabilizou demais para ser esquecido ou absorvido. Morava com a mulher (Ran ou "a raptora") e as nove filhas na ilha dinamarquesa de Hlesey, ou talvez num palácio submarino iluminado pelo ouro dos tesouros naufragados. Ran agitava as ondas a fim de capturar navios, e as filhas estendiam os braços sedutores para atrair os marinheiros para o fundo do mar, de onde nunca mais sairiam.

AENGUS (ANGUS, OENGUS) MAC ÓG: Irlandês. Jovem Deus do amor, filho de DAGDA e de Boann, Deusa do Rio Boyne, "Mac Óg" significa "filho da virgem" (no antigo sentido da Deusa ou mulher livre, cuja posição depende de si mesma, e não de um simples consorte. Com um estratagema, Aengus conseguiu que o pai lhe desse Brugh na Bóinne (Newgrange). Muitas vezes Aengus ajudou DIARMAID e Cráinne a fugir da vingança de FIONN MAC CUMHAL. Raptou Etain, mulher de MIDIR.

AESIR, OS: Escandinavos. Deuses companheiros de ODIN que viviam em Asgard. Aparentemente uma lembrança dos invasores da Escandinávia que chegaram logo depois dos VANIR, com os quais os Aesir primeiro lutaram e depois se aliaram.

AESMA: Persa, zoroástrico. Demônio da ira e da vingança, que "tinha uma temível lança". É o ASMODEU do livro de Tobit. Seu nome moderno é Khasm.

AF: Egípcio. Forma de Rá na jornada que faz todas as noites pelo Outromundo.

AGANJU: Nigeriano, Tribo Ioruba e religiões afro-brasileiras. Filho de Oduduwa. Teve muitos filhos com a filha e irmã Yemanjá: ORUNJÂ (Deus do sol do meio dia) e 16 outros Deuses, entre os quais OGUM, OKO, OLOKUM, XANGÔ, XAPANÃ, a Lua e diversas Deusas dos rios.

AGAO: Vodu haitiano. O LOA do trovão.

AGAROU TONERRE: Vodu haitiano. Deus do trovão do panteão do céu, associado com DAMBALLAM.

AGASSOU: Vodu beninense e haitiano. Na África é um Deus em forma de pantera e ancestral divino da casa real. No Haiti, é o guardião dos costumes e tradições e Deus das nascentes d'água. Dizem que era filho de AGWE.

AGATODÁIMON: (Espírito Bom). Egípcio, período greco-romano. Em Alexandria, era conhecido como Deus da sorte em forma de serpente. Veja também SHAI.

AGLULIK: Esquimó. Ajuda os caçadores a encontrar caça. Mora numa caverna situada sob o gelo e é o espírito tutelar das cavernas de focas.

AGNI: (Fogo). Deus do fogo hindu. Filho de Dyaus, Deus dos céus, e de Prithivi, Deusa da terra. Como soberano da terra, que recebia a chuva fertilizante provocada pelos seus trovões, era considerado benfeitor da humanidade. Formava uma trindade com INDRA (Ar) e SURYA (Céu). Também era uma trindade por si mesmo, já que possuía três corpos e nascera três vezes: 1) Nascido da água, na forma de bezerro que todos os anos se transformava em touro; 2) Nascido de um incêndio, na forma de glutão de língua ardente; 3) Nascido do mais alto dos céus, na forma de águia. Era um dos oito VASUS. Às vezes tem por esposa a Deusa do fogo Agnayi, às vezes a irmã Ushas, Deusa da aurora. Era costume sacrificar cavalos em sua honra anualmente. Dizem que "nasceu feito de madeira" ou do embrião de plantas. *777*: Tarô: Juízo Final, Reis ou Cavaleiros (de Paus). Pedra preciosa: opala com reflexos azuis e vermelhos (opala ígnea). Plantas: papoula-vermelha, hibisco, urtiga. Animal: leão. Minerais: nitratos. Perfumes: olíbano e todos os perfumes ardentes. Armas mágicas: bastão ou lâmpada, Pirâmide de Fogo.

ACWE: Vodu haitiano. Deus do mar, muito importante. A esposa é Erzulie, Deusa do amor e da beleza no aspecto de mar (La Sirène). Está sempre em conflito com OGUM, Deus da Guerra, devido ao caso que este mantém com Erzulie.

AHI (1): Hindu. Deus-serpente morto por TRITA ou por INDRA, em versões posteriores.

AHI (2): Veja IHY.

AHRIMAN, ANGRA MAINYU: (Pensamento negativo ou angustiado). Persa, zoroástrico. Chefe das forças do mal, sempre em guerra com AHURA MAZDA (que, segundo uma versão, era seu gêmeo, sendo o pai de ambos ZERVAN AKARANA). Pode ter sido um Deus (ou Deusa, pois em persa antigo esse nome é feminino) dos persas antigos, tendo se transformado em diabo pelos conquistadores indo-europeus.

AHSONNUTLI: Ameríndio, navajo. Divindade bissexual conhecida como a hermafrodita Turquesa. Dizem que criou o Céu e a Terra.

AHTO, AH TI: Ugro-finês. Deus das águas. A esposa era Vellamo, Deusa das águas. Confunde-se com o herói Lenuninkãinen.

AHURA MAZDA ou ORMAZD: (Senhor da Sabedoria). Persa, zoroástrico. Líder das forças do bem. Originalmente era o Deus da dinastia dos reis aquemênidas (aproximadamente 550-330 AEC). É representado como um homem de barba e alado, com o corpo coberto de penas. A Lei Universal (Asha) nasceu dele; de acordo com uma versão, o Mundo foi criado a partir do seu corpo. Ver AI-IRIMAN.

AIPALOOVIK: Esquimó. Espírito mau que mora no mar e tenta morder e destruir os barqueiros.

AIZEN MYOO: Budista japonês. Um dos Myoo. Tinha um rosto feroz dotado de três olhos encimados por uma cabeça de leão, mas é cheio de compaixão pela humanidade.

AJI-SUKI-TAKA-HIKO-NE: Japonês, Deus do trovão, filho de O-KUNI-NUSHI.

AKA-KANET: Chileno. Deus dos índios araucanos. Deus dos cereais e das frutas que preside as festas da colheita. Veja também GU ECUBU.

AKANCIIOB: Maia de Yucatán. Esposo de Akna, Deusa do nascimento.

AKEN: Veja MAHAE.

AKER: Egípcio. Deus da Terra que olhava para dois lados, como o JANO dos romanos. É representado pela parte dianteira de dois leões unidos, cada qual com uma cabeça humana. Presidia a região do ponto de encontro dos horizontes Leste e Oeste do Outromundo, da qual abria a porta e neutralizava o veneno de todas as cobras e vespas que passavam ao seu lado. Imobilizou a serpente de APEP, após Ísis tê-lo cortado em pedaços. Conseguia sustentar nas costas o barco de RÁ nas viagens que este fazia todas as noites, do Oeste para o Leste.

AKERBELTZ: (Bode Preto). Basco. Deus das cabras. Invocado pelas feiticeiras bascas nos Sabbats que se chamam akelarre (campo do bode).

AKSELOAK: Esquimó. Espírito das pedras balouçantes. É considerado benévolo.

AKSHOBHYA: Budista. Um dos cinco DHYANI-BUDDHAS. É azul; vem montado num elefante e leva um raio na mão. Reina no Ocidente.

AKUPERA: Hindu. Na mitologia védica é a tartaruga que sustenta a Terra.

ALÁ: Islâmico. Deus supremo do monoteísmo muçulmano. Corresponde a Jeová. Maomé dizia que o Deus cristão e judeu era Alá, e Jesus era um profeta de Alá nascido da Virgem Maria por vontade deste. Dizia ainda que Jesus não era e nem pretendia ser Deus, e que a Virgem Maria não era Deusa; tampouco Jesus afirmava isso (Alcorão, suratas B, 45-59 e 5, 110-120). Embora equivocadamente, Maomé denominava os judeus e os cristãos "Filhos das Escrituras".

ALBERICH: Veja ANDVARI.

ALEION BAAL, ALEYIN, ALEYN: Fenício. Filho de Baal, que às vezes recebe outro nome. Deus das nascentes, do vento e da chuva. Dava água para os campos cultivados e para a vegetação. Com sete companheiros, conduzia um bando de animais selvagens, entre os quais oito javalis.

ALIGNAK, ANINGAN: Esquimó. Deus da Lua. Ele e a irmã eram humanos, mas foram banidos da Terra por incesto; ele se transformou em Lua e ela em Sol.

ALFEIO: Grego. Deus do rio da região do Peloponeso que se apaixonou pela Ninfa Aretusa. Ártemis a transformou em uma fonte para ajudá-la a fugir, mas Alfeio a seguiu subterraneamente até a Sicília, onde as águas dos dois se misturaram. Um dos dois rios que HÉRACLES desviou para lavar os Estábulos de Áugias (o outro era Peneu).

AMALIVACA: Venezuelano. Herói da cultura dos índios do Rio Orinoco que os ensinou as artes da vida e a lavrar a terra.

AME-NO-MINAKA-NUSHI-NO-KAMI: (Senhor Divino dos Céus): Japonês. Entidade celestial suprema.

AMATHAON: Galês. Mago; filho da Deusa Dôn, que ensinou a arte de Amathaon a GWYDION, irmão deste. Amathaon roubou um cachorro e um cabrito montês do Outromundo (Annwn), provocando a Batalha das Árvores entre Gwydion e ARAWN, soberano de Annwn. "Dizem que tirou o nome da palavra galesa *mnaeth* (lavrador), mas talvez seja o contrário, e o padroeiro dos lavradores era o Deus Amathaon" (*A Deusa Branca*, de Graves, pág. 51).

AMATSU-MIKABOSHI: (Estrela Augusta do Céu), AME-NO-KAGASEO (Macho Brilhante): Japonês. Deus do mal.

AMBISAGRUS: Celta continental. Equiparado a JÚPITER pelos romanos.

AMENHOTEP: Egípcio. Filho de Hapu. Do mesmo modo que IMHOTEP, é um personagem histórico que depois foi transformado em Deus devido a sua sabedoria. Principal escriba e arquiteto de Amenhotep III (décima oitava dinastia, aproximadamente 1400 AEC).

AME-NO-OSHIDO-MIMI: Japonês. Filho de Amaterasu, Deusa do Sol, que queria enviá-lo à Terra como soberano, mas ele se recusou, diante do estado tumultuado do Planeta.

AME-NO-WAKAHIKO: Japonês. Famoso pela coragem. Enviado à Terra pelos Deuses, desposou a mortal Shitateru-Hime e lá reinou. Foi morto pela ira do Deus Takamimusibi.

AMERETAT: Veja AMESHA SPENTAS.

AMERGIN: Irlandês. No ciclo mitológico irlandês, foi o bardo e porta-voz dos invasores milesianos (gaélicos) da Irlanda e um dos líderes que se opuseram aos então ocupantes, os Tuatha Dé Danann. Autor tradicional do poema *I am a stag of seven tines* (*Sou um veado de sete galhos*), (ver pág. 148/9). Atendendo ao desejo das três rainhas Tuatha (Éire, Fodhla e Banbha, filhas de DAGDA), deu à Irlanda o nome delas. Dizem que está enterrado na colina chamada Millmount, em Drogheda.

AMESHA SPENTAS, OS: Persas, zoroástricos. Os imortais Benignos, forças do bem comandadas por ORMAZD, cada qual com uma responsabilidade especial. Eram: Vohu-Mano (Brahman), Espírito do Bem, que regia os animais úteis; Asha-Vashishta (Arbidihist), Integridade Suprema, que regia o fogo; Khshthra-Vairya (Shahriiver), Domínio Ideal, que movimentava o Sol e os céus e presidia os metais; Spenta-Aramaiti (Sipendarmith), Piedade Benigna, que regia a Terra; Haurvatat (Khordadh), Perfeição, responsável pelas águas e Ameretat (Mourdad), Imortalidade, que regia a vida vegetal.

AM-HEH: (Devorador de Milhões). Egípcio. Deus ameaçador. Deus do Outromundo, que habitava um lago de fogo. Representado com cabeça de cão de caça.

AMIDA: Japonês. Versão budista de AMITÂBHA.

AMITABHA: (Luz Infinita) ou AMITAYUS: (Duração Infinita). Budista. Um dos cinco DHYANI-BUDDHAS. É vermelho, segura uma flor de lótus e está sempre acompanhado por um pavão. É um soberano do Oriente e do paraíso maravilhoso de Sukhavati; é a divindade do renascimento feliz que antecede a entrega final. No Japão chama-se Amida.

AMOGHASIDDHI: Budista. Um dos cinco DHYANI-BUDDHAS. É verde, leva consigo um raio duplo e está montado numa águia. Reina no Norte.

AMOR (1) ou CUPIDO: Romano. Deus do amor, filho de Vênus. Equivale ao EROS grego.

AMOR (2) ou MARTU: Amorita. Principal Deus dos povos das regiões montanhosas do oeste do Jordão. A esposa era Asherat, Deusa do Sol ou da Estrela Vespertina.

AMUN-RÁ; AMON-RÁ: Egípcio. Deus do Sol. Veja o capítulo XXVII. *777*: Tarô: Dois, Quatro, Reis ou Roda da Fortuna. Pedras preciosas: rubi-estrela, turquesa, ametista, safira, esmeralda. Plantas: amaranto, oliva, trevo, urtiga. Animais: homem, unicórnio, elefante. Mineral: fósforo. Perfume: almíscar, cedro, açafrão e todos os aromas nobres. Armas mágicas: linga, cetro, cajado, Manto Interior da Glória.

AMURRU: Fenício. Deus do Ocidente.

AN: Sumeriano. Deus dos céus, equivale ao ANU assírio-babilônio.

ANANGA: Veja KAMA.

ANANSE: Africano, achanti. Aranha que forneceu o material usado por NYAME para dar vida aos primeiros seres humanos; casou-se com a filha de Nyame. Transmitiu as queixas dos seres humanos a ele e os ensinou a lavrar a terra.

ANATITUÃ: Brasileiro, índios jês e carajás. Ser malévolo que provocou o Dilúvio, do qual os ancestrais dos carajás escaparam auxiliados pelas Saracuras (galinholas).

ANDVARI, ALBERICH: Escandinavo. Anão que guardava os tesouros dos Deuses, que incluíam o tarnkappe, ou manto da invisibilidade. Tinha o poder de se transformar em peixe; LOKI o apanhou na rede e o obrigou a lhe entregar Draupnir, anel mágico dos AESIR, mas antes Andvari rogou uma praga no anel. O animal que representava Andvari nos totens era o lúcio (peixe).

ANGRA MAINYU: Veja AHRIMAN.

ANGUS: Veja AENGUS.

ANHERT, ANHUR: Veja ONURIS.

ANINGAN: Veja ALIGNAK.

ANPU: Veja ANÚBIS.

ANRA MAINYU: Veja AHRIMAN.

ANSA: Veja ADITYAS.

ANSAR, ANSHAR, ASSORUS: (Anfitrião do Céu). Babilônio. Deus do Céu. Sua irmã e esposa era Kishar, Deusa da Terra. Os pais de ambos eram LAKHAMU e Lakhmu. Como filhos, Kishar deu a ele os grandes Deuses ANU, EA (que então se chamava Nudimmud) e muitos outros, os IGIGI e os ANUNNAKI. Posteriormente Ansar foi identificado com o assírio ASSUR.

ANTEU: Grego. Gigante, filho de POSEIDON e Gaia. Obrigava os estrangeiros a lutar com ele e nunca era derrotado enquanto estivesse com os pés na terra. HÉRACLES, porém, levantou-o do solo e o estrangulou.

ANU, ANUM: (Céu). Assírio-babilônio. Deus supremo e Deus do Céu, filho de ANSAR e Kishar. Comandou a luta contra Tiamat, mas sem sair do Céu. Regia o Universo em companhia da Deusa Antu. Era o árbitro dos Deuses e Deusas, que o chamavam "pai". Criador das estrelas, punia os maus para se beneficiar. Também foi um Deus do Céu hitita e equivalente ao AN sumeriano. Com Anat, gerou ENLIL (BEL) e, em algumas versões, era pai de GIBIL e NUSKU. (Não confundir com a Deusa celta Anu.)

ANÚBIS, ANPU, ANUP, WIP: Egípcio. Deus de cabeça de chacal que presidia o embalsamamento, a condução das almas para o Outromundo e a pesagem do coração dos mortos. Deus local de Abidos. Filho de OSÍRIS (ou de SETH, em outra versão) e Néftis; foi adotado por Ísis, de quem se tornou guardião. Ajudou-a a devolver a vida ao cadáver de OSÍRIS, após ter sido assassinado por SETH. *777*: Tarô: Oitos, Lua, Rainhas (de Copas). Pedras: opala (especialmente a ígnea) e pérola. Plantas: alho silvestre, *anhalonium lewinii*, organismos unicelulares, papoula de ópio. Animais: chacal, hermafroditas, peixes, golfinhos. Mineral: mercúrio. Perfumes: estoraque, âmbar gris. Armas mágicas: nomes e versículos, Crepúsculo do Lugar, espelho mágico.

ANUNNAKI, OS: Babilônios. Deuses da Terra e do Outromundo, nascidos de ANSAR e Kishar, ou criados por MARDUK ao mesmo tempo que os Deuses celestiais ou IGIGI. Formavam assembleias de Deuses presididas por ANU e ENLIL e decidiam o destino da humanidade. Veja também INIGI, OS.

ANZU: Veja ZU.

APEDEMAK: Sudanês, cultura meroítica. Deus da guerra, com cabeça de leão. Entre aproximadamente 300 AEC e 500 EC um templo importante em Musawwarat, ao norte da sexta catarata do Nilo, era destinado a ele. Animal representativo: elefante. Veja também SEBIUMEKER.

APEP, APÉPI, APÓFIS: Egípcio. Deus da serpente. *777*: Tarô: Morte. Pedra: pedra-da-serpente. Planta: cacto. Animais: escorpião, besouro, lagosta ou lagostim, lobo. Perfume: benjoim siamês, opopânace. Arma mágica: Dor da Obrigação.

ÁPIS: Egípcio. Touro sagrado do Seraplum de Saqqarah, próximo a Mênfis: trata-se de uma sucessão de touros vivos, cada qual considerado uma encarnação de OSÍRIS (e, às vezes, de PTAH). As ações de Ápis eram consideradas proféticas. Cada touro era procurado na forma de bezerro, segundo certos critérios e, quando descoberto, provocava o júbilo do público; as crianças nascidas naquele dia costumavam receber o nome "Ápis-foi-encontrado". Em 1851 foram descobertos 64 touros mumificados em Saqqarah.

APISIHARTS: Ameríndio, tribo dos Pés Pretos. Deus da Estrela D'alva (Vênus).

APLU: Etrusco. Precursor de Apollo que sobreviveu na feitiçaria etrusca.

APC: Persa. Um dos YAZATAS; personifica a água.

APOCATEQUIL: Inca. Deus do trovão e Sacerdote principal do Deus da Lua. Filho de Guamansuri, primeiro mortal a descer à Terra; gêmeo de Piguerao. Ressuscitou a mãe que fora assassinada pelos próprios irmãos.

Apollo: Grego e romano. Filho de ZEUS e Leto; gêmeo de Ártemis, embora um dia mais jovem do que ela. Nasceu na Ilha de Delos. Deus do Sol, da fertilidade, da luz, da verdade, da medicina, da música, da poesia, das belas-artes e da eloquência. Com a evolução do patriarcado, absorveu diversas funções antes atribuídas a antigas Deusas; por exemplo: depois de matar o Píton do Monte Parnaso, ocupou o santuário de Delfos que ficava perto e havia pertencido a Gaia; as sacerdotisas de Delfos eram as pitonisas, que passaram a ser dirigidas por sacerdotes. Apollo também passou a controlar as nove Musas (que originalmente eram três, uma Deusa Tripla da Inspiração). Pai de ASCLÉPIO, filho de Corônis; de ARISTEU, filho de Cirene; e de ORFEU, filho de Calíope. Os atributos de Apollo eram a lira e o arco; o loureiro era consagrado a ele. *777*: Tarô: Seis, Imperadores ou Príncipes, Temperança, Sol. Pedras: topázio, diamante amarelo, jacinto, crisólito. Plantas: acácia, louro, videira, junco, girassol, heliotrópio. Animais: fênix, leão, criança, centauro, cavalo, hipogrifo, cachorro, leão, gavião. Perfumes: olíbano, urtigas de madeira, canela e todos os aromas nobres. Armas mágicas: bastão ou cruz rosada, arco e flecha. – Tarô (na figura de auriga): Biga. Pedra: âmbar. Planta: lótus. Animais: caranguejo, tartaruga, esfinge. Perfume: onyclla. Arma Mágica: fornalha. – Tarô (na figura de adivinho): Amantes. Pedras: alexandrita, turmalina, espato-da-islândia. Plantas: hibridas, orquídeas. Animais: pega, híbridos. Perfume: absinto. Arma Mágica: tripé.

APÓFIS: Veja APER

APSU: Assírio-babilônio. Deus da água doce; gerou o mundo caótico original com a companheira Tiamat, Deusa da água do mar. Na luta contra Apsu e Tiamat, EA (Deus da sabedoria e das águas) subjugou APSU. Originalmente, Apsu era uma Deusa idêntica a Tiamat.

AQAS-XENA-XENAS: Ameríndio, tribo Chinuque. Menino herói que escalou uma corrente atirada por uma flecha, chegou à Estrela Vespertina e desposou a Lua (filha de Vésper). Depois tomou parte em uma guerra travada entre a Lua e Vésper, de um lado, e a Estrela D'alva e a filha (o Sol), do outro.

AQUELOO: Grego. Deus do rio, filho mais velho de OCEANO e Tétis ou de HÉLIOS e Gaia. Numa luta corporal com HÉRACLES para ganhar a mão de Dejanira, o Deus se transformou primeiro em serpente, depois em touro, cujo chifre foi arrancado por Héracles e transformado na Cornucópia. Derrotado, Aqueloo se atirou ao maior rio da Grécia, que depois recebeu esse mesmo nome. Pai das Sereias, cuja mãe era Melpomene.

AQUILES: Grego. Neto de ÉACO e filho de PELEU e da Nereida Tétis, que mergulhou o filho no Rio Estige para torná-lo invulnerável, mas segurou-o pelo calcanhar, que permaneceu vulnerável. Aquiles conduziu os mirmidões na Guerra de Troia (veja ÉACO), da qual foi um dos grandes heróis e na qual morreu flechado no calcanhar por PÁRIS.

AQUILÃO: Romano. Deus do Vento Norte; equivalente ao BÓREAS grego.

ARALX: Chinês. Deus impessoal e sem mitos, mas sempre invocado no momento adequado. Na festa desse Deus, o próprio imperador puxava um arado em público.

ARALLU, OS: Veja UTUKKU, OS.

ARAWN: Galês. Rei de Annwn ou Submundo. Travou a Batalha das Árvores contra AMATHAON E GWYDION, filhos da Deusa Dôn. Em um cavalo de pelo claro, conduzia uma matilha de cães brancos e orelhas vermelhas que perseguiam um veado. O Rei ARTHUR roubou um caldeirão mágico de Arawn.

ARCÁS: Grego. Filho de ZEUS e Calisto, que deu o nome do filho à Arcádia. Evitando a ira de Hera, Zeus levou Arcás para o Céu na forma da Estrela Arcturus, e Calisto na forma da Constelação da Ursa Maior.

ARCONTES, OS: Maniqueus. Filhos do escuro que engoliram os elementos claros do homem primordial.

ARDHANARISVARA: Hindu. Representação estranha de SHIVA em que é metade Deus, metade mulher; apesar disso é considerado apenas um aspecto de Shiva, com a energia essencial do Deus se manifestando de maneira feminina.

ARES: Grego. Deus da guerra e da violência. Veja o capítulo VI. *777*: Tarô: Cincos, Morte, Torre. Pedras: rubi, pedra-da-serpente, qualquer pedra vermelha. Plantas: carvalho, noz-vómica, urtiga, cacto, absinto, arruda. Animais: basilisco, escorpião, besouro, lagosta, lobo, cavalo, urso. Minerais: ferro, enxofre. Perfumes: tabaco, benjoim siamês, opopânace, pimenta, resina de drago e todos os odores. Amas mágicas: espada, lança, flagelo ou corrente, Dor de Obrigação.

ARIKUTE: Veja TAMANDARÉ.

ARISTEU: (Que é muito bom). Grego. Filho de Apollo e da Ninfa Cirene ou de URANO e Gaia. Originalmente foi um Deus importante da Tessália, como PAN. Do mesmo modo que Apollo, Aristeu foi criado pelo Centauro QUÍRON, que lhe ensinou a praticar medicina e a curar. Protetor dos rebanhos e da agricultura, especialmente dos parreirais e olivais. Dizem que inventou a criação de abelhas.

ARJUNA: Hindu. Amigo de INDRA desde a infância. O debate entre os dois a respeito da moralidade da guerra (a dúvida de Arjuna) é o tema do *Bhagavad Gita.*

ARQUEIRO: Chinês. Também chamado I ou O ARQUEIRO EXCELENTE. Possuía a bebida da imortalidade; Ch'ang-o roubou-lhe a bebida e foi para a Lua para fugir da ira do esposo.

ARTHUR: O maior de todos os heróis das lendas celtas britânicas; tem por base um personagem que quase sem dúvida é histórico: Artorius, um *Dux bellorum* (Condutor de Batalhas ou comandante-em-chefe) que liderou os britânicos na luta contra os invasores saxões, após a retirada das legiões romanas. Há mais lendas arquetípicas ligadas a ele do que a qualquer outra figura histórica britânica. (Arthur pode ter absorvido muitos mitos que antes pertenciam a GWYDION.) Quase todas as histórias arturianas que conhecemos hoje são cristianizações medievais de mitos célticos muito mais antigos. O Arthur lendário era filho do Rei UTHER PENDRAGON e Igraine, Duquesa da Cornualha; foi concebido no adultério quando o mágico MERLIN fez ele assumir uma forma visível do duque. Merlin educou Arthur e cuidou dele, que reivindicou o trono aos 15 anos, com a morte de Uther, por ter sido a única pessoa capaz de desencravar a espada de uma pedra. A esposa de Arthur foi Gwenhwyfar (Guinevere), que pode ser considerada a corporificação do conceito da Deusa Tripla. Arthur foi ferido mortalmente na luta contra o rebelde Mordred, filho que tivera com a Bruxa e irmã conhecida como Fada Morgana; ainda agonizante, foi levado para Avalon (Glastonbury) por três mulheres misteriosas (mais uma vez um significado). Na forma de quem "já foi rei e será rei no futuro", é a figura típica do salvador que há de voltar na hora em que o país tiver necessidade dele.

ASAR-HAP: Veja SERAPIS.

ASCLÉPIO: Grego. Deus da cura e da medicina. Conhecido pelos romanos como Esculápio. Filho de Apollo e Corônis. Foi criado pelo Centauro QUÍRON, com quem aprendeu as artes da cura; transformou-se em médico competente e chegou a ressuscitar os mortos. Como isso estava diminuindo a população do Outromundo, Zeus o matou com um raio. No devido tempo, transformou-se em Deus. Pai de Higeia, Deusa da saúde. Seu símbolo era uma cobra; e seus santuários, lugares simultaneamente de culto e de cura.

ASGAYA-GIGAGEI: Ameríndio, Tribo Cherokee. Deus do trovão; bissexual; conhecido como o Homem Vermelho ou a Mulher Vermelha.

ASH: Egípcio. Deus do deserto oriental e de todos os seus oásis férteis. Normalmente tinha cabeça humana, mas, às vezes, aparecia com cabeça de falcão ou com três cabeças: de leão, de cobra e de urubu. Aparentemente foi o Deus original Ombos (Nebut) do Alto Egito (perto da atual Qena) antes de SETH ter assumido esse papel.

ASHA, ASHA-VAHISHTA: Veja AMESHA SPENTAS.

ASHI-NADZUCHI: Japonês. Deus da Terra, esposo da Deusa da Terra Tenazuchi-no-Kami. ÁSIA-BUSSU: veja NYAMIA.

ASK, ASKR: (Cinza). Escandinavo. O Adão da Escandinávia. A Eva correspondente era Embla (Videira). Depois do Dilúvio, os Deuses ODIN, HOENIR E LODUR transformaram os dois em troncos de árvore inertes; no caso, foi a chamada "árvore da cinza".

ASMODEU: Hebreu. Possivelmente provém de Aesma Daeva ou "Demônio Peludo". No Talmude é Rei dos demônios Siddim. A história de Asmodeu narrada no Livro de Tobit vem de outra contada pelos medos, que por sua vez provém de uma história persa (veja AESMA).

ÁSOPO: Grego. Deus dos rios; cultuado na Beócia e encontrado também na Tessália e no Peloponeso. Esposo de Vérope. Egina, filha de ambos, foi raptada por ZEUS.

ASSORUS: Veja ANSAR.

ASSUR, ASSHUR: Assírio. Deus supremo dos assírios; tomou o lugar de MARDUK e foi identificado com o Deus babilônio ANSHAR. Basicamente, era um Deus da Guerra, mas também da fertilidade, da Lua e da cidade de mesmo nome. Em versões posteriores, era casado com a Deusa caldeia e sumeriana Ninlil, Deusa dos cereais; também foi citado como esposo de Ishtar. Em geral era representado na forma de disco alado, mas, às vezes, aparecia em forma humana cavalgando um touro. O emblema de Assur (um Deus de capacete com chifres que levava arco e flechas) aparecia no estandarte guerreiro dos assírios; Assur era o padroeiro dos soldados. Como Deus da fertilidade, ele tinha por emblema uma cabra.

ASTREU: Grego. Titã filho de Crio e Euríbia; primeiro esposo de Eos, Deusa da aurora, que lhe deu por filhos os Quatro Ventos: BÓREAS (Norte), ZÉFIRO (Oeste), EURO (Leste) e NOTO (Sul); algumas versões dizem que foi esposo de Astreia, Deusa da justiça e da pureza. Também foi considerado pai das estrelas.

ASURAS, OS: Hindus. Seres negativos poderosos que contrastam com os DEVAS, que são positivos (veja págs. 152/3).

ASVINS, OS: Veja NASATYAS, OS.

ATAKSAK: Esquimó. Deus da alegria e da satisfação. Mora no Céu e é parecido com uma esfera; veste-se com fios que brilham.

ATAR (1): Persa. Na mitologia zoroástrica é o filho de AHURA MAZDA e um dos YAZATAS. Gênio do fogo, protege a Terra contra o mal; traz dádivas para a humanidade. O nono mês e o nono dia de cada mês foram reservados em sua honra.

ATAR (2): Fenício. Filho de EL e Asherah, escolhido para ser o soberano do mundo durante algum tempo, depois que MOT matou Baal. Conhecido como "o Terrível". É confundido com ATTER.

ATATARHO: Ameríndio, iroquês. Herói popular que sempre usava uma vestimenta feita de cobras vivas para simbolizar seus poderes de guerreiro e mago.

ATEN, ATON: Egípcio. Nome dado ao disco solar. (ver capítulo XXVII).

ATHAR: Sul da Arábia. Masculinização de Ishtar no advento do patriarcado.

ATHTAR: Fenício. Originalmente foi o Deus da Estrela Vênus. Igualmente associada com a vegetação. Atraído pela Deusa Anat depois da morte de BAAL.

ÁTILA: Veja ATLI.

ÁTIS, ATYS: Anatólio. Deus da vegetação, amante de Cibele, Deusa da Terra, das montanhas e das feras selvagens. Quando planejou desposar a filha de um rei, Cibele o enlouqueceu e ele se castrou, deu a ela os próprios órgãos genitais e morreu, mas foi ressuscitado posteriormente. (Às vezes os coribantes, sacerdotes de Cibele, entravam em transe e se castravam em honra dela.) Os rituais de Cibele e Átis, que choram a morte dele e celebram sua ressurreição, refletem o tema da Deusa da Terra arquetípica e do Deus da vegetação sacrificado (veja o capítulo V), num paralelo com os rituais de Ishtar/Astarte/Afrodite e DUMUZI/TAMMUZ/ADÔNIS, embora de modo mais selvagem e frenético. O culto de Cibele e Átis se estendeu para a Grécia, se bem que principalmente entre os escravos frígios; até certo ponto penetrou no Império Romano, onde sobreviveu até a imposição oficial do cristianismo. *777*: Tarô: Eremita. Pedra: peridoto. Plantas: anêmona, lírio, narciso. Animais: virgem, anacoreta e qualquer pessoa ou animal solitário. Perfume: narciso. Armas mágicas: lâmpada, pau, pão.

ATIUS-TIRAWA: Veja TIRAWA.

ATLAS: Fenício e grego. Filho de URANO e GAIA; em outras versões, filho de JÁPETO e Climene da Ásia. Na guerra com os titãs Atlas ficou do lado dos rebeldes; por isso foi punido por ZEUS, que ordenou que ficasse em pé na extremidade oeste do mundo e sustentasse o céu nos ombros. Na tradição fenícia é irmão de Ashtart, Baitulos, DAGON, EL, PONTO e ZEUS DEMAROS; na tradição grega é irmão de PROMETEU e EPIMETEU. Com Pleione ou com Etra gerou as Plêiades, as Híades e as Hespérides, além de Maia (mãe de HERMES, filho de Zeus), DÁRDANO, Electra e Taigete; uma versão diz que era pai da ninfa feiticeira Calipso.

ATLI: (Avô). Escandinavo. Nas lendas escandinavas, é o nome de Átila, Rei dos hunos. Na Saga dos Volsungos é o irmão de Brunilda e segundo esposo de Gudrun. Enfrentou e matou os irmãos de Gudrun para se apossar dos tesouros dos nibelungos; para se vingar, ela o matou. Às vezes também é Thor. No *Nibelungenlied* (Canto dos nibelungos), chama-se Etzel.

ATRI: Hindu. Filho de Brahma, conhecido pela sabedoria.

ATTER: Semítico, do Norte. Deus da Guerra. O complemento feminino de Atter era Attar. Ambos eram associados ao Planeta Vênus.

ATUM, ATEN: Egípcio. Deus do Sol de Heliópolis, anterior às dinastias; tinha duas esposas: Nebhet Hotep e Lusas. Posteriormente foi identificada com RÁ, especialmente na forma de sol poente (Atum-Rá). Veja também ATEN.

ATYS: Veja ÁTIS.

AUAHI-TUROA: Aborígine australiano. Herói popular que levou o fogo para a humanidade.

AULANERK: Esquimó. Mora despido no mar, onde luta provocando a formação de ondas. Considerado benéfico.

AUMANIL: Esquimó. Mora na terra e guia as baleias.

ÁUSTER: Romano. Deus do Vento Sul; corresponde ao NOTO grego.

AVAGDU: Galês. Filho de Cerridwen e TEGID. Era o menino mais feio do mundo; a irmã, Creirwy, era a menina mais bonita.

AVALOKITESVARA, PADMAPANI: Budista indiano. Um Dhyani-Bodhisattva. Dotado do Esclarecimento total, permaneceu neste mundo para salvar a humanidade e os animais. Nenhum sofredor apela para ele em vão. É representado segurando um lótus cor-de-rosa, com uma imagem de AMITABHA nos cabelos.

AVANC: Veja ADDANC.

AWHIOWHIO: Aborígine australiano. Deus dos redemoinhos.

AWONAWILONA: Ameríndio das tribos Pueblo e Zuni. Criou a Terra e o Céu tomando a espuma verde formada nas águas do Dilúvio e fazendo o Sol brilhar nelas.

AWUN: Formosino. Deus da destruição.

AZAZIL: Islamítico. Demônio que se recusou a ficar prostrado diante de Alá após a criação de Adão. Foi condenado à morte, mas a pena foi comutada para o dia do Juízo Final. Pode ter sido um Deus em forma de bode, anterior aos hebreus e muçulmanos.

AZIDAHAKA: Persa, zoroástrico. Demônio em forma de serpente que cortou ao meio o primeiro mortal (YIMA).

AZRAEL: Islamítico. Anjo da noite. (Veja também a citação da pág. 90).

BAAL: (Senhor). Fenício. Deus da fertilidade, da vegetação e da tempestade. Veja o capítulo V. Baal também era um nome usado para designar qualquer Deus, do mesmo modo que Baalat (Belet, Belit, Beltis), ou "Senhora", era um nome geral para as Deusas.

BAAL-HAMMON: Cartaginês. Consorte de Tanit. O nome de ambos sugere uma origem comum com BALOR e a Dana dos irlandeses, e com BELI e Dôn dos galeses.

BABBAR: Sumeriano. Primeiro Deus do Sol de Larsa.

BABI: Egípcio. Deus em forma de babuíno, feroz e perigoso; também representava a virilidade e as aspirações bélicas do faraó; o falo de Babi é o raio que fica na porta do Céu e também o mastro do barco do Outromundo.

Como vivesse de comer entranhas humanas, era necessário fazer feitiços contra ele, mas também era costume lhe pedir proteção contra cobras e águas agitadas.

BACABS, OS: Maias. Divindades dos quatro pontos cardeais que sustentavam os quatro cantos da terra, da agricultura, da chuva e da fertilidade. Os Bacabs eram: Mulac (do Norte, branco), Kan (do Leste, amarelo), Cauac (do Sul, vermelho) e lx (do Oeste, preto). São semelhantes aos QUATRO FILHOS DE HÓRUS (veja Hórus).

BACO: Romano. Deus do vinho. Equivale ao DIONISO grego. *777*: Tarô: Diabo. Pedra: diamante negro. Plantas: cânhamo-da-índia, raiz de orquídea, cardo. Animais: bode, burro. Perfumes: almíscar. Armas mágicas: Força Secreta, lâmpada.

BACKLUM-CHAAN: Maia. Equivale a PRÍAPO.

BADÉ, BADESSY: Vodu haitiano. Tem origem africana (beninense). Deus do céu e do vento. Associado a DAMBALLAM. Filho das gêmeas MAWU e LISA e irmão de SOBO.

BADUH: Semítico. Padroeiro das mensagens; assegura que elas cheguem rapidamente. Invocado pela escrita dos números oito, seis, quatro e dois, que representam seu nome em árabe. Até hoje este costume é comum no Egito e no Irã.

BAHLOO: Aborígine australiano. Pai de Tudo, criado pela Deusa-Mãe e Deusa do Sol (Yhi). Juntos, os dois criaram os animais e a humanidade.

BAIAME, B-IAME: Aborígine australiano. Deus da luz, travesso, mas não malicioso. Normalmente é representado como amante de Yhi (Deusa do Sol) e inimigo da força do mal (DARAWIGAL).

BALARAMA: Hindu. Um avatar de VISHNU na forma do gêmeo louro de KRISHNA. Veja também SHESHA.

BALDUR: Escandinavo. Deus solar da bondade e da sabedoria. Filho de ODIN e Freya; pai de FORSETI e esposo de Nanna. Amado por todos, menos por LOKI, que provocou a sua morte (veja págs. 170/1). Nanna se suicidou na pira fúnebre do esposo. Associado ao signo zodiacal de Gêmeos.

BALOR: Irlandês. O Velho Deus que aparece nas lendas como Rei dos fomorianos. Esposo de Dana ou de Ceithlenn; pai de Eithne, portanto, avô de LUGH, o Jovem Deus brilhante que o suplantou. Possuía um olhar mortal; nas lutas, havia a necessidade de quatro homens para levantar a pálpebra de Balor. Na Segunda Batalha de Magh Tuireadh (Moytura), Lugh matou Balor se utilizando de uma funda para atirar uma pedra naquele enorme olho. Seu equivalente galês é BELI.

BANEBDJEDET, BANADED, BINDED: Egípcio. Deus do delta noroeste que possuía forma de carneiro. Era venerado com sua consorte, a Deusa dos peixes Hatmehyt, que no início era mais importante do que ele.

BANNIK: Eslavo. Espírito da lavanderia das casas; era preciso ganhar as suas boas graças para indagá-lo a respeito do futuro.

BARON CIMITIÊRE: Vodu haitiano. Deus dos cemitérios.

BARON PIQUANT: Vodu haitiano. Semelhante ao BARON CIMITIÊRE: mestre de magia.

BARON SAMEDI, GHEDI: Vodu haitiano. Deus da morte, do erotismo e da ressurreição.

BASSO-JAUN: Basco. Deus dos bosques que mora no meio das florestas ou em cavernas.

BA-TAU: Veja HEY-TAU.

BEGOGHIDDY: Ameríndio. O grande Deus dos navajos.

BEL: (Senhor). Assírio-babilônio. Originalmente era sumeriano. Identificado com ENLIL e com MARDUK. Esposo de Beltis ou Belit (Senhora); em outras versões, era a Deusa caldeia da terra e da guerra, Esharra.

BELI: Galês. Deus-Pai, esposo de Dôn; pai de Arianrhod e avô de LLEU LLAN GYFFES. O equivalente irlandês é BALOR.

BELIAL, BELIY YA'AL: (Inutilidade). Hebreu. Nome hebreu do diabo ou do Inferno.

BES: Egípcio. Protetor das mulheres grávidas e do nascimento; associado à Deusa Tuaret. Tinha um aspecto grotesco de anão, mas era benevolente, especialmente para os casais e seus filhos. Deus muito conhecido em todo o leste do Mediterrâneo; gostava de festas alegres e música de conotação erótica. Parece que tem origem na Babilônia, tendo chegado ao Egito na décima oitava dinastia (por volta de 1400 ou 1300 AEC).

BHAGA: Hindu. Um dos ADITYAS. Na disputa entre SHIVA e DAKSHA, Bhaga foi cegado pelo monstro Virabhadra que Shiva criara.

BHIRIGUS, OS: (Que Brilham). Hindus. Deuses aéreos da tempestade; intermediários entre a Terra e o Céu.

B-IAME: Veja BAIAME.

BIELBOG: Veja BYELBOG.

BILE: Outro nome para BELI, na qualidade de soberano do Inferno.

BIMBO-GAMI: Japonês. Deus da pobreza.

BIRAL: Veja BUNJIL.

BISHAMON, TAMON: Japonês. Deus da guerra e da boa sorte. Guardião do Norte. Um dos SICHI FUKUJIN e dos SHI TENNO.

BITH: Irlandês. Nas lendas irlandesas é filho de Noé e pai de Cesara, primeira ocupante da Irlanda. Esposo de Birren.

BN-YM: Veja KHOSER-ET-HASIS.

BO: Beninense, povos ewe. Protetor dos que partiam para a guerra. Os sacerdotes de Bo levavam cada qual um machado provido de varas ao seu redor, símbolo do raio e do trovão, parecido com os *fasces* usado pelos *lictores* romanos.

BOCHICA: Colombiano, Deus solar e herói civilizador que ensinou os chibchas a praticar a agricultura e as artes, além de lhes dar leis e um calendário com os festivais solares. Mandou a bela (mas maldosa) esposa Chia para o céu, onde ela se transformou em Deusa da Lua. Bochica derrotou o demônio Chibchacum e o condenou a sustentar a Terra nos ombros; os terremotos ocorrem quando Chibchacum passa o peso de um ombro para o outro. Tendo completado sua missão de civilizar a Terra, Bochica passou o poder a dois chefes, permaneceu mais dois mil anos na Terra como asceta e depois subiu ao Céu como Deus da aurora ou da Estrela D'alva.

BOG: Palavra eslava que em geral indica Deus. Vem do persa bagi e do sânscrito bhaga, que designam riqueza e poder, por exemplo: BYELBOG, CHERNOBOG.

BONUS EVENTUS: (Bom Resultado). Romano. Antigo Deus da agricultura e da boa sorte.

BOR: Escandinavo. Filho de BUR e pai de ODIN, Vili e Ve, com Bestla (filha de CHIFRE DE RAIO).

BÓREAS: Grego. Deus do Vento Norte. Irmão dos outros três Ventos (veja EURO, NOTO e ZÉFIRO), filho do titã ASTREU e de Eos, Deusa da aurora. Esposo de Orítia.

BORMANUS: Celta. Um dos primeiros Deuses celtas continentais.

BORVO: (Ferver). Deus celta continental das termas, papel em que substituiu Sirona (Dirona), que dizem ter sido sua mãe. Os romanos equiparavam Borvo a Apollo. Pode ser o mesmo que o Borve da lenda de LLYR.

BOSSU: Vodu haitiano. Uma família de espíritos, quase todos malévolos.

BRAGI: Escandinavo. Deus da sabedoria e da poesia, filho de ODIN e Freya; marido de Idunna, Deusa da primavera e da juventude.

BRAHMA: Hindu. Em Bengala, é visto como filho de Kali e irmão de SHIVA e VISHNU. Em outras versões é filho de Prakriti, útero do mundo do qual surgem todas as coisas – ou nasce do Narayana, ovo dourado que flutua nas águas. Dizem que Brahma se dividiu em duas metades: uma masculina, chamada Purusha ou Skambha, e uma feminina, chamada Satarupa. A esposa de Brahma nasceu do corpo dele e se chama Saraswati; é a Deusa da fala, da música, da sabedoria e do conhecimento das artes. Outra esposa citada é Teeree, que teve com ele não um filho e sim um ovo, do qual se formaram os seres celestiais, a outra humanidade e todas as criaturas da Terra. Normalmente é representado com quatro rostos e quatro braços, sentado num trono na posição de lótus. É um dos Trimurti. Brahma chegou por último à religião dos vedas e continuou a ser mais um conceito teológico do que uma divindade popular. *777*: Tarô: Quatros, Roda da Fortuna. Pedras: ametista, safira, lápis-lazúli. Plantas: oliveira, trevo, hissopo, carvalho, álamo, figueira. Animais: unicórnio, águia.

Perfumes: cedro, açafrão e todos os aromas nobres. Armas mágicas: pau, cetro ou bordão.

BRAMBRAMBULT: Aborígine australiano. Dois irmãos heróis que foram para o céu como Alfa do Centauro e Beta do Centauro; Dok, mão de ambos, transformou-se em Alfa do Cruzeiro do Sul.

BRAN: Galês da ilha de Man. Filho de LLYR e Iweridd; irmão de Branwen, que foi maltratada pelo esposo Matholwch, Rei da Irlanda. Para vingá-la, Bran saiu com um exército da Britânia, que venceram os irlandeses, mas foi ferido mortalmente. Branwen e os amigos levaram a cabeça de Bran para Harlech, onde ficou durante sete anos, continuando a falar com eles; depois levaram-na para Gwales (Grassholm?), que fica em Penvro (Pembrokeshire?), onde ficou 80 anos; finalmente, levaram-na a Londres, onde foi enterrada em White Hill (Colina Branca), não se sabe se na Torre da Colina ou onde hoje se localiza a catedral de Saint Paul. Bran é conhecido como *Bendigeidfran* ou "Abençoado Bran".

BRES: Irlandês. Filho de pai fomoriano e mãe Tuatha Dé Danann; casou-se com Brighid (Brid), filha de DAGDA, devido a uma aliança entre dinastias. Tornou-se rei dos Tuatha, mas não tinha a generosidade necessária e perdeu o título quando foi satirizado pelo bardo Cairbre e ficou com o rosto cheio de bolhas. Isso levou a uma nova guerra entre os Fomorianos e os Tuatha e à consequente vitória destes na Segunda Batalha de Magh Tuireadh (Moytura). (Veja também BALOR.)

BRIAN: Veja IUCHAR.

BRIAREU: Veja HECANTÓNQUEIRES, OS.

BRIHASPATI: Hindu. Professor dos Deuses. Identificado com o Planeta Júpiter. Esposo de Tara, Deusa Estrela.

BRIMOS: Grego. Conhecido devido ao brado nos Rituais Eleusinos: "A nobre Deusa deu à luz um filho sagrado: Brimo deu à luz Brimos",

BUDDHA, O: Indiano. Fundador humano da religião budista, praticamente deificado no budismo popular que surgiu depois, mas não pelos pensadores sérios, que sabem que tal atitude não é compatível com a mensagem dele. Buddha nasceu por volta de 560 AEC, numa família dos shakya, que governavam algumas partes do Nepal e de Oudh. A lenda de Buddha diz que sua mãe (a rainha Maya), concebeu-o por milagre quando o viu penetrar em seu útero na forma de um minúsculo elefante, branco como neve; no momento daquela visão a Terra demonstrou sua alegria por aqueles milagres: os instrumentos musicais começaram a tocar sozinhos, e as árvores de repente ficaram cobertas de flores. Buddha nasceu do lado direito de Maya, que não sentiu dores e estava em pé num jardim; sete dias depois ela morreu de alegria. O príncipe recebeu o nome de Siddhartha e foi criado por Mahaprajapati, irmã dedicada de Maya. Ele se casou com a princesa Yasodhara e no início ficou satisfeito com a alegria da vida na corte do pai. No entanto, quando percebeu o que era a vida para os não privilegiados, assomou-lhe um desejo pelo ascetismo. Com a idade de 29 anos, abandonou a esposa e o filho pequeno (Rahula) e se transformou em monge peregrino, passando a se chamar Gautama. Seis anos depois, sentado em contemplação embaixo da Árvore de Boddhi, recebeu o esclarecimento e se transformou no Buddha ou "Iluminado". Durante 45 anos, até morrer, ensinou o Nobre Caminho Óctuplo, também chamado Caminho do Meio, porque evita a indulgência com o corpo e também o ascetismo. Ele ensinava que a alma precisa reencarnar muitas vezes até ficar perfeita para entrar no nirvana, a reabsorção na essência divina. O hinduísmo indica o Buddha como o nono avatar de VISHNU, como um meio termo entre as duas crenças. *777*: Tarô: Seis, Imperadores ou Príncipes. Pedras: topázio, diamante amarelo. Plantas: acácia, loureiro, videira. Animais: fênix, leão, criança. Perfume: olíbano. Arma mágica: lamen ou cruz rósea.

BUDDHA: Hindu. Considerado o fundador das dinastias lunares. Dizem que irradiava força e beleza. Filho da Deusa Estrela Tara, raptada por SOMA, Deus da Lua; Brahma convenceu SOMA a libertá-la, mas ela já havia sido engravidada por Buddha.

BUMBA: Congolês, da tribo Bushongo. Criou o Universo vomitando o Sol, a Lua, as estrelas e oito espécies de animais que geraram todas as outras coisas. Também deu leis à humanidade.

BUNJIL: Aborígine australiano, das tribos Kulin e Wotjobaluk. Deu vida às gêmeas Eves Kunnawarra (Cisne Negro) e Kuururuk (Companheira Nativa) e disse: "Seu dever é viver com homens. O homem não é completo sem vocês, nem vocês serão completas sem ele". Outra versão diz que Bunjil modelou os dois primeiros homens em argila, e seu irmão encontrou as duas primeiras mulheres no fundo de um lago. Bunjil ensinou a humanidade a lavrar a terra e a caçar e estabeleceu rituais tribais. No Território do Norte é conhecido como Biral; no Rio Murray, como Nurrundere; e em Victoria, como Pun-Gel.

BUR, BURI: Primeiro homem escandinavo, pai de BOR e avô de ODIN.

BURIASH: Cassita. Deus da tempestade, semelhante a HADAD e TESHUB.

BUSSUMARUS: A de lábios grandes. Celta continental. Identificado com Júpiter pelos romanos.

BYELBOG, BIELBOG: (Deus Branco). Eslavo. Deus da luz, do dia e da boa sorte. Guardião dos que atravessam a floresta. Seu oposto era CHERNOBOG (Deus Negro).

CÁBIROS, OS: Gregos. Deuses de importância secundária. Deuses ferreiros, supostamente filhos de HEFESTO. Originalmente eram os espíritos subterrâneos da Frígia.

CADMO: Grego. Filho de Agênor (filho de POSEIDON) e Telêfassa; irmão de Europa. Construtor e primeiro Rei de Tebas, supostamente deu o alfabeto aos gregos. Teve permissão para desposar Harmonia, filha de ZEUS. Ela levou um dote (de casamento) divino que incluía um colar que fora feito por HEFESTO e continha irresistíveis feitiços de amor. Cadmo e Harmonia acabaram saindo de Tebas e se tornaram rei e rainha da Ilíria, transformando-se em duas enormes serpentes; isto é, foram identificados como divindades da Ilíria que tinham forma de cobra.

CAGN: Veja KAGGEN.

CAIPRE: Veja CY, HMA.

CAMXTLI, XIPE: Asteca. Deus da guerra em Tlaxcala. É confundido com MIXCOATL.

CAMAZOTZ: Guatemalteco, dos índios guiché. Deus em forma de morcego, derrotado na luta com Hun-aput. O mesmo que o Zotzilaha Chamalcan maia.

CAMULOS: Irlandês. Rei dos Tuatha Dé Danann, fundido com algum Deus anterior; pode ter sido Cumhal, rei guerreiro e pai de FIONN; talvez seja o próprio Rei Cole (King Cole) da rima infantil.

CAOS: Grego. Personificação do vácuo ilimitado do qual emergiu o Universo. Esposo de Nix (a Noite) e pai de Érebo, embora outras versões digam que Nix era irmã dele.

CARADOC, CARADAWG: Galês. Filho de LLYR. Conhecido como "Braço Forte". Segundo o *Mabinogion*, era primo e principal conselheiro do Rei ARTHUR.

CARADOC, CARADAWG (2): Galês. Filho de BRAN. Talvez possa ser identificado com o Caratacus ou Caractacus histórico, chefe dos siluros que passou algum tempo aprisionado em Roma.

CÁRON: Grego. Filho de Érebo e Nix, esposa e irmã deste. (Veja CAOS.) Barqueiro que atravessava o Rio Estige com os mortos, levando-os ao Inferno.

CASTOR e PÓLUX: Gregos e romanos (embora os romanos dessem a Pólux o nome de Polideuces). Castor era filho de Tíndaro (Rei de Esparta) e da esposa Leda, que também era mãe de Clitemnestra; as duas eram mortais. No entanto, ZEUS tomou a forma de cisne e seduziu Leda, tornando-se pai dos imortais Pólux e Helena (que provocou a Guerra de Troia). Apesar de tudo, Castor e Pólux ficaram conhecidos como os Diôscuros ou "Filhos de Zeus". Os dois navegaram com os Argonautas. Quando Castor foi assassinado, Zeus permitiu que os dois irmãos se unissem formando a constelação de Gêmeos. Segundo outra versão, eles passavam dias alternados no Outromundo e na Terra. *777*: Tarô: Amantes. Pedras: alexandrita, turmalina, espato-de-islândia. Plantas: híbridas, orquídeas. Animais: pega (pássaro), híbridos. Perfume: absinto. Arma mágica: tripé.

CASWALLAWN: Galês. Nas lendas é filho de BELI; usurpou o reino britânico e expulsou os filhos de LLYR. Historicamente, foi o chefe dos Catuvelauni que enfrentou Júlio César em 54 AEC, sendo mais conhecido como Cassivelaunus.

CATEQUIL: Inca. Deus do raio e do trovão que recebia o sacrifício de crianças.

CAUAC: Veja BACABS, OS.

CENN CRUACH: Veja CROM CRUACH.

CENTAUROS: (Os que arrebanham touros). Gregos. Originalmente eram representados como gigantes peludos; depois passaram a ser criaturas de corpo de cavalo e tronco, braços e cabeça de homem. Tinham como ancestrais IXÍON da Tessália, filho de ARES, que teve a temeridade de desejar Hera. Zeus enganou lxíon moldando uma nuvem com a aparência de Hera; lxíon teve relações com a nuvem e produziu Centauro, que, por sua vez, copulou com as éguas de Pelias, originando a raça dos centauros. Provavelmente são lembranças da primeira visão traumatizante que os gregos pré-dóricos tiveram dos invasores, que chegavam montados a cavalo. O centauro mais famoso foi o ponderado QUÍRON.

CENTÍMANOS: Veja HECATÓNQUEIRES.

CENTZON HUITZNAUA: (Quatrocentos sulinos). Astecas. Deuses--estrelas sulinos.

CENTZON MIMIXCOA: (Quatrocentos nortistas). Astecas. Deuses--estrelas nortistas.

CÉRBERO: Grego. Cão de três cabeças que guardava a entrada do Inferno para manter os vivos do lado de fora. Filho de TÍFON e da víbora Êquidna. Entre os poucos que conseguiram enganá-lo estavam ENEIAS, Orfeu, ODISSEU e HÉRACLES.

CERNUNNOS: Celta. Único nome conhecido do Deus de Chifres dos celtas. Esse nome aparece no altar de Nautes que hoje se encontra no Museu Cluny de Paris, mas há muitas outras representações do mesmo Deus, entre elas o Caldeirão de Gundestrup. Veja o capítulo XXI.

CHAC, CHAC-MOOL: Maia. Deus da chuva e da tempestade que se tornou a personificação dos quatro BACABS. Equivale ao asteca TLALOC.

CHALCHIUHTOTOLIN: (Ave Adornada de Joias). Asteca. Variante de TEZCATLIPOCA.

CHANDRA: (Lua). Hindu. Um dos VASUS. Surgiu quando o Mar foi revolvido. Provavelmente era um Deus anterior aos vedas. Esposo da

Deusa Rohini. *777*: Tarô: Alta Sacerdotisa. Pedras: ortósio, pérola, cristal. Plantas: amendoeira, artemísia, avelãzeira, rainúnculo. Animal: cachorro. Perfumes: sangue menstrual, cânfora, babosa e todos os odores virginais. Armas mágicas: arco e flecha.

CHAQUEN: Colombiano. Deus das fronteiras dos índios chibcha.

CHARUN: Veja VANTH.

CHEMOSH: Moabita. Deus da guerra; é o SHAMASH dos babilônios.

CHENG-HUANG: Chinês. Deus protetor de muros e fossos; cada local tem seu próprio Cheng-Huang.

CHERNOBOG, CZARNOBOG: (Deus Negro). Eslavo. Deus da escuridão e do mal, oposto de BYELOBOG (Deus Branco).

CHESED: (Caridade). Soberano Bondoso, quarta Sephira da Árvore da Vida Cabalística. A esfera de JÚPITER. Toma as formas manifestadas por Binah (veja HOKHUMAH), administra para elas e as governa. Comparado ao processo catabólico de GEBURAH é o processo anabólico. Símbolos cabalísticos: figura sólida, tetraedro, pirâmide, cruz de braços simétricos, orbe, bastão, cetro, cajado. Tarô: Quatros. Imagem mágica: um rei entronado, com uma coroa magnífica.

CHIBCHCACUM: Veja BOCHICA.

CHIFRE DE RAIO: Gigante escandinavo; avô de ODIN.

CHIMATA-NO-KAMI: Japonês. Deus das encruzilhadas.

CHIMINIGAGUA: Sul-americano, chibcha. Deus criador que libertou a luz de dentro de si mesmo a fim de banir a escuridão primordial e criou os melros para levá-la Terra afora.

CHIN: Maia de Yucatán. Deus do vício.

CHINIGCHINICH: Ameríndio, da tribo dos Acagchemem da Califórnia. Deus representado como coiote; todo ano um pássaro é sacrificado para ele a fim de que devolva a vida a uma mulher chamada Chinigchinich, que um dia se transformou em pássaro.

CH'IN SHU-PAO: Veja YU CH'IN CHING-TE.

CHIQUINAU: Nicaraguense. Deus do ar e dos nove ventos.

CHOKMAH: (Sabedoria): O pai supremo, segunda Sephira da Árvore da Vida Cabalística. Energia bruta e sem direção, é a primeira manifestação de KETHER, primeira Sephira, a pura existência. A energia fertilizante de Chokmah é absorvida por Binah, Mãe Suprema (terceira Sephira), que recebe forma e limites. O Yod do Tetragrammaton, em polaridade com Binah, primeiro He. Chokmah representa a potência masculina do cosmo e Binah, a feminina. Símbolos cabalísticos: linga, falo, Manto Interior da Glória, pedra (ereta), torre, Bastão do Poder (ereto), linha reta. Tarô: Dois. Imagem mágica: figura masculina com barba.

CHONCHONYL: Chileno, dos índios araucanos. Tem cabeça humana e asas no lugar das orelhas. Mata os doentes sugando-lhes o sangue.

CHUCHAVIRA: Colombiano, chibcha. Deus do ar e do arco-íris que curava os doentes e protegia as mulheres no parto.

CUCHULAINN: Irlandês. O maior herói guerreiro das lendas irlandesas, talvez excluindo FIONN MAC CUMHAL. Provavelmente tem uma origem celta anterior, mais universal; pode corresponder ao ESSUS continental; seu nome é Setanta, como o de uma tribo celta-britânica, a *sentantii.* Recebeu o apelido de Cuchulainn (Sabujo de Culain) quando se ofereceu para ficar no lugar do cão de caça do ferreiro Culain, que ele próprio matara. Filho de LUGH (ou de Sualtim) e Dechtire; esposo de Emer. Há muitas histórias sobre a coragem de Cuchulainn da juventude em diante, mas a mais famosa é a defesa de Ulster contra a rainha Medhbh de Commacht, narrada no *Táin Bó Cúailnge* (veja Kinsella na Bibliografia). Enquanto os homens de Ulster jaziam num sono encantado, ele foi se apoderando dos exércitos de Medhbh pouco a pouco, sem ajuda de ninguém. No fim, estava tão enfraquecido que se amarrou a um pilar para conseguir se manter em pé, mas morreu lutando. Na casa dos correios de Dublin há uma estátua famosa que representa a sua morte.

CHUN: Veja VIRACOCHA.

CIAGA: Nicaraguense. Pequeno Deus da água que tomou parte na criação.

CIAN: Irlandês. Filho de DIANCHECHT. Cian e LUGH são pais de Eithne. Pode ser igualado a MACKINELY.

CÍCLOPES: Gregos. Gigantes de um olho só, filhos de Gaia com seu filho URANO. Moravam na Sicília e ajudaram HEFESTO a forjar os raios de ZEUS e as armas dos heróis. Irado, Apollo finalmente os matou quando um dos raios de Zeus feriu seu filho ASCLÉPIO.

CILENS: Etrusco. Guardião dos portões. O equivalente romano é SUMMANUS.

CINTEOTL, XCVHIPILI: Asteca. Deus do milho. Filho de Tlazolteotl, Deusa do amor e da fertilidade, que também se chamava Teteoinian ou Mãe de Deus. Senhor da quarta hora da noite. Originalmente pode ter sido uma Deusa do milho.

COÁGULO: Ameríndio.

COBRA DO ARCO-ÍRIS, A: Aborígine australiana. Em algumas regiões é masculina, em outras, feminina. Representa a chuva, a água e as propriedades vitais de ambas. A Cobra do Arco-íris é apresentada em muitos rituais sazonais e é motivo comum na arte aborígine.

COCIDIUS: Veja SEGOMO.

COEN: Brasileiro, tribos tupi-guarani. Ele e os irmãos Hermitten e Krimen fugiram do Dilúvio subindo em árvores ou se escondendo em cavernas.

COIO, COEIUS: Grego. Titã, pai da Deusa orgíaca Leto, filha de Febe, avô de Apollo e Ártemis.

COIOTE: Ameríndio. Figura de trapaceiro comum a várias tribos norte-americanas, mas normalmente apresentava estratagemas mais criativos do que o LOKI escandinavo, por exemplo: normalmente os ardis tendiam a representar os fenômenos naturais úteis à humanidade.

COLO-COLO: (Basilisco). Chileno, dos índios araucanos. Nascido de um ovo de galinha. Provoca febre e morte sugando a saliva da vítima.

CONSO: Romano. Deus da terra, dos cereais e da colheita. A Festa de Conso é chamada de Consualia e é realizada duas vezes ao ano, após a semeadura e a colheita.

COTI: Veja KAGGEN.

COTO: Veja HECATÔNQUEIRES.

COXCOXTLI: É o Noé asteca. Esposo de Xochiquetzal; o Monte Ararat deles era Colhuacan. Também eram elementos da história de Babel: até o Dilúvio só havia um idioma, mas depois surgiram vários.

COXINGA: Chinês. Data do Século 17, nascido de mãe japonesa e posteriormente divinizado pelos japoneses e chineses. Misto de pirata implacável e brilhante administrador, governou os mares da China durante a ocupação manchu e tomou Formosa (onde ainda é profundamente respeitado) da extinta Dinastia Ming. Os holandeses lhe deram o nome de Coxinga, mas na China é conhecido propriamente como Cheng Cheng-Kung, e no Japão como Tei Seiko.

CREDNE: Irlandês. Herói dos Tuatha Dé Danann que trabalhava com bronze; com o ferreiro Goibniu e o entalhador Luchtain, fez as armas com que os Tuathas derrotaram os Fomorianos.

CRIMINELLE: Vodu haitiano. Uma das manifestações de CHEDE, que possui os seres humanos e faz com que mordam os próprios braços. Os amigos da vítima precisam abrir as suas mandíbulas antes que ela dilacere a carne.

CRISTO: (Ungido). Cristão. Forma divinizada de Jesus (Yeshue), grande mestre hebreu e praticante de curas no primeiro século. O próprio Jesus sem dúvida teria considerado essa deificação uma blasfêmia; veja pág. 81. A história segundo a qual ele teria nascido da Virgem foi acrescentada posteriormente (só em dois Evangelhos), para corresponder a outros nascimentos devidos a fecundações divinas; qualquer que seja a visão que tenhamos da Crucificação e da Ressurreição, ambas sempre refletem o tema do Deus Sacrificado (veja o capítulo X). No conceito cristão de uma Trindade divina, Cristo é o elemento Filho. O fato de Jesus ser humano (como tantas outras formas de Deuses) não necessariamente invalida a sua condição divina propriamente dita.

CROM CRUACH: (Que está curvado no Montículo). Irlandês, também chamado Cenn Cruach (Senhor do Montículo) e Crom Dubh (O Preto Curvado). Antigo Deus sacrificial particularmente associado à Festa de Lughnasadh. O último domingo de julho ainda se chama *Domhnach Chrom Dubh* (Domingo de Crom Dubh), embora tenha passado para o cristianismo como o dia da ostentosa peregrinação que sobe a montanha de São Patrício, ou seja, o Croagh Patrick, que fica no Condado Mayo e tem 723 metros de altura.

CRONOS: Grego e fenício. Filho de URANO e Gaia. Com Reia, teve os filhos ZEUS, HADES, POSEIDON, Héstia, Hera e Deméter. Veja o capítulo XXV. Também se casou com a irmã Dione, a quem deu a cidade de Biblos. Na mitologia fenícia, Dione se uniu a ele e gerou Perséfone; Cronos também se casou com outra irmã, Ashtart ou Ashtoreth. Os romanos comparam Cronos a SATURNO.

CUKULCAN: (Pássaro-Cobra). Maia de Yucatán. Deus que dita as leis.

CULHWCH: Galês. Filho de Kilydd e de Goleuddydd, Deusa da semeadura. Pretendente à mão de Olwyn, filha de Ysbadadden, Rei dos Gigantes, que sabia que o pai teria de morrer se Culhwch se casasse com ela, mas não impediu o casamento. É uma lenda arquetípica do Jovem Herói que suplanta o Velho Rei como consorte da Deusa-Rainha da Soberania.

CUPIDO: Romano. Deus do amor. Filho de Vênus e MERCÚRIO ou MARTE (veja pág. 228).

CURUPIRA: Brasileiro. Protetor dos animais da floresta, mas hostil à humanidade. Parece um duende e tem os pés virados para trás. Era costume oferecer sacrifícios a ele.

CZARNOBO: Veja CHERNOBOG.

DA-BOG, DAJDBOG, DAZHBOG: (Deus Provedor). Eslavo. Deus do Sol, do fogo do lar. Filho de SVAOG (Deus do Céu). As estátuas de Da-bog, feitas de madeira, com a cabeça de prata e os bigodes de ouro, ficaram no castelo de Kiev. Na Sérvia, foi rebaixado a demônio. Veja também SVAROZHICH.

DAGAN: Veja DAGON (3).

DAGDA, O: (O Bom Deus). Irlandês. Principal Deus mais antigo dos Tuatha Dé Danann (veja o capítulo XXIII).

DAGON (1): Fenício. Filho de URANO e Gaia. Descrito em uma versão como um Deus do milho, talvez confundido com Dagon (3), mas parece que se tornou um Deus do mar.

DAGON (2): Ben Dagon, filho de Dagon (1); lutou do lado de BAAL contra EL.

DAGON (3): Babilônico. Deus da agricultura, normalmente conhecido como Dagan.

DAI-ITOKU-MIDO: Budista japonês. Terrível manifestação de AMIDA; representado com seis cabeças, seis braços e seis pernas e rodeado de chamas. Vive no oeste e combate males e venenos, Derrotou EMMA-Ô, o soberano do Inferno.

DAIKOKU: Japonês. Deus da saúde e da sorte. Um dos SEIICHI FUKUJIN. Pré-budista. Representado com um martelo mágico; manifesta-se na forma de rato. Pai de EBISU.

DAINICHI: Budista japonês. Deus da pureza e da sabedoria, às vezes considerado Deusa.

DAINICHI NYORAI, MAHA-VAIROCANA-TATHAGATA: Divindade budista japonesa das seitas Tendai, Shingon e Kegon.

DAITYAS: Hindus, Titãs que lutavam contra os Deuses, Filhos de Kasyapa e Diti, forma da mãe cósmica suprema.

DAJDBOG: Veja DA-BOG.

DAKSHA: Hindu. Um dos primeiros Deuses hindus. Filho de BRAHMA, de cujo polegar foi gerado. Pai da Deusa Diti (veja DAITYAS) e de Sati (ou Uma), que desposou SHIVA; pai das 27 Deusas das estações lunares, esposas de SOMA. Ele discutiu com SHIVA, que lhe cortou a cabeça; depois os dois se reconciliaram e Daksha recebeu uma cabeça de bode.

DALHAN: Islâmico. Demônio canibal que vive nas Ilhas Desertas e se alimenta de marinheiros náufragos.

DAMBALLAH: Vodu haitiano. O Deus-Pai venerável e benévolo, tratado com muito respeito; é a origem de todo tipo de vida e sabedoria; ele próprio nunca muda; em certo sentido, é distante, mas ainda assim ubíquo e tranquilizador. Visualizado como serpente; por isso, às vezes, é representado pela imagem de São Patrício.

DANAOS: Grego. Rei de Argos, ordenou que as 50 filhas (as Danaides, cultuadas em Argos como ninfas das fontes e dos rios) matassem os respectivos maridos na noite de núpcias. Só foi desobedecido por Clitemnestra, cujo esposo Linceu acabou como sucessor de Danaos. A lenda se refere à tentativa (e ao fracasso) de contornar a sucessão matrilinear.

DAN: Beninense. Deus em forma de serpente.

DARAMULUM: Aborígine australiano. Herói da cultura antiga que os índios curandeiros invocam pedindo poderes.

DARAWIGAL: Aborígine australiano. A força do mal; oposto a BAIAME.

DÁRDANO: Grego. Deu origem aos troianos. Filho de Electra quando esta foi seduzida por ZEUS; irmão de Harmonia (veja CADMO).

DASAN: Veja MAKILA.

DAZH-BOG: Veja DA-BOG.

DEDWEN, DEDUN: Egípcio (núbio). Soberano dos recursos naturais da Núbia, particularmente do incenso; respeitado como tal pelos faraós.

DEIMOS: Veja FOBOS.

DEIVOS: Veja DJEVS.

DELBAETH: Irlandês. Filho de OGHMA GRAINAINEACH. Pai de Dana (Deusa-mãe suprema) e das Deusas triplas Badb, Macha e Morrigan. Segundo uma narrativa, também era pai de Boann, Deusa do Rio Boyne. Sem dúvida, tudo isso é uma patriarcalização posterior.

DEMOFON: Grego. Filho de Celeu (Rei de Elêusis) e Metanira; foi criado por Deméter. Nas versões mais recentes foi associado ao irmão mais velho (Triptólemo), a quem Deméter deu o primeiro grão de milho e a quem ensinou a arte de arar e colher, transmitida para toda a Grécia. Talvez Triptólemo seja cognato de *tripolos* (sulco arado três vezes) – faz lembrar o Rito de Fertilidade em que Deméter se uniu ao amante JASÍON.

DEUCALIÃO: O Noé Grego. Filho de PROMETEU, que o alertou do Dilúvio iminente para que construísse uma arca. Nove dias depois as águas baixaram, e no décimo dia ele e a esposa Pirra desembarcaram no Monte Ótris ou Monte Parnaso. Os dois repovoaram a Terra jogando por cima dos ombros "os ossos da mãe de ambos", isto é, pedras da Terra. As que ele atirou se transformaram em homens e as que ela atirou, em mulheres.

Tiveram um filho chamado Hélen, que reinou na Tessália após Deucalião e deu aos gregos o nome de "helenos",

DEUS FIDIUS: Romano, de origem sabina. Deus da hospitalidade.

DHANVANTARI: Hindu. Médico dos Deuses; possível criador da amrita, a ambrosia dos Deuses.

DHARMA: Hindu, Esposo de Sradda (Confiança), Deusa da fé, ou de Samnati (Sannati), ou de Medha (Compreensão); também coabitou com Pritha (Kunti).

DHARME: Hindu. Deus do Sol dos Oraons de Bengala, que festejam todos os anos a união de Dharme com a Mãe-Terra.

DHRTARASTRA: Veja MO-LI, OS.

DHYANI-BUDDHAS, OS: Cinco Buddhas da Meditação: Vairocana, solar, branco; Ratnasambhava, soberano do Sul, amarelo; AMITABHA (Luz Infinita) ou AMITAYUS (Duração Infinita), soberano do Oeste e de Sukhavati, oferece um renascimento feliz, vermelho; Amogh-siddhi, soberano do Norte, verde; e Akshobhya, soberano do Leste, azul.

DIANCECHT: Irlandês. Deus praticante de curas dos Tuatha Dé Danann. Tinha um filho (MIACH) e uma filha (Airmid), que fizeram a mão de prata, substituindo a mão que NUADA perdera na Primeira Batalha de Maigh Tuireadh (Moytura).

DIANO: Romano. Primeiro Deus do Carvalho dos romanos. JANO se desenvolveu dele.

DIARMAID, DIARMUID: Irlandês. Herói da história de amor arquetípica entre Diarmaid e Gráinne, que era filha do Rei da Irlanda e noiva de FIONN MAC CUMHAL. Em uma festa dada na casa do pai, Gráinne se apaixonou por Diarmaid O'Duibne e o persuadiu a fugir com ela. Fionn perseguiu os dois durante sete anos (em outra versão, durante um ano e um dia); finalmente, fingiu que faria as pazes, mas armou uma armadilha para Diarmaid, que foi morto por um javali. A perseguição é comemorada por muitos dólmenes irlandeses por terem o nome de "Leito de Diarmaid e Gráinne". Morto, Diarmaid foi levado para Brugh na Bóinne (Newgrange) por AENGUS MAC ÓG, Deus do amor, que "insuflou vida etérea" nele.

DIONISO: Grego, originalmente trácio. Deus da vegetação, da fertilidade e do vinho. Filho de ZEUS e Sêmele, que era filha de Cadmos, Rei de Tebas. Hera, enciumada, destruiu Sêmele com fogo divino enquanto grávida de Dioniso, mas Zeus salvou o feto e o incrustou na própria coxa até estar pronto para nascer; daí o título de ditirambo dado a Dioniso (ditirambo significa "nascido duas vezes"). Foi educado por Sileno. Desposou Ariadne, que encontrou em Naxos, onde fora abandonada por TESEU. As lendas de Dioniso incluem muitas viagens a todas as partes da Grécia e à Ásia Menor; chegou a ir ao Inferno salvar Sêmele (sua mãe), cujo nome mudou para Tione, tornando-a imortal no Olimpo. Dioniso influenciou muitas culturas e levou a arte da vinicultura a vários países. Foi amplamente cultuado, geralmente com ritos extáticos; tinha como seguidoras as Mênades (ou Bacantes), que dançavam e cantavam num frenesi orgíaco que nos primeiros tempos implicava sacrifícios humanos e, posteriormente, flagelação. A comitiva de Dioniso também incluía os SÁTIROS. As muitas festas variavam de região para região e incluíam o Lenaea, realizado em dezembro, quando recebia a oferenda do vinho novo; o Anthesterion, no fim de fevereiro, época de provar a safra do ano anterior; e as dionisias urbanas, no início de março. Dioniso absorveu muitas outras divindades regionais que incluíram o frígio SABÁZIO, o lídio Bassareu e o cretense ZAGREU (identidade em que ele era filho de Zeus e Deméter ou Perséfone). Na filosofia órfica, a natureza bucólica de Dioniso foi mal representada e ele passou a ser o Deus da imortalidade "que é destruído, que desaparece, que renuncia à vida e depois nasce outra vez" (Plutarco).

DIÔSCUROS, OS: veja CASTOR e PÓLUX.

DIS: Romano. Deus do Inferno; identificado com ORCO, e com PLUTÃO e HADES dos gregos. Segundo Júlio César, os gauleses diziam ser descendentes de Dis.

DJEVS, DEIVOS: Provável nome indo-europeu do Deus-Pai do Céu, do qual se derivam entidades como ZEUS, JOVE e DYAUS.

DOGODA: Eslavo. Deus do Vento Oeste, suave e acariciante.

DOMOVOI: Eslavo. Deus do lar, em geral com aspecto de macaco, que podia assumir várias formas, entre as quais a humana. Prestativo e protetor. Conseguia alertar a respeito de dificuldades iminentes, mas precisava ser propiciado e tratado com gentileza. Como inimigos, no jardim, tinha o Dvorovoi, que detestava animais de pelo branco e precisava ser aplacado com pequenas oferendas; na sala de banho, o Bannik; e no celeiro, o Ovinnik.

DONAR: Teutônico. Deus do trovão, inferior a ODIN. Deus dos camponeses, não dos guerreiros, embora na Escandinávia tenha chegado a ser mais importante do que THOR. Os anglo-saxões davam a Donar o nome de THUNAR; em inglês, *thursday* é "dia de Thunar". Deus da fertilidade, pois trazia a chuva consigo. Sua árvore era o carvalho.

DONN: Irlandês. Senhor dos mortos.

DUA: (Hoje). Personificação egípcia do "hoje", assim como SEF, o irmão que era um Deus-leão. SEF significa "ontem".

DUAMUTEF: Veja HÓRUS, OS QUATRO FILHOS DE.

DUMUZI: Sumeriano. Deus da vegetação; equivale a ADONAI/ADÔNIS/TAMMUZ. Veja o capítulo XIX.

DWYVAN: Noé galês; com a esposa Dwyfach, construiu a arca chamada Nefyed Nav Nevion, que encheu de animais, sobrevivendo ao Dilúvio provocado por ADDANC. É um mito celta distorcido por acréscimos cristãos.

DYAUS, DYAUS-PITAR: Hindu. Deus do Céu ou Deus do Sol. Esposo da Terra e criador da Deusa Prithivi; pai de INDRA, AGNI, BHAGA, VARUNA, das Ushas (Deusas da aurora) e de Ratri, Deusa da noite. Deus do céu ariano primitivo que já havia recuado quando os Vedas foram escritos. Pode ter sido originalmente uma Deusa-mãe na forma do Sol.

DYLAN: Galês. Deus do mar. Filho de Arianrhod e de seu irmão, GWYDION. Irmão de LLEU LLAW GYFFES. Segundo o *Mabinogion*, quando Dylan era bebê, "dirigiu-se imediatamente para o mar; e quando lá chegou, assumiu sua natureza e nadou como o melhor dos peixes... nenhuma onda jamais se quebrou sobre ele". Ficou conhecido como Dylan Eil Ton ou "filho da onda". Desposou a Senhora do Lago, de quem teve a filha Vivienne (ou Nimue), esposa de Merlin. Compare com DYONAS.

DYONAS: Britânico. Citado no romance palaciano Vivienne e Merlin como "Deus filho de Diana, Deusa dos bosques" e pai de Vivianne, que encantou MERLIN na floresta de Broceliande, onde ainda hoje existe um Lago de Diana. Compare com DYLAN.

EA: Caldeu e assírio-babilônio; Deus da água, da sabedoria e da magia. Originalmente conhecido como Nudimmud ou Nidim. Participou da história em que Ishtar resgata Tammuz do Inferno, como também da do dilúvio babilônio (veja IÃNAPISHTIM). Filho de Baau, antiga Deusa das Águas Escuras das Profundezas, ou de Kishar, Deusa da Terra. Desposou Damkina (ou Ninki, Deusa da Terra; na mitologia caldeia, a Deusa do Mar, Gasmu (A Sábia) também é citada como esposa ou filha dele. Deus da sabedoria e da adivinhação; patrono dos ferreiros e carpinteiros. Teve muitos filhos entre os quais MARDUK, Deus da tempestade; Inanna, Rainha do Céu; Nanshe, Deusa das fontes e dos canais que interpretava sonhos; e Nina, Deusa oracular de Nínive. Ea e Marduk contribuíram para diminuir a importância de APSU e Tiamat, divindades do Caos primordial. Veja também ENKI, que é confundido com Ea.

ÉACO: Grego. Filho de ZEUS e da Ninfa Egina, governante da Ilha de Egina. Pai de PELEU, Telamon e Foco. Hera, enciumada, rogou uma praga na ilha e Éaco invocou a ajuda de Zeus, que transformou uma colônia de formigas em homens, (os Mirmidões) que repovoaram a ilha e lutaram na Guerra de Troia contra AQUILES, neto de Éaco, saindo vitoriosos. Por ter sido muito íntegro, depois de morto foi transformado por Zeus em um dos três juízes do Mundo dos Mortos. *777*: Tarô: Justiça. Pedra preciosa: esmeralda. Planta: babosa. Animal: elefante. Perfume: gálbano. Arma mágica: Cruz do Equilíbrio.

EAR: Veja TYR.

EBISU: Japonês. Deus do trabalho. Era um dos SHICHI FUJUKIN. Filho de DAIKOKU. É representado com um anzol e peixes; talvez originalmente tenha sido um Deus dos pescadores.

EBO: Beninense (Ouida). Espírito da guerra.

ECALCHOT: Nicaraguense. Deus do vento.

ECHUA: Deus dos viajantes de Yucatán.

EDA MALE: Africano (ioruba). Gêmeos (homem e mulher) que participam dos ritos de iniciação da tribo Ogboni.

EDIMMU, OS: Veja UTUKKU, OS.

EEYEEKALDUK: Esquimó. Espírito que pratica curas. Vive numa pedra na superfície da Terra e tem o aspecto de um homem minúsculo de rosto preto. É perigoso olhar diretamente para os olhos dele.

EHECATL: Asteca. Deus do vento; às vezes, é confundido com QUETZALCOATL.

EITE, ADE: Etrusco. Soberano do Inferno, ao lado de sua consorte Persipnei; equivalente ao HADES e Perséfone dos romanos.

EKCHCUCAH, EKCHUAH: Maia. Deus dos viajantes e dos cacaueiros. Tem a pele negra.

EL: (Deus). É o Deus semítico original. No panteão fenício era o Velho Rei, Pai dos Anos, Deus dos rios e das águas correntes e da fertilidade que estas trazem. Vivia perto das nascentes e das desembocaduras dos rios. Era esposo de Elat (Deusa), também chamada Asheratian e Asherah-do--Mar, que emprestou o nome à tribo hebraica dos Asher. (Na realidade, parece que Elat era milhares de anos mais velha do que EL e foi a primeira Deusa-mãe dos semitas.) Uma versão diz que EL era filho de URANO, contra quem se rebelou ao lado de seus irmãos e irmãs. Entre os filhos de EI se encontram Perséfone, Athena, EROS e MARDUK, este último filho de Damkina. A Deusa solar Sapas (Archote dos Deuses) também era filha de El, assim como a Estrela D'alva Sahar e a Estrela Vespertina Salem. Na figura de esposo da Deusa do Sol, chamava-se Eterah, TERAH, Jarah ou Jerah (nomes que significam Lua). (No entanto, algumas vezes Terah aparece como um outro Deus, sempre em conflito com EL. Veja KERET.)

ELIUN: (O Supremo). Fenício. Deus-Pai primordial. Esposo da Deusa-mãe Beruth (que deu o nome a Beirute). Uma versão diz que os dois eram pais de URANO (veja EL) e Ge (Gaia.)

EL-KHADIR: Islâmico. O Velho do Mar da lenda muçulmana e das Mil e Uma Noites. Ainda é venerado pelos alauítas da Síria.

EMMA-Ô, EMMA-HOO, YAMA-RAJA: Budista japonês. (Senhor do Yomi Oigoku) ou Outromundo; juiz dos mortos. Julga apenas os homens, deixando as mulheres para a irmã.

EMRYS: Veja MERLIN.

ENOIL: Celta britânico. Deus do mar; é possível que seja DYLAN. O nome dele subsiste no de São Endimião, padroeiro de uma paróquia do norte da Cornualha.

ENDIMIÃO (1): Grego. Amado por Selene, Deusa da Lua, que pediu a ZEUS que o fizesse imortal. Zeus atendeu, com a condição de Endimião dormir eternamente; por isso, todas as noites Selene ia contemplar o amado adormecido.

ENDIMIÃO (2): Grego. Rei de Elis que teve 50 filhas com Selene; elas representam os 50 ciclos lunares decorridos entre os jogos olímpicos. Talvez seja uma variação de (I).

ENEIAS: Romano. Filho de Afrodite e do mortal Anquises. Fugiu da Troia incendiada com o pai e o filho; vagou pela Sicília, por Cartago e pelo Outromundo, chegando à Itália, onde fundou a nação romana, A história de Eneias é contada na Eneida de Virgílio.

ENIGÓRIO e ENICOHATGEA: Ameríndio, iroquês. Nas lendas da Criação dos iroqueses, são gêmeos; Enigório criou os rios e a vegetação fértil; Enigohatgea se opôs ao irmão e criou os desertos, as plantas venenosas e os cataclismos.

ENKI: (Senhor da Terra). Caldeu, sumeriano e assírio-babilônio. Deus da água e da sabedoria; é confundido com EA. Do mesmo modo que esta, é supostamente filho da Deusa primordial Bau e pai da Rainha dos Deuses Inanna ou Ishtar. A agricultura veio da união de Enki com a Deusa da Terra (Ninhursag), mas ele foi infiel, unindo-se com Ninsar, filha de ambos, e também com Ninkurra (filha de Ninsar) e com Uttu (filha de Ninkurra). Ninhursag rogou uma praga em Enki, salientando os efeitos nocivos da água sem nenhum controle, mas os outros Deuses persuadiram-na a abrandar a maldição reconhecendo os efeitos benéficos da água quando controlada.

ENKIDU: Sumeriano. Aparece como herói da lenda de GILGAMESH; criado pela Deusa Aru (Arurua, Nintu), que aplicou argila na imagem do Deus ANU e arremessou-a na Terra. Enkidu viveu em harmonia com os animais até ser atraído para longe deles por um cortesão que o levou a Uruk, cujo rei era Gilgamesh; os dois mantinham uma sólida amizade. Às vezes Enkidu é identificado com ENKI.

ENLIL: Sumeriano. Deus do ar, das tempestades e das montanhas. Filho de ANU (Deus do céu) e Ki (Deusa da terra), que ele separou para formar o mundo atual. Criou LAHAR (Deus do gado) e Ashnan (Deusa dos cereais e das culturas). Esposo de Ninlil, também Deusa dos cereais; uma versão diz que ele a estuprou e foi banido para o Inferno, mas ela o seguiu e deu à luz SIN e NINURTA.

ENMESHARRA: Babilônio. Deus do Inferno dos Arallu ou Meslam.

ENURTA: Babilônio. Deus da guerra. Filho de ENLIL. Esposo de Gula, que levava não só as doenças, como também a saúde.

ENZU: Veja NANNAR.

ÉOLO: Grego e romano. Na mitologia dos Deuses romanos, Éolo foi primeiro guardião, depois pai dos Ventos, que mantinha agrilhoados em cavernas profundas da Ilha de Lípara. Dizem que foi o inventor das velas de navio. Filho de POSEIDON e Arné. Esposo de Ciana, filha do Rei Líparo.

EPIMETEU: Veja PROMETEU.

EPUNAMUN: De origem inca, era o Deus da guerra dos índios araucanos. Tem semelhanças com PUNCHAU.

ÉREBO: (Escuridão). Grego. Nascido de CAOS. Com a irmã Nix, gerou Nêmeses (Deusa do destino), Hemera (Dia), EROS e CÁRON. Também designa a primeira parte do Inferno que precisa ser atravessada pela alma dos mortos.

ERICTÔNIO: Grego. Filho de HEFESTO e Gaia. Criado por Athena, foi Rei de Atenas, onde instituiu o culto a esta Deusa.

EROS: Grego. Deus do amor e do princípio do relacionamento. Veja o capítulo XXVI.

ESAUGETUH EMISSEE: (Senhor do Vento). Ameríndio. Principal Deus dos índios creek. Deus do vento e Deus criador. Quando o Dilúvio amainou, ele usou argila para fazer os ancestrais da tribo.

ESCAMANDRO, XANTO: Grego. Deus dos rios frígios. Quando HÉRACLES ficava com sede, escavava a terra com a mão e fazia o rio jorrar. Escamandro participou da Guerra de Troia, apanhando Aquiles nas redes, mas Hefesto interveio e o salvou.

ESCULÁPIO: Veja ASCLÉPIO.

ESHMUN, ESMUN: (O que é invocado por nós) fenício. O Baal ou Deus padroeiro de Sídon. Deus da saúde e da cura.

ESSUS, ESUS: Celta continental. Deus primitivo da agricultura, cultuado pelos essuvi. Talvez tenha tido a Deusa dos ursos (Artio) por consorte.

ETERAH: Veja EL.

EURO: Grego. Deus do Vento Leste. Irmão dos outros três Ventos (veja BÓREAS, NOTO e ZÉFIRO); filho do titã ASTREU e de Eos (Deusa da aurora).

EVANDRO: Romano, Filho de HERMES e Carmenta, Deusa do parto e da profecia. Ele e a mãe foram da Arcádia para a Itália, onde ele fundou a cidade de Palanteu, no Tibre. Posteriormente, deu o nome da filha à cidade (Roma), que a adotou como Deusa padroeira. Dizem que Evandro levou o alfabeto grego e as divindades gregas para a Itália. Carmenta adaptou as letras gregas e inventou o alfabeto romano.

EVENOR: Grego e atlante. Segundo a narrativa que Platão fez da entrevista com o sacerdote egípcio, Evenor foi "um dos primeiros homens que nasceram na Terra" da Atlântida. POSEIDON se apaixonou por Leucipo (Égua Branca, esposa de Evenor) e teve com ela cinco pares de gêmeos homens, dividindo entre eles as cinco regiões da Atlântida.

EVUA: Guineano. Deus do Sol dos Agni e de Indene e Sanwi.

FA: Beninense. Deus do destino, considerado fixo até certos limites; a consulta a Fa pode ajudar a pessoa a modificar o destino.

FAÉTON (1): Grego. Filho de HÉLIOS e Climene; tentou dirigir a biga de Sol do seu pai, mas perdeu o controle do carro e incendiou a Terra. ZEUS o matou para evitar que o fogo destruísse tudo. As irmãs de Faêton choraram a morte dele e se transformaram em álamos que vertiam lágrimas de âmbar no Rio Po (extremidade sul da rota comercial do âmbar que partia do Báltico).

FAÊTON (2): Grego. Filho de Céfalo e Eos (Deusa da aurora). Foi criado por Afrodite a fim de se tornar o guardião noturno dos templos sagrados dela.

FANES: (Luz ou "o que surge"). Grego. Na tradição do Olimpo foi o primeiro a ser nascido do Ovo Cósmico. Uniu-se com a Noite e criou o Céu e a Terra, além de gerar ZEUS. É representado com asas douradas e cabeça de carneiro, touro, cobra e leão.

FAMIEN: Guineano da Tribo Agni. Interessa-se pelos doentes, combate o mal e torna as mulheres férteis. Ligado aos indivíduos; o "dono" de Famien conserva uma faca como amuleto representativo dele.

FARBAUTI: é o MERLIN escandinavo, "O que fez surgir o fogo por atrito". Esposo de Laufey (Ilha dos Bosques), que lhe forneceu combustível para o fogo. Pai de LOKI, HELBLINDI e Byleifstr.

FATI, FADU: Polinésio, das Ilhas da Sociedade. Deus da Lua; filho de ROUA e Taonoui (mãe das estrelas).

FAUNO: Romano. Um dos Deuses da natureza mais antigos de Roma. Filho de Pico (filho de SATURNO), pai ou esposo de Fauna (Deusa da Terra e dos campos). Protetor dos bosques, madeiras, campos e pastores. Venerado em grutas sagradas, onde emitia oráculos, principalmente durante o sono. Supostamente foi um dos primeiros reis do Lácio, além de ministrar leis. Inventou os cachimbos rústicos. Também era chamado Luperco; as Lupercálias eram comemoradas no dia 15 de fevereiro e estavam entre os festivais romanos mais importantes.

FAVÔNIO: Romano. Personificação do Vento Oeste; equivale ao Deus grego ZÉFIRO.

FEBELE: Congolês, Tribo Mundang. Membro masculino da trindade formada por MASSIM-BIAMBE (criador imaterial e onipotente), pelo Deus Febele e pela Deusa Mebeli. Febele e Mebeli eram os pais do homem, que recebeu de Massim-Biambe a alma e o sopro da vida.

FEBO: (Que Brilha). Outro nome de Apollo.

FÉBRUO: Romano. Deus de fevereiro ou do "mês da purificação" e dos mortos. Provavelmente era etrusco.

FENRIS, O LOBO FENRIS ou O FENRIR: Devorador escandinavo, filho de LOKI e da giganta Angurboda (Megera da Floresta de Ferro). Irmão de Hel (Deusa do reino dos mortos) e da serpente Midgard, habitante do mar que rodeava a Terra.

FERGUS: Irlandês. Nome de vários personagens lendários, mas a virilidade deste, em particular, era tal, que na ausência da esposa (Flidais, Deusa dos bosques e soberana dos animais selvagens), precisava de sete mulheres para satisfazê-lo.

FERGUS MAC ROI: Irlandês. Rei de Ulster que amava Nessa (mãe de Conchobar); foi exilado por causa dela, a qual herdou o trono. Depois foi tutor de CUCHULAINN, sobrinho de Conchobar, mas ficou do lado da Rainha Medhbh na guerra entre ela e Ulster.

FETKET: Egípcio. Mordomo de RÁ, que lhe servia bebidas.

FIDES: (Fé). Romano, de origem sabina. Personificação da boa-fé, especialmente nos contratos verbais.

FINTAAN: Irlandês. Esposo de Cesara (ou Cessair), neta de Noé e primeira ocupante da Irlanda, no ciclo mitológico. Quarenta dias antes do Dilúvio os dois foram para "a extremidade oeste do mundo". Foi Cesara que se encarregou da expedição, e ela parece ter sido uma Deusa matriarcal anterior aos celtas, sendo Fintaan um consorte de menor importância.

FIONN MAC CUMHAL (FINN MAC COOL): Irlandês. Filho de Cumhal, Rei dos Tuatha Dé Danann. Ainda criança, queimou o dedo no Salmão da Sabedoria; ao chupar o lugar queimado, adquiriu todo tipo de conhecimento. Foi chefe dos Fianna, famoso grupo nômade de guerreiros e caçadores. Dizem que viveu 200 anos. Veja também DIARMAID.

FOBOS: (Fobia). Grego. Um dos filhos de ARES que acompanhava o pai nas batalhas; o outro era Deimos (Medo).

FORMAGATA, THOMAGATA: Colombiano, dos índios chibcha. Deus da tempestade que aterrorizava os outros. Possuía um só olho, quatro orelhas e uma cauda comprida.

FORCIS: Grego. Primitivo Deus do mar; filho de Ponto e Gaia. Ele e a irmã Ceto eram os pais das Górgonas, das Greias, do dragão Ládon e talvez das Hespérides. Com Hécate, eram os pais de Cila, que Circe transformou em um dos dois monstros mortíferos que guardavam o Estreito de Messina. Cila vivia perto de uma pedra, e Caríbdis, o outro monstro, morava em um redemoinho; ambos eram um perigo mortal para os barcos. Essa prole terrível sugere que Fórcis representava o aspecto ameaçador do mar.

FÓSFORO, EÓSFORO: Grego. Filho de ASTREU e Eos, Deusa da aurora. Personificação do Planeta Vênus, na forma da Estrela D'alva. Visualizado como espírito alado que leva uma tocha acesa na mão e voa pelo céu seguido pela biga da mãe. Irmão de HÉSPERO ou Estrela Vespertina.

FORSETI: Escandinavo. Deus da justiça e da paz; um dos AESIR. Filho de BALDUR e Nanna. Originalmente era Frísio. A princípio, Heligoland se chamava Forsetisland. O nome teutônico de Forseti é Vorsitzer (Presidente, Dirigente).

FRAVAK: Persa. Ele e a irmã Fravakian eram filhos de MASHIA e Mashiane (Adão e Eva dos persas); eram os pais de 15 raças da humanidade. Veja também GAYOMART.

FRAVASHIS, OS: Zoroástricos. Espíritos dos ancestrais. Não fazem parte dos ensinamentos ortodoxos; são antes uma relíquia popular do culto dos ancestrais.

FREY, FREYR: Escandinavo. Deus da fertilidade. Filho de NJORD e da giganta Skadi; irmão de Freya (Deusa da fertilidade e da Lua). Ganhou a esposa Gerda (filha do gigante Cimir) ao vencer uma luta desesperada com gigantes e após ameaçar transformá-la em velha (ela era uma mulher muito bonita). A biga de Frey é puxada por dois javalis chamados Gullinbursti e Slidrurgtanni; provavelmente, no início, Frey era chefe do clã de javalis dos VANIR, antes da fusão destes com os AESIR. O barco de Frey se chamava Skidbladnir e conseguia conter todos os Aesir; no entanto, podia ser dobrado para ficar menor. Na Suécia, todos os anos a imagem de Frey percorre o país acompanhada por uma moça bonita denominada "esposa de Frey", que também tinha a função de Sacerdotisa de seu grande templo situado em Uppsala.

FUDO-MYOO: Budista japonês, Deus da sabedoria; identificado com Dainichi. Com a espada da sabedoria e da misericórdia, ele combate a avareza, a raiva e a insensatez. É representado cercado de chamas.

FUFLUNS: Etrusco. Equivale a BACO ou DIONISO.

FUGEN BOSATSU: Budista japonês. Um dos mais importantes Bodhisattvas; representa a sabedoria, a inteligência e uma compreensão profunda dos motivos humanos. Está sentado na extremidade do Caminho da Extinção dos Erros e tem o poder de prolongar a vida.

FU-HSI: Chinês. Sábio que supostamente viveu cinco mil anos; irmão do esposo da Deusa criadora Nu-Kua, que modelou os primeiros seres humanos com terra amarela.

FU-HSING: Chinês. Deus da felicidade. Originalmente era mortal; foi deificado depois da morte. O símbolo de Fu-Hsing é o morcego.

FUKU-KENSAKU KANNON: Budista japonês. Deus do Taizokai ou mundo das formas.

FUKUROKUJU: Japonês. Deus da sabedoria e da longevidade; um dos SHICHI FUKUJIN. Representado com a cabeça alongada, sempre na companhia de um grou, um veado ou uma tartaruga.

FUTSUNUSHI: Japonês. Deus do fogo e dos raios. Filho de Lhatsusu-nowo e Lhatsusu-nome (ambos significam "cachimbo vazio").

GAD: (Bode?). Caldeu. Com a esposa Gadda (Cabra?), constituem divindades da sorte.

GADEL: Irlandês. Dizem que foi ancestral dos Milesianos (goidélicos ou gaélicos) e dividiu a língua gaélica em cinco dialetos: para os soldados, poetas, historiadores, médicos e o povo. Talvez originalmente fosse uma divindade arcaica do Rio Gadilo, situado no Litoral Sul do Mar Negro.

GAHONGAS, OS: Ameríndios, iroqueses. Espíritos em forma de anão; viviam na água e nas pedras.

GANDAYAKS, OS: Ameríndios, iroqueses. Espíritos em forma de anão; responsáveis por fazer a vegetação florescer e pelo cuidado com os peixes dos rios.

GANDHARVAS, OS: Hindus. Músicos e cantores de coro do Swarga (céu de INDRA). Associados às Apsaras ou ninfas celestiais. Gostavam muito de mulheres; um casamento por amor sem ritos de núpcias é denominado Gandharva.

GANESHA: Hindu. Deus da sorte, da sabedoria e da literatura; tem cabeça de elefante. Filho de Parvati, que o criou usando uma mistura de pó e névoa emanada do próprio corpo. Chefe das forças armadas de SHIVA. Representado com quatro braços, cavalgando um rato. Gordo, alegre e muito popular. Tem duas esposas: Boddhi (que representa o intelecto e a intuição) e Siddhi (que representa tudo que é feito ou obtido). No Japão é conhecido como Shoden. *777*: Tarô: Noves. Pedra: quartzo. Plantas: bânia, mandrágora, damiana. Animal: elefante. Mineral: chumbo. Perfumes: jasmim, ginseng e todas as raízes odoríferas. Armas mágicas: perfume e sândalo.

GANIMEDES: Grego. Escanção de ZEUS. Filho de Tros (que deu o nome a Troia) e Calirroe. *777*: Tarô: Estrela. Pedra: vidro artificial. Plantas: oliveira, coqueiro. Animais: homem ou águia, pavão. Perfume: gálbano. Arma mágica: incensório ou aspersório.

GAOH: Ameríndio, iroquês. Deus do vento.

GAVIDA: Irlandês. Deus ferreiro, irmão de MAC KINEIX. Equivale a GOIBNIU e a GOVANNON.

GAYOMART: Persa. Ele e o touro Gosh foram as criaturas originais que produziram todo tipo de vida; esse par formado por um ser humano e um animal reflete a ideia de que toda a criação provém de um sacrifício ritual. Gayomart foi morto por AHRIMAN; teve gêmeos póstumos, que se chamavam MASHIA e Mashiane, nascidos de seu esperma, há 40 anos enterrado. Os dois foram o Adão e a Eva persas. (Veja também FRAVAK.)

GEB, KEBU, SEB, SIBU, SIVU: Egípcio. Deus da Terra. Filho de SHU (Deus do ar) e da irmã gêmea deste (Tefnut); irmão e amante de Nut (Deusa do céu). Geb (que em outras versões é Thoth) presidiu o julgamento da disputa entre Hórus e Seth. As divindades da Terra são femininas em quase todo o mundo, mas, para os egípcios, o equivalente à Mãe-Terra era o Vale do Nilo; para eles, a Terra como um todo era principalmente o deserto que rodeava o vale.

GEBANN: Irlandês. Druida dos Tuatha Dé Danann. Pai de Cliona dos Cabelos Louros (Deusa do Sul de Munster), famosa pela extraordinária beleza e ligada à família O'Keefe.

GEBURAH (Resistência): Quinta Sephira da Árvore da Vida Cabalística; é a esfera de MARTE; destruição necessária de tudo que está gasto ou é negativo; é o processo catabólico, em comparação com o processo anabólico de CHESED. Símbolos cabalísticos: pentágono, rosa Tudor (de cinco pétalas), espada, lança, chicote, corrente. Tarô: Cincos. Imagem mágica: guerreiro valente numa briga.

GENERAL QUE FUNGA, O e GENERAL QUE FUMA, O: Chineses. Os dois Deuses que ficam na porta dos templos budistas. O General Que Funga sempre está de boca fechada e o General Que Fuma de boca aberta.

GENGEN WER: (O Grande Grasnador). Egípcio. É o ganso primordial que botou o ovo cósmico do qual surgiu tudo que existe. Também chamado Negeg (cacarejador). AMUN, no conceito de Deus criador, às vezes aparece nesta forma.

GENOS: (Raça). O Adão dos fenícios; Eva é Genea. Filhos de Protógonos (Primogênito) e Aion (Vida). Foram os primeiros a cultuar o Sol. Eram pais da Luz, do Fogo e das Chamas.

GHANAN: Maia. Deus da agricultura.

GHANSHYAM DEO: Hindu. Deus das colheitas dos gonds. Dizem que na festa em sua honra ele "desce" em um dos fiéis, que fica possuído durante alguns dias, servindo de bode expiatório dos pecados da comunidade.

GHEDE: Vodu haitiano. Deus da morte, mas também da ressurreição; entre os símbolos que substituem Chede nos rituais estão o falo e as ferramentas usadas pelos coveiros. Tem sabedoria suprema, é protetor das crianças e curandeiro poderoso.

GIBIL, GIRAU, GIRRU: Babilônio. Deus do fogo e da luz; filho de ANU e esposo de Ninkasi. Árbitro da lei e da ordem. Patrono dos que trabalham com metais.

GILGAMESH: Sumeriano. Herói da epopeia de Gilgamesh. Dizem que foi o quinto rei divino de Erech (Uruk) após o Dilúvio; o quarto foi TAMMUZ. Filho do terceiro rei (Lugulbanda) e de uma Alta Sacerdotisa da Deusa Ninsun. Ele e o amigo ENKIDU (representando o homem comum) passaram por muitas aventuras e conflitos em que os Deuses

SHAMASH e ENLIL ficaram a favor e contra eles. Gilgamesh era desejado pela Deusa Ishtar, mas preferiu desprezá-la; ela tramou uma vingança com o Touro do Céu, que provocou uma seca de sete anos. O touro morreu, mas um dos amigos também precisava morrer, e os inimigos se lançaram sobre Enkidu. Gilgamesh continuou a se aventurar sozinho. Provavelmente foi um rei que viveu no quarto milênio anterior a Cristo ou antes, ou um dos invasores hicsos que entraram na Babilônia no Século 17 AEC; talvez contenha elementos de ambos. Há vários mitos arquetípicos ligados a esse personagem, como ocorreu com o Rei Arthur.

GIRAU, CIRRU: Veja CIBIL.

GLAUCO: Grego. Recebeu de Apollo o dom da profecia; foi divinizado como Deus do mar, que aparecia para os marinheiros para prever os perigos. Era magro e estava sempre coberto de algas, Era repelido por todas as mulheres que cortejava, com exceção de Sime, que correspondeu ao seu amor.

GLOOSKAP, GLUSKAP: Ameríndio, algonquiano. Deus criador que usou o corpo da própria mãe morta para fazer o sistema solar e a humanidade; era irmão de Maslum, que criava coisas prejudiciais aos seres humanos. Glooskap significa "mentiroso", por ser mais astucioso do que o irmão maligno, que acabou derrotado.

GNABIA: Aborígine australiano da região norte. As mulheres da tribo dos anula acreditam que o som que imita o urro de um touro nos rituais de iniciação dos meninos é a voz de Gnabia; ele engole os meninos e os vomita depois de iniciados.

GOG: Britânico. Geoffrey de Monmouth disse que Gog e Magog foram os únicos a sobreviver quando Brut destruiu todos os outros gigantes britânicos na Batalha de Totnes; Brut colocou os dois na posição de guardas das portas de Londres. No entanto, parece que originalmente ambos foram Deuses, cuja mãe ou esposa era uma divindade de um culto de cavalos. (Em *A Deusa Branca*, pág. 237-8, Robert Graves dá outra interpretação.) As figuras da Colina de Wandlebury foram descobertas por T.C. Lethbridge, arqueólogo de Cambridge (veja a Bibliografia), que as considera uma representação dos dois gigantes. Wandlebury fica ao lado das colinas denominadas Gog e Magog.

GOIBNIU: Irlandês. Ferreiro dos Tuatha Dé Danann; com CREDNE e LUCHTAIN, fez as armas que os Tuatha usaram para derrotar os Fomorianos. Tio de LUGFI. Equivale a GAVIDA e a GOVANNON.

GOU: Beninense. Deus da Lua; filho de Lissa (Deusa-Mãe camaleoa) e irmão de MAOU (Deus do Sol).

GOVANNON: Galês. Ferreiro dos Deuses. Equivalente britânico de CAVIDA e GOBNIU. Filho de BELI e Dôn. Assassino de DYLAN.

GOZANZE-MOO: Budista japonês. É o aspecto terrível de Ashuku. Tem quatro rostos, cada qual com três olhos. Vive no Leste.

GRANDE ESPÍRITO, O: Ameríndio. Em muitas línguas tribais é a palavra comumente usada para indicar o Deus-Pai supremo; geralmente é simbolizado pelo Sol.

GRANNOS: Celta continental. Deus primitivo das fontes de água mineral. Em Musselburgh (perto de Edimburgo) foi encontrada uma inscrição dedicada a ele.

GRONW: Galês. Senhor de Penllyn: amante de Blodeuwedd, esposa de LLEU LLAW GYFFES. Gronw e Lleu lutaram entre si e morreram, mas Llew foi ressuscitada por magia. É um tipo de rivalidade como a que há entre o REI DO CARVALHO e o REI DO AZEVINHO.

GUARACI: Brasileiro, das tribos tupi-guarani. Criador do Sol, criador de todos os animais. (Veja também JACI e PERUDA.)

GUCUMATZ: Maia e guatemalteca, índios quíchuas. Deus da lavoura e da vida doméstica, capaz de tomar a forma de qualquer animal; em geral é representado como uma cobra coberta de penas. Corresponde ao QUETZALCOATL asteca.

GUECUBU: (Peregrinador). Chileno, índios araucanos. Deus malicioso; gêmeo mau da AKA-KANET; é responsável pelas dificuldades de toda a humanidade.

GUKHIN-BANDA: Assírio-babilônio, patrono dos ferreiros.

GUNDARI-MOO: Budista japonês. É a terrível manifestação de HOSHO; tem três olhos, caninos enormes na boca e oito braços; usa cobras enroscadas nos pulsos e nos tornozelos, além de um crânio na cabeça.

GUNNAR, GUNTHER: Veja SIEGFRIED.

GUNPUTI'Y: Hindu, Deus com cabeça de elefante; a cada geração, encarna numa família de Chinchbad (perto de Poona); começou em 1640, com um brâmane de Poona chamado Moorab Gosseyn e continua a agir assim até hoje.

GURUHI: Guineano, da Tribo Agni. Deus terrível que exige sacrifícios e tem a capacidade de envenenar e torturar todos os que suspeita serem feiticeiros, mas também dá grandes poderes aos que o seguem. É simbolizado por uma base que sustenta uma bola de ferro. Não pode ser olhado por mulheres, crianças e não iniciados.

GWALU: Nigeriano, tribo dos iorubas. Deus da chuva.

GWION: Galês. Quando Cerridwen ordenou que Gwion mexesse o caldeirão mágico, por acidente ele deixou espirrar três gotas nos dedos; ao chupá-los, adquiriu todo tipo de conhecimento. Cerridwen perseguiu-o, ambos sempre mudando de forma: como um cão de caça perseguindo a lebre, como a lontra perseguindo o peixe, falcão perseguindo o pássaro e, finalmente, como galinha engolindo o grão de cereal. Ela engoliu o grão, e como resultado, deu à luz o grande bardo TALIESIN. Essa busca pode ter relação com o Ritual de Iniciação de um druida ou bardo.

GWYDION AP DON: Galês. Filho de BELI e Dôn. Irmão de Arianrhod, com quem teve os filhos LLEU LLAW GYFFES e DYLAN. Bardo e mago, foi rei dos celtas britânicos; posteriormente, muitas lendas de Gwydion foram absorvidas pelo Rei ARTHUR. Veja LLEU LLAW GYFFES.

GWYN: (O Branco). Galês. Filho de LLYR ou Llud. Deus primitivo do Inferno, soberano da alma dos guerreiros mortos. Chefe da Caçada Selvagem, como HERNE. Em Glastonbury, antes da era cristã, houve um culto em sua homenagem.

GYGES: Veja HECATÔNQUEIRES, OS.

GYMIR: Veja FREY.

HA: Egípcio. Deus do deserto; enfrentava os invasores vindos do deserto, como as tribos líbias, por exemplo.

HADAD, ADAD, ADDU: Babilônio, fenício, sírio e hitita. Deus babilônio da tempestade e do trovão; posteriormente foi igualado a RAMMON (RIMMON). Também levava a chuva que fertilizava o solo. Esposo de Shala, a Piedosa. Na forma fenícia, Hadad era um Deus da tempestade e das nuvens que tinha também o nome de Martu, o Amorita e Kurgal, Montanha Imponente; provavelmente era o BAAL do Monte Líbano. Era filho de Asherah-do-Mar; a esposa de Hadad tinha também o nome de Asherah. Na Síria era Deus da virilidade. Nas formas hitita e cassita, era um Deus da tempestade, semelhante a TESHUB; na forma hitita, Ishtar era sua irmã.

HADES: Grego. Deus do Inferno; também designava o Inferno propriamente dito. Filho de CRONOS e da própria irmã Reia; irmão de ZEUS, POSEIDON, Deméter, Hera e Héstia. Raptou Perséfone (Kore), filha de Zeus e de Deméter (Deusa do grão), levando-a da Terra. (Veja o capítulo XIII de *A Deusa das Bruxas.*) Zeus propôs um meio-termo: Perséfone passava metade do ano no Inferno com Hades e metade na Terra (personificando assim o ciclo da vegetação). No papel de guardião dos tesouros da Terra, que incluíam a vegetação latente no inverno, Hades também era chamado de Plutão (Riqueza). Pelos padrões do Olimpo, Hades era extraordinariamente fiel a Perséfone; só prevaricava de vez em quando com a Ninfa Minte (na qual Perséfone pisou, entranhando-a na terra, de onde surgiu a hortelã) e com Leuce (filha de Poseidon que morreu de morte natural, e se transformou em álamo branco, a árvore dos Campos Elísios. 777: Tarô: Cincos, Juízo Final, Paus (Reis ou Cavaleiros). Pedras: rubi, opala ígnea. Plantas: carvalho, noz-vômica, urtiga, papoula vermelha, hibisco. Minerais: ferro, enxofre, nitratos. Perfumes: tabaco, olíbano e todos os odores fortes; Armas mágicas: espada, lança, flagelo ou corrente, bastão, Pirâmide de Fogo.

HALIRRÓTIO: Grego. Filho de POSEIDON; seduziu Alcipe, filha de ARES, e foi morto por ele. Poseidon convocou Ares a comparecer diante dos 12 Deuses do Olimpo numa colina próxima à Acrópole de Atenas, e Ares foi absolvido. A colina passou a ser chamada Areópago e os atenienses julgavam os crimes nela.

HANUMAN: Hindu. Deus-macaco, famoso pela erudição. Filho de VAYU (Deus do vento) ou de Kasari e Angana (Anjana), ninfa celestial ou apsara, que às vezes também assumia a forma de macaco. Hanuman é um dos generais-macacos do Ramayana. *777*: Tarô: Oitos, Mago. Pedras: opala (especialmente a ígnea), ágata. Plantas: alho silvestre, *anhalonium lewinii*, verbena, mercurial, manjerona, palmeira. Animais: hermafroditas, chacal, andorinha, macaco. Mineral: mercúrio. Perfumes: estoraque, mastique, sândalo branco, noz-moscada e todos os odores efêmeros. Armas mágicas: nomes dos versículos e cetro ou caduceu.

HAOKAH: Ameríndio, sioux. Deus do trovão que usa o vento como vareta para tocar o tambor da Trovoada. É também um Deus caçador, representado com chifres. Chora quando contente e ri quando triste; sente calor quando faz frio, e frio quando faz calor.

HAP: Veja SERÁPIS.

HAB HAPY: Veja HÓRUS, OS QUATRO FILHOS DE. Também era Deus da enchente anual do Nilo, do qual dependia a fertilidade. Morava em uma caverna da Ilha de Bigé, próxima à primeira catarata do Nilo. É representado como homem, mas tem seios caídos e uma barriga proeminente.

HAPIKERN: Maia, de Yucatán. Deus do mal, inimigo da humanidade; vive em guerra com NOHOCHACYUM.

HARAKHTE: Veja RÁ-HARAKHTE.

HAR HOU: Veja HOU.

HARI-HARA: Hindu. Personalidade dual formada pela combinação de SHIVA e VISHNU. Às vezes o nome Hari isolado é aplicado a esses Deuses quando no aspecto de transportadores de almas para salvá-las.

HARINAGAMESI: (Homem de Cabeça de Antílope). Indiano, janaísta. General da infantaria celeste.

HARMAKHIS: Veja HOR-M-AKHET.

HAROERIS: Veja HÓRUS, O VELHO.

HARPAKHRAD, HARPÓCRATES: Veja HÓRUS, O JOVEM.

HARUT: Veja MARUT.

HASAMMELIS: Hitita. Protetor dos viajantes.

HASHYE-ALTYE: Ameríndio, navajo. O Deus que fala.

HASTSEHOGAN: Ameríndio, navajo. Deus do lar.

HATIF: Árabe. Um djinn pré-islâmico; podia ser ouvido, mas não podia ser visto; dava conselhos, orientação e avisos.

HAURUN: Cananeu. No Egito era identificado com a Esfinge grega de Gizé; é possível que originalmente proviesse de uma colônia de trabalhadores cananeus estabelecida na vizinhança. Na frente da esfinge foi construída uma "Casa de Haurun". No Egito era considerado praticante de curas e protetor contra animais selvagens; no entanto, na tradição cananeia, parece que pressagiava a morte.

HAURVATAT: Veja AMESHA SPENTA.

HAYAMA-TSU-MI: Japonês. Deus das encostas mais baixas das montanhas.

HAY-JI, HAYA-TSU-MUJI-NO-KAMI: Japonês. Deus dos redemoinhos.

HECATÓNQUEIRES, OS; CENTÍMANOS, OS: (Que têm cem mãos). Gregos. Com os CÍCLOPES e os TITÃS, representavam as forças brutas da Natureza Que eram três: Coto (o Furioso), Briareu (o Vigoroso) e Gies (O que tem membros grandes).

HEFESTO: Grego. Deus ferreiro e artesão. Veja o capítulo VII.

HEH: Veja NEHE.

HEIMDALL: Escandinavo, Guardião de Bifrost, ponte formada pelo arco-íris, que ligava a Terra à Asgard, Era filho de nove virgens (isto é, de um grupo de sacerdotisas). Alto e vistoso, tinha dentes de ouro puro. Possuía um cavalo chamado Gulltop, uma espada chamada Hofund e uma corneta chamada Gjallar. Lutou com LOKI para recuperar o colar de Freya que ele roubara. Dizem que repovoou o mundo depois de algum cataclismo.

HEITSI-EIBIB: Africano, hotentote. Quando está disposto a ajudar os mortais, assume a forma de qualquer animal. Ele próprio não criou os animais, mas deu a eles as características que possuem. Nasceu de uma vaca ou de uma virgem que comeu certa erva. Os "túmulos" rituais dele ficam em desfiladeiros de montanhas; quem passa por eles atira uma pedra para ter sorte, rezando: "Dê-nos mais gado".

HELBLINDI: Escandinavo. Filho de FARBAUTI; irmão de LOKI. Também um nome dado a ODIN, o que sugere que era a reminiscência de algum Deus anterior.

HELIOGÁBALO: Sírio. Deus do Sol; é simbolizado por uma pedra cônica.

HÉLIOS: Grego. Deus do Sol. Filho do titã HIPERÍON e da titânide Teia; irmão de Selene (Deusa da Lua) e de Eos (Deusa da aurora). Originalmente Eos o acompanhava pelo céu durante o dia, mas depois foi substituída nesse papel por Hemera. Tinha muitas esposas, entre as quais Climene, Rode e Perse. Climene era a mãe das Helíades, de FAÊTON e de Pasifae, que desposou o Rei Minos de Creta; a Ninfa Rode era filha de Afrodite e POSEIDON, deu o nome à Ilha de Rodes e era a mãe dos Helíadas; e PERSE, mãe de vários filhos, entre os quais a feiticeira Circe. (Há uma versão em que Rode era filha de Poseidon e Anfitrite e mãe de sete filhos de Hélios.) *777*: Tarô: Sol. Pedra: crisólito. Plantas: girassol, louro, heliotrópio. Animais: leão, gavião. Perfumes: olíbano, canela e todos os bons odores. Armas mágicas: lamen ou arco e flecha.

HENGIST: Saxão. Supostamente liderou com Horsa os anglo-saxões que invadiram o Império Britânico no Século 5 (veja também *A Deusa das Bruxas*, pág. 199).

HENO: Veja HINO.

HÉRACLES: Grego. Filho de Alcmene e ZEUS. O nome romano é Hércules. Em Tiro está ligado com Ashtart; existiu em Londres, Carlisle e Corbridge (Northumberland) um culto de Ashtart e do tírio Héracles executado por sacerdotisas; provavelmente o culto era devido à presença dos comerciantes vindos do Oriente. Na Terra, a esposa de Héracles era Dejanira, filha de DIONISO e Altaia; ele lutou sem armas com um a cobra de cabeça de touro (personificação do Rio Aqueloo), para obter a mão de Dejanira; conseguiu torcer e tirar um dos chifres do touro, que passou a ser a Cornucópia. No casamento, ele matou "acidentalmente" um escanção, mas é provável que a vítima tenha sido o pai da noiva. Depois enfrentou e matou o CENTAURO Nesso, que tentara seduzi-la. Antes de morrer, Nesso deu a Dejanira um pouco do próprio sangue, que ela deveria pôr na camisa de Héracles como feitiço para manter o amor dele. No entanto, o sangue envenenou Héracles, queimando-o. Os detalhes dessa morte são característicos do rei agonizante que se casa com a Rainha-Deusa para garantir a fertilidade da terra, mas sabe que, em última análise, está condenado. Os Doze Trabalhos de Héracles lhe foram impostos pelo Oráculo de Delfos, após ter matado os próprios filhos num acesso de loucura provocado pela ciumenta Hera. Quando ele foi admitido no Olimpo como Deus, recebeu como esposa a filha de Zeus e de Hera, Hebe (Juventude, Puberdade). Os dois tiveram como filhos Alexiares e Anicero.

HERES: Nome cananeu de SHAMASH.

HERMAKHIS: Egípcio. O sol nascente ou poente; nome dado a HÓRUS ou RÁ.

HERMAFRODITO: Grego. Filho de HERMES e Afrodite; uniu-se à Ninfa Salmacis e os dois se transformaram num ser bissexual.

HERMES: Grego. Mensageiro dos Deuses, Deus do intelecto, da comunicação, do comércio e das viagens; às vezes aparece como embusteiro e traz sorte aos ladrões. Do mesmo modo que o suposto filho PAN, originalmente Hermes, era árcade, forma em que aparece com chifres e pés de cabra. (Ver capítulo XVII). Era o Psicopompo que conduzia as almas dos mortos para o Submundo. Filho de ZEUS e da plêiade Maia. Tinha muitas amantes, entre as quais Afrodite, Hécate e Perséfone. Os símbolos de Hermes eram o caduceu, o chapéu dotado de asas e sandálias igualmente aladas. Equivale ao MERCÚRIO romano. *777*: Tarô: Oitos, Mago. Pedras: opala (especialmente a ígnea) e ágata. Plantas: alho silvestre, *anhalonium lewinii*, verbena, mercurial, manjerona, palmeira. Animais: hermafroditas, chacal, andorinha, íbis, macaco. Mineral: mercúrio. Perfumes: estoraque, mastique, sândalo branco, noz-moscada e todos os odores efêmeros. Armas mágicas: nomes e versículos, escudo, bastão ou caduceu.

HERMODE: Escandinavo. Filho de ODIN que foi ao Inferno buscar o irmão BALDUR.

HERNE: Celta britânico. Deus de Chifres. Veja o capítulo XXI.

HÉSPERO: Grego. É a Estrela Vespertina (Vênus). Filho de ATLAS e da Deusa da Aurora Eos. Vésper para os romanos. Era irmão de Eósforo (Estrela Matutina).

HESUS: Gaulês. Deus da guerra, semelhante a TEUTATES.

HEY-TAU: Fenício. Deus muito importante na região de Biblos; conhecido desde aproximadamente 3000 AEC. Deus das árvores; os egípcios chamavam-no Ba-Tau.

HIISI: Finlandês. Espírito mau do trio complementado por Lempo e Paha.

HIMENEU: Grego. Deus dos casamentos e das festas de casamento. Era acompanhante de Afrodite, sua mãe; seu pai era DIONISO.

HINE-NUI-TE-PO: Veja ROHE.

HINO, HINU, HINUN, HENO: Ameríndio, iroquês. Deus do trovão; irmão do Vento Oeste; juntos, derrotaram os Gigantes de Pedra, habitantes aborígines da região.

HINOKAGU: Japonês. Deus do fogo, filho de IZANAGI e de Izanami--No-Kami irmã ou esposa deste.

HIPERÍON: Grego. Antigo Deus solar; filho de URANO e Gaia. HÉLIOS, Deus do Sol, era filho de Hipérion e da titânide Teia, que também eram pais de Selene (Deusa da Lua) e Eos (Deusa da Aurora).

HIPNOS: Grego. Deus do sono. Filho de Nix, Deusa da noite. Hipnos morava no Inferno com o filho Morfeu (Sonos) e o irmão gêmeo deste (Tanatos ou Morte). Os romanos o chamavam de Somnus.

HIPOMENES: Veja MELÂNIO.

HIPOSOURIANIOS: Veja OUSOOS.

HIRANYAKSHA, HIRANYAKASIPU: Hindu. A primeira encarnação de RAVANA. Demônio que destronou INDRA para se tornar soberano do Universo e expulsar os Deuses do Céu; foi destruído no Dilúvio por VARAHA, avatar-javali de VISHNU.

HIRIBI: (Rei do Verão): Hitita. O Deus da Lua (YERAH) deu a ele dez mil ciclos de ouro em troca da mão de Nikkal, filha de Hiribi e Deusa dos frutos da Terra. "Filha do Rei do Verão" pode significar a noiva da Lua nova depois da colheita, ainda uma das épocas preferidas para os casamentos naquela região.

HIRUKU: Japonês. Deus solar; neto de Amaterasu, a Deusa suprema do Sol. Provavelmente foi um Deus solar mais antigo que perdeu a importância para Amaterasu por ocasião da conquista pela Tribo Yamato.

HMIN: Birmanês. Demônio dos calafrios; atormenta os viajantes.

HOCHIGAN: Africano, boximane. Da época da criação; detestava animais. No início os animais falavam, mas um dia Hochigan desapareceu e eles perderam o dom da fala.

HOD (Glória): Oitava Sephira da Árvore da Vida Cabalística. Sephira HERMES, que personifica o intelecto e as formas de conceito, sendo equilibrado pelo seu complemento Netzah, sétima Sephira ou Sephira Afrodite, que personifica a Natureza, os instintos e as emoções. Símbolos cabalísticos: nomes e versículos. Tarô: Oitos. Imagem mágica: um hermafrodita.

HODER, HODUR: Escandinavo. Um dos AESIR. Deus da noite; filho cego de ODIN. LOKI o induziu a provocar a morte do irmão BALDUR (veja págs. 170/1).

HOENI, HOENIR: Escandinavo. Um dos AESIR; irmão de ODIN. Participou da lenda da Criação; deu mobilidade e inteligência aos dois primeiros seres humanos (ASK e Embla). No início pode ter sido We ou Wili. É alto, louro e tem andar rápido.

HOLDER: Escandinavo. Seduziu Nanna, esposa do rival BALDUR. Veja o capítulo IX.

HO-MASUBI, KAGO-ZUCHI: Japonês. Deus do fogo. Filho de IZANAGI e Izanami, que morreu ao dá-lo à luz.

HOOKE: Hitita. Deus da guerra. Venceu os dragões Illuyankas com a ajuda da Deusa Inaras.

HOR-M-AKHET: Egípcio. É outro nome de HÓRUS, O VELHO; significa "Hórus no Horizonte", ou seja, o sol nascente, símbolo da ressurreição. A versão grega é Harmakhis.

HÓRUS, O VELHO, HAROERIS: Egípcio. Deus do céu de origem pré-dinástica. Tem cabeça de falcão. Filho de GEB e Nut; irmão de OSÍRIS, Ísis, SETH e Néftis. Tinha dois olhos: o Sol e a Lua. A história da primeira luta de Hórus, o Velho, em que este roubou seu olho, o Sol, e algumas partes do olho que era a Lua, que THOTH ajudou a reaver, é uma variação antiga do conflito entre Osíris, Seth e Hórus, o Jovem. As duas histórias representam a luta entre as forças da luz e da fertilidade, de um lado, e do escuro e da morte, do outro. *777*: Tarô: Cincos, Torre. Pedras: rubi e qualquer pedra vermelha. Plantas: carvalho, noz-vômica, urtiga, absinto, arruda. Animais: basilisco, cavalo, urso, lobo. Minerais: ferro, enxofre. Perfumes: fumo, pimenta, resina de drago e todos os odores pungentes. Armas mágicas: espada, lança, flagelo ou corrente.

HÓRUS, O JOVEM, HARPAKHRAD: Egípcio. Filho de OSÍRIS e Ísis. Veja o capítulo XVIII. Representado como adulto ou como criança (geralmente sendo amamentado por Ísis nos quadros e estátuas, mal diferindo da Madonna com o Filho das eras posteriores). O nome grego é Harpócrates. *777*: com o nome de Harpócrates, Hórus, o Jovem, é uma das raras divindades que Crowley atribui aos Véus, além de Kether (Ain, Ain-Soph e Ain-Soph Aur).

HÓRUS, OS QUATRO FILHOS DE: Egípcios. Supostamente eram filhos de HÓRUS, O JOVEM, e Ísis. Os quatro eram representados nos canopos ou vasos que serviam para guardar os órgãos dos cadáveres antes da mumificação. Eram associados com os elementos, com os quatro pontos cardeais e com as Deusas guardiãs desses pontos. Eram eles: Duamutef (O que louva a própria mãe), que tinha cabeça de chacal e era o protetor do estômago; associado ao Fogo, ao Leste e à Deusa Neith; Hapi, protetor dos pulmões, com cabeça de cachorro ou de macaco; associado à Terra, ao Norte e à Deusa Néftis (veja também HAPI); Imset (Mestha, Mestil), protetor do fígado possuía cabeça humana e era associado à Água, ao Sol e à Deusa Ísis; Qebehsenuf, possuía cabeça de falcão e era associado ao Ar, ao Oeste e à Deusa Selkhet.

HOTEI: (Saco de Linho). Japonês. Deus do riso e da felicidade. Um dos SHICHI FU KUJIN. É muito gordo e leva às costas o saco que lhe dá o nome.

HOU, HAR HOU: Ilha de Guernsey, Deus do Carvalho, provavelmente idêntico a HU GADARN.

HOU-CHI: Chinês. Herói ligado à Dinastia Chou; dizem que nasceu de uma virgem. Deificado por ter ensinado a agricultura aos chineses.

HOW-TOO: Chinês. Monstro da Terra que se manifestava na forma de árvores e rios. Recebia o sacrifício de animais domésticos.

HSUAN-T'IEN SHANG-TI: (Senhor Supremo do Céu Escuro). Chinês. Inimigo dos demônios e dos espíritos maus. Também era soberano da água. É alto e sempre está descabelado e descalço, é visto sobre uma tartaruga rodeada por uma cobra.

HU: Egípcio. Deus que personifica a autoridade de um comando, especificamente a do faraó. Hu nasceu de uma gota de sangue do falo de RÁ.

HUAHUANTLI: Veja TEOYAOMIQUI.

HUAILLEPENYI: Chileno, araucano. Deus da neblina. Supostamente era o responsável pelas deformações de nascença. Representado com corpo de ovelha, cabeça de bezerro e cauda de foca.

HUEHUETEOTL: Veja XIUHTECUHTLI.

HU GADARN, O PODEROSO HU: Galês. Herói da cultura galesa; ancestral de Cymmry que, segundo a tradição, levou-o do Oriente para Gales; conforme essa versão, o Oriente pode significar Constantinopla ou Ceilão. Dizem que Hu Gadarn ensinou os galeses a arar e usar canções para ajudar a memória. Na história do Dilúvio galês, Hu usou uma parelha de bois para arrastar o dragão Addanc, que provocou o Dilúvio, da toca até o Lago de Llyn Llion.

HUITZILOPOCHTLI, UITZILOPOTCHLI: (Beija-flor do Sul). Asteca. Deus da guerra e do Sol; protetor dos viajantes. Recebia sacrifícios de seres humanos. Filho do Deus das estrelas MIXCOATL e da Deusa da Lua e da Terra Coatlicue (Saia de Serpente). Ele nasceu completamente armado.

HUNAB-KU, KINEBAHAN CO: (Único Deus). Maia. Deus supremo; a esposa era Ixasaluoh, Deusa da tecelagem.

HUN-AHPU-VUCH: (Avô). Guatemalteca. Deus do Sol; esposo de Hunahpu-Mytec (Avó), ou Deusa da Lua. Ambos eram representados sob forma humana, mas com cabeça de tapir, um animal sagrado.

HUNTIN: Africano, cafre. Espírito das árvores que recebe aves em sacrifício.

HUN-TUN: Chinês. Deus do caos que existia antes das forças ativas do YANG e Yin.

HURACAN: Guatemalteca, dos índios quíchuas. É um Deus do vento, chamado "Coração do Céu". Quando os Deuses ficaram zangados com os primeiros seres humanos, Huracan provocou o Dilúvio que os destruiu.

HURUING WUHTI: Ameríndio, hopi. Duas divindades de mesmo nome; usando argila, criaram os animais e depois o primeiro homem e a primeira mulher.

HVARE-KHSAETA: Persa. Deus solar pré-zoroástrico.

HYMIR: Escandinavo. Gigante do mar; pai de TYR; possuía um caldeirão mágico.

ÍACO: Grego. Um título para DIONISO; na realidade, é uma combinação do Dioniso cretense com o cananeu BEL. *777*: Tarô: Ases, Seis, Imperadores ou Príncipes, todos os naipes de Trunfos, que são 22. Pedras preciosas: diamante, topázio, diamante amarelo. Plantas: amendoeira em flor, acácia, loureiro, parreira. Animais: fênix, criança, esfinge com espada e coroa. Minerais, potassa áurica, carbono. Perfumes: âmbar cinzento, olíbano. Armas mágicas: Cruz de Fylfat ou suástica, coroa, lamen ou cruz rósea.

IAHU, IAHU-BEL: Veja JEOVÁ e BEL.

IÃO: Veja JEOVÁ

IBLIS: Islâmico. Nome islamítico do Demônio. Às vezes aparece na forma de indivíduo, às vezes é sinônimo de SHAITAN; nome aplicado a AZAZIL.

ICTINIKE: Ameríndio, sioux. Filho do Deu Sol. Expulso do Céu por ser mentiroso. Conhecido como "Pai da Mentira".

IDA-TEN, WEI-T'O: Budista japonês e chinês. Conhecido como Ida-Ten no Japão e Wei-t' na China. Guardião da lei e supervisor da conduta nos mosteiros.

IDRIS, O GIGANTE: Galês. Dizem que conhecia tão bem as estrelas que conseguia prever tudo "até o dia do juízo final". Possui uma montanha chamada Cader Idris (Cadeira de Idris), próxima a Dolgellau; quem passa a noite nela amanhece inspirado ou louco.

IGIGI, OS: Babilônios. Espírito do Céu, em contraste com os ANUNAKI. Filhos de ANSAR e Kishak; conduzidos por Ishtar.

IHO-IHO: Veja IO.

IHY, IHI, AHI: (Tocador de Sistro). Egípcio. Deus do sistro, instrumento especialmente consagrado a Hathor, mãe de Ihy. O pai dele pode ter sido HÓRUS ou RÁ.

I KAGGEN: Boximane ocidental. Deus criador, visualizado como louva-a-deus. Esposo de Hyrax.

IKTO: Ameríndio, sioux. Inventor da fala humana.

ILAH: Semítico do Sul; Deus da Lua, semelhante a ILMAQAH.

ILMA: Ugro-finês. Deus do ar. Pai da Deusa da criação Luonnotar (filha da natureza) ou Ilmatar (Mãe das Águas).

ILMAQAH: Semítico. Deus da Lua, mais antigo do que ALÁ no seu papel lunar anterior ao islamismo.

ILMARINEN: Ugro-finês. O ferreiro mágico da epopeia do Kalevala; forjou o talismã Sampo com "a ponta das penas de um cisne, o leite de uma vaca estéril, um grãozinho de cevada e a lã fina de uma ovelha fecunda".

IMHOTEP: Egípcio. Na realidade, era um ser humano divinizado; foi o primeiro personagem real da história do Egito. Arquiteto do faraó Djoser (por volta de 2780 AEC); construiu em Saqqara a Pirâmide de Degraus (a primeira de todas as pirâmides) e o templo que fica ao lado, servindo de modelo para a arquitetura dos templos de eras posteriores. Dizem que inventou a construção feita em pedra talhada. No devido tempo a lembrança de Imhotep foi divinizada e substituiu NEFERTUM na qualidade de esposo de Sekhmet; considerado filho de PTAH e Nut.

IMSETI: Veja HÓRUS, OS QUATRO FILHOS DE.

IN: Equivalente japonês de YANG. O equivalente japonês de Yin é Yo.

ÍNACO: Deus dos rios anterior aos gregos; na era clássica passou a rei lendário de Argos. Filho de OCEANO e Têtis; pai de IO, que foi transformada em novilha para fugir das atenções de ZEUS; Io também era anterior aos gregos; era uma Deusa de Argos representada como vaca da Lua; Deusa da cevada.

INARI: Japonês. Deus da prosperidade e da agricultura, especialmente do arroz. É uma das divindades mais conhecidas no Japão. Patrono dos comerciantes; no Japão antigo, patrono dos ferreiros que forjavam espadas. Representado como velho, com duas raposas por mensageiras; devido a uma confusão do povo, geralmente a raposa é venerada como Deus do arroz.

Às vezes Inari é considerado Deusa, porque assimilou os atributos de Ukemochi, Deusa-mãe mais antiga.

ÍNCUBOS: Cristãos. Demônios que seduziam as mulheres adormecidas. Os súcubos são o equivalente dos íncubos e seduzem os homens.

INDRA (I): Hindu. Deus das batalhas e da chuva, cuja arma era o raio. Filho de DYAUS e Prithivi. Pode ter sido um rei verdadeiro que foi divinizado. É importante na mitologia dos vedas, em que desempenhou um papel de fanfarrão; foi deixado de lado pelos brâmanes, que preferiram VISHNU. É representado cavalgando um elefante. Morava em Swarga, numa montanha situada depois do Himalaia, entre o Céu e a Terra. Esposo da voluptuosa Indrani (Aindri) ou Saki (Habilidade), que talvez corresponde a Indrani. *777*: Tarô. Quatros, Roda da Fortuna. Pedras: ametista, safira, lápis-lazúli. Plantas: oliveira, trevo, aloé. Animais: unicórnio, águia. Perfumes: cedro, açafrão e todos os aromas nobres. Armas mágicas: bastão, cetro ou bordão.

INDRA (2): Persa. Espírito mau primitivo.

INFONIWU: Formosino. Deus criador.

INGUNARFREY: Nome sueco para FREY.

IN-SHUSHINAK: Assírio-babilônio. Principal Deus de Elam e Susa, onde era considerado criador do mundo e soberano dos Deuses e da humanidade. Semelhante a ADADEA NINURTA.

INTI, APU-PUNCHAU: Inca. Deus do Sol e divindade suprema do panteão inca. Apu Punchau significa "A Cabeça do Dia". Representado na forma de homem, cuja cabeça é o disco dourado do Sol. Esposo e irmão de Mama Quilla, Deusa da Lua. Ancestral de todos os incas, os únicos a terem permissão para pronunciar seu nome. Na festa anual de Inti eram sacrificados animais e crianças.

IO: Maori e polinésio. Antigo Deus supremo que depois perdeu a importância. No Taiti é chamado de Iho-Iho ou Io-i-te-vaki-naro. (Não confundir com a Sacerdotisa grega Io, amada por ZEUS.)

IOSKEHA: Ameríndio, huroniano. Ele e o irmão gêmeo Tawiskara eram filhos do SENHOR DOS VENTOS e de Sopro dos Ventos. Ioskeha criou a humanidade depois de derrotar o Grande Sapo que engolira as águas da Terra. Ioskeha representava o bem e ensinou várias técnicas à humanidade. Tawiskara representava o mal e tudo que criava era monstruoso.

ISHWARA: Hindu, rajpute. Deus da fertilidade. As imagens dele e da esposa Isani (ou Gouri, sempre representada maior do que ele) são postas lado a lado, perto de um sulco semeado de cevada. Quando a cevada brota, as mulheres dançam ao redor dela e dão os brotinhos aos maridos para que os coloquem no turbante.

ITALAPAS, ITALPAS: Veja COIOTE.

ITUM: Veja NEFERTUM.

ITZAMNA, ZAMNA, KABUL: Maia. Deus da Lua, pai dos Deuses e da humanidade; Deus do Oeste. Ensinou a humanidade a escrever e a usar o milho e a borracha. Recebia esquilos em sacrifício.

ITZLACOLLUHQUI: Asteca. Deus da faca curva de obsidiana. Equivale a TEZCATLIITZLI asteca. Deus da faca de pedra e da segunda hora da noite. Equivale a TEZCATLIPOCA.

IUCHAR: Irlandês, Iuchar, Iucharba e Brian eram os três filhos da Deusa Anu e netos de BALOR. Dizem que desposou Éire, Fodhla e Banbha, as três Deusas que deram nome à Irlanda. (Veja também MAC CECHT, MAC CUILL e MAC GREINE.) Uma narrativa diz que os três em conjunto eram os pais de LUGH, filho de Clothru; Lugh tinha um anel de círculos vermelhos no pescoço e na cabeça, indicando as partes que cada pai gerou. Em outra versão os três assassinaram CIAN, pai de Lugh e, como punição, teriam de procurar os Tesouros dos Tuatha Dé Danann.

IUCHARBA: Veja IUCHAR.

IXIM: Veja BACABS, OS.

IXÍON: Grego. Filho de ARES; ancestral dos CENTAUROS. De origem pré-olímpica.

IXTLILTON: Asteca, Deus da medicina e da saúde. Conhecido como "Carinha preta". Tinha por sacerdotes os médicos e xamãs; especialistas na cura de crianças.

IZANAGI: (O que convida). Japonês, Deus criador. Pai de Amaterasu (Deusa do Sol) e Tsukuyomi (Deus da Lua). Dizem que gerou os dois sozinhos ou pela união com a irmã e esposa Izanami. Izanagi e Izanami foram os primeiros seres a chegar à Terra; deles nasceram a Ilha do Japão e muitas outras divindades.

JACI: Brasileiro, tribos tupis-guaranis. Deus da Lua, criador da vida vegetal. Veja também GUARACI e PERUDA.

JADE, O AUGUSTO PERSONAGEM DE, (YU-TI): Chinês. Senhor do céu e Deus principal dos Céus. Também é conhecido como Imperador de Jade (Tung Wang Kung), Supremo Imperador de Jade (Yu-huang-shang-ti) ou Céu-Pai (Lao-tien-yeh). Usou argila para criar a humanidade. Esposo de Wang-mu Yiang-yiang (Rainha-Mãe Wang), soberana da Montanha de Kunlun, que fica no centro da Terra e abriga os imortais. As vestes de ambos são tecidas pela filha Chih-ni (Filha Tecelã Celestial). Ele mora num palácio que corresponde exatamente ao do imperador da China. Ao menos no norte da China ele é considerado o criador dos seres humanos. É o segundo membro da trindade suprema; o primeiro é o SENHOR CELESTIAL DA PRIMEIRA ORIGEM (que veio antes dele) e o segundo é Senhor Celestial da Aurora de Jade da Porta Dourada, que um dia virá a sucedê-lo.

JAGANNATHA, JUGGERNAUT: (Senhor do Mundo). A palavra inglesa Juggernaut é corruptela. Hindu. Deus venerado na cidade de mesmo nome situada em Orissa. Seu templo foi construído por um rajá que teve uma visão de VISHNU. No mesmo templo é venerada a Deusa Kesora. O famoso Carro de Juggernaut é uma enorme estrutura de madeira com 16 rodas, que é arrastado todos os anos por 50 homens até o templo; dizem que o carro leva uma noiva para o Deus. Os devotos costumavam se suicidar atirando-se sob as rodas, na crença de obter a vida eterna.

JAH-ACEB: (Deus do Calcanhar). Cananeu. Parece que era venerado em Beth-Hoglah (O Santuário do Manco), próximo a Jericó. Trata-se de uma referência a um rei sagrado, cujo calcanhar não podia tocar o chão (veja *A Deusa Branca* de Graves, págs. 324-3). Provavelmente seja o nome verdadeiro do Jacó bíblico.

JALANDAHARA: Hindu. Nascido do oceano e do Rio Ganges. Lutou e venceu os Deuses, apossou-se do Céu e tentou raptar Parvati, esposa de

SHIVA; no entanto, este reuniu os Deuses e fez com que os dois voltassem para casa.

JAMBAVAN: Hindu. Rei dos ursos. Jambavati, esposa de Krishna, pertence à família de Jambavam.

JAMBHALA: Budista hindu. Deus da riqueza; é comicamente gordo e traz na mão um limão e um mangostão.

JANICOT: Basco. Deus do Carvalho muito citado por Pierre de Lancre na campanha que este fez no Século 17 contra a feitiçaria no País de Labonde. Talvez tenha ligação com o JANO dos romanos. É analisado detalhadamente em *ABC da Feitiçaria*, de Doreen Valiente, págs. 208-11.

JANO: Romano. Deus das entradas, saídas e viradas do ano; deu nome ao mês de janeiro. No aspecto da manhã é conhecido como Matutino. Esposo e companheiro de Jana. Os dois formam um casal muito antigo: no início ele era o Deus do Carvalho e ela, Diana ou Dione, Deusa da Lua e mãe de Jano. *777*: Tarô: Dois, Reis. Pedras preciosas: rubi-astério, turquesa. Planta: amaranto. Animal: homem. Mineral: fósforo. Perfume: almíscar. Armas mágicas: linga, Manto Interior da Glória.

JÁPETO: Grego. Um dos titãs; filho de URANO e Gaia; pai de ATLAS e PROMETEU, filhos de Ásia (em outras versões, filhos da titânide Têmis ou da oceânide Climene. Robert Graves o equipara ao Yavé bíblico.

JARAH, JERAH, TERAH: Semítico. Deus da Lua nova; originalmente era masculino, mas depois passou a ser feminino enquanto Noiva do Sol.

JASÍON: Grego. Em uma história, é o amante de Deméter num Rito de Fertilidade das colheitas, que fala em "um sulco arado três vezes".

JEOVÁ: O Deus hebreu. Veja o capítulo XII.

JEN HUANG: Budista chinês e taoísta. Foram os primeiros soberanos da Terra; eram os nove filhos de Tou Mou, Deusa que morava na Estrela Polar e tinha poder sobre a vida e a morte. Provavelmente é de origem hindu.

JERAH: Veja JARAH.

JERAMEL: (Amado da Lua). Judeu, Vale do Hebron. Os israelitas adotaram a história do Jardim do Éden dos "jeramelitas"; parece que o jardim original ficava no Vale Hebron.

JESSIS: Semítico. Antigo Deus-Pai.

JESUS: Veja CRISTO.

JIKOKU: Japonês. Guardião do Leste. Um dos SHI TENNO.

JIMMU TENNO: Veja WARA-MI-KE-NU-NO-MIKITO.

JIZO BOSATSU: Budista japonês e chinês. Aparece de diversas maneiras, sempre ajudando a humanidade sofredora; protege as crianças, desvia os incêndios, redime a alma dos pecadores, ajuda no parto, e assim por diante. Talvez fosse um Deus do mar anterior ao budismo.

JUCA-HUVA: Haitiano, tribo dos tainos. Deus do céu, filho da Deusa Atabel; ao contrário de outras divindades taitianas, estes dois nunca foram representados na forma de imagem.

JOROJIN: Japonês. Deus da longevidade e da sorte; semelhante a FUKUROKUJU. Um dos SHICHI FUKUJIN. Representado com uma tartaruga ou um grou.

JO-UK, JUOK, JUCK: Sudanês, tribo dos shilluk. Deus criador que fez a humanidade (branca e negra), a qual dotou de "pernas compridas como a dos flamengos" de modo que os seres humanos pudessem correr e andar; deu-lhes dois braços para manejar a foice e tirar as ervas daninhas e assim por diante, quanto às outras características humanas. O título de Jo-uk é dado aos reis dos shilluks.

JOVE: Veja JÚPITER.

JUCK: Veja JO-UK.

JUGGERNAUT: Veja JAGANNATHA.

JUMALA: Ugro-finês. Deus supremo; provavelmente fosse no início um Deus do céu. Tinha por símbolo o carvalho. Divindade um tanto abstrata, depois foi substituído por UKKO.

JUOK: Veja JO-UK.

JÚPITER, JOVE: Romano. Deus supremo. Desenvolveu-se de TÍNIA, Deus do trovão dos etruscos. No início, o Júpiter romano era principalmente um Deus do tempo, isto é, da luz, da chuva, do vento e da tempestade, fenômenos que interessam aos lavradores. Posteriormente as funções desse Deus ficaram mais importantes nas cidades e estados do que na agricultura. Ele passou a ser chamado *Júpiter Optimus Maximus* ou "O Melhor e Maior". Como a maioria das divindades romanas, Júpiter assimilou muito da mitologia do seu correspondente grego ZEUS; praticamente todas as representações de Júpiter provêm da arte grega. Era irmão e esposo de Juno, que foi muito importante em toda a Itália desde os tempos primitivos e continuou assim apesar dos efeitos do patriarcado, muito mais do que a Deusa Hera. *777*: Tarô: Ases, Quatros, Mago, Roda da Fortuna. Plantas: amendoeira em flor, oliveira, trevo, álamo, papoula vermelha, hibisco, urtiga. Animais: Deus, unicórnio, água, homem. Mineral: potassa áurica. Perfumes: âmbar-cinzento, cedro, gálbano, açafrão e todos os odores nobres. Armas mágicas: suástica ou cruz de fylfat, coroa, bastão, cetro ou bordão, adaga ou leque.

JURUPARI: Brasileiro, tribos tupis-guaranis. Deus principal das tribos dos Uapés. Deus dos homens; as mulheres que presenciavam seu ritual eram condenadas à morte.

KABOI: Veja KAMU.

KABUL: Veja ITZAMNA.

KAGCEN, CAGN: Veja IKAGGEN.

KAGO-ZUCHI, KAGU-ZUCHI: Veja HO-MASUBI.

KAKE-GUIA: Guineano, tribo dos Agni. Deus de cabeça de touro que leva as almas ao Deus supremo NYAMIA.

KALKI: (Tempo). Hindu. Na mitologia dos vedas é o décimo e último avatar de VISHNU, que virá a aparecer no céu como um cavalo branco.

KAMA, KAMADEVA: Hindu. Deus do amor, filho de VISHNU e Lakshmi. Como EROS, é representado na forma de uma criança alada que leva um arco e flecha. Esposo da libidinosa Rati (Prazer), chamada "A que tem pernas e braços bonitos".

KAME E KERI: Caraíba, Tribo Bakairi. Gêmeos que popularam o mundo com animais e estabeleceram o percurso do Sol e da Lua, que antes eram carregados, sem rumo, por dois pássaros.

KAMI-NARI: Japonês. Deus da Tempestade Trovejante; tem muitos templos e é muito venerado. As árvores atingidas por raios são sagradas e não devem ser cortadas.

KAMU-NAHOBI: Japonês. Deus que restabelece a ordem, especialmente após alguma calamidade provocada pelo Deus maligno YASO-MAGA-TSUBI.

KAN: Veja BACABS, OS.

KANATI, O CAÇADOR: Ameríndio, cherokee. Esposo da Deusa do milho Sheu (Milho).

KANA-YAMA-HIKO: Japonês. Deus dos minerais das montanhas; tem por complemento feminino Kana-Yama-Hime.

KANE: Veja TANE.

KANNON BOSATU: Budista japonês. Um dos Bodhisattva mais venerados, cultuado em sete formas por todas as seitas budistas desde as épocas mais primitivas. Dotado de compaixão infinita, vem em auxílio de toda a humanidade. É um dos companheiros de AMIDA.

KAPPA: Japonês. Anão; Deus dos rios que provoca afogamentos. Para evitá-lo, as pessoas se curvam diante dele; ele se curva também e deixa cair a água que tem no crânio, ficando inofensivo.

KARLIKI, OS: Eslavônios. Anões russos do Inferno. Dizem que eles e os espíritos dos bosques de Lychie (veja LESHY) caíram do céu com SATÃ, numa alusão ao menosprezo dos cristãos pelos Deuses antigos.

KARORA: Aborígine australiano, arandas do Norte. Deus criador da tribo, cujo totem é o nesóquia, sendo ele próprio um deles. Enquanto sonhava na escuridão primordial, fez aparecer o Sol e deu à luz primeiro os nesóquias e depois o primeiro homem.

KARTTIKEYA, KUMARA, SKANDA: Hindu. Na mitologia védica mais recente foi um Deus da guerra que conduziu as forças do bem contra o demônio Tarika, que foi derrotado.

KARU: Brasileiro, tribo dos mundurucus. Herói que criou as montanhas soprando penas por todos os lados.

KASHIWA-NO-KAMI: Japonês. Deus protetor dos carvalhos.

KATCOCHILA: Ameríndio, wintun. Incendiou a Terra para se vingar do roubo de sua flauta mágica, mas o fogo foi apagado por um dilúvio.

KATHAR-WA-HASIS: Fenício. Deus artesão. Dizem que morava no Egito, sugerindo que a partir dali se difundiram as habilidades técnicas.

KAWA-NO-KAMI: Japonês. Nome coletivo de qualquer Deus dos rios; cada rio tem seu próprio nome.

KEELUT: Esquimó. Um espírito mau da Terra; parecido com um cão sem pelo.

KESKUI: Egípcio. Na história da criação de Hermópolis, ele e a Deusa Kekuit foram criados por THOTH com auxílio de PTAH e KHNUM.

KELPIE: Escocês. Deus dos lagos e rios, geralmente representado como um cavalo; provocava o afogamento dos viajantes.

KEMOSH: Mencionado em 2 Reis 23,13 como um Deus dos moabitas.

KEREMET: Eslavo, dos votyak. Deus travesso que era aplacado por rituais que o faziam se unir com Mukylcin, ou Mãe-Terra.

KERET: Fenício. Filho de EL e soldado da Deusa Sapas. Era Rei de Sídon e lutou sob as ordens de El contra a invasão de TERAH, Rei da Lua.

KETHER: (Coroa): Primeira Sephira da Árvore da Vida Cabalística. Ser puro; é o Primeiro Manifestado, que "talvez para nós seja o Grande Desconhecido, nesta fase do nosso desenvolvimento, mas não o Grande Incognoscível" (*A Cabala Mística*, de Dion Fortune, pág. 110). Apesar da imagem mágica tradicional de Kether, a de "um rei ancião de barba visto de perfil", Kether não é um "Deus masculino", porque a polaridade de gênero só se manifesta na Segunda e na Terceira Sephira (Chokmah e Binah). Kether contém a potencialidade da polarização criadora; é a essência final de ser, que gera a polarização; ele próprio se expressa nas outras nove Sephira. Símbolos cabalísticos: a ponta, a coroa, a suástica. Tarô: os quatro Ases, raízes da força dos quatro elementos.

KHASM: Veja AESMA.

KHBIESO, OS: Beninense, povos ewe. Deus do raio; associado à BO.

KHENSU: Veja KHONSU.

KHENTI-AMENTIU: (Primeiro dos Ocidentais): Egípcio. Um dos esposos citados de Nekhbet, Deusa dos urubus; protetor do Alto Egito (o outro era HAPI). Título de WEPWAWET em Abidos. Às vezes, um título de OSÍRIS.

KHEPHRA, KHEPHERA, KHOPRI: (O que está se transformando em ser). Egípcio. Deus do sol da aurora; tem forma de escaravelho ou besouro. Criou a si mesmo. Esses dois aspectos estão simbolizados na bola de esterco que o escaravelho rola e acaba gerando um novo escaravelho. As descrições mostram-no elevando a própria beleza ao corpo de Nut, Deusa do céu, a saliva dele forma a Terra. *777*: Tarô: Biga, Morte, Lua. Plantas: lótus, cacto, organismos unicelulares, papoula de ópio. Animais: caranguejo, tartaruga, esfinge, escorpião, besouro, lagosta ou lagostim, lobo, peixe, golfinho. Perfumes: oníquia, benjoim siamês, opopânace, âmbar-cinzento. Armas mágicas: forno, Dor da Obrigação, Crepúsculo do Lugar e Espelho Mágico.

KHEREBU: Assírios. Espíritos celestiais; origem dos QUERUBINS da Bíblia.

KHERTY: (Que está mais abaixo). Egípcio. Deus de cabeça de carneiro que personifica tanto o perigo como a proteção contra o perigo.

KHNUM, KHNEMU: Egípcio. Deus criador, visualizado sempre com uma roda de oleiro. A primeira esposa (que às vezes é citada como filha) foi Sati, Deusa das Cataratas do Nilo; a segunda foi Anuket (a de Mãos Juntas), que limita o Nilo entre duas pedras, Filae e Siene. As duas eram veneradas em Elefantina. Outras versões citam como esposas de Khnum, a Deusa do parto (Haket, que dava vida aos homens e mulheres que ele moldava na roda de oleiro) e Neith, Deusa criadora primordial.

KHONS, KHONSU, KHENSU: (Peregrino). Egípcio. Na trindade tebana era um Deus da Lua, filho de AMUN e Mut. Geralmente era representado ora com cabeça humana e o cacho na fronte como sinal de juventude, ora com cabeça de falcão; nos dois casos estava coroado com o disco lunar e a lua crescente. Animal sagrado: babuíno. Na era das pirâmides o caráter de Khons muda completamente em relação à imagem tebana e ele surge como um Deus sanguinário ao qual os faraós recorrem em busca de força para vencer as divindades malignas.

KHORS: Eslavo. Deus da saúde e da raça: representado como garanhão.

KHOSER-ET-HASIS, BN-YM: Fenício. Primitivo Deus do mar que enfrentou BAAL elevando o nível do mar e dos rios. O LEVIATÃ era uma das criaturas desse Deus.

KHSHATHRA: Persa, zoroástrico. Personificação do domínio; gênio dos metais. Um dos Seis Imortais Sagrados que acompanhavam AHURA MAZDA.

KHUMBAM: Assírio-babilônio. Deus de Elam, região montanhosa situada no leste da Babilônia. Esposo de Kiririsha, Deusa suprema de Elam. Pode ser identificado com MARDUK.

KIHO TUMU: Polinésio. Deus supremo do arquipélago Tuamotu.

KI'I: Veja TVI.

KINGMINGOARKULLUK: Esquimó. Espírito benévolo que habita a Terra e canta alegremente quando visto por alguém.

KINGU: Assírio-babilônio. Deus das forças das trevas. Filho e amante de Tiamat, Deusa-mãe primordial do mar, que o pôs no comando dos monstros quando ela própria entrou em conflito com os Deuses chefiados por EA.

KINICH-AHAU: (Senhor da Face do Sol). Deus do Sol e Deus da medicina. Esposo de Ixalvoh, Deusa da tecelagem.

KINTU: Moçambicano. Casou-se com a filha dos Céus.

KISIN: Veja USUKUN.

KITCHE MANITOU: Ameríndio, muskwari. Destruiu o mundo duas vezes, primeiro pelo fogo e depois com um dilúvio.

KITCKI MANTOU: Ameríndio; nome algonquiano do GRANDE ESPÍRITO.

KMUKAMTCH: Ameríndio, klamath. Demônio que, apesar do esforço, conseguiu destruir o mundo pelo fogo.

KODOYANPE: Ameríndio, maidu. Ele e COIOTE sobreviveram ao Grande Dilúvio. Juntos, criaram a humanidade utilizando imagens de madeira; depois brigaram um com o outro e Kodoyanpe teve de fugir para o Leste.

KOLPA: Fenício. Deus do vento. Pai de Aion (Vida) e Protógonos (Primogênito), filhos de Baau, a substância primordial personificada.

KOMOKU: Japonês. Guardião do ponto cardeal Sul. Um dos SHI TENNO.

KOMPIRA: Budista japonês. Deus muito conhecido, padroeiro dos marinheiros. Representado na forma de um homem gorducho que está sentado na posição de lótus, segurando uma bolsa.

KOODJANUK: Esquimó. Deus importante que oferece ajuda e cura. Visualizado na forma de pássaro de cabeça preta, bico encurvado e corpo enorme e branco.

KOZAH: Persa. Deus da tempestade.

KREMARA: Eslavo, polonês. Protetor dos porcos. Era costume oferecer cerveja a ele na lareira. Os porquinhos eram desmamados da porca por Priparquis.

KRISMEN: Veja COEM.

KRISHNA: Hindu. O oitavo avatar de VISHNU; o mais humano e encantador de todos os avatares. Filho de Devaki, irmã do Rei Kamsa de Meathura, que matou os filhos dela quando nasceram. Segundo a profecia, um deles acabaria por assassiná-la. No entanto, Devaki e o marido conseguiram esconder secretamente Krishna e o irmão Balarama na casa da família de um pastor de gado. Krishna cresceu forte e travesso; chegou a desafiar INDRA, Deus da chuva, que ficou tão impressionado com tanta imprudência que, ao lado de sua esposa Indrani, fizeram com que ele ficasse amigo de ARJUNA, filho de ambos. Há muitas histórias que falam das relações de Krishna com pastoras e esposas de pastores. Quando todas quiseram dançar com ele ao mesmo tempo, multiplicou-se. Tinha um caráter generoso e bondoso, além de erótico. Quando atingiu a maturidade, voltou a Mathura e matou Kamsa. Posteriormente participou da guerra. Foi atingido acidentalmente pela flecha de um caçador, morreu e elevou-se aos Céus.

KSHITIGARBHA: Indiano, da Ásia Central e budista chinês. É um Bodhisattva que controla os seis caminhos tomados pelas almas depois de julgadas. Na China, chama-se Ksitigarbha ou Tsi-tsang Wang-p'u-sa e sempre é invocado quando alguém morre por ter compaixão e determinação de salvar as almas.

KU: Veja TU.

KUAN-TI: Chinês. Deus da guerra que, pouco caracteristicamente, concentrava-se em evitá-la. Também era um Deus-juiz que costumava ouvir as queixas de todos.

KUBERA, KUVERA: Hindu. Deus da riqueza; morava com seus tesouros nas profundezas da Terra, sempre ouvindo música. Na tradição budista é o Deus dos espíritos das trevas e um dos LOKAPALAS. É esposo de Hariti, que amamentou 500 demônios e que foi convertida ao budismo pelo próprio BUDDHA, segundo se sabe.

K'UEI-HSING: Chinês. Deus dos exames. Assistente do Deus da literatura WEN CH'ANG, embora mais invocado do que este.

KUKAILIMOKU: Polinésio, havaiano. Deus da guerra.

KUKULCAN: (Cobra de penas que percorre as águas). Maia. Grande Deus primitivo que inventou o calendário e é o padroeiro dos artesãos. Depois fundiu-se com QUETZALCOATL; equivale a GUCUMATZ.

KUKU-NO-CHI: Japonês. Deus dos troncos das árvores.

KUKSU: Ameríndio, pomo e maidu. Para os pomos é um Deus criador, assim como seu irmão MARUMDA. Os dois eram filhos de Ragno, que precisou salvá-los quando ambos perderam o controle dos próprios erros. Os maidus o consideram o primeiro homem.

KUMARA: Veja KARTTIKEYA.

KUMARBIS: Hitita. Deus do céu. Tinha por mensageira a Deusa Imbaluris.

KUNADO: Japonês. Deus das estradas, "dos lugares que não devem ser visitados".

KUPALA, KUPALO: Eslavo. Deus da alegria, mas também do sacrifício. Particularmente associado ao banho nos rios e ao orvalho recolhido à noite nas festas de solstício, ao fim das quais uma imagem dele era passada pelo fogo e atirada em um rio. Veja YARILO.

KURGAL: Nome cananeu do HADAD babilônio.

KURKIL: Siberiano. Deus criador dos mongóis; visualizado na forma de corvo que voou e foi criar a Terra e a humanidade, ensinando as artes da civilização.

KURMA: Hindu. O segundo avatar (tartaruga) de VISHNU ou BRAHMA. Sob a forma de tartaruga, foi ao fundo do mar a fim de recuperar os tesouros que as tribos védicas haviam perdido no Dilúvio.

KURWAICHIN: Eslavo, polonês. Protetor dos cordeiros.

KUVERA: Veja KUBERA.

LÁDON: Grego. Deus dos rios da Arcádia.

LAHAR: Sumeriano e caldeu. Deus do gado; criado por ENLIL quando este criou Ashnan, Deusa dos cereais e dos campos cultivados.

LAKHMU: Babilônio. Nascido de Mommu ou Tiamat (Mar Primordial). Ele e Lakhamu eram serpentes monstruosas que geraram Anshar, o princípio masculino, e Kishar, o feminino. Tiamat usou Lakhmu na luta com MARDUK.

LAMASSUS: Veja UTUKKU, OS.

LAO TIEN-YEH: (Pai-Céu). Japonês. Título do AUGUSTO PERSONAGEM DE JADE (veja JADE).

LARES: Deuses das famílias romanas e Deuses públicos das encruzilhadas e dos campos; considerados protetores da localidade pela qual eram responsáveis. Havia dois Lares Públicos, mas o Lar familiar era um só. Os Deuses correspondentes do interior das casas eram os PENATES.

LATPON: Fenício. Filho de EL, que "partilhava o dom da sabedoria" com a Deusa Asherah-do-Mar.

LAULATI: Melanésio, da Ilha Lifu. Deus criador.

LEGBA: Vodu haitiano. Deus solar; Deus criador. Intimamente associado à Ayizan, à Primeira Sacerdotisa e ao Loco, Primeiro Sacerdote e "chefe da escolta de Legba". Às vezes Ayizan é citada como esposa de Legba, outras, como esposa de Loco.

LEI-KUNG: Chinês. Deus do trovão. É feio, de corpo azul, alado, usa tanga e é dotado de garras; leva alguns tambores, um martelo e um cinzel.

LEMPO: Veja HIISI.

LEODEGRANCE: (Piloto). Galês. Um título de BRAN.

LESHY: Eslavo. Deus da floresta (ou les). Ele e a esposa Leshachikha eram pais dos Leshonki ou leshis. Ele tinha o rosto azulado, os olhos verdes, em geral esbugalhados, e uma barba comprida e verde. Os leshis não tinham sombra; morriam em outubro e reviviam na primavera, época em que eram muito perigosos. Tinham ciúmes do próprio território e desviavam os viajantes da rota, mas no fim libertavam a todos. Para evitar o ataque do leshis, o viajante podia lançar mão de um encantamento que consistia em tirar as roupas, colocá-las embaixo de uma árvore e vesti-la de novo, mas ao contrário. Veja também KARLIKI, OS.

LEVIATÃ: Fenício. Monstro de sete cabeças vencido por BAAL com a ajuda de MOT. Esta história originou a outra que está narrada na Bíblia.

LIBANZA: Congolês. Deus supremo da tribo dos upoto. Imortalizou a Lua, mas não a humanidade.

LIBER PATER: Romano. Primitivo Deus latino da fertilidade; esposo de Líbera. Depois foi um rei dos parreirais, confundido com DIONISO. A Festa de Liber Pater é a Liberalia, comemorada no dia 17 de março; era o dia em que homens e meninos vestiam a *toga virilis*.

LINGLESSOU: Vodu haitiano. Um aspecto de Loco (veja LEGBA). Dizem que comia vidro.

LINGODBHAVA: Hindu. SHIVA em seu aspecto fálico (ou de linga).

LIR: Veja LLYR.

LITAVIS: Celta primitivo. Possivelmente tem origem bretã. Na Bretanha, o nome galês de Litavis é Llydaw.

LJESCHI, OS: Veja LESHI.

LLAWEREINT: Veja LLUD.

LLEU LLAW GYFFES: (Lleu Mão Forte). Galês. Filho dos irmãos Arianrhod e GWYDION. Para conhecer a história de Lleu Llaw Gyffes veja o *Mabinogion* ou o capítulo XVI de *A Deusa das Bruxas.* Também era venerado na Gália. Carlisle (Luguvalium), Lyon (Lugdunum), Leyden (na Holanda) e Legnica (na Polônia) receberam esses nomes por causa dele ou do equivalente irlandês LUGH; é evidente que a origem do nome dos dois era a mesma, isto é, o Deus Jovem dos celtas.

LLYR, LIR: Galês, irlandês, da Ilha de Man. É o original do *Rei Lear* de Shakespeare. Era pai de Creiddylad, forma galesa da donzela disputada por dois rivais, que tinham de lutar "todos os dias primeiro de maio, até o Juízo final", e que corresponde a Cordélia, a única que não se curvava diante da vontade do pai e acabou se casando com o homem que ela mesma escolheu. Na mitologia galesa, Llyr primeiro é esposo de Penardun, depois de Iweridd, filha de Dôn. Para conhecer a história da outra filha de Llyr (Branwen), veja BRAN. Llyr era pai de Bran e MANANNAN MAC LIR. Na mitologia irlandesa, era rei dos Tuatha Dé Danann; primeiro desposou Aebh, com quem teve a filha Fionuala e três filhos (Hugh, Fiacha e Conn). Depois Aebh morreu. Llyr desposou Aoife, que por uma questão de ciúmes transformou os quatro filhos dele em cisnes. Sob essa forma os Filhos de Llyr voaram pela Irlanda durante 900 anos, até que o eremita Mochavog os batizou; eles se transformaram em seres humanos envelhecidos e morreram. Sem dúvida é uma versão cristã melhorada de um mito muito mais antigo.

LOA (1): Vodu haitiano. Nome geral de qualquer divindade.

LOA (2): Micronésio, Ilhas Marshall, grupo rálik. Deus criador.

LOCO: Veja LEGBA.

LODEHUR, LODUR: Escandinavo. Associado a HOENI e ODIN na criação dos primeiros seres humanos, que receberam destes a alma e a respiração, respectivamente. Lodehur deu-lhes o calor e a cor. Talvez seja uma variação de LOKI.

LOKI: Escandinavo. Deus embusteiro enganador. Veja o capítulo XXIV. *777*: Tarô: Oitos. Pedras: opala, especialmente a ígnea. Plantas: alho silvestre, *anhalonium lewinii*. Animais: hermafroditas, chacal. Mineral: mercúrio. Perfume: estoraque. Armas mágicas: escudo, nomes e versículos.

LOKAPALAS, OS: Hindus. Na mitologia védica são os guardiães das oito divisões do Mundo. Os Lokapalas eram INDRA (Leste); AGNI (Sudeste); YAMA (Sul); SURYA (Sudoeste); VARUNA (Oeste); Vayu (Noroeste); KUBERA (Norte) e SOMA (Nordeste).

LONO: Polinésio. Deus da fertilidade. Apaixonou-se por uma havaiana lindíssima chamada Kaikilani. Ela se tornou uma Deusa e ambos viviam felizes, banhando-se nas ondas da Baía de Kealakekua, até que ele começou a duvidar de sua fidelidade, matando-a num acesso de raiva. Louco de remorso, ele percorria a ilha, atormentado; finalmente se foi com a promessa de voltar numa ilha flutuante de fertilidade. Os rituais havaianos realizados no início da estação fértil são uma teatralização da história de Lono. Quando o capitão Cook chegou ao Havaí em 1778, foi tomado por Lono pelos ilhéus, que o receberam muito bem; só depois de um incidente os ilhéus se convenceram do engano e mataram o capitão.

LOZ: Babilônio. Ele, NERGAL, e a consorte deste, eram soberanos do Inferno, ou Meslam. A consorte de Nergal era Ninmug ou Ereshkigal.

LUCHTAIN: Veja CREDNE.

LÚCIFER: (Portador da Luz). Veja a pág. 84, para conhecer o uso cristão desse nome. Na lenda das feiticeiras da Toscana, Diana, "a primeira a ser criada", dividiu-se em duas; a escuridão era ela própria, e a luz era o irmão, que se chamava Lúcifer. Ela desejava Lúcifer, que se esquivava percorrendo o céu. Finalmente ela adquiriu a forma de gato e se insinuou na cama do irmão. Quando acordou, Lúcifer encontrou a irmã ao seu lado. Da união de ambos nasceu Aradia, Deusa e mestra das feiticeiras.

LUDD, LLUD, NUDA, NUDD: Celta bretão. Deus dos rios; emprestou o nome ao Monte Ludgate, que fica em Londres. Parece que substituiu Tamesis na qualidade de Deus do Rio Tamisa. Do mesmo modo que NUAD, com quem se confunde, ele tinha uma mão artificial e às vezes era chamado Llawereint, ou "Mão de Prata". É confundido com NODENS; talvez no início os dois fossem um só.

LUGH: Irlandês. Filho de CIAN dos Tuatha Dé Danann e de Eithne, filha de BALOR (Rei dos Fomorianos). Comandou as forças dos Tuatha na vitoriosa Segunda Batalha de Mag Tuireadh (Moytura) contra os Fomorianos, na qual matou o avô Balor. É a figura extraordinária do Deus Jovem irlandês que suplanta o Deus Velho (Balor); está muito associado à habilidade e à técnica; é conhecido como Lugh Samhioldanach (de muitas artes) e Lugh Lámhfhada (de mão comprida). Raiz da palavra gaélica que significa agosto, isto é, Lughnasadh (Festa de Lugh). Corresponde ao LLEU LLAW GYFFES galês.

LUGULBANDA: Sumeriano. Terceiro rei divino de Erech; pai do herói GILGAMESH, cuja mãe era a Alta Sacerdotisa Ninsun.

LUGUS: Forma continental de LUGH ou LLEU LLAW GYFFES.

LU-HSING: Chinês. Deus dos salários. Personagem histórico divinizado.

LUKHMU: Caldeu. Ele e a irmã Lakhamu eram filhos da mãe do mar primordial, Tiamat, personificada no sedimento primitivo. Os dois eram invocados ao fim de uma construção.

LUSIOS: (O que liberta da culpa): Grego. Um título de DIONISO.

LYCHIS; OS: Veja LESHY.

MAAHES: Egípcio. Deus de cabeça de leão; filho de Bast e RÁ. Tem origem Núbia. Às vezes é identificado com NEFERTUM.

MABON: (Grande Filho). Galês. Ótimo caçador que possuía um cavalo veloz e um cão de caça magnífico. Talvez tenha sido um governante real que foi divinizado. Foi roubado da mãe (Modron ou Grande Mãe) três noites depois de nascer, mas acabou salvo pelo Rei ARTHUR. Neste sentido, é o complemento masculino de Perséfone, princípio fertilizante que se retira sazonalmente. Assim, Modron corresponde a Deméter. Nas inscrições romano-bretãs, aparece como Maponus.

MACACHERA: Brasileiro. Espírito das estradas. Considerado útil e solícito pelos índios potiguaras, mas malévolo pelos tupinambás.

MAC CECHT: Irlandês, dos Tuatha Dé Danann. Filho do Arado (ou "cujo Deus era o arado"). Esposo de Fodhla, que era o aspecto de mãe da Deusa Tripla que simboliza a Irlanda; ele, apropriadamente, representa o elemento Terra. Veja também MAC CUILL e MAC GREINE.

MAC CUILL: Irlandês, dos Tuatha Dé Danann. Filho da Aveleira ("cujo Deus era a aveleira" ou "cujo Deus era o mar"). Esposo de Banbha, aspecto de velha da Deusa Tripla que simboliza a Irlanda; representa o elemento primordial Água. Veja também MAC CECHT e MAC GREINE.

MAC GREINE: Irlandês, dos Tuatha Dé Danann. Filho do Sol (ou "cujo Deus era o Sol"). Esposo de Éire, aspecto de donzela da Deusa Tripla que simboliza a Irlanda; representa o elemento Fogo. Veja MAC CECHT e MAC CUILL.

MACKINELY: Irlandês. Filho de BALOR e Danu ou Ceithlenn; pai de LUGH, cuja mãe era Eithne. Talvez possa ser igualado a CIAN.

MACUILXOCHITL: Veja XOCHIPILLI.

MACUNAÍMA: Veja SIGU.

MADER-ATCHA: Lapão. Criou a alma humana; a esposa Mader-Akka, o corpo.

MAGNI: (Poderoso): Escandinavo. Filho de THOR e da primeira esposa, a giganta Jarnsaxa. Em Ragnarok, o Crepúsculo dos Deuses, ele e o irmão Modi (Coragem), apossaram-se de Mjolnir (martelo mágico do pai de ambos). Os irmãos não morreram em Ragnarok.

MAGOS: Veja GOG.

MAH: Persa. Deus da Lua e soberano do tempo.

MAHAF: Egípcio. Condutor do barco que navegava pelas águas do Inferno. O responsável pelo barco era Aken, que precisava ser acordado por Mahaf quando necessário.

MAHAVIRA: (Grande Homem). Hindu, janaísta. Resolveu sair do Céu e encarnar na Terra para salvar a humanidade. Primeiro optou por entrar no útero de Devananda, esposa do brâmane Rishabhadatta, mas depois se transferiu para o de Trisala, esposa de Siddhartha. Quando nasceu, os Deuses e Deusas desceram do Céu para demonstrar sua satisfação,

MAHIUKI: Polinésio. Rei do país dos mortos.

MAHOU: Veja MAO.

MAHRKUSHA: Persa, zoroástrico. Demônio que enviou um dilúvio para destruir todas as criaturas vivas, menos YIMA, que foi salvo por AHURA MAZDA.

MAÍRE MONHÃ: (Transformador). Brasileiro, Tribo Tupi. Tinha o poder de transformar homens e mulheres em outras formas, como castigo pelos pecados cometidos. Os seres humanos ficaram zangados e organizaram uma festa em que Monhã teria de pular uma fogueira. Ele ficou queimado e morreu (dando à luz o trovão e o raio); depois foi levado ao Céu, onde se transformou em estrela. Costuma ser confundido com MONHA, que o precedeu.

MAIT'CARREFOUR: Vodu haitiano. Deus da Lua.

MAKILA: Ameríndio, pomo. Herói de um clã cujo totem é uma ave. Ele e o filho Dasan saíram das águas, trazendo consigo a civilização.

MALLANA DEVA: Hindu, keljahr, muhl. Ele e a esposa Mallana Devi são representados por um par de dólmenes em 15 cidades; os pastores costumam oferecer estatuetas de madeira a ambos para evitar que os doentes morram.

MAMERS: Veja MARTE.

MAMON: Geralmente é considerado Deus pagão graças à frase de Jesus que diz: "Ninguém pode servir a dois patrões" (Mateus 6,24 e Lucas 16,13). Na realidade, Mamon é apenas uma palavra aramaica que significa "lucro", "riqueza".

MAMÚRIO: Romano. Deus pastor libidinoso; forma primitiva de MARTE.

MANABOZHO, MICHABO, WINABOJO: Ameríndio, algonquiano. Herói, neto de Nokomis (Avó), Mãe-Terra que alimenta todas as coisas vivas. É considerado inventor dos sinais escritos e fonte das artes e do artesanato. Inventou a rede de pesca. Refugiou-se de um dilúvio que deixou o mundo submerso; primeiro enviou um corvo, depois uma lontra, por fim um rato. Os dois primeiros não voltaram, mas o último retornou anunciando que as águas haviam baixado. Manabozho se casou com o rato e foi o ancestral dos algonquinos. É conhecido como "a Grande Lebre", embora a raiz do seu nome seja "Aurora". Provavelmente no início foi um Deus do Sol, pois mora onde o Sol nasce. Foi o modelo do Hiawatha de Longfellow.

MANANNAN MAC LIR: Irlandês. Deus do mar, deu o nome à Ilha de Man, onde é cultuado. Filho de LIR. Tinha um barco autopropulsor que se chamava "Varredor de Ondas", assim como um cavalo chamado "Crina esplêndida". Abandonou a esposa Fand, Deusa da cura e do prazer, mas depois voltou para ela. Possuía um caldeirão mágico que lhe foi roubado por CUCHULAINN. O equivalente galês é MANAWYDDAN.

MANAWYDDAN: Galês. Filho de LLYR e Penardun; irmão de BRAN e Branwen; segundo esposo de Rhiannon, Deusa da fertilidade e do Inferno. O equivalente irlandês é MANANNAN MAC LIR.

MANCO CAPAC, MANCOCOAPAC: Inca. Ele e a esposa/irmã Mama Occlo (Mama Oullo Huaca) foram instruídos pelo Sol e pela Lua para descer à Terra em Tiahuanaco e fundar a capital inca de Cuzco, tornando-se os primeiros soberanos do império inca; ensinaram as artes da civilização ao povo inca. A partir de então, os casamentos entre irmãos e irmãs passaram a ser a regra na realeza inca.

MANDULIS MERWEL: Núbio. Deus Sol da Baixa Núbia. No Egito chamava-se Merwel. Tinha um templo em Philae, onde era considerado companheiro íntimo de Ísis.

MANERW: Nome egípcio de Héracles.

MANI: Nórdico. Deus da Lua. Surpreendeu Hjuki e Bil quando os dois tiravam água do poço Byrgir, dali em diante, ambos seguiram Mani pelo céu; podem ser vistos da Terra e talvez façam lembrar um par de asteroides que desapareceu naquela época.

MANITOU: Ameríndio, dos algonquinos e outros. Espírito intrínseco a todos os fenômenos naturais, que são controlados por ele. O equivalente iroquês é Orenda.

MANNUS: Veja TUÍSTO.

MANTUS: Etrusco. Soberano do Inferno ao lado da esposa Mania.

MANU: Hindu. Nome dado ao soberano do mundo durante um Manvantara, período astronômico de medição que corresponde a 857.139.000 anos divinos. (Um ano divino corresponde a 360 anos humanos.) O Manu atual é Vaivasvata.

MAO, MAHOU, MAOU: Beninense. Deus do Sol e Deus criador. Filho da Deusa-Mãe Lissa; irmão de GOU, Deus da Lua. Parece que substituiu Lissa como criador de todas as coisas.

MAPONUS: Veja MABON.

MARA: Budista hindu. Demônio importante que procurou derrotar o Bodhisattva SIDDHARTHA, primeiro enviando as filhas para seduzi-lo, depois atacando-o diretamente, sem nada conseguir.

MARCO, PRÍNCIPE: Eslavo. Herói das lendas sérvias; filho de uma dríade. Dorme numa caverna montado em seu cavalo. A espada de Marco ergue-se lentamente da bainha; quando ela estiver completamente fora, ele aparecerá cavalgando e salvará o país dos possíveis inimigos.

MARDUK: Assírio-babilônio. Deus do sol da primavera. No início era Deus da vegetação. Primeiro filho de EA e de Damkina, antiga Deusa da terra (também chamada Ninella e Damku). Um dos consortes de Ishtar, embora também apareça como esposo da Deusa da fertilidade Zarpanitu (Zerpanitum ou "a que produz sementes"). Na mitologia sumeriana ele e a Deusa Aru (Aruru, Ninti) criaram a "semente da humanidade"; nas eras patriarcais posteriores, ele criou a humanidade sozinho. Aos poucos foi adquirindo aspectos de outros Deuses e passou a ser o Deus principal do panteão babilônio. É o Bel do Velho Testamento.

MAREREWANA: Guineano, tribo Arawak. É o Noé Arawak, que escapou do Dilúvio numa canoa com seus seguidores.

MARIS: Nome etrusco de Marte.

MARISHI-TEN: Japonês, de origem chinesa. Protege os soldados e impede incêndios.

MARMOO: Aborígine australiano. Espírito do Mal que devastou o mundo com nuvens de insetos venenosos que devoraram tudo. Nungeena (Espírito-Mãe) e BAIAME (Espírito-Pai) precisaram restaurar o mundo criando aves, que devoraram os insetos.

MARNAS: O Deus de Gaza que, nas épocas cristãs, foi o inimigo do eremita e abade São Hilário.

MARSABA: Melanésio, Ilha Rooke. O Demônio.

MARTE: Romano. Deus da guerra. Veja o capítulo VI. *777*: Tarô: Cincos, Imperador, Morte, Torre. Pedras: rubi, jacinto, qualquer pedra vermelha. Plantas: carvalho, noz-vómica, urtiga, lírio-tigrino, gerânio, cacto, absinto, losna. Animais: basilisco, carneiro, coruja, escorpião, besouro, lagosta ou lagostim, lobo, cavalo, urso. Minerais: ferro, enxofre. Perfumes: fumo, resina de drago, benjoim siamês, opopânace, pimenta e todos os odores pungentes. Armas mágicas: espada, lança, flagelo ou corrente, chifres, energia, buril, Dor da Obrigação.

MARUMDA: Veja KUKSU.

MARUTS, OS: Hindus. Espíritos da tempestade e do vento. Na mitologia védica são os onze filhos de RUDRA e Prisni (em outra versão, eram filhos de Diti, filha de DAKSHA); os Maruts se tornaram companheiros de INDRA. Também se chamam RUDRAS. *777*: Tarô: Louco, Imperadores ou Príncipes (de Espadas). Pedras: topázio, calcedônia. Planta: álamo. Animais: águia, homem. Perfume: gálbano. Arma mágica: adaga ou leque.

MASHIA, MASHYA: É o Adão persa; a Eva era Mashyoi (Mashiane). Os dois nasceram do corpo (ou da semente) de GAYOMART depois de ele jazer na Terra durante 40 anos. O casal teve 14 filhos. Da mesma forma que o Adão e a Eva da Bíblia, ambos reconheceram primeiro que tudo foi criado pelo princípio do bem (ORMAZD) e deram a ele o nome de Deus, mas depois foram desviados pelo complemento mau daquele princípio: AVIRIMAN ou ANGRA MAINYU.

MASLUM: Veja GLOOSKAP.

MASSIM-BIAMBE: Congolês, Tribo Mundang. Criador onipotente, imaterial e sem sexo; forma uma trindade com o Deus masculino FEBELE e a Deusa Mebeli. Febele e Mebeli tiveram um filho (o homem), que recebeu de Massim-Biambe uma alma e o sopro da vida.

MATARISVAN: É o PROMETEU hindu, que capturou o raio e deu à humanidade o segredo do elemento Fogo.

MATH AP MATHONWY: Galês. Rei Math de Gwynedd, filho de Mathonwy; irmão de Dôn, figura central da história do nascimento de LLEU LLAW GYFFES narrada no *Mabinogion*. Grande mago; ensinou a arte da magia ao sobrinho GWYDION.

MATOWELIA: Ameríndio. Principal Deus da Tribo Mojave do Colorado. Morava "acima do Sol" e guiava os viajantes nas jornadas. As almas dos mortos cremados iam para ele; as almas de quem não havia sido cremado se transformavam em corujas noturnas.

MATSYA: Hindu. É o primeiro avatar de VISHNU; tem a forma de um enorme peixe de chifres.

MAUI (1): Polinésio. Deus do Sol. Era irmão de Sina (ou Ina), Deusa da Lua.

MAUI (2): Polinésio e maori. Herói da cultura popular. Foi criado pelos Deuses e se elevou à posição que tem hoje no céu; criou muitas ilhas; deu o fogo à humanidade. Procurou dar imortalidade aos homens penetrando no corpo de Hine-Nui-Te-Po (Grande Deusa das Trevas), mas foi esmagado por ela e morreu; dali em diante todos os seres humanos tiveram de morrer.

MAWU-LISA: Vodu haitiano; tem origem no Benin africano. Gêmeos de NANAN-BOUCLOU; engendraram todos os Deuses, incluindo BADÉ e SOBO.

MAYON: É o equivalente de KRISHNA em Tâmul.

MAZDA: Veja AHURA MAZDA.

MEANDRO: Grego. Deus do rio de mesmo nome situado na Frígia.

MEHEN: Egípcio. Deus-serpente que se enrosca de modo protetor no quiosque do tombadilho do barco usado por RÁ para atravessar o Inferno à noite.

MEKE-MEKE: Polinésio, da Ilha de Páscoa (Rapa-Nui). Deus criador, provavelmente equivale a TANGARDA. Visualizado como homem-pássaro. Todos os anos recebia ovos na festa em sua honra.

MELÂNIO (ou HIPOMENES): Grego. Pretendente de Atalante, Deusa da natureza e da caça, que só se casaria com o homem que conseguisse vencê-la numa corrida. Melânio venceu porque deixou cair as três maçãs douradas que recebera de AFRODITE; Atalanta parou para recolhê-las, perdeu a corrida e casou-se com ele. Mais tarde os dois foram transformados em um par de leões porque profanaram um templo de ZEUS; teria sido um rebaixamento provocado pelo patriarcado?

MELÊAGRO: Grego, Herói que era filho de Altaia, Deusa do nascimento. (A que faz crescer), e de Oineu, primeiro homem a plantar uma vinha na Grécia. Atalante (veja MELÂNIO) provocou a morte dele em circunstâncias que sugerem o tema do Deus Sacrificado. Uma narrativa diz que Atalante deu a ele um filho chamado Partenopeu ("filho de uma virgem", mas não no sentido de celibato). Compare com AENGUS MAC ÓG.

MELKART, MELQART, MELICERTES: (Deus da Cidade). Fenício. Primitivo Deus do Sol; depois foi Deus do mar. Deus tutelar de Tiro. Dizem que era filho de Zeus Demaros. Era venerado em Corinto como Melicertes.

MÊMNON: Grego. Filho de Eos, Deusa da aurora, e de um de seus amantes humanos, chamado Titono. Mêmnon foi rei da Etiópia. Ajudou o tio Príamo no cerco a Troia e foi morto por AQUILES, tornando-se imortal. Dizem que as gotas de orvalho são lágrimas de Eos que chora a morte do filho.

MENDES, O CARNEIRO DE: Egípcio. É uma forma de OSÍRIS. Heródoto o chamou erroneamente de "Bode de Mendes".

MEN-SHEN, OS: Chineses. Deuses das entradas; recebem nomes variados.

MENTHU: Veja MONT.

MENU: Lituano. Deus da Lua, talvez seja idêntico a MANI.

MERCÚRIO: Romano. Deus da comunicação e das viagens; mensageiro dos Deuses, padroeiro dos comerciantes. O equivalente grego é HERMES. *777*: Tarô: Oitos, Mago, Biga. Pedras: opala (especialmente a ígnea), ágata, âmbar. Plantas: alho silvestre. Animal: hermafroditas, chacal, andorinha, íbis, macaco, caranguejo, tartaruga, esfinge. Mineral: mercúrio. Símbolos cabalísticos: escudo, nomes e versículos, bastão ou caduceu, fornalha.

MERLIN, MYRDDIN: Celta galês e bretão. Às vezes é chamado Emrys. Antigo bardo lendário; mago e vidente, só posteriormente foi associado ao Rei ARTHUR. (Parece que a grafia "Merlin" foi criada por Geoffrey de Monmouth, que estava escrevendo para leitores franceses normandos e não podia usar a palavra "Myrddin", que se parecia muito com a palavra francesa Inerde, merda.)

MERODACH: Assírio-babilônio. Deus criador. Filho de EA; marido de Ishtar.

MERUL e MERUIL: Africanos. Filhos gêmeos de Núbia.

MESHLAMTNEA: Veja NERGAL.

MESHTA, MÉSTI: Veja HÓRUS, OS QUATRO FILHOS DE.

METSIK: Estoniano. Espírito dos bosques, patrono do gado.

METZLI: Asteca. Deus da Lua; às vezes é identificado com TEZCATLIPOCA.

MEULER: Chileno, araucano. Deus dos ventos, representado por uma lagartixa.

MIACH: Irlandês. Filho de DIANCECHT, que era o pai da Medicina; ele próprio era médico. Com a irmã Airmid, fez a mão de prata do Rei NUAD; por isso foi morto por Diancecht. No túmulo nasceram ervas medicinais.

MICHABO: Veja MANABOZHO.

MICTLA, MICTLANTECUHTLI: Asteca. Com a irmã e esposa Mictlancihault foi Soberano do Inferno, que era denominado Mictlan. Costuma ser representado com cabeça de corvo e bico predatório.

MIDER, MIDIR: Irlandês. Rei do Inferno gaélico. Filho de DAGDA e de Boann, Deusa do Rio Boyne. Esposo da lindíssima Étain Echraidhe (a que monta num cavalo), que personifica a reencarnação. Ele tinha um caldeirão mágico que foi roubado por CUCHULAINN com o auxílio da própria filha Blathnat.

MII-NO-KAMI: Japonês. Deus dos poços.

MILCOM: Citado em 2 Reis 23, 13 como Deus dos amonitas.

MILETO: Grego. Filho de Apollo que migrou de Creta para a Cária, fundou a cidade de Mileto e foi ancestral dos Milesianos (os "Filhos de Mil" da tradição irlandesa).

MIMIR: Escandinavo. Tio de ODIN; guardião de Otherir, ou prado dos poetas. Deus da profecia e da sabedoria; Deus dos lagos e fontes. Costumava beber água da fonte que provinha da raiz da Yggdrasil, árvore que sombreia o Mundo. Odin pediu-lhe um gole da água mágica, mas Mimir pediu em troca os seus olhos. Odin concordou e Mimir usou um dos olhos como copo.

MIN: Egípcio. Deus da potência sexual; sempre é representado na forma itifálica. Na maior parte das vezes tem cabeça humana; às vezes tem cabeça de leão. Protege as regiões de mineração do deserto situado a leste do Nilo; protetor dos viajantes do deserto. Era costume oferecer-lhe ramos de flores para que promovesse a fertilidade do Vale do Nilo; particularmente consagrada a Min era a alface alongada *lattuca sativa*, que tem forma de falo e uma seiva parecida com sêmen.

MINATO-NO-KAMI: Japonês. Deus da foz dos rios.

MINEPA: Moçambicano. Gênio do mal que se opõe ao Deus supremo MULUKU.

MINOS: Grego. Filho de ZEUS e Europa. É o famoso rei lendário de Creta. Desposou Pasifae, filha de HÉLIOS (Deus do Sol) e com ela teve uma filha chamada Ariadne. POSEIDON fez com que Pasifae se apaixonasse pelo touro branco de Minos e ela deu à luz Minotauro. Provavelmente Pasifae e Ariadne eram os aspectos de mãe e de donzela da mesma Deusa da Lua; Minos pode ter sido o Deus ou Alto Sacerdote do culto cretense do touro, e o Minotauro talvez o totem que o patriarcado de Atenas transformou em monstro. Depois que Minos morreu, transformou-se em juiz do Inferno e passou a escolher as almas que deveria ir para os Campos Elísios e as que deviam ser castigadas no Tártaro. *777*: Tarô: Justiça. Pedra: esmeralda. Planta: aloé. Animal: elefante. Perfume: gálbano. Arma mágica: Cruz do Equilíbrio.

MINOTAURO, O: Veja MINOS.

MIRMIDÕES: Veja ÉACO.

MIROKU BOSATSU: Budista japonês. O futuro BUDDHA, que habita o céu tushita. Virá à Terra 5670 milhões de anos depois que Buddha entrar no Nirvana.

MISCA: Nicaraguense. Deus dos comerciantes.

MISHARU: Assírio-babilônio. Deus da lei e da ordem. Filho de SHAMASH (Deus do Sol) e de Aya (Deusa da aurora). Irmão de Kittu (Deus da justiça).

MITHRA, MITHRAS: Persa. Deus da luz e da pureza moral; depois foi um Deus do Sol e da vitória na guerra. A lenda central de Mithra diz que ele matou um touro num Rito de Fertilidade e que o sangue do mesmo provocava o florescimento da vegetação. Recebia animais em sacrifício. É um dos Deuses mais importantes do panteão pré-zoroástrico. O culto de Mithra se estendeu amplamente por todo o Império Romano, especialmente entre os soldados; na cidade de Londres há restos de um templo dedicado a ele. Algumas pessoas acham que faltou pouco para que o cristianismo ou o mitraísmo se tornassem a religião oficial do Império Romano. A origem de Mithra é o MITRA dos hindus; boa parte da mitologia zoroástrica tem raízes indianas.

MITRA: Hindu. Uma forma do Deus do Sol. Filho de Aditi, Mãe Primordial; irmão de VARUNA e dos ADITYAS. Origem do MITHRA persa.

MIXCOATL: Asteca. Deus da caça e depois Deus estelar. Filho de Cihuatcoatl (Deusa do parto). Ele e Coatlicue ou "saia de serpente", Deusa da Lua e da Terra, tiveram um filho chamado HUITZILOPOCHTLI, Deus da guerra e da tempestade; com Xochiquetzal "pluma de flor", Deusa das flores e do artesanato, Mixcoatl teve um filho chamado QUETZALCOATL, Deus da sabedoria e da política clerical.

MNÉVIS: Egípcio. Touro sagrado do Deus do Sol de Heliópolis; encarnação de RÁ. No início era um Deus-touro autônomo.

MOCCOS, MOCCUS: Celta continental. Deus-porco ou Deus de um clã cujo totem era um porco. Identificado com MERCÚRIO por influência romana.

MODI: Veja MAGNI.

MO-LI, OS: Budistas chineses. Quatro irmãos que supostamente foram generais humanos divinizados, famosos por suas vitórias. Há estátuas de todos guardando as portas de entrada dos templos budistas. Veja GENERAL QUE FUNGA, O, e GENERAL QUE FUMA, O.

MOLOCH ou MOLOQUE: Vocalização hebraica deliberadamente errada de m-l-k (malek, melek), ou "rei", para tentar depreciar um Deus "pagão"; talvez se refira particularmente a BAAL-HAMMON de Cartago.

MOMO: Nego. Deus do sarcasmo e da crítica por despeito.

MONHÃ: (Ancião). Brasileiro. Deus criador dos tupis. Zangado com a humanidade ingrata, enviou um incêndio que consumiu tudo, com exceção de Iran Mage (o que vê). Monhã o levou para o céu, mas Iran Mage o persuadiu a perdoar a Terra enviando um dilúvio para apagar o fogo. Costumava ser confundido com MAÍREMONHA, que o sucedeu.

MONJU-BOSATSU: Budista japonês. Um Bodhisattva que personificava a inteligência, a compaixão e a contemplação.

MONT, MONTU, MENTHU: Egípcio. Deus da guerra tebano de aproximadamente 2000 AEC em diante. Durante algum tempo teve como pais adotivos AMUN e Mut, que o chamavam de filho. É representado com cabeça de falcão ou de touro. Era esposo de Rat-Taui (Deusa solar) e Tjenenyet (Deusa local). Os gregos o identificam com Apollo. *777*: Tarô: Imperador, Torre. Pedras: rubi e qualquer pedra vermelha. Plantas: lírio-tigrino, gerânio, absinto, arruda. Animais: carneiro, coruja, cavalo, urso, lobo. Perfumes: resina de drago, pimenta e todos os odores pungentes. Armas mágicas: chifres, energia, cinzel, espada.

MO-ROGROG: Polinésio. Outro nome de LONO.

MORFEU: Grego. Deus dos sonhos. Habitava o Inferno com o pai, Tanatos (Morte) e o tio Hipnos (Sono).

MOT: Cananeu. Deus da morte e da esterilidade. Veja o capítulo V.

MOUTH: Fenício. Deus da morte; filho de CRONOS e Reia; quando morreu foi divinizado.

MUARI, MWARI: Rodesiano. Deus da tribo Mtawara. Mashongavudzi era a principal esposa do Deus; ainda hoje a primeira esposa do rei adota esse nome.

MUKASA: Africano. Deus do Lago Victoria; propiciado pela Tribo Baganda antes de empreender viagens demoradas. Sempre recebia virgens por esposas.

MU KING: Chinês. Nascido do orvalho primordial; foi a primeira criatura viva, tornou-se o soberano dos imortais.

MUKUNDA: (Libertador). Hindu. Um dos títulos de VISHNU.

MULAC: Veja BACABS, OS.

MULCIBER: Romano. Um dos títulos de VULCANO.

MULLO: Celta continental. Patrono dos pescadores de arrieiro. Às vezes é identificado com MARTE. Provavelmente é uma divindade, cujo totem é um asno.

MULUKU: Moçambicano. Deus supremo. Criou um homem e uma mulher, mas quando os dois não levaram em conta seu conselho e não conseguiram se sustentar sozinhos, deu uma cauda de macaco a cada um, ordenando que macacos se transformassem em pessoas e pessoas, em macacos. O opositor maligno de Muluku é Milepa.

MUNGAN-NGANA: Aborígine australiano. Herói da civilização da Tribo Kundei, que os ensinou a fazer redes de pesca, canoas, ferramentas e armas. Seu filho adotivo, Tundun, foi o ancestral da tribo.

MURAIAN: Aborígine australiano da Terra de Van Arnhem. Herói da civilização da Tribo Kakadu. Também é denominado Homem-Tartaruga.

MURUGAN: Hindu. Principal Deus dos antigos tâmeis. Era servido pelas fadas da montanha.

MUSEOS: (Homem-Musa). Grego. Filho de Hécate.

MWARI: Veja MUARI.

MYESTAS, MYESYATS: Eslavo. Deus da Lua; também costuma aparecer na forma da bela e jovem noiva do Sol, com quem ele se casa na primavera, abandonando-o a cada inverno. Como Deus da Lua, em algumas versões é esposo de Dennitsa (Svezda Dennitsa), Deusa da Estrela Matutina, ou Vênus.

MYRDDIN: Veja MERLIN.

NABU, NEBO: Assírio-babilônio e caldeu. Deus da sabedoria, patrono dos escribas. Encarregado das Tábuas do Destino. Filho de MARDUK; esposo de Tashmit (Urmit, Varamit), que o ajudou a inventar a escrita; em outras versões, é esposo de Ishtar ou de Nisaba, Deusa dos cereais.

NAGAS, NAGIS: Hindus. Deuses-serpentes que moravam com as esposas (as Naginis) em um magnífico reino subterrâneo. Tanto podem atrapalhar como ajudar. Eram filhos de Kashyapa e Kadru e seu soberano era VASUKI. Sempre andam muito depressa; os sarpis alados são equivalentes a eles. Aparentemente se originaram de um povo anterior aos hindus, cujo totem era uma serpente e que foi conquistado pelos hindus. No sul da Índia é muito comum o culto dos Nagis, sempre embaixo de uma árvore.

NAGENTZANI e THOBADESTCHIN: Ameríndios, navajos. Heróis gêmeos, guerreiros respeitados, filhos da Mãe-Terra Estanatlchi.

NAGO: Vodu haitiano de origem africana (ioruba). Deus do poder; também está associado com a linhagem familiar. Tem um ritmo tradicional de batidas de tambor.

NAH-HUNTE: Assírio-babilônio. Deus do Sol dos elamitas. Deus da luz, da lei e da ordem.

NAI-NO-KAMI: Japonês. Deus dos terremotos.

NAKA-YAMA-TSU-MI: Japonês. Deus das encostas das montanhas.

NAKKI: Finlandês. Deus da água; mora num palácio magnífico ao qual é possível ter acesso pelos lagos sem fundo. Sobe à superfície para visitar a Terra quando o sol nasce ou se põe; consegue assumir diversas formas. Os nadadores precisam apaziguá-lo.

NALA: Hindu. Filho do Deus ferreiro VISVAKARMA e "habilidoso como o pai". Ajudado por macacos, construiu uma ponte atravessando o mar para uso de RAMA e do irmão Lakshmana.

NAMTAR, NAMTARU: Assírio-babilônio. Portador da peste; habita o Arallu, o Inferno.

NANAN-BOUCLOU: Beninense (dos povos ewe) e vodu haitiano. Na África é uma divindade bissexuada que produziu os gêmeos Mawu-Lisa, os quais geraram todos os Deuses e Deusas. No Haiti é um Deus das ervas e dos remédios.

NANCOMALA: Costarriquenho, índios guaymíes. Ele e Rutbe (Deusa da água) são pais do Sol e da Lua, que foram os ancestrais da humanidade.

NANNA: Caldeu e sumeriano. Deus da Lua. Filho de ENLIL e de Ninlil, Deusa dos cereais. (Não confundir com a Nanna escandinava, esposa de BALDUR.)

NANNAR, ENZU: Caldeu. Deus do Sol da cidade de Ur (que significa "Luz"). Comparado a SIN.

NARA: Hindu. Ele e a esposa Nari (uma forma da Mãe-Terra) às vezes aparece como homem e mulher primordiais.

NARASINHA: Hindu. O quarto avatar de VISHNU, na forma de homem de cabeça de leão.

NARAYANA, HIRANYAGARBHA: Hindu. Nasceu do ovo primordial (ou é um nome para o próprio ovo); queria criar o Universo. Às vezes é considerado um aspecto de BRAHMA, outras vezes de VISHNU.

NARBROOI: Indonésio; Nova Guiné. Espírito dos bosques que roubava a alma dos doentes e só as devolvia quando propiciado com presentes.

NA REAU, NARUAU: Polinésio, Ilhas Gilbert. Ele e a filha Kobine criaram juntos o Céu e a Terra. Quando ele criou o primeiro homem e a primeira mulher, ordenou que não tivessem filhos. Os dois desobedeceram e tiveram três: o Sol, a Lua e o Mar. Na Reau ficou furioso, mas os perdoou.

NASATYAS OU ASVINS, OS: Hindus. Dasra e Nasatyas, filhos gêmeos da Deusa Saranyu; médicos dos Deuses e amigos dos doentes e desafortunados. Compartilham a esposa Surya (Deusa do Sol). Traçam um caminho entre as nuvens para Ushas (Deusa da aurora) e repetem uma função semelhante quando o Sol se põe. Dizem que criou o hidromel.

NASR: Árabe, da época anterior ao islamismo. Deus-abutre. No Alcorão é condenado por ser um dos cinco ídolos erigidos pelos filhos de Caim.

NATA: Noé asteca. Esposo de Nena. TEZCATLIPOCA ordenou que os dois construíssem um barco para sobreviverem ao Dilúvio.

NATARA: Veja NETER.

NATARAJA: Hindu. Um dos nomes de SHIVA na qualidade de mestre da dança e do ritmo.

NATIGAI: Mongol, siberiano, chinês do Norte. Deus da Terra; originado entre os tártaros. Mencionado várias vezes por Marco Polo: "Estes dois Deuses, Natigai e a esposa, são os Deuses da Terra e vigiam os rebanhos, as plantações e todos os bens terrenos."

NEBO: Veja NABU.

NEFERTUM: Egípcio. Deus do sol poente (depois substituído por IMHOTEP); Deus da flor de lótus. Em Mênfis é denominado filho de PTAH e Sekhmet, mas em Buto (no Delta do Nilo) dizem que era filho de Wadjet (Deusa-naja). Em outras versões, é filho de Bast, a Deusa-gata; às vezes é a personificação de Ptah.

NEHE, HEH: (Eternidade). Egípcio. Uma das duas divindades que sustentam os Pilares do Céu; outra é Djet, que talvez seja sua esposa. Personificação da eternidade e de uma vida longa e feliz.

NEKHEBKAU, NEHEBU-KAU: Egípcio. Deus-serpente do Inferno; tem membros humanos. Era filho de Selkhet, Deusa da fertilidade e dos escorpiões; em outras versões, é filho de GEB (Deus da Terra) e de Rennutet (Deusa das colheitas). Ele e Selkhet costumavam acorrentar os mortos, mas de vez em quando cuidavam deles e ajudavam-nos. Protetor da realeza.

NEMED: Irlandês. No ciclo mitológico, foi chefe de um dos primeiros povos que ocuparam a Irlanda. Esposo de Macha, a Deusa do Ulster (provavelmente anterior aos celtas).

NEMQUETCHA: Colombiano, índios chibchas. Herói da cultura colombiana. Esposo de Hunthaca, que, num acesso de raiva, inundou o Planalto de Cundinamarea e por isso foi banida para o céu, onde se transformou na Lua.

NEMU: Indonésio; Nova Guiné, Tribo Kai. Semideuses que habitavam a Terra antes da humanidade, criada por eles. Acabaram destruídos por uma grande inundação.

NENAUNIR: Africano, masai. Deus da tempestade e espírito do mal.

NEPER: Egípcio, Deus dos cereais, especialmente da cevada e do trigo.

NETUNO: Romano. Deus do mar. Era festejado nas Neptunalias (23 de julho), ocasião em que eram erguidas cabanas feitas de galhos como proteção contra o Sol, isto é, a seca, tendo em vista que no início Netuno era um Deus da água doce, adquirindo a condição do Deus do mar (assim como a maior parte das características) quando foi equiparado ao POSEIDON grego. É esposo de Salacia (Deusa da água salgada), *777*: Tarô: Enforcado, Rainhas (de Copas), Lua. Pedras: berilo, água-marinha, pérola. Plantas: lótus, todas as plantas aquáticas, organismos unicelulares, papoula. Animais: escorpião, águia, cobra (Querubim da Água), peixes, golfinhos. Minerais: sulfatos. Perfumes: onycha, mirra, âmbar-cinzento. Armas mágicas: taça, vinho, Cruz do Sofrimento, Crepúsculo do Lugar e Espelho Mágico.

NEREU: Grego. Um Deus do mar; filho de PONTO e Gaia; habitava uma caverna do Mar Egeu. Conhecido como "o Confiável" e o "o Velho do Mar". Ele e Dóris eram os pais das 50 Nereides ou ninfas do mar, que ajudavam os marinheiros. Com uma nereide chamada Nereu se tornou avô de Aquiles. Em algumas versões ele também é pai da Deusa do mar, Anfitrite.

NERGAL, MESHLAMTHEA: Assírio-babilônio. Deus da guerra e do Inferno; esposo de Ereshkigal, Deusa do Inferno, que primeiro foi rebaixada, depois desposada por ele. Nas lendas mais antigas era esposo de Laz, Deusa pré-histórica de Cuthac.

NETER, NATARA: Egípcio. Um dos nomes do Deus supremo; força ativa que tinha por aspecto todas as outras formas de Deuses. O equivalente feminino de Neter é Neteret (Natarat).

NGAHUE: Neozelandês, tribo Maori. Deus do Submundo.

NGAI: Africano, masai. Divindade suprema, criador do Universo.

NGENDEI, NGENDEL: Melanésio, Ilhas Fiji. Deus supremo que defende a Terra, provoca terremotos e governa os mortos. É pai dos cometas. Em algumas versões, criou o mundo e a humanidade. Representado na forma de metade cobra, metade homem. Era filho de uma pedra.

NGURVILU: Chileno, índios araucanos. Deus da água, dos rios e dos lagos; adquire a forma de lince, e sua cauda tem uma garra na ponta. Recebe a culpa por qualquer acidente de barco ou de nado.

NGWOREKARA: Congolês, Tribo Pahouin. Qualquer Deus feio e malvado capaz de condenar as almas a uma segunda morte.

NICHANT: Ameríndio, índios algonquinos, Tribo de Gros-Ventre. É o Deus que destruiu o mundo pelo fogo e pela água.

NICK: Britânico. Parece que o "Velho Nick" do folclore britânico é uma variação masculina posterior das Nixes teutônicas, sacerdotisas ou espíritos dos lagos, rios e poços.

NIDIM: Babilônio. Um dos nomes primitivos de EA.

NIJUHACHI BUSHU, OS: Japoneses. São as 28 divindades que simbolizam as constelações.

NIKKAL SEN: Indiano. "Uma seita do Punjab venerava uma divindade chamada Nikkal Sen, que nada mais era do que o terrível general Nicholson, e nada do que ele dissesse ou fizesse conseguia extinguir o ardor dos seus adoradores" (Frazer, *O Ramo de Ouro*, pág. 132). Frazer observa que, "na Índia, até hoje, todas as pessoas dotadas de resistência ou de valor excepcionais, ou de supostos dons miraculosos, correm o risco de serem adoradas como Deuses".

NINCIRSU, NINURTA: Assírio-babilônio. Deus da irrigação e da fertilidade. Também era Deus da caça, no sentido de lutar contra os aspectos caóticos da natureza para garantir a fertilidade. Personifica o Vento Sul. Esposo de Bau (Bohu, Bahu, Gur), Deusa primitiva das Águas Escuras das profundezas do mar. O casamento dos dois era comemorado no Ano-Novo babilônio, que vem logo após a colheita. Em outras versões é esposo de Gula ou Ninkarrak, Deusas da saúde.

NINIGI: Japonês. Deus jovem, neto de Amaterasu (Deusa do Sol); esposo de Kono-Hana-Sakuya-Hime (Deusa do arroz) ou de Shitateru-Hime.

NINICIKU: (Rei do Olho Sagrado). Assírio-babilônio. Nome de EA em seu aspecto de sabedoria.

NINURTA: Veja NINCIRSU.

NIORD, NJORD, NJOERD: Escandinavo. Deus gigante; é a masculinização patriarcal de Narthus, Deusa primitiva da fertilidade. Esposo de Skadi; pai de FREY e Freya. Morava na praia, mas Skadi preferiu as montanhas onde nascera; no fim, ela volta para ele.

NIPARAYA: Ameríndio, pericu. Deus criador. Não tinha corpo, mas assim mesmo a esposa Amayicoyondi deu-lhe três filhos, um dos quais foi o Homem.

NIRRITA: Hindu. Ele e a esposa, Nirriti, eram divindades védicas de morte.

NJORD, NJOERD: Veja NIORD.

NOBU, NOHU: Melanésio das Novas Hébridas. Criador do Mundo.

NODENS: Britânico. Deus do estuário dos rios de Severn; tinha um templo no Lydney Park, em Gloucestershire. Às vezes é confundido com LUDD; talvez no início tenham sido um só.

NOESARNAK: Esquimó. Vive em terra; usa tanto roupas como uma máscara de pele de veado. Parece-se com uma mulher pequenina. Deve ser tratado com cautela.

NOH: Africano. Era o Adão hotentote, cuja Eva era Hingnoh.

NOHOCHACYUM: (Avô). Maia, de Yucatán. Deus criador benéfico. Está perpetuamente em guerra com o malvado HAPIKKERN.

NOHU: Veja NOBU.

NONCOMALA: Costarriquenho. Criou a Terra e a humanidade; pai do Sol e da Lua. Quando a humanidade se tornou vil, ele enviou um dilúvio para destruí-la.

NOOTAIKOK: Esquimó. É um espírito solícito dos icebergs e que provê focas.

NORIANAHARY: Malgaxe. Deus supremo. Pai de Ataokoloinona; enviou o filho à Terra para verificar a conveniência de criar a humanidade, mas este jamais voltou. Então mandou (e ainda manda) mensageiros à Terra a fim de procurar o filho; os mensageiros formaram a raça humana.

NOTO: Grego. Deus do Vento Sul. Irmão dos três Ventos (veja BÓREAS, EURO e ZÉFIRO); filho do titã ASTREU e de Eos (Deusa da manhã). O equivalente romano é ÁUSTER.

NU: Veja NUN.

NUAD, NUADA: Irlandês. Rei dos Tuatha Dé Danann; perdeu a mão na Primeira Batalha de Mag Tuireadh (Moytura) e, assim, precisou abdicar do trono, porque os reis celtas tinham de ser absolutamente perfeitos; no entanto, MIACH e a irmã Airmid fizeram uma mão de prata para ele, que recuperou o trono e passou a ser conhecido como Argetlamh, ou "Mão de Prata". Veja também LUDD.

NUDA, NUDD: Veja LUDD.

NUDIMMUD: Babilônio. Antigo nome de Ea.

NUN, NU, NUNU: Egípcio. Deus das águas primordiais; "pai dos Deuses". Ele e a esposa Naunet (Nunut) formaram o primeiro casal dos Ogdoad de Hermópolis. Os Ogdoad foram os oito primeiros seres vivos; os machos eram sapos e as fêmeas, serpentes. *777*: Tarô: Louco. Pedras: topázio, calcedônia. Planta: álamo. Animal: águia ou homem (Querubim do Ar). Perfume: gálbano. Armas mágicas: adaga ou leque.

NURELLI: Aborígine australiano, Tribo Wimbaio. Criou a terra e levou a lei e a ordem à tribo. Tinha duas esposas, cada qual levando duas lanças. Acabou subindo aos céus na forma de constelação.

NURRUNDERE: Veja BUNJIL.

NUSKU: Assírio-babilônio. Um Deus do fogo; associado a holocaustos. Filho de SIN ou de ANU. As versões mais antigas dizem que era ministro de ENLIL e Deus da justiça. O símbolo de Nusku era uma lâmpada,

NWYVRE: (Céu, Espaço, Firmamento). Galês. Esposo da Deusa Arianrhod. Só o nome dele sobreviveu.

NYAME: Africano, achanti. Deus supremo e Deus do céu, das tempestades e do raio. Foi conduzido da Terra ao céu atraído pelo barulho da moagem de trigo. Presenteou a humanidade com o Sol, a Lua, a chuva e outras dádivas depois que a aranha ANANSE relatou a ele as necessidades dos homens.

NYAMIA: Guineano, Tribo Agni. Tornou-se Deus supremo por influência muçulmana; antes disso, era um Deus do céu e das tempestades do porte de Ásia (Deusa da Terra), de Ásia-Bussu (Deus dos arbustos) e de Pan (Deus das plantações).

NHANDERUVUÇU: Brasileiro. Herói civilizador, era pai de TUPÃ, Deus da tempestade.

NYYRIKKI: Veja TAPIO.

NZAMBE, NZAME: Africano, banto. Deus supremo. O primeiro homem criado por ele se tornou mau, e ele o matou; depois criou outro e fez uma estátua de madeira para lhe servir de mulher; os dois foram os ancestrais da humanidade.

OANNES: Babilônio. Deus da sabedoria. Metade homem, metade peixe. Trouxe a cultura para a humanidade; talvez seja uma reminiscência de uma antiga conquista da Babilônia por um povo que vivia do mar. Dizem que ele e Ataryatis Derketo de Askalon (Deusa dos peixes) eram pais de Semíramis, rainha histórica da Babilônia que foi considerada mitológica até 1909, época em que foi encontrada uma inscrição que a mencionava. Os primeiros cristãos do Egito identificavam Oannes com São João Batista.

OBATALA: Nigeriano, tribo dos iorubas; vodu brasileiro. Deus do Céu. Ele e Oduduwa (Deusa da Terra) foram criados pelo Deus supremo OLORUN como Adão e Eva, com um Éden na Ilha de Ifé. Ele era muito puro, mas ela estava interessada em procriar e teve muitos amantes.

OBERON: O rei das fadas de Shakespeare também aparece na epopeia medieval intitulada *Huon de Bordeaux* (*Huon em Bordéus*); nela, ele também é um rei das fadas que tem poderes mágicos e é soberano de um reino chamado Mommur. É anão, mas tem um rosto de anjo; é filho de Júlio César e da Senhora da Ilha Escondida. Aparentemente ela não envelhecia; segundo a epopeia, ela havia sido mãe de Alexandre, o Grande, sete séculos antes (na realidade, teriam sido três). No fim da história os anjos levam Oberon para o céu, deixando Huon no governo de Mommur na qualidade de "Rei de todas as fadas". Na verdade, Titânia (rainha de Oberon em *Sonho de Uma Noite de Verão*, de Shakespeare) era a Deusa romana Diana, que foi denominada daquele modo por Ovídio em *As Metamorfoses* 3,173.

OCEANO: Grego. Filho de URANO e Gaia; foi o único que não se revoltou contra o pai. Deus (e personificação) do grande rio que cingia o Universo, abraçando o mar sem se misturar com ele e gerando todas as águas da Terra. Oceano e a irmã Tétis eram os pais das três mil oceânides (ninfas do mar e dos rios) e de Métis (Sabedoria, Conselho), a primeira esposa de ZEUS. De acordo com uma versão, ele e Tétis cuidaram de Hera quando era bebê, no palácio que ficava na borda oeste do Mundo. Hera veio a ser a segunda esposa de Zeus. Quando os Deuses do Olimpo se estabeleceram por conta própria, o governo das águas da Terra foi transferido de Oceano para POSEIDON; Oceano se recolheu ao rio que cingia a Terra.

ODIN: Escandinavo. Principal Deus; também Deus da guerra, da magia, da poesia, da sagacidade e dos mortos. Rei dos AESIR. Filho de BOR ou THOR e da giganta Bestla. Talvez, no início, tenha sido um personagem histórico que chefiava um clã de corvos muito poderoso; cedo se tornou um Deus das tempestades noturnas. Aos poucos foi substituindo Thor na chefia dos AESIR (Thor era o Deus dos camponeses e Odin, dos guerreiros). Conhecido como Pai de Todos e de Tudo. Quando o mundo foi criado, ele pôs o Sol e a Lua em movimento. Com HOENIR e LODUR, criou ASK e Embla (o primeiro casal humano). Servido pelas Valquírias, habitava o Valhalla com dois corvos (Hugin e Munin), que o mantinham informado sobre o que acontecia na Terra. Odin tinha um cavalo de oito patas chamado Sleipnir, uma lança chamada Gungnir e um anel mágico chamado Draupnir. Era esposo de Frigg, com quem teve os filhos BALDUR, Bali, BRAGI, HODER, THOR, TYR e VIDAR. Em Ragnarok (o Crepúsculo dos Deuses) foi comido por FENRIS. É identificado com o WOTAN alemão e com o anglo-saxão WODEN. *777*: Tarô: Dois, Reis ou Cavaleiros, Oitos. Pedras: rubi-astério, turquesa, opala, mais especificamente a que tem reflexos azuis e vermelhos. Plantas: amaranto, alho silvestre, *anhalonium lewinii*. Animais: homem, hermafrodita, chacal. Minerais: fósforo, mercúrio. Perfumes: almíscar, estoraque. Armas mágicas: linga, Manto interior da Glória, escudo, nomes e versículos. (Nota: o *777* dá outras correspondências para Odin e Wotan.)

ODOMANKOMA: Africano, achante. Criador da Terra e de tudo que veio depois, incluindo a humanidade e a morte, que acabou por vencê-lo também.

ODISSEU, ULISSES, ULIXES: Grego. Herói da Odisseia de Homero, a história das peregrinações de Ulisses depois do cerco de Troia. Arquétipo da engenhosidade e da perseverança humanas. Rei de Ítaca; filho de Laerte e Anticleia; esposo de Penélope; pai de Telêmaco. Ulisses ou Ulixes era o seu nome romano.

OFION: Grego. A cobra do cosmo. Os pelasgos afirmavam ter nascido da união dele com a oceânide Eurínome.

OG: Veja GOG.

OGHMA: Irlandês. Deus da sabedoria e da escrita. Veja pág. 39.

OGUM: Nigeriano, tribo dos iorubas; vodu brasileiro. Deus da guerra e do fogo. Filho de AGANJU e Yemanjá. Um dos muitos amantes de Erzulie (Deusa do amor).

OHDOWAS, OS: Ameríndios, iroqueses. Anões que moram sob a superfície e cuidam de todo tipo de monstros.

OISÍN, OSSIAN: (Corça). Irlandês. Filho de FIONN MAC CUMHAL e de Sadhbh (Deusa dos veados). Antes de Oisín nascer, a mãe foi atraída por meio de encantamento para longe da casa de Fionn e transformada em corça; Fionn nunca mais a encontrou, mas Oisín, ainda menino, voltou para casa e se tornou um grande poeta. Único homem a enfrentar São Patrício numa discussão. Foi para Tír na nÓg (Terra da Juventude céltica) com Niamh dos Cabelos Dourados; com ela teve dois filhos (Fionn, que tinha o nome do pai de Oisín, e Osgar, ou "o que gosta muito de veados") e uma filha chamada Plur na mBan ou "flor das mulheres").

OIWA DAIMYOJIN: Xintoísta japonês. Um Deus da pedra.

OKITSU-HIKO: Japonês. Deus da cozinha; o complemento feminino desse Deus é Okitsu-Hime.

O-KUNI-NUSHI: Japonês. Deus da Terra e da medicina. Filho de SUSANOWO, Deus do mar e da fertilidade, nasceu quando este foi morar na província de Izumo. Esposo e irmão de Suseri-Hime. Quando os irmãos o mataram por ciúmes, foi ressuscitado por Kami-Musumi, Deusa das sementes "força geradora Divina". Ele se tornou soberano de Izumo.

OLÍMPIOS, OS: Gregos. O panteão do período clássico; supostamente habitavam o Monte Olimpo, situado nas fronteiras da Macedônia e da Tessália. Os "Doze Olímpios" eram os Deuses ZEUS, POSEIDON, HEFESTO, HERMES, ARES E Apollo e as Deusas Hera, Athena, Ártemis, Héstia, Afrodite e Deméter. Além dos Doze, o Olimpo também era habitado por outras divindades menos importantes.

OLLE: Ameríndio, tuleyone. Quando o espírito mau Sahte tentou destruir a Terra com um incêndio, Olle apagou-o com um dilúvio, que fez submergir tudo, menos o cume de uma montanha onde os sobreviventes se reuniram. Às vezes recebe o nome de COIOTE. Veja também WEKWEK.

OLOKUN: Nigeriano, tribo dos iorubas. Deus do mar primitivo ou do grande mar do céu. Filho de AGANJU e Yemanjá; pai de OLORUN.

OLOFAET: Melanésio, Ilhas Carolinas. Deus do fogo. Entregou o fogo a um pássaro, que voou de árvore em árvore por toda a Terra e atribuiu a elas o dom do fogo de um modo que os homens pudessem obtê-lo por atrito.

OLORUN: Nigeriano, tribo dos iorubas. Deus supremo que rege um grande panteão, mas desempenha um papel passivo e não o papel central do mito ou da veneração. Filho de OLOCUM. Veja OBATALA.

OLUKSAK: Esquimó. Deus dos lagos, cujas margens habita.

OMACATL: (Dois Juncos). Asteca. Deus da felicidade e das festividades. Nas festas em honra desse Deus eram feitas comidas e imagens de pasta de milho.

OMETECUCHTLI, OMETEOTL, TLOQUE NAHUAQUE: Asteca. Esposo de Omeciuatl, Deusa criadora, que pode ser uma divindade anterior a ele. Às vezes ambos são considerados os aspectos masculino e feminino da mesma divindade.

OMONGA: Indonésio, Ilhas Célebes, tribo Tomori. Um espírito do arroz. Habita a Lua. Quando não é tratado com respeito, vai ao celeiro e come o dobro da quantidade do arroz que os proprietários consomem.

ONAMUJI: Japonês. Deus da Terra; filho de SUSANOWO. Foi forçado a abdicar em favor de NINIGI.

ONI, OS: Budistas japoneses. Espíritos que trazem doenças. Todos se vestem de vermelho. Não são exageradamente perigosos e podem até ser convertidos ao budismo.

ONNIONI: Ameríndio, huroniano. Deus em forma de serpente dotada de um chifre que conseguia perfurar montanhas e pedras. Os guerreiros levavam consigo um pedaço do "chifre de Onnioni" para a luta a fim de que lhes desse coragem.

ONO: Polinésio, Ilhas Marquesas. É o nome local de RONGO.

ONURIS, ANHUR, ANHURT: (O que traz de volta quem estava longe). Egípcio. Deus guerreiro e caçador que teve origem em This, localidade próxima de Abidos. O nome desse Deus (Anhur, em egípcio) nos remete à lenda da viagem que fez para o Sul a fim de capturar a Deusa-leoa Mekhit, que acabou sendo sua consorte.

OONAWIEH UNGGI: (O vento mais velho de todos). Ameríndio, cherokee. Deus do vento.

OOYARRAUYAMITOK: Esquimó. Às vezes habita a Terra, às vezes, o Céu. Ajuda os caçadores a encontrar carne.

OPOCHTLI: Asteca. Deus dos pescadores e dos caçadores de pássaros.

ORCO: Romano. Deus da morte; levava os vivos à força para o Inferno. Identificado com DIS, com PLUTÃO e com o HADES grego. Também é um dos nomes do próprio Inferno.

ORÍON: Grego. Caçador que se apaixonou pelas sete filhas de ATLAS e pela oceânide Pleione. ZEUS as colocou nos céus e as ajudou a fugir dele, transformando-as nas Plêiades. Eos, Deusa da aurora, apaixonou-se por ele e o levou consigo, mas Ártemis o matou acidentalmente. Ele também se transformou em uma constelação do céu, onde ainda persegue as Plêiades. (Os aborígines australianos têm uma história quase idêntica que fala dessas duas constelações.) Os egípcios associavam a constelação de Oríon a OSÍRIS.

ORISHAKO: Nigeriano, tribo dos iorubas. Deus da agricultura. Às vezes era citado como esposo de Oduduwa, Deusa da Terra. (Veja OBATALA.)

ORKO: Basco. Deus do trovão. Em basco, quinta-feira é orkeguna.

ORMAZD: Veja AHURA MAZDA.

ORO: Polinésio. Deus da guerra. Filho do Deus criador TAAROA e de Hina-da-Terra, esposa de Mar-para-Nadar, que o adotou como filho, No Taiti o rei era considerado a manifestação humana de Oro.

ORONGO: Veja RONGO.

ORUNGÃ: Nigeriano, tribo dos iorubas; umbanda brasileira, Deus do sol do meio-dia; filho de AGANJU e Yemanjá. Orungã violentou a mãe, que deu à luz onze Deuses e Deusas, além do Sol e da Lua; dois regatos de leite saíram dos seios dela e formaram um enorme lago.

OSCAR: Veja OISIN.

OXALÁ: Nigeriano, tribo Ioruba. Deus secundário; filho do Deus do Sol e esposo da Deusa da Terra.

OSÍRIS: Egípcio. Deus da vegetação, da fertilidade e da vida após a morte. Veja o capítulo XVIII. *777*: Tarô: Dez, Imperatrizes ou Princesas, o Hierofante. Pedras: cristal de rocha, topázio. Plantas: salgueiro, lírio, hera, malva. Animais: esfinge, touro (Querubim da Terra). Mineral: sulfato de magnésio. Perfumes: ditamno-de-creta, estoraque. Armas mágicas: Círculo Mágico e Triângulo, Trabalho da Preparação.

OTOS: (Razão). Fenício. Na lenda da criação damascena é filho do Ar e de Aura.

OULOMUS: Fenício. Na lenda da criação dos mochus é filho do Éter e do Ar. Dele surgiu o ovo primordial, de onde saíram URANO e Gaia.

OUANOS: Veja URANO.

OUSOOS: Fenício. Na lenda da criação fenícia é o gigante filho do fogo. Foi o primeiro a fazer roupas de pele de animais; estava sempre em conflito com o irmão Hiposourianos, que construiu as primeiras cidades. Provavelmente é uma lembrança do atrito entre o campo e a cidade.

OVINNIK: Eslavo. Deus dos celeiros.

O-WATA-TSU-MI: Japonês. Principal Deus do mar. Também é denominado Shio-Zuchi (Velho da Maré).

O-YAMA-TSU-MI: Japonês. Principal Deus das montanhas.

PAN (1): Grego. Deus de toda a Natureza, do campo e dos bosques. Veja o capítulo XVII. Os romanos o identificavam com FAUNO. *777*: Tarô: Diabo. Pedra preciosa: diamante negro. Plantas: cânhamo-da-índia, raiz de orquídea, cardo. Animais: bode, burro; mineral: carbono. Perfumes: almíscar, algália (veja também "perfumes saturninos"). Armas mágicas: Lâmpada, Força Secreta.

PAN (2): Veja NYAMIA.

PA-CHA: Chinês. Um "Grande General" invocado contra os gafanhotos. É representado como um homem dotado de bico, pés de ave e que possui garras.

PACHACAMAC: Inca, de origem pré-inca. Fora do principal panteão inca, é venerado como Deus supremo pelos peruanos do litoral. É um Deus que criou o Universo e nasceu de Mama Pacha (Pachamama), Deusa-Mãe da Terra. Deus do fogo (em particular do fogo subterrâneo); por isso, para os incas era filho do Sol. Criou homens e mulheres (ou aperfeiçoou os que haviam sido criados pelo seu rival VIRACOCHA) e deu-lhes tudo de que precisavam, além das coisas boas da vida. Exigia sacrifícios humanos. Era invisível; ninguém tinha permissão de retratá-lo. Os espanhóis saquearam o grande templo situado perto da atual cidade de Lima, onde Pachacamac era venerado.

PAHA: Veja HIISI.

PA-HSIEN: Taoístas chineses. Os oito Imortais ou humanos que adquiriram a imortalidade praticando as doutrinas taoístas. Eles têm o direito de tomar parte nos banquetes da Senhora Wang, esposa do AUGUSTO PERSONAGEM DE JADE (veja JADE).

PAIAN: Grego. Deus primitivo que realizava curas e depois foi assimilado a Apollo.

PAI CELESTIAL: Hebreu, essênio. Tinha seis Anjos: Vida Eterna, Trabalho Criativo, Paz, Força, Amor e Ponderação. Tinha por complemento a Mãe Terrena, que por sua vez contava com outros seis Anjos: Terra, Vida, Alegria, Sol, Água e Mar. A humanidade ficou na interseção desses dois grupos de forças polarizados e precisa se sintonizar com ambos. Parece que a declaração de Jesus: "Eu e o Pai somos um" provém da seguinte afirmação feita no Ritual Essênio da Sexta-feira: "O Pai Celestial e eu somos um". É interessante notar que o Ritual da Manhã de Sábado dos essênios começava com "Eu e a Mãe-Terra somos um"

PAI DE TODOS: Título que varia com o idioma, mas é dado a muitos Deuses, entre os quais BAHLOO e ODIN.

PAIKEA: Polinésio, Ilha Mangaia. Deus dos monstros do mar. Filho de RANGI e da Deusa-Mãe Papa-Tu-Anuku. Também é o nome de uma baleia e do herói de uma história de natação.

PAIVA: Ugro-finês. Deus do Sol.

PALÁIMON: Grego. Nascido sob forma humana, chamou-se Melicertes; tornou-se Deus do mar. Filho de Jó, que se atirou ao mar com ele nos braços a fim de fugir do esposo Atamas, Rei da Beócia, que enlouquecera e matara seu outro filho. As Nereides ficaram amigas de Jó, que se tornou Deusa protetora dos marinheiros com o nome de Leucoteia. Os golfinhos levaram para Corinto o corpo de Melicertes (que se afogara); lá ele começou a ser venerado como Deus. Geralmente é representado na forma de uma criança transportada por golfinhos.

PALES: Romano. Deus das pastagens e do gado; protetor dos pastores. Posteriormente se tornou uma Deusa de mesmo nome e mesmas funções. As festas dele (e dela) eram as Parilias, realizadas a 21 de abril, data tradicional da fundação de Roma. Como Deus, às vezes é identificado com FAUNO; na qualidade da Deusa, com Vesta. O nome do Monte Palatino é derivado de Pales.

PAMOLA: Ameríndio, algonquiano. Espírito mau da noite; foi derrotado pelo herói CLOOSKAP.

PANCHAMUKHI-MARUTI: Hindu. Nome ocidental de SHIVA. Invocado quando era necessário levantar pesos.

PANEBTAWY: Egípcio. Deus jovem, "Senhor das Duas Terras". Filho de HAROERIS e Tasenetofret (Irmã bela e boa); representa a legitimidade dos faraós.

P'AN-KU: Chinês. Ser cósmico que nasceu do ovo primordial mil anos antes de este se dividir em YANG e Yin. Não tinha sexo, cresceu e se expandiu com o Universo. Algumas versões dizem que ele era um gigante gerado do Yang e do Yin.

PAPSUKAL: Babilônio. Mensageiro dos Deuses; levou a SHAMASH a notícia do aprisionamento de Ishtar no Inferno.

PARASHURAMA: Hindu. O sexto avatar de VISHNU, na forma de RAMA com o machado; derrotou os Kshatriyas, ou seguidores de INDRA, em 21 batalhas (o que fica explicado porque Indra foi substituído por Vishnu). Casou-se com Dharani, reencarnação de Lakshmi particularmente ligada à Terra.

PÁRIS: Grego. Príncipe de Troia que raptou Helena (esposa de Menelau de Esparta), provocando a Guerra de Troia. Isso foi revelado no "Julgamento de Páris", quando lhe perguntaram qual era a mais bela entre as Deusas Hera, Athena e Afrodite; Hera ofereceu-lhe riqueza e poder, Athena prometeu sabedoria e Afrodite disse que lhe daria a mulher mais bonita do Mundo. Afrodite venceu e as outras duas ficaram furiosas; Páris recebeu uma recompensa trágica na pessoa de Helena, filha de Zeus e Leda, os Deuses do Olimpo interferiram nos dois lados da Guerra de Troia, na qual Páris matou AQUILES e acabou morrendo.

PARJANYA: Hindu. Uma forma do Deus-Sol, que se esconde nas nuvens e envia chuva para fertilizar a Terra.

PARTHOLON: Irlandês. No ciclo mitológico, foi o chefe do segundo povo (25 homens e 24 mulheres) que ocupou a Irlanda. Esse povo levou a agricultura e o artesanato para a ilha.

PÁSSARO DO TROVÃO, O: Ameríndio. Na mitologia de algumas tribos ocidentais, é um enorme pássaro parecido com a águia; produzia o trovão, o raio e a chuva para as plantações.

PATECATL: Asteca. Deus da bebida e da bebedeira.

PATOL: Maia. Principal Deus da tribo Tzental. Esposo de Alaghom Naum (Istat lx) ou "Mãe da Mente", que criou a mente e o pensamento.

PAYNAL: Asteca. Deus mensageiro; assistente de HUITZILOPOCHTLI.

PEIROUN: Chinês, de Taiwan (Formosa). Herói de uma lenda do Dilúvio, do qual ele escapa num barco.

PELEU: Grego. Esposo da Nereide Têtis. Os dois cometeram o erro de convidar Éris (Deusa da discórdia) para as bodas, o que levou ao Julgamento de PÁRIS e, consequentemente, à Guerra de Troia. Peleu e Tétis eram os pais de AQUILES.

PELLERVOINEN: Ugro-finês. Deus dos campos, protetor das árvores e das plantas.

PENATES: Deuses domésticos romanos. Deuses do interior das casas, da lareira e da despensa; comparados aos LARES, os Deuses do exterior das casas.

Eles existiam sempre aos pares. Tinham um santuário dentro de casa, perto da porta de entrada, onde recebiam os cumprimentos das visitas.

PENEIO: Grego. Deus do rio. Ele e ALFEIO (um Deus análogo) eram os Deuses dos dois rios que HÉRACLES separou para lavar os Estábulos de Áugias.

PERKUNAS: Lituano. Deus do trovão. Forma alternativa de PERUN.

PEROUN: Veja PERUN.

PERSES: Grego. Ele e a esposa Astéria (ambos Titãs) eram símbolos da luz incidente; na tradição primitiva, eram os pais de Hécate.

PERSEU: Grego. Herói, filho de ZEUS e Danae. Ajudado por Athena, matou a Górgona Medusa e criou os Montes Atlas exibindo a cabeça de Medusa a ATLAS, que se transformou em pedra. Salvou Andrômeda do monstro do mar e a desposou; Perses (neto de ambos) foi o ancestral lendário dos persas.

PERUDA: Brasileiro, tribo tupi-guarani. Um dos três Deuses criadores, ao lado de GUARACI e JACI. Relacionado com a reprodução humana.

PERUN, PEROUN, PYERUN: Eslavo. Deus do Sol, do raio e da guerra; senhor do trovão. O culto de Perun persistiu depois de iniciada a era cristã, especialmente na região de Kiev. Perendan, ou quinta-feira, deriva do nome dele. Usava o arco como arma. Também era um Deus da colheita. Pode ser uma forma de THOR levada para Novgorod e Kiev pelos comerciantes escandinavos. Posteriormente, na era cristã, fundiu-se com o profeta Elias. Veja também TROJAN.

PETESUCHOS: Veja SEBEK.

PIGUERAO: (Pássaro Branco). Inca. Gêmeo de APOCATEQUIL. Por causa dos dois, todos os gêmeos eram considerados sagrados.

PICUMNO: Romano. Ele e o irmão gêmeo Pilumno eram Deuses protetores dos recém-nascidos. Era costume arrumar uma cama para os dois no quarto nupcial.

PICO: (Pica-Pau). Romano. Filho de SATURNO; ele e Canente eram os pais de FAUNO.

PIHUECHENYI: Chileno, índios araucanos. Vampiro que sugava o sangue de quem passava a noite dormindo na floresta. Representado como serpente alada.

PILÁN, PILLÁN: (Essência Suprema). Chileno, índios araucanos. Deus supremo e Deus do trovão. Provocava os raios e os terremotos. Os chefes de tribo e os guerreiros iam a ele depois da morte e se transformavam em vulcões e nuvens, respectivamente. Pilán liderava os espíritos denominados Huecuvus, que traziam desgraça e doenças, e também os Cherruve, que formavam os cometas e as estrelas cadentes e prenunciavam alguma calamidade. Aos poucos ele se tornou abstrato e era invocado só em caso de extrema urgência.

PILTZINECUHTLI'M: Veja TONATIUH.

PILUMNO: Veja PICUMNO.

PINGA: Esquimó. Vigia a caça e os animais de caça, especialmente o caribu. Uma das divindades que supervisionavam a alma dos mortos.

PINON: Brasileiro, Tribo Tupi-guarani, ramo dos Uapés. Nasceu cingido por uma serpente estrelada e se transformou na constelação de ORÍON; a irmã nasceu com sete estrelas e todas se transformaram nas Plêiades.

PLUTÃO: Equivalente romano do HADES grego. Os romanos não tinham divindades infernais próprias muito importantes, por isso a mitologia romana era basicamente a de Hades. *777*: Tarô: Roda da Fortuna, Julgamento, Reis ou Cavaleiros (de Paus). Pedras: ametista, lápis-lazúli, opala com reflexos azuis e vermelhos. Plantas: hissopo, carvalho, álamo, figueira, papoula vermelha, hibisco, urtiga. Animais: águia, leão (Querubim do Fogo). Mineral: nitratos. Perfumes: açafrão, todos os odores nobres e todos os odores fortes. Armas mágicas: cetro, bastão ou lâmpada, Pirâmide de Fogo.

PLUTO: Grego. Filho de JASÍON e Deméter. Deus da riqueza. Dizem que ZEUS o cegou para fazê-lo distribuir seus dons igualmente entre quem merecia e quem não merecia.

PO: Polinésio. O Vácuo original desprovido de luz, calor, som, forma e movimento, que foram se materializando aos poucos e, a partir dele, materializaram-se, finalmente, o Pai-Céu e a Mãe-Terra, pais dos Deuses da humanidade e da Natureza.

POLEVIK: Eslavo. Um espírito do campo; cada campo tinha o seu próprio espírito, que tanto podia atrapalhar como ajudar. Costumava ser aplacado com oferendas que consistiam em colocar num buraco dois ovos e um frango velho, que já não conseguisse cantar. No norte da Rússia, às vezes era substituído pela Poludnitsa, espírito em forma de uma bela moça bonita.

PÓLUX, POLIDEUCES: Veja CASTOR e PÓLUX.

PONTO: (Mar). Grego. De origem fenícia. Primitivo Deus do mar. Ele e o irmão URANO (Céu) eram filhos partenogênicos da Deusa Gaia ou Mãe-Terra; em outra versão, Ponto era filho de Gaia e Urano.

POOKA, O: Irlandês. Deus anterior aos celtas. Degenerou-se em mero espírito malicioso que adquiria várias formas, especialmente a de cavalo negro. É a origem do Puck inglês.

PORENTIUS, POREVIT: Eslavo. Deus de cinco cabeças, da Ilha de Rügen. Tinha uma cabeça em cada ponto cardeal e uma no peito. É semelhante a RUGIEVIT, Slantovit e TRIGLAV.

POSEIDON: Grego. O mais importante de todos os Deuses do mar; um dos 12 OLÍMPIOS. Filho de CRONOS e Reia. Habitava o fundo do mar com a esposa Anfitrite. Os dois eram pais de TRITÃO, mas só Poseidon era pai de TESEU, Polifemo, ORÍON e ANTEU, que tinham outras mães; ele e a Górgona Medusa eram os pais do cavalo Pégaso. Em muitas ocasiões Poseidon era rival de Zeus. Foi favorecido pelos gregos na Guerra de Troia. Acreditava-se que produzia terremotos, por isso era conhecido como "o que faz a Terra tremer". Cavalgava no mar com uma biga puxada por cavalos, os quais, além dos golfinhos, eram consagrados a ele. Poseidon (oferecendo cavalos) e Athena (oferecendo oliveiras) competiam para ser padroeiros de Atenas; Athena venceu, mas os atenienses acalmaram Poseidon construindo um templo para ele perto do Cabo Sounion, cujos restos ainda existem. É o equivalente romano de NET UNO. *777*: Tarô: Quatros, Enforcado, Rainhas (de Copas), Lua. Pedras: ametista, safira, berilo ou água-marinha, pérola. Mineral: sulfatos. Perfumes: cedro, onicha, mirra, âmbar-cinzento. Armas mágicas: bastão, cetro ou cajado, vinho, Copa e Cruz do Sofrimento, Crepúsculo do Lugar e Espelho Mágico.

POSHAIYANKAYA: Ameríndio, pueblo, zuñi. Herói da lenda do Dilúvio; retirou os sobreviventes da caverna em que estavam refugiados.

POTOS: (Desejo). Fenício. Numa das quatro principais lendas fenícias da criação, ele e a Deusa Omicle eram os pais de todas as coisas. Talvez seja apenas um modo de dizer que ela criou todas as coisas do próprio desejo.

PRAJAPATI: Hindu. Senhor dos seres criados; protetor dos que tinham prole, inclusive os Deuses. Em um extremo é identificado com SAVITAR ou SOMA; em outro, é tão abstrato que chega a ser identificado com o BRAHMA absoluto ou com o absoluto indefinível chamado "Ka?" (Quem?).

PRAMZIMAS: Lituano. No Dilúvio, atirou uma casca de noz na água permitindo que dois sobreviventes se agarrassem a ela.

PRIAPARCHIS: Veja KREMARA.

PRÍAPO: Grego. No início era um Deus da fertilidade do litoral da Ásia Menor; os gregos fizeram dele filho de Afrodite e DIONISO. Era costume fazer estatuetas dele com madeira de figueira e colocá-las nas hortas e nos jardins para garantir a fertilidade, assim como nos locais de pesca, para obter boa pesca. As estatuetas eram pequenas, mas em todas ele sempre aparecia com o falo enorme e ereto. Também era protetor dos pastores. *777*: Tarô: Diabo. Pedra: diamante negro. Plantas: cânhamo-da-índia, raiz de orquídea, cardo. Animais: bode, burro. Perfume: almíscar, algália (veja também perfumes saturninos). Armas mágicas: lâmpada, Força Secreta.

PROMETEU: (O Vidente): Grego. Filho do titã JÁPETO e da oceânide Climede ou da titânide Têmis. Personificação do conselho ponderado, muito venerado pelos atenienses. Manteve-se neutro na guerra dos Deuses do Olimpo contra os TITÃS e, por isso, foi admitido no Olimpo. Ele e o irmão Epimeteu (aquele que pensa depois) receberam de ZEUS a incumbência de criar os homens e as mulheres, que os dois fizeram com argila e água a imagem e semelhança dos Deuses; depois, Athena insuflou neles o sopro da vida. Epimeteu dera aos animais todos os dons que a humanidade tinha; por isso, Prometeu deu o fogo aos homens e às mulheres, ou seja, para torná-los superiores. Com isso, foi defendido por todos na guerra contra os Deuses do Olimpo, e Zeus tirou o fogo dos irmãos. Prometeu, porém, roubou o fogo do Céu num junco e o devolveu à humanidade. Zeus castigou a humanidade enviando Pandora e sua caixa de desgraças; o castigo de Prometeu foi ficar acorrentado junto a uma montanha, onde uma águia ia todos os dias comer seu fígado. Finalmente Zeus permitiu a Héracles que o salvasse daquela aflição e o readmitiu no Olimpo. Prometeu avisou o filho DEUCALIÃO que o Dilúvio estava por vir, admoestando-o a construir uma arca para se salvar.

PROTEU (1): Grego. Primitivo Deus do mar; filho de OCEANO e Tétis. Guardião do rebanho de focas de POSEIDON. Tinha o dom da profecia, mas era preciso agarrá-lo e obrigá-lo a falar, sem ter medo de seu outro dom, o de mudar de forma. Dizem que habitava a Ilha litorânea de Faros (provavelmente é confundido com PROTEU 2).

PROTEU (2): Grego. Rei lendário do Egito; dizem que acolheu PÁRIS e Helena quando fugiram de Esparta. Para ele, POSEIDON cavou um túnel que ligava o litoral egípcio com a Ilha de Faros.

PROTÓGONOS: (Primogênito). Na lenda da criação fenícia (da cidade de Biblos) foi filho de Baau, Deusa primordial, e de KOLPA, Deus do vento.

PRYDERI: Galês. Filho de PWYLL e Rhiannon (Deusa da fertilidade e do Submundo). Ela foi punida por ter sido acusada de matar o filho ainda menino, mas, depois, soube-se que ele fora raptado. Pryderi acompanhou BRAN na expedição deste contra Matholuích; só sobreviveu ele e mais seis. É esposo de Kicva.

PTAH: Egípcio. Deus criador e artesão. Veja a pág. 54. *777*: Tarô: Ases. Pedra preciosa: diamantes. Planta: amendoeira em flor. Mineral: potassa áurica. Perfume: âmbar-cinzento. Armas mágicas: coroa, suástica ou Cruz de Fylfat.

PUANG MATO\VA: Melanésio, Ilhas Célebes, Tribo Toradja. Deus do firmamento, ancestral da família reinante.

PUCHAM: Veja PUSHAN.

PUCK: Veja POOKA, O.

PUHSIEN: Veja PUSHAN.

PULUG: Oceano Índico, Ilhas Andaman. Deus do trovão.

PUNCHAU: Inca. Deus do Sol, representado como guerreiro armado de dardos.

PUNG-GEL: Veja BUNJIL.

PURAS, OS: Melanésios, Nova Bretanha e Ilha Rooke. Deuses de pele branca que no início foram identificados com os primeiros europeus recém-chegados.

PURUSHA, SKAMBHA: Hindu. Na mitologia dos vedas é o aspecto masculino de BRAHMA em oposição a Satarupa, o aspecto feminino. Também é visualizado como gigante primitivo de cujo cadáver foi criado o Mundo.

PURUTABBUI: Ameríndio, pericu. Criador das estrelas, que eram pedaços de metal incandescente.

PUSHAN, PUCHAN, PUHSIEN: Hindu. Uma forma do Deus-Sol. Relaciona entre si todas as coisas, animadas e inanimadas; dessa maneira, rege os casamentos. Guardião das estradas e do gado; guia os mortos para o Inferno. É um dos ADITYAS.

PWYLL: Galês. Rei de Annwn, o Submundo feliz; primeiro esposo de Rhiannon (veja PRYDERI).

PYERUN: Veja PERUN.

QAT: Australiano da Ilha Banks, situada à costa de Queensland. Usou madeira para fazer os primeiros homens e mulheres e os dotou de vida dançando ao ritmo de um tambor. Uma versão diz que ele também criou os porcos, cuja única diferença em relação aos seres humanos era terem quatro patas. No início, a luz do Sol era interminável e os irmãos de QAT reclamaram; por isso ele procurou a Noite, que habitava outro país. A Noite o ensinou a trazer a noite e o dia ao Mundo. Pode ser identificado com QUAT.

QEBEHSENUF: Veja HÓRUS, OS QUATRO FILHOS DE.

QUAAYAYP: (Homem). Ameríndio, pericu. Um dos três filhos de NIPARAYA e Amayicoyondi. Desceu à Terra com muitos servos a fim de ensinar os índios do Sul, que acabaram o matando. Ele ainda está morto, mas por ser incorruptível, ainda verte sangue. Não fala, mas uma coruja fala com ele.

QUAHOOTZE: Ameríndio, nootka. Deus da guerra.

QUAMTA: Africano, cafre. Deus supremo. O culto dele é caracterizado por montículos de pedra; cada pessoa que passa acrescenta uma pedra.

QUAT: Melanésio. Novas Hébridas. Deus principal, assim como TAAROA. Pode ser identificado com QAT.

QUERUBINS: Hebreus. Ordem de anjos normalmente inferiores aos SERAFINS. Seres alados formidáveis, bem diferentes dos "querubins" da cultura europeia. Descritos em Ezequiel 1 e 10, Querubins de ouro batido, que protegiam o Trono do Senhor (Êxodo 25, 18-20). Equivalem aos *kherubh* assírios.

QUETZALCOATL: (Serpente Coberta de Penas). Asteca. Deus tolteca primitivo que se tornou uma das divindades astecas mais importantes. Deus do vento, da vida, da fertilidade, da sabedoria e do conhecimento prático. Dizem que deu origem à agricultura e ao calendário. Identificado com Vênus na forma de Estrela Matutina; o gêmeo XOLOTL é a Estrela Vespertina. Às vezes é representado como serpente coberta de penas, outras, como homem barbado. Nas lendas é identificado como um rei e sacerdote histórico que partiu de barco prometendo voltar; quando Cortés aportou, muitos mexicanos o acolheram, e também a armada, pensando que finalmente Quetzalcoatl havia voltado para casa.

QUIATEOT: Nicaraguense, niquiran. Deus da chuva.

QUIRINO: Italiano. Primitivo Deus da guerra. Quando RÔMULO foi divinizado, ele foi venerado como filho de MARTE, com o nome de Quirino.

QUÍRON: Grego. O CENTAURO ponderado e sábio, filho de CRONOS e Fílira.

RÁ (1), RE: Egípcio. Deus-Sol; principal Deus do panteão de Heliópolis. Veja o capítulo XXVII. *777*: Tarô: Seis, Imperadores ou Príncipes, Sol. Pedras: topázio, diamante amarelo, crisólito. Plantas: acácia, loureiro, videira, girassol, heliotrópio. Animais: fênix, leão, criança, gavião. Perfumes: olíbano, canela e todos os aromas nobres. Armas mágicas: lamen, ou Cruz Rosada, ou Arco e flecha.

RÁ (2): Polinésio, raiatea. Deus-Sol. Esposo de Tu-Papa (Tu-Neta), filha mais moça de Papa (Mãe-Terra); os dois habitavam o Outromundo.

RABEFIHAZA: Malgaxe. Ensinou os homens a caçar e pescar e inventou as armadilhas.

RÁ-HARAKHTE: (Rá do Horizonte). Egípcio. Um título de Rá como sol nascente.

RAIDEN: Japonês. Deus do trovão; representado como demônio, em geral dotado de garras e levando um tambor.

RAINI: Brasileiro, tupi-guarani; tribo dos mundurucus. Criou o mundo colocando uma pedra achatada na cabeça de outro Deus.

RAKSHASAS, OS: Hindus. Seres semidivinos; não eram maus em si, mas o destino (Dharma) decidiu que eles trariam desgraça aos homens e mulheres, em geral como uma consequência natural do carma humano. Habitavam uma cidade muito bonita e tratavam uns aos outros com afeição e honestidade.

RAKTAVIJA: Hindu. Chefe do exército dos demônios. As representações de Kali mostram ela levando a cabeça decapitada de Raktavija.

RAMA: Hindu. Qualquer dos três avatares de VISHNU (veja RAMACHANDRA, PARASHURAMA E BALARAMA).

RAMACHANDRA: Hindu. O sétimo avatar de VISHNU, geralmente conhecido apenas como Roma. Naquela encarnação era esposo de Sri, que por sua vez era uma encarnação de Lakshmi.

RAMMAN, RAMMON, RIMMON: Babilônio. Deus da tempestade; pode ser comparado a HADAD. Associado ao Dilúvio, quando "o furacão de Ramman subiu aos céus e a luz se transformou em escuridão". A romã era consagrada a ele. É o Rimmon do Velho Testamento. Esposo de Shala, a Piedosa.

RACI (1): Maori. Deus do céu; apaixonou-se por Papa (Mãe-Terra na escuridão primordial). O abraço dos dois esmagou não só os Deuses gerados por eles, como todas as outras criaturas; nada conseguia brotar nem frutificar. Por isso os Deuses resolveram separá-los (a pedido de Rangi, segundo uma versão). Dali em diante a luz se espalhou pelo Mundo e a criação continuou. As lágrimas vertidas por Rangi na separação formam o orvalho; os suspiros dele são os gelos do inverno.

RANGI (2): O mesmo que Rangi (1), mas com certa distância. Polinésio, Ilha Mangaia. Deus do Inferno e da guerra. Primeiro soberano de Mangaia depois do dilúvio que abateu a ilha. Neto de Papa ou Mãe-Terra. Esposo de Tepotatango (Profundeza do Hades).

RASHNU: Persa, zoroástrico. Ele e MITRA julgavam as almas dos mortos.

RATI-MBATI-NDUA: (Senhor de um dente só). Melanésio, Ilhas Fiji. Deus do Inferno.

RAVANA: Hindu. No início era um Deus celestial, mas ofendeu VISHNU e foi obrigado a escolher três encarnações na Terra como seu inimigo, ou sete como seu amigo; optou pela primeira, que logo terminaria. Na primeira encarnação foi Hiranyakasipu, rei-demônio que destronou INDRA e se apoderou dos Céus, mas foi derrotado por Vishnu. Na segunda, foi Ravana e raptou Sita, esposa de RAMA, que acabou por matá-lo e salvar a mulher. Na terceira foi Sisupala, filho de rei, mas dotado de três olhos e quatro braços; o olho e os braços suplementares desapareceram quando KRISHNA foi visitar os pais e o colocou nos joelhos. Quando jovem, insultou e ameaçou um velho, por isso Krishna fez com que morresse. Desse modo o castigo de Ravana ficou completo e ele foi perdoado.

RE: Veja RÃ.

REI DO AZEVINHO: Celta. Deus do Ano que Começa. Veja o capítulo IX.

REI DO CARVALHO: Celta. Deus do Ano que Acaba. Veja o capítulo XI.

REI PESCADOR: Celta. Figura central da lenda do Graal. Veja o capítulo XVI.

REMO: Veja RÔMULO e REMO.

RERIR: Escandinavo. Filho de SIGI, filho de ODIN; fundador e Rei dos Volsungos (ver VOLSUNGO).

RESHEF: Assírio-babilônio. Deus assassino; associado a Ishtar no aspecto belicoso dessa Deusa. Variante de Reshep (veja RESHPU 1).

RESHPU (1), RESHEP, RESHEP-SHULMAN: Originalmente sírio, levado para o Egito na décima oitava dinastia (por volta de 1567 a 1320 AEC). Deus da guerra que podia ser invocado para obter sucesso militar ou curas. É representado com barba e com a coroa do Alto Egito, que possui uma cabeça de gazela na frente.

RESHPU (2): (O Luminoso). Fenício. Geralmente associado à Deusa síria ou egípcia Qedeshet.

RADAMANTO: Grego. Filho de ZEUS e Europa; irmão de MINOS. Famoso pela sabedoria e justiça; foi tutor de HÉRACLES. Morto, tornou-se um dos juízes do Inferno. *777*: Tarô: Justiça. Pedra preciosa: esmeralda. Plantas: babosa. Animal: elefante. Perfume: gálbano. Arma mágica: Cruz do Equilíbrio.

RIMMON: Veja RAMMAN.

RISHIS, OS: Hindus. Filhos dos Deuses que apareciam em diversos papéis. Incluíam sete sábios que conservaram e transmitiram a sabedoria dos vedas; eram as estrelas da Ursa Maior.

ROBIGO: Romano. Deus que protegia as colheitas contra uma praga conhecida como ferrugem do (latim *robigo*). Às vezes é encarado como a Deusa Robigo.

ROHE: Maori. Soberano dos dez níveis do Inferno. Os quatro níveis superiores eram regidos por Hine-nui-te-po e os três níveis inferiores, pela Deusa Miru.

RÔMULO e REMO: Romanos. Filhos gêmeos de MARTE e Reia Sílvia; segundo a lenda, foram os fundadores de Roma. Postos a flutuar sem rumo pelo Rio Tibre por seu tio Amúlio quando ainda eram bebês; os dois foram salvos e criados por uma loba. Construíram Roma (segundo a tradição, em abril de 753 AEC) e Rômulo matou Remo numa discussão. Rômulo foi o primeiro Rei de Roma e quando morreu foi divinizado e venerado como QUIRINO, Deus da guerra.

RONGO, ORONGO: Polinésio, indonésio. Filho de Papa ou Mãe-Terra. Era Deus da fertilidade, da agricultura, da guerra e do Inferno, além de patrono da música. Era amplamente venerado na época das colheitas. Nas Ilhas Marquesas era denominado Ono; pode ser comparado com o ONO taitiano. Itum, Deusa que praticava curas, era a consorte de Rongo.

ROT: Ugro-finês, lapão. Rei do Inferno.

RU: Polinésio, taitiano. Deus do Vento Leste.

RUAHATU: Polinésio. Deus da guerra e do mar, venerado particularmente no Taiti.

RUDA: Deus do norte da Arábia. É a Estrela Matutina ou Vênus.

RUDRA: Hindu. Primitivo Deus da Terra e das montanhas; SHIVA desenvolveu-se a partir dele. Algumas vezes também é visto como Deus das tempestades. Príncipe dos demônios. Também era Deus dos mortos. Arqueiro hábil, cujas flechas traziam desgraça. Denominado "javali divino rosado". Esposo de Prisni, Deusa da Terra e das vacas. Os dois eram pais dos onze Maruts, que se tornaram companheiros de INDRA. Rodasi, Deusa da tempestade e do raio dos Vedas, também é considerada esposa de Rudra.

RUDRAS, OS: Veja MARUTS, OS.

RUGIEVIT: Eslavo. Deus de sete rostos da Ilha de Rügen, no Mar Báltico. Semelhante a PORENTIUS, SVANTOVIT e TRIGLAV.

RUTI: (O que se parece com um Leão): Fenício. Deus de Biblos. É representado em forma de homem com cabeça de leão.

SAA: Egípcio. Filho de RÁ que fica sentado no barco do pai e também comparece ao julgamento dos mortos. Talvez seja idêntico a HU.

SABÁZIO: Grego, frígio, do Helesponto trácio. Deus do Sol. Esposo de Bendis (Deusa da Lua). Com o nome de Dioniso Sabázio era Deus da cevada; segundo Plutarco e Tácito, foi o Deus original dos judeus.

SAE-NO-KAMI: Japonês. Palavra coletiva que designa vários Deuses que afastam o infortúnio.

SAGBATA: Beninense. Deus da varíola.

SAHAR, SHAHAR: Fenício. É Vênus como Estrela Matutina; ele e o irmão gêmeo SALEM (Vênus como Estrela Vespertina) eram filhos de EL e Asherah ou Rahmaya. Quando os gêmeos nasceram estenderam os lábios para o Céu e para a Terra, alimentando-se de aves e peixes, o que os estabeleceu como Deuses; Sahar também foi um Rei da Lua dos semitas do Norte e do Sul.

SAHSNOT, SAXNEAT: (Que usa espada). Antigo nome saxão do Tiwaz.

SAHTE: Veja OLLE.

SAKA-NO-MI-WO-NO-KAMI: Japonês. Deus das encostas de montanhas.

SAKARABRU: Guineano, Tribo Agni. É tão justo quanto terrível; demônio da escuridão que também pratica curas e distribui justiça. Representado por uma bola de milho.

SAKRA: (Poderoso). Um dos títulos de INDRA (1).

SAKYAMUNI: Nome chinês de BUDDHA.

SALEM, SHALÉM, SHELIM: Fenício. É a Estrela Vespertina (Vênus); veja SAHAR. Parece que esse nome foi mantido na palavra "Jerusalém".

SAMAEL: Nome hebreu de Satã.

SAMAS: Semita do Norte. Deus do Sol. Os semitas do Sul tinham uma Deusa do Sol correspondente chamada Sams. Sem dúvida está relacionado com SHAMASH.

SAOSHYANT: Persa, zoroástrico. Era um psicopompo que conduzia a alma dos mortos para serem julgados por MITRA e RASHNU.

SARÁPIS, SERÁPIS: Egípcio. Nome grego de ÁPIS (Touro de Mênfis); considerado uma encarnação de OSÍRIS e, às vezes, de Ptah. Na época ptolemaica era a divindade principal da Alexandria. Como tal, era um Deus praticamente novo inventado por Mâneto e Timóteo, conselheiros de Ptolomeu I, que foram encarregados de conciliar os panteões egípcio e grego. Quase todas as divindades egípcias podiam ser razoavelmente equiparadas com as gregas, mas Osíris apresentava dificuldades. Era preciso encontrar um consorte para Ísis, que estava adquirindo fama internacional; por isso Serápis incorporou Osíris embora pudesse ser comparado a ZEUS e POSEIDON. Foi aceito como parceiro de Ísis fora do Egito, mas sempre permaneceu em segundo plano em relação a ela.

SARUTO-HIKO: Japonês. Comandante das forças armadas de NINIGI.

SASABONSUM: Africano, cafre. Demônio da floresta que devorava os viajantes. No entanto, a esposa Srahman, dríade da paineira, ensinou-lhe os segredos das florestas e das ervas.

SATÃ: (Adversário). O Diabo, na terminologia cristã. Veja o capítulo XIII.

SATURNO: Romano. Deus primitivo da plantação e da colheita; dizem que foi rei na Idade de Ouro; afastado do céu por JUPITER, escondeu-se (*latuit*) na terra que veio a ser denominada Lácio (mais exatamente, na Colina do Capitólio de Roma). Esposo de Ops (Fartura), Deusa da fertilidade, foi identificado com o CRONOS grego, e a esposa, com Reia ou Cibele. A Festa de Saturno é a Saturnália (de 17 a 23 de dezembro), que consiste em muitas festas, diversões, troca de presentes e inversão de papéis (por exemplo, senhores servindo escravos). A palavra inglesa *Saturday* provém de Saturno. No plano astrológico é limitativo. Cabalisticamente é o planeta de Binah, restritivo no sentido de dar forma. *777*: Tarô: Três, Rainhas, Mundo. Pedras: safira astéria, pérola, ônix. Plantas: cipreste, papoula de ópio, freixo, heléboro, teixo, beladona. Animais: mulher, crocodilo. Mineral: chumbo. Perfumes: mirra, almíscar, assafétida, escamônea, anil, enxofre e todos os odores do mal. Armas mágicas: foice, yoni, Manto Exterior do Ocultamento.

SÁTIROS: Gregos. Espíritos da floresta e dos montes; no início tinham uma forma tosca de animais, de corpo peludo, pés de cabra, chifres e orelhas pontudas; sensuais, gostavam de perseguir as ninfas. Posteriormente ficaram mais graciosos, gostando de tocar e dançar, mas ainda orgiásticos e dotados de chifres.

SAVITAR, SAVITRI: Hindu. Deus do movimento; faz o Sol nascer e se pôr, o vento soprar e as ondas quebrarem; torna os Deuses imortais. É invocado para redimir os pecados e, na qualidade de psicopompo, Savitar é representado com língua, olhos e braços de ouro. Filho de Aditi, Mãe dos Deuses.

SAXNEAT: Veja SAHSNOT.

SEB: Egípcio. Outro nome de CEB.

SEBEK: Egípcio. Associado aos faraós da décima terceira dinastia (aproximadamente 1786-1633 AEC). Representado como crocodilo ou só com cabeça de crocodilo. No início era um Deus do Fayoum e tinha por animal totêmico o crocodilo; parece anterior a RÁ com quem se identifica como Sebek-Rá) e SETH, com quem também foi várias vezes identificado.

SEBIUMEKER: Sudanês, civilização meroítica (aproximadamente 300 AEC-500 EC). Deus da procriação. O centro principal do culto a Sebiumeker é um complexo de templos em Musawwarat el-Sufra, situado próximo à sexta catarata do Nilo. (Veja também APEDEMAK.)

SEF: (Ontem): Egípcio. Deus-leão; personificação de "ontem", ao lado do irmão DUA (Hoje).

SEGOMO: Celta continental. Deus da guerra; também é chamado Cocidius.

SEKER: (Fim do dia). Egípcio. No início era um Deus da vegetação; depois foi Deus da Necrópole de Mênfis e do Inferno. O domínio de Seker era escuro e povoado por espíritos maus e répteis; só era iluminado quando o barco de RÁ o atravessava todas as noites. É representado com cabeça de falcão ou na forma de um falcão mumificado transportado no barco de Rá e intimamente identificado com OSÍRIS, que em Mênfis se chamava Seker-Osíris. Os gregos davam a ele o nome de Soucharis.

SEMO SANCTUS: Romano, de origem latina. Deus dos juramentos.

SENHOR CELESTIAL DA PRIMEIRA ORIGEM, SENHOR CELESTIAL DA AURORA DE JADE DA PORTA DOURADA: Veja JADE, O AUGUSTO PERSONAGEM DE.

SENHOR DOS VENTOS: Ameríndio, iroquês e huroniano. Esposo de Sopro da Vida, que deu à luz dois gêmeos, que brigavam antes de nascer; o Senhor dos Ventos colocou os dois no céu como Sol e Lua.

SEPA: Egípcio. Deus centípede de Heliópolis, conseguia se esquivar das mordidas de cobra. Às vezes é representado com cabeça de burro ou mumificado, e também com dois cornos curtos.

SEPTU: Veja SOPEDU.

SERAFINS: Hebreus. Seres celestiais flamejantes; no início tinham aspecto de serpente, mas depois adquiriram a forma humana; a visão de Isaías (6: 2,6) diz que tinham seis asas: um par cobrindo o rosto, um nos pés e outro para voar. As serpentes eram consideradas guardiãs dos templos.

SERÁPIS: Veja SARÁPIS.

SESHA: Veja SHESHA.

SETH, SETH: Egípcio. Deus que apresenta uma história complexa. Para conhecer a forma final de Seth, veja o capítulo XVIII. No início Seth era um Deus tribal do Sol, anterior às dinastias; o animal totêmico correspondente era parecido com um porco; um Rei divino sacrificado ritualmente era associado a ele. Deus da realeza até a vigésima dinastia (1200-1085 AEC). Esses aspectos foram esquecidos quando Seth foi assimilado pelo panteão de RÁ e passou a chefe das forças do mal. Nesse papel, personificou a aridez eternamente ameaçadora e destruidora do deserto. *777*: Tarô: Diabo. Pedras preciosas: diamante negro. Plantas: cânhamo-da-índia, raiz de orquídea, cardo. Animais: bode, burro. Perfumes: almíscar, algália e perfumes saturninos. Armas mágicas: lâmpada, Força Secreta.

SETHLANS: Etrusco. Deus artesão.

SEYON: Indiano, tâmul. Um dos seus principais Deuses.

SHAHRAR: Veja SEHAR.

SHAI: Egípcio. Deus do destino. Esposo de Meshkent, Deusa do parto. Ele acompanhava as almas em vida e aparecia para julgá-las quando morriam. Às vezes, aparece na forma feminina com o nome de Shait. No período greco-romano fundiu-se com AGATODÁIMON.

SHAITAN: Nome islamítico do diabo; provém da palavra semítica que significa "adversário"; é a origem do atual SATÃ.

SHAKURU: Ameríndio, pawnee. Ordenado por TIRAWA, uniu-se a Pah, Deusa da Lua, e gerou o primeiro homem; a Estrela Vespertina e a Estrela Matutina geraram a mulher. A Festa de Shakuru é a Dança do Sol; entre os índios das planícies americanas é a mais importante do ano e dura uma semana.

SHALEM: Veja SALÉM.

SHAMASH: Assírio-babilônio. Deus do Sol e divindade da integridade e da ordem. Também é a divindade da divinação, mas tem o Baru por adivinho e sacerdote. É filho de SIN, primeiro Deus da Lua, e Ningal, Deusa da Terra e irmão da Deusa suprema Inanna ou Ishtar e de Ereshkigal, Deusa do Inferno, e esposo de Aya, Deusa da aurora; ambos eram pais de MISHARU e Kittu. Na forma caldeia primitiva, Shamash era denominado Shamash-Bubbar e tinha por esposa a Deusa da Lua Sirdu ou Sirrida. Corresponde ao Chemosh do Velho Testamento. Os cananeus lhe davam o nome de Héres. De origem semítica, foi levado à Mesopotâmia pelos acádicos e equivale ao UTTU sumeriano.

SHANG-TI: Chinês. Deus da Dinastia Shang, que se desenvolveu no norte da China durante a Idade do Bronze, por volta de 2000 AEC. Talvez no início fosse um Deus da vegetação ou do arroz; depois passou a Senhor de Tien, ou Céu. Recebia sacrifícios humanos.

SHANKPANNA: Nigeriano, tribo dos iorubas. Deus da varíola.

SHEDU, OS: Veja UTUKKU, OS.

SHEN-NUNG: Chinês, Imperador por volta de 2700 AEC; ensinou agricultura ao povo. Quando morreu foi divinizado. Esposo de Shen-Tsan, que se tornou a Deusa da cultura da seda.

SHESHA, SESHA: Hindu. Deus de mil cabeças que nasceu da boca de um dos avatares de VISHNU chamado BALARAMA, quando este estava morrendo. Entre uma encarnação e outra, embalava e cuidava de Vishnu. Rei dos NAGAS.

SHEZMU, SHESMU: Egípcio. Deus das videiras e das prensas para fazer unguentos. Tanto podia auxiliar como ser cruel; na forma primitiva, era o Deus que desmembrava os pecadores no Inferno; posteriormente ficou mais conhecido no papel de senhor e mestre dos perfumes. As duas formas provêm do seu papel inicial de acompanhante dos faraós. Primeiro era representado na forma humana, depois na de leão.

SHICHI FUKUJIN, OS: Japoneses. São as sete divindades da sorte: seis Deuses (BISHAMON, DAIKOKU, EBISU, FUKUROKUJU, HOTEI e JOROJIN) e a Deusa do mar (Benten). Parece que esse grupo teve origem no Século 17 para integrar divindades populares que não se encaixavam no panteão budista oficial.

SHIGI-YAMA-TSU-MI: Japonês. Deus do pé das montanhas.

SHIHOTSUCHI: Japonês. Um Deus do mar.

SHINA-TSU-HIKO: Japonês. Deus do vento. A Deusa Shina-To-Be (cujo sopro afastava a névoa da Terra) está associada a ele. Os dois nasceram do sopro de IZANAGI.

SHI-TENNO, OS: Japoneses. Guardiões dos quatro pontos cardeais: BISHAMON, TAMON (Norte); JIKOKU (Leste); KOMOKU (Sul); ZOCHO (Oeste). Todos são comandados por TAISHAKU-TEN.

SHIVA, SHIVA: Hindu. Veja o capítulo XXVII. *777*: Tarô: Dois, Reis ou Cavaleiros, Hierofante. Pedras preciosas: rubi, rubi astério, turquesa. Plantas: amaranto, lírio, gerânio. Animais: homem, carneiro, coruja. Mineral: fósforo. Perfumes: almíscar, resina de drago. Armas mágicas: cinzel, chifres, energia, linga, Manto Interior da Glória. Na forma de Touro Sagrado: Tarô: Hierofante. Pedra preciosa: topázio. Planta: malva. Animal: touro (Querubim da Terra). Perfume: estoraque. Arma mágica: Trabalho da Preparação.

SHODEN: Nome japonês do GANESHA hindu.

SHONEY: Escocês e celta irlandês. Deus do mar. As libações de fermentados feitas em sua honra continuaram a ser realizadas até quase o fim do Século 19 pelos pescadores da Irlanda e da Ilha de Lewis.

SHOU-HSING: Chinês. Deus da vida longa que sabe a data da morte de todos os indivíduos; se a pessoa leva uma vida honrada e oferece sacrifícios, às vezes consegue convencê-lo a adiar a data da própria morte. Representado na figura de um velho calvo e de barbas brancas que leva um cajado e o pêssego da imortalidade.

SHU: Egípcio. Deus do ar . *777* Tarô: Noves. Pedra: quartzo. Plantas: bânia, mandrágora, damiana. Animal: elefante. Mineral: chumbo. Perfumes: jasmim, ginseng e todas as raízes odoríferas. Armas mágicas: perfumes e sândalos.

SHUI-KUAN: (Agente da Água). Deus que afasta o mal. Forma uma trindade com T'IEN KUAN e TI-KUAN.

SIA: Egípcio. Deus intelectual que representa a mente perceptiva. Nasceu do sangue vertido do falo de RÁ.

SIAPPADIKARAM, SILAPPADIKARAM: Hindu. Irmão de SHIVA. Esposo de Korraval, Deusa da vitória tâmul.

SIDA: Melanésio, Ilhas Torres. Herói da cultura melanésia e Deus da fertilidade; originário da Nova Guiné. Ensinou a linguagem aos ilhéus; abasteceu os recifes com coral e introduziu plantas úteis nas ilhas. Os rituais de Sida incluem uma dança que explica a vida após a morte.

SIDDHARTHA: Budista. Nascido de Maia, transformou-se em BUDDHA.

SIEGFRIED: Veja SIGMUND.

SIGI: Escandinavo. Filho de ODIN. Rei dos hunos; pai de RERIR.

SIGMUND: Herói escandinavo; o tratamento que recebeu de ODIN foi benéfico a ele, mas também o fez sofrer. Odin, disfarçado, cravou uma espada numa árvore, dizendo que ela pertenceria ao homem que conseguisse retirá-la. Sigmund foi o único a realizar tal proeza; dali em diante obteve muitas vitórias com a espada. No entanto, Odin disfarçou-se outra vez, enfrentou-o com uma lança de madeira e quebrou a espada, ferindo-o mortalmente. A esposa de Sigmund, Hjordis, tentou tratar dos ferimentos, mas ele não quis; se Odin (que ele agora reconhecia) desejava a sua morte, ele precisava se submeter a sua vontade. Apenas pediu que a espada fosse restaurada; ela foi herdada por Sigurd, seu filho, que nas lendas alemãs e nas óperas de Wagner é SIEGFRIED.

SIGU: Guianense, Tribo Arawak. Senhor das feras da floresta criada por seu pai (Macunaíma). Na floresta havia uma Árvore da Sabedoria, que Sigu cortou para retirar as sementes e plantá-las por toda a Terra; mas do tronco jorrou tanta água que a Terra ficou inundada. Sigu levou para uma caverna situada num monte todos os animais que não conseguiam voar nem subir montanhas, e todos sobreviveram ao Dilúvio.

SIGURD: Veja SIGMUND.

SILAPPADIKARAM: Hindu. Nome tâmul de BALARAMA. Esposo de Korraval, Deusa da vitória.

SILENO: Grego. Assistente e tutor de DIONISO; gordo, careca, alegre e sempre embriagado, mas cheio de ponderação e sabedoria. Conseguia prever o futuro de qualquer pessoa que conseguisse amarrá-lo enquanto dormia embriagado. Filho de HERMES e Gaia, ou nascido do sangue de URANO quando este foi castrado por CRONOS. De acordo com Píndaro, Sileno era esposo de Nais. Costumava cavalgar num burro. Na realidade, Sileno é uma expressão genérica que indica uma categoria de espíritos de rios e fontes de origem frígia, e que costumam ser confundidos com os sátiros.

SILTIM: Persa, zoroástrico. Demônio maligno da floresta.

SILVANO: Romano. Deus dos campos, dos bosques e dos rebanhos; Deus das clareiras destinadas a formar campos de cultivo. Guardião das fronteiras. Costuma ser confundido com FAUNO e com PAN, com os quais se parece.

SIMBI: Vodu haitiano. Patrono das fontes, da chuva e dos mágicos. Tem por símbolo uma cobra. Ocupa uma posição central no panteão e se sobrepõe a várias divindades.

SIN: Caldeu, sumério, assírio-babilônio. Deus da Lua e Deus da sabedoria; medidor do tempo (o calendário babilônio era lunar). Conhecido como "o que tem um coração tão profundo que não pode ser penetrado por nenhum Deus". No final de cada mês os Deuses iam consultá-lo, e ele sugeria as decisões a serem tomadas. É inimigo dos malfeitores (porque a Lua ilumina a noite, quando os malfeitores agem). Filho de ENLIL e Ninlil; representado na forma de velho de barba da cor de lazurita. Pai de SHAMASH, Deus do Sol, e de NUSKU, Deus do fogo; um dos pais de Ishtar (os outros são ANU e ENKI). Esposo de Ningal, Deusa da Lua, a Grande Senhora. Em Ur chamava-se NANNAR. O nome do Monte Sinai deriva-se de Sin; no início, os levitas eram sacerdotes da Lua. (Não confundir com Sin, Deusa da verdade dos teutos.)

SITRAGUVFA: Indiano. Filho de INDRA e Indrani.

SHIVA: Veja SHIVA.

SKANDA: Veja KARTIKEYA.

SO: Veja KHEBIESO.

SOBO: Vodu haitiano; de origem beninense. Deus do céu e do trovão. Associado a DAMBALLAH. Filho dos gêmeos MAWU-LISA; irmão de BADÉ.

SOL: Romano. Deus do Sol. Geralmente citado como Sol Invictus (Inconquistado). Identificado como o HÉLIOS grego.

SOMA: Hindu. Planta e Deus. A planta fazia parte das oferendas sacrificiais; o néctar dessa planta era a bebida dos Deuses e tornava imortal quem a tomasse. Deus da inspiração; elo entre o Céu e a Terra. Posteriormente também foi um Deus da Lua. Esposo das filhas de DAKSHA, as 27 estações lunares.

SOMANATHA: (Senhor da Lua). hindu, guzarate. Um dos títulos de Shiva.

SOMASUNDARA: Hindu, tâmul. Talvez fosse um avatar de SHIVA. Esposo de Tadagei, imbatível nos conhecimentos bélicos.

SOPEDU, SOPD, SOPDU, SEPTU: Egípcio. Defensor da fronteira do Leste; conhecido como (Senhor do Leste e Flagelo dos Asiáticos). Também era protetor das minas de turquesa da península do Sinai. No entanto, antes era um Deus estelar relacionado com os dentes do faraó quando este se transformasse em Deus do Sol. Nesse papel era conhecido como Hórus-Sopedu, nascido da união mística do faraó com a Deusa Ísis na qualidade de Sótis (Estrela Sirius), o arauto da inundação do Nilo. É representado na forma de falcão agachado ou de guerreiro beduíno com uma coroa de plumas longas.

SOUCHARIS: Veja SEKER.

SOUCHOS: Veja SEBEK.

SOWA: Árabe. Deus anterior ao islamismo; foi condenado pelo Alcorão por ser um ídolo venerado pelos Filhos de Caim.

SRAOSHA: Persa, zoroástrico. Anjo da Obediência e do Sacrifício que levava as almas dos bons para o Paraíso.

STRIBOG: Eslavo. Deus do frio e da geada. Em Kiev havia uma estátua dele junto as de DA-BOG, KHORS e PERUN.

SUCELLOS: Gaulês. Consorte de Nantosuelta (do Regato Sinuoso).

SUGAAR: Basco. Filho e esposo da Deusa suprema Mari. Cavalga pelo céu noturno como um crescente flamejante, mas não é um Deus lunar. (A Lua dos bascos é sempre feminina.)

SUITENGU: Japonês. Protetor dos marinheiros. Dizem que é criança, por isso protege e consola as crianças doentes.

SUMANO: Romano. Primitivo Deus do trovão, especialmente o trovão noturno.

SUN HOU-TZU: Chinês. Deus-macaco, soberano dos macacos. Tornou-se imortal quando foi levado ao Inferno e lá encontrou e rasgou a página onde estava escrito o seu nome. Leva consigo um bordão mágico. É herói de muitas histórias, nas quais representa a natureza humana.

SUN PIN: Japonês. General do Século 4, cujos dedos dos pés foram amputados, motivo que o levava a envolver os pés em couro para esconder a deformidade; tornou-se o Deus dos sapateiros.

SUPAI, SUPAY: Inca. Deus dos mortos; soberano dos espíritos que não iam para a Terra do Sol e ficavam confinados sob a superfície da terra. Exigia sacrifícios humanos, um dos quais o de cem crianças por ano.

SURMA: Ugro-finês. Monstro que personifica destino fatal e morte violenta; protegia a entrada dos domínios da Deusa Kalma (soberana dos túmulos).

SURT: Escandinavo. Rei de Muspelheim ou Terra do fogo. Em Ragnarok, ou Crepúsculo dos Deuses, Surt liderou a captura de Asgard, derrotou FREY e destruiu o mundo pelo fogo.

SURYA: Hindu, Deus do Sol, Um dos ADITYAS, Foi abandonado pela esposa Sanjna ou Saranyu, que não suportava o brilho dele. Para tê-la de volta, ele se desfez de um oitavo dos próprios raios. Algumas versões iniciais dizem que Sanjna ou Saranyu fora esposa de VIVASVAT. Em alguns mitos, Surya é feminina.

SUSANOWO, SUSA-NO-O: Japonês. Deus do mar, da fertilidade, do trovão e da chuva. Filho de IZANAGI e Izanami, ou nascida do nariz de Izanagi quando este tomava banho de mar. Também era um Deus da Lua. Por causa do conflito com a irmã Amaterasu (Deusa do Sol) foi banido do Céu e enviado à Terra, para a província de Izumo.

SUS'SISTINNAKO: Ameríndio, Ásia. Deus criador. Criou a humanidade cantando acompanhado por si mesmo à harpa, feita de teia de aranha.

SUT, SUTEKH (1): Hicso. Deus guerreiro cultuado no Egito na décima quinta e na décima sexta dinastias (por volta de 1674-1567); identificado com SETH.

SUT, SUTEKH (2): Islamítico. Um dos filhos de IBLIS que inspira mentiras. Provavelmente uma relíquia de (1).

SVANTOVIT, SWIETOWIT: Eslavo. Deus guerreiro e da fartura; tinha o dom da profecia. O centro de seu culto era na Ilha de Rügen (em Arcona, no Mar Báltico). É visualizado com quatro cabeças, um arco na mão esquerda e um chifre usado para beber na direita; é confundido com SVAROG.

SVAROG: Eslavo. Deus do céu, soberano do Universo, precursor das divindades eslavas. O filho DA-GOG representava o Sol.

SVAROZHICH, SVAROGICH: (Filho de SVAROG). Eslavo. Deus do fogo. É irmão de DA-BOG, mas às vezes considerado o próprio Da-Bog.

SWIETOWIT: Veja SVANTOVIT.

SYEN: Eslavos do Sul. Espíritos guardiães das casas; entram no corpo dos homens, cachorros, cobras e galinhas.

TAAROA, TANGAROA, TANGALDA: Polinésio. Deus criador. Filho de VATEA e de Papa (Mãe-Terra) e gêmeo de RONGO. Criou o mundo a partir de um ovo primordial, dividindo-o em céu e terra. Ele e Hina--da-Terra era os pais de ORO.

TAAUT, TAAUTOS: Equivalente fenício de THOTH. Inventou a escrita.

TAGES: Etrusco. Um Deus do Inferno que ensinava a adivinhar examinando as entranhas e observando os raios no céu.

TAGTUG: Sumério. Antigo herói que foi divinizado. Pode ser equiparado a Ziudsuddu. Ligado a UTU, Deus do Sol, e ao MARDUK Babilônio.

TAISHAKU: Nome japonês de INDRA.

TAISHAKU-TEN: Veja SHI TENNO, OS.

T'AI SHAN, TAI-YUEH-TA-TI, TUNG-YUEH-TA-TI: Chinês. "O grande imperador do Pico do Leste", um monte situado no norte da China. O AUGUSTO PERSONAGEM DE JADE, incumbiu-o de fiscalizar os feitos de todas as criaturas terrenas, incluindo a humanidade. Em Pequim foi construído um templo magnífico para ele.

TAKA-KI-NO-KAMI, TAKA-MI-MUSUBI-NO-KAMI: Japonês. Colaborador da Deusa Amaterasu; ela é a divindade suprema, mas só é responsável direta pelo plano celestial; recebe informações sobre a Terra de outras divindades. Esposo de Kami-mi-musubi-no-Mikoto.

TAKA-OKAME: Japonês. Deus da chuva que habitava um monte.

TAKE-MIKAZUCHI: Japonês, talvez de origem chinesa. Deus do trovão enviado pelos Deuses para obrigar ONAMUJI a abdicar em favor de NINIGI.

TAKI-TSU-HIKO: (Príncipe Catarata): Japonês. Deus-pedra para o qual se pode orar pedindo chuva. Filho de AJI-SUKI-TAKA-HIKO-NE.

TAKSHAKA: Hindu. Deus-serpente; um dos reis citados dos NAGAS.

TALIESIN: (Sobrancelha Radiante). Galês. Filho de Cerridwen, que o deu à luz depois de engolir GWION. Deus da cevada que se confunde com um bardo de mesmo nome do Século 11; talvez tenha sido o título de vários bardos; a história de Cerridwen talvez conserve um Ritual de Iniciação dos bardos.

TAMAA: Polinésio, Ilhas Marquesas. Deus que guarda o coqueiro no Inferno, de onde supostamente se originam todos os tipos de árvores.

TAMAGOSTAD: Nicaraguense, Tribo Niquiran. Com a consorte Zipaltonal, criou a Terra e tudo que ela contém. Ambos vivem no Leste.

TAMAKAIA: Melanésio, Novas Hébridas. Criou o mundo com a ajuda de MAUI (2).

TAMISU: Hitita. KUMARBIS lutou com ANU e cortou os órgãos genitais dele com os dentes, cuspindo partes deles, que se transformaram no Deus Tamisu e no Rio Tigre.

TAMMUZ: Assírio-babilônio. Veja o capítulo XIX.

TAMON: Veja BISHAMON.

TAMU: Veja KAMU.

TANATOS: (Morte). Grego. Deus secundário do Inferno, pouco mais que uma personificação. Veja também HIPNOS e MORFEU.

TANE: Polinésio e maori. Deus criador. Filho de RANGI e de Papa (a Mãe-Terra). Separou os próprios pais (o Céu e a Terra), e com isso trouxe luz à Terra e colocou as estrelas em seus lugares. Com argila vermelha e ajudado por outros Deuses, criou Hine-Ahu-One (a Eva polinésia). Os dois eram pais de uma filha chamada Hina-Titama. Tane teve vários filhos com Hina-Titama, que só depois descobriu ser filha dele. Quando isso aconteceu, fugiu envergonhada para o Inferno, do qual se tornou soberana com o nome de Hine-Nui-Te-Po. No Havaí chama-se Kane.

TANGALDA, TANGARDA: Veja TAAROA.

TANNUS, TINNUS: (Carvalho). Gaulês e britânico. Deus do trovão. Adotado no panteão etrusco com o nome de TINA. Esse nome sobrevive na palavra inglesa *tinder*, na Colina de Tan, que fica em Wensleydale e na Colina de St. Anne (que antes chamava-se Colina de Tan), situada em Wiltshire. Em outros lugares é confundido com Santo Antônio, cuja festa corresponde à Festa do Fogo comemorada no Solstício de Inverno.

TÂNTALO: Grego. Figura do Deus divinizado; filho de ZEUS que serviu o filho Pêlops como iguaria para os Deuses. Zeus reviveu Pêlops e expulsou Tântalo para o Hades, com água e comidas deliciosas à vista, mas impedindo-o de alcançá-las; daí vem a palavra "tantalizar". Esposo de Euriânassa (ou Eurínome, Deusa da Lua).

TAPIO: Ugro-finês. Deus da floresta, ao lado da esposa Mielikki, do filho Nyyrikki e da filha Tuulikki. Os quatro tinham poder sobre todos os que andavam ou caçavam na floresta; eram invocados pelos finlandeses que pediam caça abundante. Tapio era visualizado como homem barbado, com um chapéu de pinheiro e uma capa de musgo; sua esposa era linda e majestosa. O domínio deles na floresta chamava-se Tapiola.

TARANIS: (O que troveja). Gaulês; também encontrado na Bretanha. Simbolizado por uma roda ou espiral que representava o raio. Recebia sacrifícios humanos.

TARVOS: Deus-touro dos britânicos primitivos.

TATENEN: (Terra Exaltada): Egípcio. Simbolizava o lodo fértil que emergia todos os anos quando a enchente do Nilo baixava.

TATSUTA-HIKO: Japonês. Deus do vento. Com o complemento feminino Tatsuta-Hime, recebe preces pedindo boas colheitas; é venerado pelos marinheiros e pescadores.

TAUKIYOMI: Japonês. Deus da Lua; irmão de Amaterasu, Deusa do Sol.

TAUMAS: Grego. Filho de PONTO e Gaia. Esposo de Electra, Deusa marinha e uma das plêiades. Ambos eram pais de Íris (mensageira que levava o arco-íris aos Deuses) e das Harpias, que eram criaturas assustadoras, cuja cabeça era de mulher e o corpo de ave.

TAUS: (Anjo-Pavão): Nome de IBLIS, anterior ao islamismo.

TAMANDARÉ: Brasileiro, tupi-guarani. Deus da luz do dia; vence continuamente o irmão ARIKUTE, Deus da noite. Em outra versão, os irmãos são heróis da história do Dilúvio.

TAWHAKI: Maori. Deus do trovão e das nuvens, às vezes considerado soberano do reino dos mortos. De modo geral, na Polinésia é herói de muitas lendas, das quais a última data de 700 EC.

TAWHIRI: Polinésio. Deus da tempestade; filho de RANGI (Deus do Céu) e de Papa (Mãe-Terra). Pai de treze filhos: dois ventos fortes e onze nuvens de diversos tipos.

TAWISKARA: Veja IOSKEHA.

TEGID VOEL: Galês. Nobre de Penllyn; esposo de Cerridwen (Deusa da Lua e da cevada); os dois eram pais de Avagdu (o menino mais feio do mundo) e de Creirwy (a menina mais linda do mundo).

TEHUTI: Veja THOTH.

TEI SEIKO: Veja COXINGA.

TEKKEITSERKTOK: Esquimó. Deus da Terra; o mais poderoso do panteão. Todos os veados lhe pertencem. Antes da estação da caça são feitos sacrifícios em sua homenagem.

TELEPINU: Hitita. Deus da fertilidade. Quando abandonou a Terra, teve fome e sede; quando já não havia esperanças, a mãe (Hannahannas) enviou uma abelha para encontrá-lo; a abelha o levou de volta.

TELUMO: Romano. Deus da fertilidade muito antigo, assim como seu complemento feminino, Tellus Mater; posteriormente ela foi associada a JÚPITER.

TEMMANGU, TENJIN: Japonês. Deus do ensino e da caligrafia.

TENÁGIS: Grego. Um dos sete Helíades, filhos de HÉLIOS e Rodes. Os sete eram muito inteligentes, mas Tenágis era mais que os outros; por isso o mataram.

TENGU, OS: Japoneses. Espíritos brincalhões e, às vezes, maliciosos. Habitam o alto das árvores, especialmente o das montanhas. Visualizados como homens baixinhos e barbados; nasceram de ovos.

TENJIN: Veja TEMMANGU.

TESEU: Grego. Herói ateniense que matou o MINOTAURO com a ajuda de Ariadne, que depois foi abandonada por ele na Ilha de Naxo. Teseu foi o sucessor do pai (Piteu) no trono de Atenas. Apoderou-se de Hipólita, Rainha das Amazonas, e a desposou; quando os atenienses, por vingança, atacaram Atenas, foram derrotados por ele.

TEPEYOLLOTL: (Coração das Montanhas). Asteca. Deus Puma, senhor da oitava hora da noite.

TEPICTOTON, OS: Astecas. Anões que protegiam as montanhas; recebiam sacrifícios de crianças.

TERAH: Nome semítico primitivo da Lua (veja EL). Também igualado a Terá, pai de Abraão.

TÉRMINO, TERMO: Romano. Deus da propriedade; estabelecia as fronteiras, que eram marcadas com pedras (no início, pedras lisas; depois, em forma de cabeça humana) chamadas *termini*, consagradas a JÚPITER. A princípio, "Término" era um título de Júpiter, mas depois se transformou em Deus independente.

TESHUB, TESHUP: Hitita. Deus da tempestade e rei dos Deuses; seu culto se difundiu pelas regiões vizinhas. Esposo da Deusa-rainha Hepatu ou Hebat.

TETHRA: Irlandês. Chefe dos Fomorianos e Rei de Lochlann, o lar submarino mítico dos Fomorianos.

TEUTATES: Gaulês. Deus da guerra, venerado com sacrifícios humanos. Esse nome é cognato de Tuatha, que significa "povo" em gaélico.

TEYOMAQUI, HUAHUANTLI: Asteca. Deus dos guerreiros mortos; variante de MICTLA. Regia a sexta hora do dia.

TEYRNON: Galês. Deus primitivo que se tornou mortal. Cuidou de PRYDERI, filho de PWYLL e Rhiannon, que fora raptado e depois devolvido aos pais.

TEZCATLIPOCA: (Espelho que fuma): Asteca. Deus do Sol, particularmente do sol de verão que pode trazer fertilidade ou seca. Também Deus da música e da dança. Todos os anos o prisioneiro mais bonito era identificado com ele, tratado com honras de rei e presenteado com quatro moças (que personificavam quatro Deusas) como esposas, sendo sacrificado ao final da festa. Tezcatlipoca se apaixonou por Xochiquetzal (Deusa da Lua e do amor e esposa de TLALOC, rei da chuva) de quem se apoderou. Era o senhor da décima hora do dia. Ordenou que NATA, o Noé asteca, construísse um barco para fugir do Dilúvio.

THIEN-LUNG: Chinês. Esposo da Mãe-Terra Ti-Ya (Ti-Mu), a ancestral do mundo. Talvez ambos tenham origem indiana.

THINGS: Veja TYR.

THOBADESTCHIN: Veja NAGENTZANI.

THOR: Escandinavo. Deus do céu e do trovão. Filho de ODIN e da esposa Fjorgyn, Jord (que no início foi Deusa da Terra) ou Hlodyn. As três mães citadas eram gigantas. (Esta confusão talvez venha do fato de Thor haver sido um herói da civilização anterior aos AESIR que precisou ser encaixado no panteão.) Só o pai de Thor era mais importante do que ele. Evocado pelos marinheiros, pelos emigrados da Islândia e pelas classes baixas de modo geral, contrastava com ODIN, o Deus dos reis e dos aristocratas guerreiros. Tinha boa disposição para com a humanidade. Com seu martelo mágico (Mjolnir) quebrava o gelo do inverno anualmente, na primavera. Habitava a mansão chamada Bilskinir. Visualizado de barba ruiva e muito forte. A palavra inglesa Thursday originou-se de seu nome; as quintas-feiras eram consideradas dias propícios para o casamento; assim como os enterros e contratos civis, eram abençoados pelo martelo de ferreiro de Thor (compare com Gretna Green). O equivalente teutônico de Thor era DONAR. *777*: Tarô: Cincos. Pedra preciosa: rubi Plantas: carvalho, noz-vômica, urtiga. Animal: basilisco. Minerais: ferro, enxofre. Perfumes: tabaco. Armas mágicas: espada, lança, flagelo ou corrente.

THOUME KENE KIMTE CACOUNCHE: Ameríndio, Natchez. Deus criador. Primeiro fez os homens; como estes ficaram entediados, criou o fumo. Os homens continuaram entediados e ele criou as mulheres.

THUNAR: Anglo-saxão. Rei do trovão que equivale ao DONAR teutônico e ao THOR escandinavo. Como Thor, ele era antes mais um Deus do povo do que da aristocracia militar.

TIBERINO: Romano. Deus do Rio Tibre; particularmente venerado em Roma. Todos os anos, no dia 15 de maio, para impedir que o rio transbordasse, várias virgens atiravam 24 manequins de vime da ponte de Suplício; sem dúvida lembrando um sacrifício humano. A Festa de Tiberino se chamava Ludi Piscatori e acontecia no dia 17 de junho. Era uma comemoração de pescadores e mergulhadores. A festa principal de Tiberino era a Tiberinalia, realizada no dia 17 de agosto.

TIEN: Chinês. Deus da abóbada celeste; posteriormente se tornou a própria abóboda, regida por SHANG -TI,

TIEN-KUAN: (Agente dos Céus): Chinês. Deus que traz felicidade e bem-estar, como, por exemplo, em ocasiões de família ou desempenhos teatrais. É representado vestido de mandarim e levando um pergaminho de bênçãos. Veja também TI-KUAN e SHUI-KUAN.

TIFERETH: A esfera solar; na cabala cristã, a esfera de Cristo (Tifereth--filho nos apresenta Kether-pai, embora este, na verdade, não tenha sexo). A esfera do Deus Sacrificado. Sephira que liga a Árvore toda, equilibrando-a. Símbolos cabalísticos: cubo, lanten, Cruz Rósea, Cruz do Calvário, Pirâmide Truncada. Tarô: Seis. Imagem mágica: um rei majestoso, uma criança, um Deus sacrificado.

TIFEU: Grego. Espírito do furacão. Veja as págs. 183/4.

TÍFON: Grego. Deus da tempestade. Gigante de cabeça de cobra; nasceu de Hera por partenogênese, quando a Deusa ficou enfurecida por ZEUS ter gerado Athena da própria cabeça. Hera usou Tífon para impedir que Leto gerasse Apollo, mas seu intento foi frustrado por este. Tífon habitava uma caverna do Monte Parnaso. Geralmente é confundido com Tifeu; algumas autoridades consideram-nos um só. No Egito (para onde foi levado pelos invasores hicsos), Tífon era outro nome de SETH na décima nona dinastia (por volta de 1320-1200 AEC). *777*: Tarô: Morte. Pedras: pedra-da-serpente. Plantas: cacto. Animais: escorpião, besouro, lagosta, lobo. Perfumes: benjoim siamês, opopânace. Armas mágicas: Dor da Obrigação.

TI'I: Primeiro homem polinésio. Esposo de Hina-mitigadora-de-muitas--coisas, que era ao mesmo tempo mulher e Deusa. As famílias reais do Taiti afirmavam descender de ambos. Veja também TÍKI.

TI-JEAN PETRO: Vodu haitiano. Deus que tinha um pé ou nenhum (cobra?). Esposo de Marinette (Deusa do milho). Os ritos de Petro têm origem mais ameríndia do que africana.

TÍKI: Polinésio. Deus que criou o Mundo, em algumas versões, fazendo-o emergir das profundezas do mar; ou que foi criado por TANE e depois criou Hina (Deusa da Lua), a qual desposou. Confunde-se com Ti'l; no Havaí chama-se Ki'i.

TI-KUAN: (Agente da Terra). Chinês. Redime os pecados.

TILO: Moçambicano. Deus do céu, da chuva e do trovão.

TINA, TINIA: Etrusco. Deus do trovão e do fogo; principal Deus do panteão. Qualquer lugar atingido pelos raios de Tina se tornava sagrado.

TINIRAU: Polinésio e maori. Humano e divino ao mesmo tempo. Como homem, herói de várias lendas. Como Deus, divindade do mar, às vezes encarnada em baleia. Divindade guardiã da Nova Zelândia.

TINNUS: Veja TANNUS.

TIRAWA, ATIUS-TIRAWA: Ameríndio, pawnee. Grande Espírito e Deus criador, às vezes Deus do Sol ou do trovão. Em certo estágio tentou destruir o Mundo pelo fogo, mas houve um dilúvio que apagou o incêndio. Esposo de Atira.

TISHTRIYA: Persa. É a Estrela Sirius.

TITÃS, OS: Gregos. Os 12 filhos de URANO e Gaia. Antes da soberania dos Deuses do Olimpo personificavam a violência na Natureza. Sob o comando do Rei CRONOS e da rainha Reia (de quem eram súditos), expulsaram URANO e enfrentaram os Deuses do Olimpo. O único que não participou da guerra foi OCEANO. Foram derrotados e ZEUS os confinou no Tártaro, a região mais inferior do Hades.

TITONO: Grego. Esposo humano de Eos, Deusa da aurora. Eos pediu a Zeus que desse a imortalidade a Titono, mas esqueceu-se de mencionar a juventude, de modo que ele foi ficando cada vez mais decrépito. Apiedados, os Deuses transformaram-no em cigarra.

TITI: Boliviano e brasileiro do Noroeste, índios anti. Quando a humanidade foi destruída pelo fogo, Titi abriu uma árvore e dela retirou o ancestral da tribo Ule (árvore), a mulher dele e outros seres humanos, que repovoaram o Mundo,

TIUZ, TIW, TIWAZ: Veja TYR.

TLAHUIZCALPANTECUHTLI: (Senhor da casa da Aurora). Asteca. Deus da Estrela Matutina (Vênus). Deus da décima segunda hora do dia.

TLALCHITONATIUH: Asteca. Deus do Sol do fim da tarde.

TLALOC: (Polpa da Terra). Asteca. De origem pré-inca, tornou-se um dos mais importantes Deuses incas. Deus dos montes, da chuva e do trovão. Habitava o Monte Tlalocan, onde havia fartura de alimentos. É representado negro, com uma guirlanda de penas brancas e uma pluma verde. Os rituais de Tlaloc eram os mais cruéis de todos, com sacrifícios de muitas crianças e bebês ainda em fase de amamentação. No entanto, sua esposa, Chalchiuhtlicue (Deusa da água, Senhora Esmeralda), era protetora das crianças recém-nascidas, dos casamentos e até dos amantes castos. Outra esposa citada era Xochiquetzal, a Eva asteca e Deusa lunar das flores, do casamento, da arte, do canto, da dança, da fiação e da tecelagem. Tlaloc e ela eram os pais de QUETZALCOATL, herói da cultura tolteca que se transformou em Deus asteca. Ela foi roubada de Tlaloc (veja TEZCATLIPOCA).

TLALOQUES, OS: Astecas. Espíritos das nuvens, servos de TLALOC na qualidade de rei da chuva.

TLALTECUHTLI: (Senhor da Terra): Asteca. Deus da Terra que tem forma de monstro. Senhor da segunda hora do dia.

TLOQUE NAHUAQUE: Veja OMETECUCHTLI.

TOHIL: Guatemalteca, índios quíchuas. Deus do fogo.

TONACATECUHTLI: (Senhor da Nossa Subsistência). Asteca. Deus criador. Esposo de Tonacacihuatl, que supostamente deu à luz uma faca de obsidiana. Desta surgiram 1600 semideuses, que povoaram a Terra.

TONATIUH, PILTZINTECUTLI: Asteca. Deus do Sol. Alimentado e aplacado por sacrifícios humanos. Habitava a Casa do Sol, morada de guerreiros. Todos os dias os guerreiros elevavam Tonatiuh ao zênite; as mulheres que haviam morrido no parto baixavam-no ao Mundo dos Mortos todas as noites. Senhor do Leste e da quarta hora do dia.

TORNAQS, TORNATS, TORNGAKS, OS: Esquimós. Espíritos de localidades que também protegem.

TORNARSUK, TORNGARSAK: Esquimó. Deus principal e soberano dos TORNAQS. Denominado "Grande Espírito".

TORUNGHOMPEQUE: Brasileiro, tribos tupis-guaranis do Norte. Deus do Sol; princípio do bem.

TORUGUENQUETE: Brasileiro, tupi-guarani. Deus lunar, principalmente do mal; supostamente a Lua é a causa das enchentes e tempestades que se abatem periodicamente sobre a Terra para destruí-la. Aparentemente é uma forma local de JACI.

THOTH: Egípcio. Deus da sabedoria e da escrita. Veja o capítulo XX. *777*: Tarô: Oitos. Pedra: opala, especialmente a que tem reflexos vermelhos e azuis. Plantas: alho silvestre, *anhalonium lewinii*. Animais: hermafroditas, chacal. Mineral: mercúrio. Perfumes: estoraque. Armas mágicas: escudo, nome e versículos.

TRIGLAV: Eslavo, Um Deus de Stettin (Szczein), onde tinha quatro templos. Possuía três cabeças: uma representava o Céu, outra a Terra e a última o Inferno; os rostos correspondentes estavam sempre cobertos por um véu para que ele não pudesse ver os pecados do mundo. Tinha um cavalo preto que divulgava presságios.

TRIPTÓLEMO: Grego. Filho do Rei Celeu de Elêusis. Deméter, Deusa do milho, ensinou-lhe a arte de arar e colher. Percorreu a Grécia difundindo seu conhecimento. O nome de Triptólemo pode ser cognato de tripolos, ou "sulco arado três vezes", em que as sementes de cereais eram colocadas e no qual Deméter se deitava com o amante JASÍON.

TRISTÃO, TRISTRAM: Celta. Amante de Isolda, que representa a Deusa Tripla; Tristão é o Deus Jovem que precisa chegar a um acordo com ela (veja também *A Deusa das Bruxas*, pág. 51).

TRITA: Hindu. Nos mitos védicos é o conquistador da serpente AHI (1). Depois foi substituído por INDRA, conquistador de Ahi ou Vritra.

TRITÃO: Grego. Filho de POSEIDON e Anfitrite que é parte homem e parte serpente do mar. Tinha um búzio que soprava para agitar ou acalmar as ondas. A biga de Anfitrite era escoltada pelos tritões (seres semelhantes a Tritão).

TROJANU: Eslavo. O Imperador Romano Trajano divinizado em algumas regiões da Rússia com esse nome. Tinha atributos parecidos com os PERUN.

TS'AI-LUN: Chinês. Deus dos comerciantes de papel; inventor do papel.

TS'AI-SHEN: Chinês. Deus da riqueza, cuja festa de aniversário é comemorada com rituais especiais no quinto dia do primeiro mês do ano chinês.

TS'ANG-CHIEH: Chinês. Deus dos contadores de histórias para o público; inventor da escrita.

TSAO-WANG: Chinês. Deus do lar; ajudado pela esposa, Tsao-Wang-Nai-Nai, que mantém um registro do que as mulheres dizem e fala. Todos os anos ele faz um relatório para AUGUSTO PERSONAGEM DE JADE; é saudado com fogos de artifício quando chega e quando parte.

TSUI GOAB: Africano, hotentote. Herói cultural, talvez originalmente histórico. Figura central de um culto que reverencia um montículo de pedras tido supostamente como um túmulo.

TSUKIYOMI: (Que conta os meses). Japonês. Deus da Lua; filho de IZANAGI e Izanami, ou nascido do olho direito de Izanagi enquanto este o lavava. Irmão de Amaterasu (Deusa do Sol).

TSUL'KALU: (Olhos Oblíquos). Ameríndio, cherokee. Deus da caça das montanhas da Cordilheira Azul (Virgínia).

TU: Polinésio. Deus da guerra, mas seu papel foi suplantado em grande parte por ORO. Nas Ilhas da Sociedade é um Deus criador. No Havaí chama-se Ku.

TUAMUTEF: Grafia alternativa para Duamutef; HÓRUS, OS QUATRO FILHOS DE.

TUÍSTO: Teutônico. Segundo Tácito, era um Deus ou gigante das tribos alemães do Oeste (ancestrais de todos os alemães); nasceu da Terra e era pai de Mannus ou primeiro homem. Parece que o nome Tuísto significa "ser de dois sexos", e Mannus indica um ser dotado de pensamento e vontade.

TUNDUM: Veja MUNGAN-NGANA.

TUNG WANG KUNG: Veja JADE, O AUGUSTO PERSONAGEM DE.

TUNG-YUEH-TA-TI: Veja T'AI-SHAN.

TUONI: Ugro-finês. Deus de Tuonela ou Manala, o Inferno. Esposo de Tuonetar. Os dois eram pais de Kalma, Deusa da morte, Loviatar e Kipu-Tytto ou Kivutar, Deusas da desgraça, e Vammatar, Deusa do sofrimento.

TUPÃ, TUPI: Brasileiro, tribo Tupi-guarani. Deus da tempestade; filho de NHANDERUVUÇU e Nyandesy. Tupã habita o Oeste; sempre que viaja para visitar a mãe, que mora no Leste, ocorrem tempestades.

TUPURAN: Veja WAC.

TURSAS: Ugro-finês. Monstro que se eleva do fundo do mar e incendeia o mato.

T'U-TIS: Chineses. Deuses locais. Toda cidade, aldeia, rua e morada tem um.

TVASHTAR, TVASHTRI: Deus artesão do tipo solar; "incentivador do mundo". Forjou o raio de INDRA e a taça que a Lua usa para tomar ambrosia. Pai de Saranyu, Deusa das nuvens e esposa de SURYA, Deus do Sol.

TWANYRIKA: Aborígine australiano. O grande espírito, cuja voz se ouve no zunidor.

TYR: Escandinavo e teutônico. Conforme a versão, é filho de Frigg, ODIN ou FIYMIR. No início, era um Deus que ditava as leis; depois passou a Deus da guerra e patrono dos atletas. Do mesmo modo que THOR, era um Deus camponês que aos poucos foi sendo substituído por ODIN. Os alemães do Sul o chamam de Ziu; os do Norte, de Tiuz, e os anglo-saxões, de Tiw, que originou a palavra inglesa *tuesday*. (Também é identificado com o MARTE romano, e deu origem ao *mardi* francês, ou terça-feira.)

Todos esses nomes são cognatos do *dyaus* sânscrito, do Deus latino e do ZEUS grego, que significam "divindade". Outro nome germânico de Tyr era *Things* (de thing, ou conselho), por causa da função que desempenhava no início. (Daí vem a palavra alemã *dienstag*, ou terça-feira).

TZITZIMIME: (Monstros Que Descem das Alturas): asteca. Deus estelar secundário provavelmente relacionado com meteoros - o que explica seu nome.

UAYAYAB: Maia. Deus dos cinco dias intercalados no ano.

UEUETEOTL: Asteca. Deus do fogo, criador e destruidor. Habitava a Estrela Polar.

UITZILOPOCHTLI: Veja HUITZILOPOCHTLI.

UKKO: Ugro-finês. Na mitologia mais recente, Deus supremo do céu e do ar que tomou o lugar de JUMALA. Também era Deus do trovão, provocava a chuva e sustentava o mundo. Esposo de Akka (Mãe-Terra ou Rauni ou, na Estônia, Maa-Emoinen).

UKWA: Sudanês, tribo Shilluk. Neto de Kola. Esposo de duas sacerdotisas do Nilo; ancestral da tribo.

ULISSES, ULIXES: Veja ODISSEU.

ULLER, ULLUR, ULLR: Escandinavo, islandês e teutônico. Um Deus do céu, da caça, do arqueísmo e do inverno. Um dos AESIR. Filho da Mãe--Terra Sif; enteado de THOR, que parece tê-lo substituído.

UMINA: Equatoriano. Deus da medicina dos caranques pré-colombianos. Representado por uma esmeralda grande.

UNKULUNKULU: Africano, banto. Ancestral e mestre da humanidade; nasceu dos juncos. Enviou um camaleão para dizer aos seres humanos que eram imortais, mas o camaleão demorou muito e ele enviou uma lagartixa com uma mensagem exatamente oposta. A lagartixa chegou primeiro e assim a humanidade permaneceu mortal.

UNNEFER: (O Ente Bom). Egípcio. Um dos nomes de OSÍRIS na qualidade de soberano do Amenti ou país dos mortos.

UNTUNKTAHE: Ameríndio, tribo Dakota. Deus da água e mestre de magia; costumava ser invocado contra WAUKHEON, o Pássaro do Trovão.

UPELLURI, UPPELLURIS: Hurri. Gigante que ajudou a sustentar a Terra e o céu.

U-PIDI-NI-NO-KAMI: (Senhor do Lodo e da Terra). Japonês. Ele e a irmã e esposa Shuji-nino-kami do Lodo e da Terra eram divindades da fertilidade das plantas.

UPUAUT: Veja WEPWAWET.

UPULERO: Indonésio, babar. Deus do Sol. Quando uma mulher quer ter filhos, pede a um homem que já é pai de muitos que invoque Upulero para ela, num ritual que implica amamentar uma boneca e o sacrifício de uma galinha.

URANO: Grego. Personificação do céu. Filho mais jovem de Gaia (Mãe-Terra, os dois eram os pais dos CICLOPES, dos hecatônquiros e dos TITÃS. Veja a pág. 183. *777*: Tarô: Dois, Reis ou Cavaleiros. Pedras: rubi astério, turquesa. Planta: amaranto. Animal: homem. Mineral: fósforo. Perfume: almíscar. Armas mágicas: linga, Manto Interior da Glória.

URCAGUAY: Inca. Deus dos tesouros subterrâneos. Representado na forma de uma enorme cobra de cabeça de veado e cauda enfeitada com pequenas correntes de ouro.

UREU: Egípcio. Áspide que exalava fogo e destruía os inimigos de RÁ. Símbolo de poder usado na fronte da coroa real.

URSHANABI: Equivalente sumério do CÁRON grego.

URUTAETAE: Polinésio, taitiano. Rege o nível do Outromundo reservado para os eleitos, os Areoi.

USUKUN: Maia. Deus que não demonstra boa vontade para com a humanidade; tinha por assistente Kisin, Deus do terremoto.

UTA-NAPISHTIM, UTNAPISHTIM: Equivalente assírio-babilônio de Noé. Sua história do Dilúvio, que envolve EA e Ishtar, aparece na epopeia de GILGAMESH e mantém um paralelo íntimo com a da Bíblia. Também era um Deus do Mundo dos Mortos.

UTHER PENDRAGON: Britânico. Rei do sul da Bretanha durante invasões saxônicas. Apaixonou-se por Igraine (esposa do Duque da Cornualha); MERLIN usou a magia para dar a ele o aspecto do duque por uma noite; com isso, Igraine concebeu ARTHUR.

UTTU: Sumério. Deus do Sol; equivale ao SHAMASH dos babilônios. Filho de NANNA ou de SIN e Ningal; irmão de Ereshkigal, a Rainha do Inferno, e de Inanna, Rainha do Céu. Tinha fama de juiz justo e bom legislador. (Não confundir com a Uttu caldeia ou suméria, que era Deusa da vegetação, da tecelagem e das roupas.)

UTUKKU, OS: Assírio-babilônios. Gênios do bem e do mal. Os bons, como os shedu e os lamassu, eram espíritos guardiães dos seres humanos individuais. Os maus incluíam os *edimmu*, almas dos mortos sem sepultura ou dos que não haviam tido ritos fúnebres adequados, que se vingavam atormentando os vivos; estes podiam ser propiciados.

UYITZIN: Maia. Deus benevolente da humanidade.

VAHARA: Veja VARAHA.

VAINAMOINEN: Ugro-finês. Herói da epopeia nacional Kalevala. O primeiro homem foi um bardo que nasceu por partenogênese da Deusa criadora Luonnotar ou Ilmatar, filha de ILMA, Deus do ar. (Segundo a epopeia, Ilmatar foi engravidada pelo Vento Leste.)

VAINEMUINE: Estônio. Deus da música; abandonou a humanidade, que não apreciava as suas canções. Versão local de VAINAMOINEN.

VAIROCANA: Veja DHYANI-BUDDHAS, OS.

VAISVARANA: Veja MO-LI, OS.

VAIVASVATA: Veja MANU.

VA-KUL: Ugro-finês, ziriano. Espírito malévolo das águas que aparecia como homem ou mulher, sempre de cabelos compridos.

VALI: Escandinavo. Filho de ODIN e Rinda ou de LOKI e Siguna. Um dos AESIR. Matou HODER para vingar a morte de BALDUR. Gêmeo de VIDAR.

VAMANA: Hindu. Quinto avatar de VISHNU; na forma de anão derrotou o demônio BALI, que estava ameaçando o Céu e a Terra.

VANIR, OS: Escandinavos. Raça de divindades benéficas que incluíam FREY e Freya; eram Deuses e Deusas da fertilidade e protetores de todas as criaturas vivas. Primeiro enfrentaram os AESIR, depois se uniram a eles no Valhalla; provavelmente são uma lembrança do conflito e do acordo que existiram de fato entre duas raças invasoras.

VANTH: Etrusco. Líder dos espíritos benévolos que ajudavam na hora da morte. O complemento malévolo era Charun.

VARAHA, VAHARA: Terceiro avatar de VISHNU; na forma de javali salvou a Terra do Dilúvio matando o demônio HIRANYAKSHA, que mantinha a Terra submersa. Naquela encarnação era o esposo de Sukrapreyasi (Amada do Javali).

VARUNA: Hindu. Primitivo Deus do céu e da água, mantinha a justiça e a ordem no Universo. Testemunha de juramentos e abonador da misericórdia. Mais tarde se tornou um Deus da Lua e senhor dos mortos. É filho de DYAUS, Deus do Sol, e de Prithivi, Deusa da Terra, ou de Aditi, Deusa-Mãe ou Matriz Cósmica; irmão de MITHRA, Deus do Sol, e dos ADITYAS, os Doze Deuses dos meses; esposo de Varuni, Deusa das bebidas alcoólicas. Outras versões dizem que era esposo de Varunari e pai de Varuni. É representado na figura de um homem branco que cavalga um monstro do mar e leva um laço, simbolizando sua função de juiz.

VASEDUVA: Hindu. Primitivo Deus do Sol; em certa fase suplantou parcialmente KRISHNA, o Sol escuro. Depois ele e Devaki foram considerados os pais de Krishna.

VASUKI: Hindu. Cobra enorme; um dos soberanos dos NAGAS. Os Deuses o usaram como corda para bater no mar. Análogo a SHESHA.

VASUS, OS: Hindus. Grupo de oito divindades que servia INDRA. São elas: Aditi (Deusa-Mãe), Antariksha (Firmamento), AGNI, CHANDRA, Dyu (os Céus) os Naskshrates (Estrelas), Prithivi (Deusa da Terra e da fertilidade) e Vayu.

VATA, VAYU: Hindu. Deus do vento; pai de HANUMAM; depois foi considerado pai dos MARUTS. Um dos VASUS. O prestígio de Vata diminuiu com o aumento da importância de INDRA.

VATEA: Polinésio. Ele e Papa (Mãe-Terra) eram os pais de TAAROA e RONGO. O Sol e a Lua eram considerados os olhos de Vatea.

VATES: Polinésio, indonésio. Deus do Mundo dos Mortos; filhos de Vari-Ma-Te-Takere, grande Mãe dos Deuses e dos homens que habitam a terra dos mortos (Aviki).

VAYA: Veja VATA.

VE: Veja BOR.

VELCHANOS: Veja VULCANO.

VELES: Veja VOLOS.

VERETHAGHNA: Persa, zoroástrico. Deus da vitória na guerra.

VERTUMNO: Romano. Deus dos jardins e hortas o qual compartilhava os deveres com a consorte Pomona e com Flora. Costumava mudar de forma (vertere significa mudar).

VETISL: Etrusco. Deus da noite.

VIDAR: Escandinavo. Filho de ODIN e Siguna, ou de LOKI e Rinda. Deus forte e silencioso; um dos AESIR, matou FENRIS e sobreviveu ao Crepúsculo dos Deuses como um Deus da esperada Idade de Ouro. Gêmeo de VALI.

VIDYADHARIS, OS: Hindus. Espíritos do ar. Os equivalentes femininos são as Vidyadharis.

VILI: Veja BOR.

VIRACOCHA, CHUN: Inca, adotado desde a era anterior aos incas. Deus que criou o Sol, a Lua e as estrelas, a água, o trovão, a chuva e as coisas que se desenvolvem. Habitava as profundezas do Lago Titicaca. Não tinha cara nem ossos, mas conseguia correr velozmente. Recebia sacrifícios de crianças e animais. Era esposo e irmão de Mama Cocha, Deusa da chuva e do mar e mãe de toda a humanidade.

VIRAJ: Veja MANU.

VÍRBIO: Romano. Consorte de Diana; pouco se sabe dele, mas parece que se adequou ao papel de Rei Sacrificado.

VIRUDHAKA e VIRUPKSA: Veja MO-LI, OS.

VISHNU: Hindu. Deus solar veda; tornou-se o segundo da trindade suprema, cujos demais membros eram BRAHMA e SHIVA. Supostamente teve nove avatares (encarnações): (1) MATSYA, como peixe; (2) KURMA, tartaruga; (3) VARAHA, javali; (4) NARASINHA, homem de cabeça de leão; (5) VAMANA, anão; (6) PARASHURAMA, RAMA, com um machado; (7) RAMACHANDRA; (8) KRISHNA; (9) BUDDHA. Ainda está por vir KALKI (10), gigante de cabeça de cavalo que se manifestará em um mundo novo e melhor. Os três primeiros são aspectos da história do Dilúvio. Pelo fato de Vishnu ser um Deus muito querido pelo povo, alguns dos remanescentes (como Buddha, por exemplo) representam um acordo entre tradições; outros são um culto às mudanças que vieram depois das invasões. O desenvolvimento de peixe em réptil e depois em mamífero, semi-humano, humano, e finalmente humano plenamente cônscio, chega a sugerir um tema evolutivo. Quase sempre Vishnu é representado com pele azul, roupas amarelas e com uma clava, uma concha, um disco e uma flor de lótus em cada uma de suas quatro mãos. É consorte de Lakshmi, Deusa da sorte e da beleza, que talvez tenha sido esposa dele em todos os avatares, adotando formas variadas. Talvez Lakshmi tenha sido uma Mãe-Terra primitiva, talvez a mãe de Vishnu. O *777* cita diferentes correspondências para oito dos avatares: (MATSYA) Tarô: Lua. Pedras: pérolas. Plantas: organismos unicelulares, papoula de ópio. Animais: peixe, golfinho. Perfume: âmbar-cinzento. Armas mágicas: Crepúsculo do Lugar e Espelho Mágico. (KURMA) Tarô: Noves. Pedra: quartzo. Plantas: bânia, mandrágora, damiana. Animal: elefante. Mineral: chumbo. Perfumes: jasmim, ginseng e todas as raízes odoríferas. Armas mágicas: perfume e sândalos. (VARUNA – ou VARAHA?) Tarô: Cincos. Pedra: rubi. Plantas: carvalho, noz-vômica, urtiga. Animal: basilisco. Mineral: ferro, enxofre. Perfume: tabaco. Armas mágicas: espada, lança, flagelo ou corrente. (NARA-SINGH ou NARASINHA) Tarô: Resistência. Pedras preciosas: olho-de-gato. Plantas: girassol. Animal: leão (Querubim do Fogo). Perfume: olíbano. Arma mágica: Disciplina (Preliminar). (PARASU-RAMA) Tarô: Mago Pedras: opala, ágata. Plantas: verbena, erva mercurial, manjerona, palmeira. Animais: andorinha, íbis, macaco. Mineral: mercúrio. Perfumes: mastique, sândalo branco, noz-moscada, estoraque e todo os odores fugazes. Armas mágicas: báculo ou caduceu. (KRISHNA) Tarô: Seis, Imperadores ou Príncipes. Pedras preciosas: topázio, diamante amarelo. Plantas: acácia, louro, parreira. Animais: fênix, leão, crianças. Perfume: olíbano Armas mágicas: lamen ou Cruz Rósea. (BUDDHA) Tarô: Dois, Reis ou Cavaleiros Pedras: rubi astério, turquesa. Planta: amaranto. Animal: homem. Mineral: fósforo. Perfume: almíscar. Armas mágicas: linga, Manto Interior da Glória. (CAVALO-KALKI) Tarô: Temperança. Pedra: jacinto. Planta: junco. Animais: homem ou águia (Querubim do Ar), pavão. Perfume: aloés. Arma mágica: flecha.

VISVAKARMA: Hindu. O agente universal que complementa PRAJAPATI (senhor dos seres criados). Arquiteto e artesão dos Deuses; construiu as cidades de Lanka (no Sri Lanka) e Amaravati (no Swarga ou Céu de Indra). Forjou o disco de VISHNU, o tridente de SHIVA, a lança de KARITIKEYA e as armas de KUBERA, servindo-se da oitava parte da luz que SURYA desistiu de exibir para recuperar Saranyu, filha de Visvakarma. Foi um dos epítetos de INDRA e do Sol. Depois foi identificado com TVASHTAR.

VIVASVAT: Veja SURYA.

VIZETOT: Nicaraguense, niquira. Deus da fome em geral.

VIZI-EMBER: Veja VU-MURT. VLKODLAKS, VOOKODLAKS: nome eslavo do lobisomem. Supostamente provoca os eclipses do Sol e da Lua.

VODYANOI, OS: Eslavos. Espíritos perigosos das águas; habitam lagos, lagoas e rios, particularmente os que ficam perto da represa de um moinho. Assume formas diversas, entre as quais a de peixe, a de um gigante, ou a forma de uma mulher despida que penteia o cabelo molhado. Induziam os seres humanos a se afogar e depois levavam a vítima para servir de escrava nos palácios submarinos que habitavam.

VOHU-MANO: Persa, zoroástrico. Espírito da sabedoria.

VOLKH: Eslavo. Ser que mudava de forma e aparecia como ave, animal ou inseto. Protetor da cidade de Kiev.

VOLOS, VOLUSU: Eslavo. Primitivo Deus dos animais; às vezes também era Deus da guerra. Passou a Deus dos camponeses e protetor dos rebanhos e do gado. Para os tchecos, era um demônio chamado Veles.

VOLSUNGO: Escandinavo. Filho de RERIR: neto de SIGI, que por sua vez era filho de ODIN. Volsungo e Liod eram os pais de SIGMUND. A família toda era conhecida como "Os Volsungos".

VOLUND: Nome escandinavo de Wayland, o Ferreiro; veja o capítulo XXVIII.

VOOKODLAKS: Veja VLKODLAKS.

VOTAN: Guatemalteca, índios quíchuas. Deus que correspondia ao TEPEYOLLCJFL asteca.

VU-KUTIS: Ugro-finês, votyak. Espírito da água que curava doenças.

VULCANO: Romano. Deus do fogo e do trabalho com metais; corresponde ao HEFESTO grego, do qual adquiriu a maior parte de sua lenda, do mesmo modo que Vênus (esposa de Vulcano) absorveu a lenda de Afrodite (esposa de Hefesto). Segundo Graves (*A Deusa Branca*, pág. 331) Vulcano se originou de Velchanos, "demônio cretense em forma de galo que se tornou Vulcano quando seu culto foi introduzido na Itália". *777*: Tarô: Justiça, Julgamento, Reis ou Cavaleiros (de Paus). Pedras: esmeralda, opala com reflexos vermelhos e azuis. Plantas: aloé, papoula vermelha, hibisco, urtiga. Animais: elefante, leão (Querubim do Fogo). Mineral: nitratos. Perfumes: gálbano e todos os odores ardentes. Armas mágicas: báculo ou lâmpada, Cruz do Equilíbrio, Pirâmide de Fogo.

VU-MURT: Ugro-finês; votyak. Um espírito da água. O equivalente húngaro é Vizi-ember.

VU-NUNA: (Tio da Água): Ugro-finês. Um espírito da água que protegia os seres do malévolo Yanki-murt.

VU-VOZO: Ugro-finês, votyak. Um espírito malévolo das águas.

WAC, TUPURAN: Ameríndio, pericu. Deus que se revoltou contra Niparaya, mas foi derrotado e expulso do Céu com seus seguidores e confinado em uma caverna subterrânea, onde era obrigado a cuidar das baleias, evitando que fugissem.

WADD: Árabe anterior ao islamismo. Um dos Deuses venerados pelos descendentes de Caim e condenado pelo Alcorão.

WADJ WER: (Grande Verde). Egípcio. Deus da fertilidade que personificava o Mediterrâneo, próximo do litoral egípcio, ou os lagos mais importantes do próprio Delta do Nilo. É representado em forma andrógina, com o peito proeminente e uma enorme barriga.

WAKA-MI-KE-NU-NO-MIKITO: Japonês. Filho de Tamayori-Bime-No--Mikoto, Deusa do mar. Depois passou a se chamar Jimmy Tenno; dizem que foi o primeiro imperador do Japão.

WAKONDA: Ameríndio, sioux. O Grande Espírito; Pai do Céu e ser supremo, origem de todo tipo de vida e de força, com início e fim na Mãe-Terra. É o TIRAWA dos pawnees.

WALGINO: Eslavo, polonês. Protetor do gado.

WAARMARA: Ugandense. Pai de quatro Deuses: o Deus do Sol e da Lua, o Deus do gado, o Deus da água e um quarto Deus, que foi o herói de muitas aventuras.

WAUKHEON: Ameríndio, dakota. O Pássaro do Trovão, em conflito contínuo com UNTUNKTAHE, Deus da água.

WAYLAND, O FERREIRO; WEYLAND: Veja o capítulo XXVIII.

WEI-T'Ó: Veja IDA-TEN.

WEKWEK: Ameríndio, tuleyone. Falcão que roubou o fogo dos céus e incendiou a Terra; o fogo foi apagado pela chuva enviada por OLLE. A mesma história é contada com Sahte no papel de incendiário,

WENCESLAS: Eslavo. Na mitologia eslava, o rei Wenceslas da Boêmia dorme embaixo de uma montanha com seus cavaleiros, esperando o apelo do país em caso de necessidade.

WEN CH'ANG: Chinês. Primitivo Deus da literatura. Possivelmente um grande filósofo divinizado depois de morto. Representado como mandarim sentado com um cetro na mão. Tem K'UEI-HSING por assistente.

WENEG: Egípcio. Nos textos do Reino Antigo é filho e escriba de RÁ; representa a ordem cósmica, e nesse aspecto é semelhante a Maat, sua irmã muito mais importante.

WEPWAWET, UPUAUT: (Abridor de Caminhos). Egípcio. Deus de cabeça de chacal ou de cachorro. Deus do Alto Egito, defensor do faraó tanto na guerra como no Mundo dos Mortos. Aparentemente teve origem anterior às dinastias. Em Abidos, no Médio Império (onde também era denominado KHENTI-AMENTIU), uma "procissão de Wepwawet" abria os mistérios de OSÍRIS, citado como seu pai. Em certas ocasiões, no papel de "aquele que abre", aparecia como Deus do Sol nascente, dirigindo o barco de RÁ.

WHERO-AO: Polinésio. Deus primordial, ancestral de TAWHAKI.

WIELAND: Veja WAYLAND, O FERREIRO.

WINABOJO: Veja MANABOZHO.

WISAKA: Ameríndio, sac e fox. Ancestral da tribo e herói de uma história de Dilúvio, WODAN, WODEN: forma anglo-saxônica de ODIN.

WOTAN: Forma teutônica de ODIN. Devido à eliminação cristã dos mitos germânicos, pouco se sabe de Wotan, a não ser o que dizem os mitos de Odin. No entanto, o *777* cita vários correspondentes de Wotan, tais como: Tarô: Ases, Quatros. Pedras preciosas: diamante, ametista, safira. Plantas: amendoeira em flor, oliveira, trevo. Animal: unicórnio. Mineral: potassa áurica. Perfumes: âmbar-cinzento, cedro. Armas mágicas: cajado, coroa, cetro ou báculo, suástica ou Cruz de Fylfat.

WU-CH'ANG: (Sem Duração). Chineses. Dois Deuses, um branco e um negro; ambos levam as almas para o Mundo dos Mortos.

XAMANIQUINQU: Maia, de Yucatán. Espírito do Norte.

XANGÔ: Nigeriano, tribo dos iorubas. Filho de AGANJU e Yemanjá; em outras versões é neto de ambos e filho de ORUNGÃ. Deus do trovão. A lenda diz que foi o primeiro rei da tribo dos iorubas; tinha centenas de cavalos e um palácio magnífico feito de metal (a cidade de bronze) das Mil e Uma Noites. Esposo de Oya, Deusa da fertilidade e da água, Sacerdotisa do Rio Níger. Ao fim de uma longa vida de guerreiro, Xangô desapareceu na Terra e passou a ser cultuado com um sacerdotado estabelecido e sacrifícios humanos.

XANTO: Veja ESCAMANDRO.

XELHUA: Asteca. Gigante que fugiu do Dilúvio indo para o cume do Monte de TLALOC. Teria construído a Pirâmide de Degraus de Cholula.

XIPE, XIPE TOTEC: Asteca. Deus do crescimento, da vegetação e das flores da primavera. Denominado "Nosso Senhor Deus Esfolado".

XISUTHROS: Babilônio. Décimo rei pré-diluviano; herói de uma lenda do Dilúvio. Talvez seja UTA-NAPISHTIM.

XIUHTECUTLI: Asteca. Deus do fogo e soberano do Sol. Senhor do ano, da primeira hora do dia e da primeira hora da noite. Os seres humanos sacrificados em sua honra eram atirados às chamas. Também denominado Huehueteotl (o Deus Velho).

XOCHIPILLI, MACUILXOCHITL: (Príncipe das Flores). Asteca. Deus do milho; personagem principal do Ritual da Fertilidade realizado no Equinócio da Primavera. Senhor da sétima hora do dia. Filho e amante da Deusa Xochiquetzal (Deusa da Lua, do amor e do casamento, das flores, da arte, do canto, da dança, da fiação e da tecelagem). Ambos eram divindades dos dois sexos.

XOLOTL: Asteca. Patrono e guardião dos gêmeos, ele próprio irmão gêmeo de QUETZALCOATL. É também Deus dos jogadores e dos mágicos, pois possui o dom de mudar de forma. Representava o Planeta Vênus como Estrela Vespertina, tendo por irmã a Estrela Matutina.

XPIYACCX: Guatemalteca, índios quíchuas. Na lenda da criação Quechua, que espelhava as crenças dos maias e talvez de alguns astecas, ele e a consorte Xmucane fizeram primeiro os animais, depois os seres humanos. Compare com OMETECUCHTLI.

YABUNE: Japonês. Um Deus doméstico primitivo.

YACATECUHTLI: (O Senhor que guia): Asteca. Deus dos mercadores e viajantes. Era costume sacrificar escravos em sua honra.

YACHIMATA-HIKO: Japonês. Deus "de inúmeras estradas". Seu complemento feminino é Yachimato-Hime.

YAGHUTH: (O que ajuda). Árabe, anterior ao islamismo. Um dos Deuses venerados pelos descendentes de Caim e condenados no Alcorão. Cultuado no norte do Iêmen na forma de leão. Cognato do Uz e do Jesus do Gênese.

YAH, YAHWET, JEOVÁ: O Deus hebreu. Veja o capítulo XII.

YAKUSHI NYORAI: Budista japonês. Praticante de curas divino que erradica as epidemias. Representado como Buddha segurando um vidro de remédio e em geral ladeado por símbolos do Sol e da Lua. Muito conhecido a partir do Século 8 em diante.

YAMA: O Adão hindu. Na mitologia védica primitiva, ele e a irmã gêmea Yami nasceram de Saranyu, esposa do Sol; foram os ancestrais da raça humana. De todos os seres, a primeira a morrer foi Yami. Yama e Yami se tornaram o rei e a rainha de um santuário secreto dos céus, onde os amigos mortos e as famílias se reúnem e vivem felizes. Na teologia brâmane posterior, Yama é uma figura mais impiedosa. *777*: Tarô: Justiça, Julgamento, Reis e Cavaleiros (de Paus). Pedras preciosas: esmeralda, opala com reflexos azuis e vermelhos. Plantas: aloé, papoula vermelha, hibisco, urtiga. Animais: elefante, leão (Querubim do Fogo). Minerais: nitratos. Perfumes: gálbano, olíbano e todos os odores ardentes. Armas mágicas: bastão ou lâmpada, Cruz do Equilíbrio, Pirâmide de Fogo.

YAMA DOS REIS: Chineses. Os dez soberanos e juízes das dez cortes do inferno; cada qual com uma função exatamente definida. O fim do processo que aplicam à alma do indivíduo é a imortalidade, ou a reencarnação quase imediata (em ser humano ou em animal) ou um período de punição apropriado antes da reencarnação. YEN WANG é o principal Rei Yama.

YAMANTAKA: Budista hindu. Figura aterrorizante que tem muitos rostos, braços e um colar feito de crânios.

YAMM (1): Babilônio. Deus do mar que foi morto por BAAL.

YAMM (2): Egípcio. Deus do mar; tirano conhecido apenas por um papiro fragmentado; sem dúvida os Yamm (1) e (2) são a mesma divindade.

YANG: Chinês. Masculino; é o Céu ou princípio ativo, que mantém um equilíbrio estável com Yin, ou Terra, princípio receptivo e feminino. (Yang é a parte branca do símbolo do yin-yang.)

YANGWU: Chinês. Um corvo do Sol; pode ser igualado ao Yatagarasu dos japoneses.

YARIKH, YARIH, YERAH: Cananeu, Deus da Lua. Para desposar Nikkal, Deusa das frutas da Terra, pagou dez mil ciclos de ouro a HIRIBU (ou "Rei do Verão", pai dela).

YARILO: Eslavo. Deus da paixão, do amor sexual e da fertilidade. Na primavera era realizada uma festa em sua honra, com moças que seguravam uma guirlanda feita para ele; os ritos fúnebres realizados em sua honra no fim do verão eram marcados por danças e festividades.

YASO-MAGA-TSU-BI: Japonês. Deus das calamidades múltiplas; nasceu da lama que saiu do corpo de IZANAGI quando este se lavou depois de visitar o Inferno.

YATUS, OS: Hindus e persas, zoroástricos. Nos mitos védicos eram um grupo de homens santos que INDRA matou (talvez tenham sido uma primitiva invenção dos brâmanes para depreciar Indra). Nome de uma seita jainista moderna. Nos mitos zoroástricos eram os espíritos maus dotados de poderes de feitiçaria.

YA'UK: (O que evita, o que mantém). Árabe, anterior ao islamismo. Um dos Deuses venerados pelos descendentes de Caim e condenados no Alcorão.

YAZATAS, OS: Persas, zoroástricos. Espíritos benevolentes que representavam o complemento astral dos objetos físicos e os tipos de força moral existentes no universo. Apresentam muitas semelhanças com os AMESHA SPENTAS.

YEN WANG: Chinês. Deus do Mundo dos Mortos; o principal de todos os YAMAS (REIS). Decide a hora e a maneira de morrer, a forma de reencarnação (em humanos ou animais) e a recompensa da imortalidade (para os bons) ou o tipo de castigo (para os maus).

YERAH: Veja YARIKH.

YESOD: (Alicerce). Nona Sephira da Árvore da Vida Cabalística, a esfera lunar; em alguns aspectos é masculino, em outros, feminino. Tradicionalmente é definido como "o alicerce do universo, estabelecido em resistência". Esfera do plano astral; liga o resto da Árvore à manifestação física (a décima Sephira ou Malkuth); "purifica as emanações" das oito primeiras Sephira e oferece "uma visão do interagir do universo. Símbolos cabalísticos: o perfume e sândalos. Tarô: Noves. Imagem mágica: um homem bonito, muito forte e despido.

YETL: Ameríndio, atapasca, corvo-trovão formidável que puxou a Terra para fora da água.

YIMA: Persa, zoroástrico. O Noé persa do mito do Dilúvio, muito parecido com o da Bíblia, com a diferença de ter sido instruído por AHURA MAZDA para construir uma caverna, em vez de uma arca. A tradição moderna diz que o tesouro de Yima ainda está escondido na caverna.

YMIR: Escandinavo. Pai de todos os gigantes; ele e Bestla (sua própria filha) eram os avós de ODIN, embora outra versão diga que Bestla era filha de Bolthorn. Odin e outros Deuses mataram Ymir, de cujo corpo foram criados o mar, a terra e o céu; Yggdrasil (ou Árvore do Mundo) também cresceu do corpo de Ymir.

YNC, YNGVI, YNGIFREY: Nomes suecos de FREM.

YOHUAL-TECUHTIN, OS: Astecas. Dez senhores da noite que decidem o destino dos homens.

YSBADADDEN: Galês. Rei dos gigantes e pai de Olwyn; sabia que teria de morrer se a filha se casasse, mas não impediu isso. (A filha era uma espécie de Rainha de Maio.)

YU-CH'IH CHING-TE e CH'IN SHU-PAO: Chineses, veja GENERAL QUE FUNGA, O, e GENERAL QUE FUMA, O

YUH-HUANC-SHANC-TI: Veja JADE, O AUGUSTO PERSONAGEM DE.

YUM CAAX, YUM KAAX, CI LANAN: Maia. Deus do milho e da agricultura; venerado na plantação e na colheita do milho.

YUNCEMIL: Maia, de Yucatán. Senhor da morte.

YU-TI: Veja JADE, O AUGUSTO PERSONAGEM DE.

YU-TZU: Chinês. Senhor da chuva. Coan a espada borrifa a chuva que tira de um recipiente que leva consigo.

YUN-T'UNG: Chinês. Menino das Nuvens; empilha as nuvens no céu durante as tempestades.

ZAGREU: Cretense. Provavelmente no início era um Deus como ZEUS; influenciado pelo orfismo, os gregos o identificavam com DIONISO, denominando-o Dioniso Zagreu.

ZAMBA: Camaronês. Deus supremo da tribo Yaundé. Criou a Terra, para onde desceu, vindo a ter quatro filhos: N'kokon (o sábio), Otukut (o idiota), Ngi (o gorila) e Wo (o chimpanzé). Foi orientador da tribo, distribuindo os deveres a todos.

ZAMBI: Angolano. Deus supremo que habita o céu e julga os mortos.

ZAMNA: Veja ITZAMNA.

ZAQAR: Assírio-babilônio. Mensageiro de SIN, Deus da Lua; traz os sonhos para a humanidade.

ZÉFIRO: Grego. Deus do Vento Oeste. Irmão dos outros três Ventos (BÓREAS, EURO e NOTO), do titã ASTREU e de Eos, Deusa da aurora. Esposo de Íris, Deusa que levava o arco-íris aos Deuses.

ZERVAN AKARANA: Persa, zoroástrico. Deus do tempo e do destino; pai de AHURA MAZDA e de AHRIMAN.

ZEUS: Grego. Deus supremo. Veja o capítulo XXV. *777*: Tarô: Ases, Noves, Louco, Imperador ou Príncipes (de Espadas), Roda da Fortuna. Pedras: diamante, quartzo, topázio, calcedônia, ametista, lápis-lazúli. Plantas: amendoeira em flor, bânia, mandrágora, damiana, álamo, hissope, carvalho, faia, figueira. Animais: elefante, águia ou homem (Querubim do Ar). Minerais: potassa áurica, chumbo. Perfumes: âmbar-cinzento, jasmim, ginseng e todas as raízes odoríferas, gálbano, açafrão e todos os aromas nobres. Armas mágicas: coroa, perfume e sândalos, adaga ou leque, Cetro, suástica ou Cruz de Fylfat,

ZIO, ZIU, ZIUMEN, ZIU-WARI: Veja TYR.

ZOCHO: Japonês. Divindade que guarda o Oeste.

ZOTZILAHA CHAMALCAN: Maia. Deus-morcego. Igual ao CAMAZOTZ Quechua.

ZU: Assírio-babilônio. Deus da tempestade e do caos, na forma de um pássaro. Filho de Siris (Deusa-pássaro). Roubou de ENLIL as tábuas da Criação e as escondeu no alto de uma montanha, mas caiu na rede de SHAMASH, que as recuperou.

Apêndice 1

Traçar e Destraçar o Círculo

Assim como em *A Deusa das Bruxas*, sentimos que os rituais que fornecemos neste livro poderiam estar incompletos sem as instruções sobre os procedimentos de Lançamento e Banimento do Círculo realizados antes e depois dos rituais. (Naturalmente, os rituais egípcios são exceção, como veremos no Apêndice II). Para tornar o livro completo apresentamos essas instruções a seguir. As explicações e notas de rodapé não foram incluídas, mas elas podem ser encontradas no nosso outro livro, *A Bíblia das Bruxas,* nas partes I e III.

Traçando o Círculo

Os instrumentos estão sobre o altar no Norte, a espada colocada no chão, em frente a ele. Ao menos uma vela (preferivelmente três) é acesa sobre o altar, e uma em cada um dos pontos cardeais Leste, Sul e Oeste do perímetro.

O incensário deve estar queimando incenso sobre altar. Uma tigelinha de água e outra de sal também devem estar sobre o altar.

A Alta Sacerdotisa e o Alto Sacerdote se ajoelham perante o altar, com ele à direita dela. O restante do Coven permanece fora, no quadrante Nordeste do Círculo.

A Sacerdotisa coloca a tigelinha com água sobre o pentáculo, introduz a ponta de seu athame na água e diz:

Eu te exorcizo, Ó, criatura da água, que tu lances fora de ti todas as impurezas e máculas dos espíritos do mundo dos fantasmas; pelos nomes de Cernunnos e Aradia (ou os nomes da Deusa e do Deus que estão sendo usados).

Ela ergue a tigelinha com água a sua frente. O Alto Sacerdote coloca a tigelinha com sal sobre o pentáculo, introduz a ponta de seu athame no sal e diz:

Que as bênçãos estejam sobre esta criatura de sal; que toda malignidade e obstáculo sejam lançados fora daqui, e que todo bem aqui entre; razão pela qual eu te abençoo, para que possas me auxiliar, pelos nomes de Cernunnos e Aradia.

Ele derrama o sal na vasilha de água da Alta Sacerdotisa, e ambos deixam as tigelinhas sobre o altar. O Alto Sacerdote abandona o Círculo para se reunir com o Coven no Nordeste.

A Alta Sacerdotisa lança o Círculo com a espada, delimitando o perímetro com ela e procedendo no sentido horário de Norte a Norte. Quando passa de Norte a Leste, levanta a espada por cima das cabeças dos membros do Coven para abrir uma entrada. Enquanto traça o Círculo diz:

Eu te conjuro, Ó, Círculo de Poder, que seja um local de reunião do amor, do prazer e verdade; um escudo contra toda crueldade e maldade; uma fronteira entre o mundo dos homens e os reinos dos Poderosos; uma fortaleza e proteção que preservará e conterá o poder que iremos gerar dentro de ti. Portanto eu te abençoo e te consagro, pelos nomes de Cernunnos e Aradia.

Ela então abaixa a espada e admite o Alto Sacerdote para dentro do Círculo com um beijo, girando com ele no sentido horário. O Alto Sacerdote admite uma mulher da mesma forma; aquela mulher admite um homem; e assim por diante, até que todos estejam dentro. A Alta Sacerdotisa pega a espada e fecha a entrada com um movimento no sentido horário.

A Alta Sacerdotisa chama três membros do Coven. O primeiro leva a vasilha de água ao redor do Círculo em sentido horário de Norte a Norte, aspergindo, que por sua vez o asperge; se for uma mulher, termina aspergindo o Alto Sacerdote, que por sua vez a asperge. A vasilha retorna para o altar.

O segundo Bruxo nomeado carrega o incensário fumegante ao redor do Círculo em sentido horário de Norte a Norte e volta a deixá-lo no altar. O terceiro Bruxo nomeado leva uma vela do altar ao redor do Círculo da mesma maneira e a recoloca no mesmo lugar.

Todos pegam seus athames e se voltam olhando para o Leste, com a Alta Sacerdotisa à frente. A Alta Sacerdotisa traça o pentagrama de invocação da Terra (topo, esquerda inferior, direita superior, esquerda superior, direita inferior e novamente topo) no ar, diante dela, dizendo:

> *Vós, Senhores das Torres de Observação do Leste; vós, Senhores do Ar; eu vos convoco, mobilizo e chamo, para testemunhar os nossos ritos e para proteger o Círculo.*

O resto do Coven copia os mesmos gestos com seus athames.

O mesmo é feito no Sul, dizendo:

> *Vós Senhores das Torres de Observação do Sul; vós, Senhores do Fogo; eu vos convoco, etc.*

O mesmo no Oeste, dizendo:

> *Vós, Senhores das Torres do Oeste; vós, Senhores da Água; eu vos convoco, etc.*

Olhando para o Norte, da mesma maneira, diz:

> *Vós, Senhores das Torres de Observação do Norte; vós, Senhores da Terra; Bóreas, guardião dos portais, Poderoso Deus, doce Deusa; eu te invoco, etc.*

Todos deixam agora seus athames de novo sobre altar e se ajoelham ao Sul do Círculo olhando para o Norte, exceto a Alta Sacerdotisa, que permanece de costas para o altar com o bastão na mão direita e o açoite na esquerda, cruzados sobre o peito. O Alto Sacerdote se ajoelha diante dela e lhe dá o Beijo Quíntuplo, dizendo:

> *Abençoados sejam teus pés, que trouxeram a ti nestes caminhos. (beijando o pé direito e então o pé esquerdo).*

> *Abençoados sejam teus joelhos, que se dobrarão no altar sagrado. (beijando o joelho direito e então o joelho esquerdo).*

Abençoado seja teu ventre, sem o qual nós não existiríamos.
(beijando logo acima do pelo púbico).

Abençoado sejam teus seios, formados em beleza.
(beijando o peito direito e então o peito esquerdo; ela abre os braços).

Abençoados sejam teus lábios, que pronunciarão os Nomes Sagrados.
(beijando-a nos lábios).

Após isso, ele *Puxa a Lua para Baixo* sobre ela, ajoelhando-se outra vez, tocando-a com seu dedo indicador no peito direito, no peito esquerdo e no púbis, os mesmos três pontos de novo e finalmente o peito direito. Enquanto a está tocando ele diz:

Eu te invoco e convoco, Mãe Suprema de todos nós, portadora de todo o frutífero; pela semente e a raiz, pelo caule e o broto, pela folha e a flor e o fruto, invoco-te para que desça sobre o corpo da que é sua serva e Sacerdotisa.

Ainda ajoelhado, ele diz:

Salve, Aradia, da Cornucópia de Amalteia
Derramai vossa porção de amor;
Eu me inclino humilde perante a ti, eu te adoro até o fim,
Com sacrifício amoroso teu santuário adorno.
Teu pé é para meu lábio...
Minha prece nascida se eleva
Sobre a fumaça crescente do incenso; então despendeis
Teu antigo amor, Ó, Poderosa, desça
Para me ajudar, pois sem ti estou abandonado.

Ele então se levanta e dá um passo para trás, ainda olhando para a Alta Sacerdotisa, que por sua vez traça o Pentagrama de Invocação da Terra no ar na frente dele com o bastão, dizendo:

Da Mãe obscura e divina
Meu é o açoite, e meu é o beijo;
A estrela de cinco pontas de amor e êxtase
Aqui eu te fortaleço, neste sinal.

A Alta Sacerdotisa e o Alto Sacerdote viram sua face para o Coven e pronunciam a Carga, como segue:

Alto Sacerdote: *Ouçam as palavras da Grande Mãe; ela, desde tempos antigos também conhecida entre os homens como Ártemis, Astarte, Athena, Dione, Melusine, Afrodite, Cerridwen, Dana, Arianrhod, Ísis, Bride, e por muitos outros nomes...*

Alta Sacerdotisa: *Sempre que tiverdes necessidade de qualquer coisa, uma vez por mês e melhor ainda quando a Lua estiver cheia, deveis vos reunirem em algum lugar secreto e adorareis o meu espírito, que sou Rainha de todas as Bruxas. Lá vos reunireis, vós, que estais desejosos em aprender toda Bruxaria, ainda que não tenhais conquistado seus segredos mais profundos; a estes eu ensinarei coisas que ainda são desconhecidas. E vós sereis libertos da escravidão; e como sinal de que sois realmente livres, estareis nus em vossos ritos; e dançareis, cantareis, festejareis, fareis música e amor tudo em meu louvor. Pois meu é o êxtase do espírito, e meu também é o prazer na Terra; pois minha lei é amor sobre todos os seres. Mantenhais puro vosso mais alto ideal; esforçai-vos sempre nessa direção; não permitis que nada vos detenha ou desvie do caminho. Pois minha é a porta secreta que se abre para a Terra da Juventude, e meu é o cálice do vinho da vida, e o Caldeirão de Cerridwen, que é o Santo Graal da imortalidade. Sou a Deusa graciosa, que concede a dádiva do prazer no coração do homem. Sobre a Terra, concedo o conhecimento do espírito eterno; e após a morte, eu concedo paz, e liberdade, e reunião com aqueles que partiram antes. Não exijo sacrifício; pois observai, eu sou a Mãe de todos os viventes, e meu amor é derramado por sobre a Terra.*

Alto Sacerdote: *Ouçam as palavras da Deusa Estrela; ela que na poeira dos pés traz as hostes dos céus, e cujo corpo envolve o universo.*

Alta Sacerdotisa: *Eu que sou a beleza da terra verde e a Lua branca entre as estrelas, e o mistério das águas, e o desejo do coração do homem, chamo a tua alma. Apareceis e vinde a mim. Pois eu sou a alma da natureza que dá vida ao universo. Todas as coisas se originam de mim, e para mim todas as coisas deverão retornar; e perante minha face, amada pelos Deuses e pelos homens, deixai teu eu divino mais íntimo ser abraçado no êxtase do infinito. Que minha adoração seja entre os corações que regozijam; pois observai, todos os atos de amor e prazer são meus rituais. E, portanto, que haja beleza e força, poder e compaixão, honra e humildade, júbilo e reverência dentro de vós. E tu que pensastes em buscar por mim, sabei que vossa busca e anseio não te auxiliarão a menos que conheçais o mistério; que se aquilo que procuraste não encontraste dentro de ti, tu jamais o encontrareis fora de ti. Pois observai, eu tenho estado contigo desde o começo; e eu sou aquilo que é alcançado no fim do desejo.*

Todos ficam de pé. O Alto Sacerdote levanta os braços abertos e diz:

Bagahi laca bachahe
Lamac cahi achabahe
Karrelyos
Lamac lamec bachalyos
Cabahagi sabalyos
Baryolas
Lagozatha cabyolas
Samahac et famyolas
Harrahya!

A Alta Sacerdotisa e o Coven repetem: *Harrahya!*

O Alto Sacerdote e a Alta Sacerdotisa então viram seus rostos para o altar com seus braços erguidos, suas mãos fazendo a saudação ao "Deus de Chifres" (dedos indicador e mínimo esticados, polegar e dedos do meio dobrados para o meio da palma). O Alto Sacerdote diz:

Grande Deus Cernunnos, voltai à Terra novamente!
Vinde pela minha invocação e vos mostrai aos homens.
Pastor de Cabras, sobre o caminho agreste da montanha,
Conduzi vosso rebanho perdido da escuridão para o dia.
Esquecidos estão os caminhos de sono e noite.
Os homens procuram por eles, cujos olhos perderam a luz.
Abri a porta, a porta que não tem chave,
A porta dos sonhos, por onde os homens vêm a ti.
Pastor de Cabras, Ó, respondei a mim!

A Alta Sacerdotisa e o Alto Sacerdote dizem juntos: *Akhera goiti!*

Eles baixam suas mãos e dizem: *Akhera beiti!*

A Alta Sacerdotisa, o Alto Sacerdote e o Coven formam agora um anel olhando para o interior do Círculo, alternando-se homem e mulher se possível e juntando as mãos. Começam a se mover em sentido horário cantando a Runa das Bruxas:

Eko, Eko, Azarak,
Eko, Eko, Zomelak,
Eko, Eko, Cernunnos,
Eko, Eko, Aradia!
} *Repetido três vezes*

Noite escura e lua clara
Leste e Sul, Oeste e Norte;
A Runa das Bruxas vamos escutar
Aqui viemos te invocar!

Terra e Água, Ar e Fogo,
Bastão, pentáculo e espada,
Trabalhai o nosso desejo,
Escutai nossa palavra!

Corda e incensário, açoite e faca,
Poder da lâmina do Bruxo,
Para vida despertai,
Enquanto o encantamento aqui se faz
Rainha do Céu, Rainha do Inferno,
Chifrudo caçador da noite,
Conceda poder ao nosso feitiço
Trabalhe o desejo pelo mágico rito!

Na terra, no ar e no mar
Pela luz lunar ou solar
O nosso desejo acontecerá;
Cantando o encanto, assim será!

Eko, Eko, Azarak,
Eko, Eko, Zomelak,
Eko, Eko, Cernunnos,
Eko, Eko, Aradia!
} *Repetido três vezes*

Quando a Alta Sacerdotisa decide que chegou a hora, ordena: *Ao chão*!

E todos se sentam em Círculo olhando para o seu interior.

Banindo o Círculo

Todos pegam seu athame e olham para o Leste, com a Alta Sacerdotisa à frente, que, por sua vez, traça o Pentagrama de Banimento da Terra (esquerda inferior, topo, direita inferior, esquerda superior, direita superior, esquerda inferior novamente) no ar diante dela, dizendo:

Vós, Senhores das Torres de Observação do Leste; vós, Senhores do Ar; nós vos agradecemos por terem assistido aos nossos ritos; e antes de partirem para vossos reinos agradáveis e aprazíveis, nós vos saudamos e nos despedimos... Saudações e adeus.

O resto do Coven copia seus gestos com seus respectivos athames, e repetem com ela: *Saudações e adeus.*

O mesmo é feito no Sul, com as palavras: *Vós, Senhores das Torres de Observação do Sul;* vós, *Senhores do Fogo; nós vos agradecemos,* etc.

A mesma coisa no Oeste, dizendo: *Vós, Senhores das Torres de Observação do Oeste;* vós, *Senhores da Água; nós vos agradecemos,* etc.

E, finalmente no Norte, enquanto diz: *Vós, Senhores das Torres de Observação do Norte;* vós, *Senhores da Terra; Bóreas, guardião dos portais do Norte; Deus poderoso, doce Deusa; nós vos agradecemos,* etc.

E com isso está completo o Banimento do Círculo.

Apêndice II

O Ritual Egípcio

O Templo Egípcio, o Ritual de Abertura e as vestes usadas no ritual estão descritos detalhadamente nas páginas 243 a 246 de *A Deusa das Bruxas,* mas o esboço dado a seguir deve ser suficiente para os rituais de Osíris, Thoth e Rá que sugerimos neste livro.

Os templos egípcios eram retangulares, com o altar no Leste. Eles eram mantidos meticulosamente limpos. Nenhum objeto feito de ferro podia ser colocado sobre eles (mesmo depois que a Idade do Ferro chegou ao Egito), exceto pelo Instrumento Ritual Para a Abertura da Boca.

A relação dos elementos com os pontos cardeais também era diferente: Fogo no Leste (o Sol nascente), Ar no Oeste (o céu do deserto), Água no Sul (de onde o Nilo flui) e Terra no Norte (à qual o Nilo traz fertilidade). As divindades guardiãs eram Neith e Duamutef (Leste), Selkhet e Qebehsenuf (Oeste), Ísis e Imset (Sul) e Néftis e Hapy (Norte).

Os Sacerdotes usavam saiotes até os joelhos. As Sacerdotisas usavam saias longas e mantinham os seios nus e sustentados por alças que eram paralelas nas costas e se encontravam na frente. Uns e outros andavam descalços e geralmente usavam no pescoço um peitoral circular decorado, além de braceletes nos pulsos e às vezes perto das axilas, assim como nos calcanhares.

O Ritual de Abertura

Este ritual requer uma Sacerdotisa, um Sacerdote e outras quatro pessoas, se estiverem disponíveis – embora a Sacerdotisa e o Sacerdote possam conduzi-lo sozinhos.

No altar são colocados um símbolo do ankh, três velas acesas e uma tigela com um ovo fresco, que não esteja quebrado, para o sacrifício. Outras velas podem ser colocadas nos pontos cardeais, como é feito no Círculo Wiccaniano, ou em qualquer lugar que necessite de iluminação.

Uma pessoa fica no Norte segurando uma vasilha com sal para representar a Terra, outra no Sul segurando uma vasilha com água para representar o elemento Água, mais uma no Oeste segurando um sistro como representação do Ar, e, por fim, uma pessoa fica no Leste, ao lado do altar, segurando uma vela acesa para representar o elemento Fogo. Se a Sacerdotisa e o Sacerdote estiverem trabalhando sozinhos, esses objetos podem simplesmente serem colocados nos quatro quadrantes – no caso da vela, ela pode permanecer com as outras velas no altar.

A Sacerdotisa e o Sacerdote ficam juntos, de frente para o altar.

O Sacerdote diz: *Sayga oo-dan!*

A Sacerdotisa diz: *Natarat di zeem um Koeten!*

(Essas duas frases foram extraídas do célebre livro de Frederic Wood, *This Egyptian Miracle*, e querem dizer "Silêncio para a oferenda" e "Que a Deusa abençoe nosso rito". Se o ritual fosse para invocar um Deus, a palavra seria *Natara*, e pode-se ainda usar *Natara Natarat* para o Deus e Deusa. *Koeten* deve ser pronunciado como se escreve, porém sem o "e" no meio.

O Sacerdote agora segura a tigela com o ovo, e a Sacerdotisa quebra o ovo dentro na tigela. Eles elevam a tigela juntos em saudação e, em seguida, colocam-na novamente no altar.

O Sacerdote permanece diante do altar, enquanto a Sacerdotisa vai para o Norte. Ela pega a vasilha com sal da pessoa que a estiver segurando (ou simplesmente a pega caso não haja ninguém) e caminha ao redor do espaço em sentido horário, salpicando um pouco de sal no chão enquanto caminha.

Enquanto isso, o Sacerdote diz: *Néftis, Senhora do Norte; Senhor Hapi, Filho Real de Hórus, Deus da Terra e Senhor do Norte, protetor e guardião dos pulmões; com o espalhamento deste sal sagrado, peço que fertilize e santifique este solo também sagrado com o seu ser, para que possamos ser fortes em todas as coisas.*

Após regressar novamente ao Norte, a Sacerdotisa devolve a vasilha com sal no altar. Depois disso, ela vai para o Sul e pega a vasilha com água e caminha ao redor do espaço sagrado em sentido horário, aspergindo um pouco enquanto caminha.

Enquanto isso, o Sacerdote diz: *Ísis, Senhora do Sul; Senhor Imset, Filho Real de Hórus, Deus da Água e Senhor do Sul, protetor e guardião do fígado; com a aspersão desta água sagrada, peço que santifique e purifique este santuário sagrado de todas as suas impurezas e vaidades dos homens.*

Quando retorna ao Sul, a Sacerdotisa coloca a vasilha com água de volta no altar. Ela então vai para o Oeste e pega o sistro, ou o sino. Caminha em sentido horário ao redor do espaço, sacudindo o sistro ou tocando sino enquanto caminha.

Enquanto isso, o Sacerdote diz: *Selkhet, Senhora do Oeste; Senhor Qebehsenuf, Filho Real de Hórus, Deus do Ar e Senhor do Oeste, protetor e guardião dos intestinos; com a perturbação do ar causada por esta música, peço que desça do seu ponto cardeal, purifique e santifique a área deste santuário sagrado.*

A Sacerdotisa vai até o altar e coloca o sistro ou sino de volta, pega a vela acesa e, segurando-a, contorna a área em sentido horário.

Enquanto isso, o Sacerdote diz: *Neith, Senhora do Leste; Senhor Duamutef, Filho Real de Hórus, Deus do Fogo e Senhor do Leste, protetor e guardião do estômago; com a queima deste fogo ritual, o elemento que tudo consome, peço que santifique e purifique este templo de todas as transgressões.*

Quando tiver completado a volta e retornado mais uma vez ao Leste, a Sacerdotisa devolve a vela ao altar e se posiciona ao lado do Sacerdote. Nesse momento o ritual principal pode começar.

Como Fechar o Templo

Ao contrário do Círculo Wiccaniano, o templo egípcio não é "banido" no fim do ritual; é deixado e se dispersa por conta própria.

Bibliografia

Beltz, Walter. *God and the Gods*; traduzido do alemão para o inglês por Peter Heinegg (Penguin, Harmondsworth, Middlesex, 1983).

Bord, Janet e Colin. Earth Rites (Granada Publishing, St. Albans, Herts, 1982).

Bradford, Ernle. *Ulysses found* (Hodder & Stoughton, Londres, 1963, brochura: Sphere Books, Londres, 1967).

Branston, Brian. *The Lost Gods of England* (Thames & Hudson, Londres, 1957).

Budge, Sir E. A. Wallis. *The book of the dead*; traduzido para o inglês com comentários (segunda edição, Routledge & Kegan Paul, Londres, 1969). _____*Egyptian magic* (Routledge & Kegan Paul, reimpresso em 1972).

_____*Egyptian religion* (Routledge & Kegan Paul, reimpresso em 1972).

_____*Osiris and the Egyptian resurrection* (dois volumes, Dover Publications, Nova York, reimpressos em 1973).

Campbell, Joseph. *The masks of god: primitive mythology* (Viking Press, Nova York, 1959; Souvenir Press, Londres, 1971).

Coghlan, Ronan. *Dictionary of Irish myth and legend* (Donard Publishing Co, Bangor, Co. Down, 1979).

Crossley-Holland, Kevin (trad.). *Beowulf* (Folio Society, Londres, 1973).

Crowley, Aleister. 777 revised (Neptune Press, Londres, 1952).

Deren, Maya. *Divine horsemen* (Thames & Hudson, Londres, 1953); brochura intitulada *The voodoo gods* (Granada, St. Albans, 1975).

Dillon, Myles e Chadwick, Nora. *The celtic realms* (Weidenfeld & Nicolson, Londres, 1967; brochura: Cardinal, Londres, 1973).

Durdin-Robertson, Lawrence. *The goddesses of Chaldaea, Syria and Egypt* (Cesara Publications, Clonegal, Irlanda, 1975).

______*The goddesses of India, Tibet, China and Japan* (Cesara, 1976).

Evans-Wentz, W.Y. *The fairy-faith in celtic countries* (Oxford University Press, 1911; Colin Smythe Ltd, Gerrards Cross, Bucks., 1977).

Farmer, David Hugh. *The Oxford dictionary of saints* (Clarendon Press, Oxford, 1978).

Farrar, Frank A. *Old greek nature stories* (Harrap, Londres, 1910).

Farrar, Janet e Stewart. *Eight sabbats for witches* (Robert Hale, Londres, 1981).
_____*The zoitches'way* (Hale, 1984). A edição americana destes dois títulos intitula-se *A Witches' bible*, dois volumes (Magickal Childe, Nova York, 1984).
_____*The witches' goddess: the feminine principle of divinity* (Hale, Londres, 1987).

_____*Life and times of a modern* (Piatkus Books, Londres, 1987); brochura: Headline (Londres, 1988). Todos estes títulos também foram publicados por Phoenix Publishing, Custer, Washington, EUA, 1988).

Farrar, Stewart. *What witches do* (publicado originalmente em 1971; segunda edição: Phoenix Publishing, Custer, Washington, EUA, 1983).

_____*Folklore, myths and legends of Britain* (Reader's Digest Association, Londres, 1973).

Fortune, Dion. *The Mystical qabalah* (Eernest Benn, Londres, 1935).

_____*The sea priestess* (Aquarian Press, Londres, 1957; brochura: Wyndham Publications, Londres, 1976).

Frazer, Sir J.C. *The golden bough* (edição condensada) (Macmillan, Londres, brochura, 1974). As páginas mencionadas por nós se referem a esta edição.

Freud, Sigmund (Trad e ed. por James Strachey). *The standard edition of the complete psychological works* (24 volumes, Hogarth Press, Londres, para o Instituto de Psicanálise, de 1953 em diante).

Gantz, Jeffrey (tradução para o inglês). *The Mabinogion* (Penguin, Harmondsworth, Middlesex, 1976).

Grahame, Kenneth. *The wind in the willows* (Methuen, Londres, 1908).

Graves, Robert. *The white goddess* (terceira edição, Faber & Faber, Londres, 1952). *The greek myths*, volumes I and II (Penguin, Londres, edição de 1960).

Gray, John. *Near eastern Mythology* (Hamlyn, Londres, 1969).

Green, Roger Lancelyn. *Myths of the Horsemen* (Puffin Books, Harmondsworth, Middlesex, reimpressão de 1970; título original: *The saga of Asgard*.

Hart, George. *A dictionary of egyptian gods and goddesses* (Routledge & Kegan Paul, Londres, 1986).

Hawkes, Jacquetta. *Dawn of the gods* (Chatto & Windus, Londres, 1968; brochuras: Sphere Books, Londres, 1972).

Herm, Gerhard: *The celts* (Weidenfeld & Nicolson, Londres, 1975).

Hooke, S.H. *Middle eastern mythology* (Pelican Books, Harmondsworth, Middlesex, 1963).

Ions, Veronica. *Egyptian mythology* (Hamlyn, Feltham, Middlesex, 1968).

Jansen, Sally. *A guide to tih practical use of incense* (segunda edição, Triad Library & Publishing co, St. Ives, 1972).

Joyce, Donovan. *The Jesus scroll* (Angus & Robertson, Londres, 1973; brochura: Sphere Books, Londres, 1975).

Jung, Carl Gustav. Collected works vol. 7: *two essays on analytical psychology* (segunda edição, Routledge & Kegan Paul, Londres, 1966).

Kaufmann, Friedrich (traduzido para o inglês por M. Steel Smith). *Northern mythology* (J. M. Dent, Londres, 1903).

Kinsella, Thomas (traduzido para o inglês). *The táin* (Oxford University Press, Londres, 1970).

Larousse Encyclopaedia of Mythology (Hamlyn, Londres, 1959).

Leland, Charles G. Aradia: *the gospel of witches* (C. W. Daniel Co, Londres, 1974).

Lethbridge, T.C. Witches: *investigating an ancient religion* (Routledge & Kegan Paul, Londres. 1962).

MacAlister, Stewart (editor e tradutor para o inglês). *Lebor Gabála Érenn, the book of the taking of Ireland*: partes I-V (Irish Texts Society, Dublin, 19381956). Conhecido como *The book of invasions*, é uma coleção de textos medievais em que os monges registraram material muito mais antigo, que no início era transmitido oralmente.

Mac Cana, Proinsias. *Celtic Inythology* (Hamlyn, Londres, 1970).

McNeill, Maire. *The festival of Lughnasadh* (Oxford University Press, 1962; brochura, dois volumes, Comhairle Bheadolais Éireann, University College, Dublin, 1982).

MacQuitty, William. *Buddha* (Thomas Nelson, Londres, 1969).

Maple, Eric. *The magic of perfume* (Aquarian Press, Wellingborough, Northants, 1973).

Markale, Jean (traduzido para o inglês por A. Mygind, C. Hauch e P. Henry). *Women of the celts* (Cremonesi, Londres, 1975; brochura: Inner Tradition International, Rochester, Vermont, 1987).

Mascaro, Juan (traduzido para o inglês). *The Bhagavad Gita* (Penguin, Harmondsworth, Middlesex, 1962).

Mathers, S. Lidell MacGregor (editor e tradutor para o inglês). *The key of Solomon the king* (Claviculla Solomonis) (Publicado pela primeira vez em 1888, Routledge & Kegan Paul, Londres, 1972).

Montet, Pierre (traduzido para o inglês por Doreen Weightman). *Eternal Egypt* (Weidenfeld & Nicolson, Londres, 1965).

Morganweg, Lolo (compilador). *The triads of Britain* (Wildwood House, Londres, 1977).

Museu Britânico. *A general introductory guide to the egyptian collections* (Curadores do Museu Britânico de Londres, 1969). As datas das dinastias mencionadas no texto foram extraídas deste guia.

Patai, Dr. Raphael. *Man and temple in ancient jewish myth and ritual* (Nelson, Londres, 1947). *The hebrew goddess* (Ktav Publishing House, Nova York, 1968).

Patrick, Richard. *All colour book of greek mythology* (Octopus Books, Londres, 1972). *All colour book of egyptian mythology* (Octopus, Londres 1972).

Peake, Arthur S. *Commentary on the Bible* (Nelson, Londres, 1919).

Perowne, Stewart. *Roman mythology* (Hamlyn, Londres, 1969).

Phipps, W.E. *Was Jesus Married?* (Harper & Row, Nova York, 1970).

Pinsent, John. *Greek mythology* (Hamlyn, Londres, 1969).

Poignant, Roslyn. *Myths and legends of the South Sea Seas* (Hamlyn, Londres, 1970).

Reed, A.W. *Aboriginal myths: tales of the dreamtime* (Reed Books, French's Forest, Nova Gales do Sul, 1978). *Aboriginal legends: animal tales* (Reed Books, Londres, 1978).

Rees, Alwyn e Bees, Brinley. *Celtic heritage* (Thames & Hudson, Londres, 1961).

Richmond, I.A. *The pelican history of England: I. Rontan Britain* (segunda edição, Penguin, Harmondsworth, Middlesex, 1963).

Ross, Anne. *Pagan celtic Britain* (Routledge & Kegan Paul, Londres, 1967; brochura: Sphere Books, Londres, 1974).

Rowan, John. *The horned god: feminism and men as wounding and healing* (Routledge & Kegan Paul, Londres e Nova York, 1987).

Schonfield, Hugo J. *The passover plot* (Hutchinson, Londres, 1965; brochura: Corgi, Londres, 1967.

St. Clair, David. *Drum and candle* (Mcdonald, Londres, 1971).

Sety, Omm e Elzeini, Hanny. *Abydos: holy city of ancient Egypt* (LL Company, Los Angeles 1981.)

Shapiro, Max S. e Hendricks, Rhoda A. *Mythologies of the World: A concise encyclopaedia* (Doubleday, Nova York, 1979); edição do Reino Unido intitulada *A dictionary of mythologies* (Paladin, Londres, 1981).

Shorter, Alan W. *The egyptian gods: a handbook* (Routledge & Kegan Paul, Londres, 1937; reimpresso em 1983).

Soustelle, Jacques. *The daily life of the aztecs* (original francês: *Librairie Hachette*, Paris, 1955; tradução para o inglês: Weidenfeld & Nicolson, Londres, 1961; brochura: Pelican Books, Harmondsworth Middlesex, 1964).

Stone, Merlin. *The paradise papers* (Virago, Londres, encadernado em 1976, brochura, 1977).

Sykes, Egerton. *Everyman's dictionary of non-classical mythology* (J.M. Dent. Londres, 1968).

Valiente, Doreen, *An abc of witchcraft past and present* (Robert Hale, Londres, 1973).

_____*Natural Magic* (C. Hale, 1975).

_____*Witchcraft for tomorrow* (Hale, 1978).

Valliant, George C. *The aztecs of Mexico* (Doubleday, Doran Inc., Nova York, 1944; Pelican Book, Harmondsworth, Middlesex, 1950).

Vinci, Leo. *Incense: its ritual, significance, use and preparation* (Aquarian Press, Wellingborough, Northants, 1980).

Wilhelm, Richard (traduzido para o inglês por Cary F. Baynes). *The I Ching book of changes* (Terceira edição, Routledge & Kegan Paul, Londres, 1968)

Witt, R.E. *Isis in the graeco-roman world* (Thames & Hudson, Londres, 1971).

Wood, Frederick H. *This Egyptian Miracle* (John M Watkins, Londres, 1955).

Índice Remissivo

Para manter este índice dentro dos limites, nomes do Deus que aparecem apenas como títulos alfabéticos para entradas na Terceira Parte, Deuses do Mundo, não foram incluídas; ambas as listas devem ser consultadas. Já as referências internas nas entradas da Terceira Parte foram incluídas, com exceção dos itens 777.

A

B

C

D

E

F

G

H

I

J

K

L

M

N

O

P

Q

R

S

T

U

V

W

X

Y

Z

Esta edição foi composta pela Ardane, São Paulo, SP.
Os papéis utilizados foram o offset 90 g para o miolo e o cartão triplex para a capa.
O texto principal foi composto em fonte Minion Pro 11,5/15
e os títulos em Dumbledor.

Impresso no Brasil.